KB264581

Rogel

Ein Rogel

Sans feu ni lieu
Signification biblique de la Grande Ville
Jacques Ellul

나의 아들 시몬1941–1947을 기리며,
이 책은 그가 죽음을 맞이하던 때부터 써 내려가기 시작했다.

자끄엘륄총서 19
머리 둘 곳 없던 예수

지은이	자끄 엘륄
역자	황종대
초판발행	2013년 4월 5일
초판2쇄	2025년 4월 24일
펴낸이	배용하
책임편집	배용하
교열교정	이준용
등록	제364-2008-000013호
펴낸곳	도서출판 대장간
	www.daejanggan.org
등록한곳	충남 논산시 매죽헌로 1176번길 8-54, 101호
편집부	전화 041-742-1424 전송 0303-0959-1424
분류	성서연구 | 해석학 | 도시
ISBN	978-89-7071-286-4 03230

이 책은 한국어 저작권은 la Table Ronde와와 독점 계약한 대장간에 있습니다.
이 책은 저작권법에 의해 보호를 받는 출판물입니다.

값 17,000원

머리 둘 곳 없던 예수

대도시의 성서적 의미

자끄 엘륄 지음

황종대 옮김

목 − 차

역자 서문

도시란 무엇인가? 우리는 이 질문에 명확하게 대답할 수 없다. 도시는 너무나 복잡하고 다양한 요소들로 가득하며, 언제나 우리의 예측을 뛰어 넘는다. 그럼에도 불구하고 우리는 도시로부터 모든 문명과 문화가 나온다는 사실을 알고 있다. 인간은 도시에 지어진 주거에 살고 있으며, 도시에서 만들어지고 판매되는 의복을 입고 있고, 도시에서 가공되고 판매되는 음식을 먹고 있다. 도시가 제공하는 교통 수단을 이용하며, 도시가 펼쳐 놓는 문화와 향락에 우리의 몸과 마음을 내 맡긴다. 그리고 도시에 교회를 세우고, 예배를 드린다.

그리고 인간은 도시의 수 많은 문제들에 직면하고 있다. 주거문제, 교 통문제, 도시빈민문제, 교육문제 등등. 도시의 화려한 고층건물과 대규모 아파트의 불빛 뒤에는 잘 정비되지 않은 빈민 주거가 있으며, 땅값은 상승하고 건물 임대료와 집세는 계속해서 올라간다. 인간은 군중 속에서 타인과의 관계를 상실한 채 극도의 고독을 경험하고 있으며, 이러한 현상은 첨단화된 자본주의 사회에서 더 극단으로 치닫고 있다.

엘륄에 의하면 도시는 그저 인간이 살아가는 환경일 뿐만 아니라, 하나님에 대한 반역의 중심이며, 끊임 없이 확장되는 국가 권력의 핵심이기도 하다. 흥미롭게도 성서는 창세기에서 요한계시록까지, 인간의 역사를 도시를 통해 이야기한다. 하나님은 도시를 심판하고, 도시 새예루살렘를 통해 희망을 이야기한다. 그래서 엘륄은 도시를 선택했다.

엘륄은 인간이 도시의 문제에 직면하여 두 가지 극단적인 행동을 취한 다고 지적한다. 하나는 도시의 문제에 적극적으로 개입하여 그 문제를 우리의 힘으로 해결하려 하려는 태도이다. 다른 하나는 죄된 도시를 정죄하고 도시를 떠나야 한다고 주장하는 태도이다. 이 책에서 저자는 이 두 태도의 극단적 오류를 지적하면서, 성서가 인간에게 요구하는 위치를 일깨워준다.

그래서 우리는 도시의 여러 문제들에 대해서 침묵해서는 안된다. 도시의 과밀을 줄이기 위해서 노력해야 하고, 도시와 주거 정책이 자본의 논리가 아닌 인간과 공동체적 관점에서 수립될 수 있도록 해야 하며, 모든 시민들이 함께 건강한 삶을 누릴 수 있도록 도시를 정비해야 한다. 아울러 우리의 이름을 날리기 위해 건설한 바벨에서 하나님 없는 안정과 평안을 추구하고 도시의 죄악에 적극적으로 참여해서도 안된다. 엘륄은 하나님이 도시를 떠나라고 할 때까지, 도시 속에서 해학과 관조의 태도를 견지하는 가운데, 진정한 소망인 새 예루살렘을 기다려야 한다고 주장한다.

오늘 날 한국 교회는 바벨을 건설하고 있는 것은 아닌지 자문해야 한다. 큰 벽을 쌓고 율법과 의식 안에서 종교적 만족을 누리면서 하나님께 반역하고 있지 않은가? 자신의 안전을 위해 큰 교회를 짓고, 많은 사람을 불러 모으며, 자본을 모으는 동안, 진정한 하나님의 보호하심을 거부하고 있지 않은가? 도시 안에서 하나님의 말씀을 전하는 자가 아니라, 오히려 도시의 죄에 적극적으로 동참하고 있는 것은 아닌가? 교회 스스로가 도시가 되기 보다는, 도시 안의 교회 공동체가 되어야 하는 것이 아닐까?

아울러 세상을 향한 무분별한 정죄도 멈추어야 한다. 성숙하지도 않고 전문적이지도 않은 비판은 세상을 변화시킬 수도 없으며, 그 어떤 대안도 제시할 수 없다. 그리스도인은 끊임 없이 사회학과 철학, 도시학 등과 대화를 해야 하고, 그 유산을 이해해야 하며, 예언자적 역할을 해야 한다. 도시는 교회에 질문하지 않지만, 성서는 도시에 대답하고 있기 때문이다. 세상은 교회에서 예수 그리스도의 십자가를 보고, 그에게서 끝없이 흘러 나오는 생명수를 맛보며, 새예루살렘을 볼 수 있어야 한다.

이 책은 이제 곧 세상에 나올 나의 첫 아이와 함께 세상의 빛을 보게 되었다. 아이를 출산하기까지 오랜 산고를 겪는 것처럼, 이 책이 나오기까지 오랫동안 인내하고 격려해 주었던 대장간출판사의 배용하대표에게 감사를 드리는 바이다. 그리고 대학시절부터 도시와 신학의 문제에 대해서 끊임없이 토론해 주고 조언을 아끼지 않았던 박삼종 전도사에게도 감사를 드린다. 또한 언제나 묵묵히 아들을 지지하고 성원해 주신 부모님께 진심으로 감사드리고, 힘든 순간에도 나의 옆을 지켜주었던 아내에게도 감사와 사랑의 표현을 전하고 싶다. 그리고 누구보다도 이제 세상으로 나오게 될 나의 아이에게, 이 아이와 그의 친구들이 마음껏 뛰어놀 수 있는 아름다운 도시를 그려보며, 이 노력을 바치고 싶다.

2013년 2월
황종대

머리말

이 책은 책의 전반에서 보여지는 것과 같이, 성서 본문을 성서의 총체적 관점에서 본다는 점에서 성서 연구의 전통에 매달려 있다고 보일지 모른다. 그러나 이것은 내가 의지적으로 취하는 태도이다. 나는 전통적 주해 작업과 양식사의 작업, 문학사에서의 작업, 문화적 흐름에 대한 연구 업적, 그리고 새로운 성서 해석학의 업적을 무시하지 않는다. 그리고 최근에 나타나는 구조주의자의 작업도 고려한다. 나는 표면적으로는 하나의 질문에 모든 성서 구절을 가져오고, 성서의 일반적인 진리를 도출해내려고 모든 것을 섞어버리는 해석에 논란의 여지가 많다는 사실을 잘 알고 있다.… 분명히 이러한 성서의 해석을 받아들일 수는 없다. 성서의 여러 본문은 서로 다른 맥락을 가지며, 다양한 문화적 환경을 통해서 이해된다. 또한 각 본문은 매우 큰 시간 차이를 두고 기록되었으며, 매우 다른 언어로 기술되었고, 여러 문학적 장르를 아우르며, 서로 다른 독자들에게 이야기 한다.… 여기에 어떤 반론을 제기할 수 있을까? 그리고 우리가 이 본문들을 그 배경 안에서 이해한다면, 우리는 분명히 지금까지 받아들였던 것들이 정확하지 않다는 것을 알게 될 것이다. 서로 다른 본문에서 같은 단어가 사용되었다고 항상 똑같은 의미를 갖는 것은 아니다.… 여기에서부터 성서를 하나의 전체로 다루는 것만큼 위험한 것은 없다. 그럼에도 불구하고, 비록 문자주의자나 근본주의자의 입지가 위축되었지만, 나는 성서의 기자들이 성서를 하나의 전체로 다루었으며, 300년 전의 오래된 본문을 사용하여 그들의 기록에 포함시켰다는 사실을 논해야 한다. 이것은 무엇을 말하는가? 여기에서 성서 본문을 원본에 비추어 식별하고, 원본에 가깝게 재현하고, 비평을 통해 본문을 객관화하는 것이 가장 중요한 것일까? 우리가 성서 본문을 접할 때, 우리에게 가장 자연스럽게 떠오르는 의미는 받아들일 수 없는 것일까?물론 히브리와 헬라 본문을 참고하는 문제를 제외한다 나는 너무나 자주, 잘못된 문화적 환경의 묘사에서, "그러한 문화적 환경이라는 배경에서 그러한 본문은 그러한 의미를 가진다." 라고 단언하는 것을 본다. 나는 이 방식에 의해서 가치 하락된 본문이 정확한 의미로 해석되는 때를 거의 보지 못했다. 우리는 여기에서 필수적인 방법론적 결정을 해야 한다. 한 세기 반 전부터 해석학의 커다란 방향성은 때로는 무의식적으로 성서 본문을 단편적으로 분해하는 경향으로 흘러왔다. 이 본문들은 문학적 장르에 맞추어서, 본문의 "원문"에 맞추어서, 전통적인 본문 혹은 종말론적인 본문 등 전례에 따라서, 다양한 이데올로기와 사회학적 환경에 따라서예언적이거나 혹은 정치적 환경, 서로 다른 저자들의 인격에 따라서 단편적으로 분해되었다. 이렇게 나누어진 각 성서 본문의 비평은 무수히 많다. 만일 우리가 성서의 원본을 찾을 수 있다면, 우리는 진정한 본문을 가질 수 있고말하자면, 믿는 사람들에게 하나님의 말씀에 가장 가까운 본문은 사본이 계승되면서 언제나 숨겨져 있으며, 왜곡되어 있는 것으로 여겨진다, 혹은 그 본문이 문화적 환경과 그 본문이 파생될 수 있었던 사건들에 의해서 해석될 수 있으며, 아니면 결국 바뀌지 않고 첨가되지 않은 본문에서 이 의미는 더욱 중요해진다는 사고에 사로잡혀 있다. 그리고 그러한 파편들을 파생시킨 이데올로기적 흐름을 통해 성서의 다양한 의미를 식별해야 한다는 생각을 완전히 받아들인다. 그래서 일반적인 역사학의 이러한 가정은 다음의 문제를 쉽게 잊어버리게 만들곤 한다. 해석된 본문의 의미가 성서의 총체적 관점에서 해석된 것인가? 아니면 본문의 구분이본문의 구분은 서로 굴절되어 나온 구분일 수도 있으며, 아니면 본문의 구성 자체에서 나온 구분일 수도 있고, 혹은 서로 대조적인 선포들 사이의 내적인 의미를 분석해서 나온 구분일 수도 있다 본문의 의미를 파괴하고 있는가? 만일 이 본문들의 본질이 변증법적이었다면 어떠할까? 이것은 이 본문을 동일한 의미의 파편으로, 그리고 단일한 의미를 가진 파편으로 분해한 이후에, 본문의 전체성을 파 괴한 것이 아니라이 소수의 주장은 주석가들의 관점에서는 분명히 옳은 것으로 여겨진 다, 그 의미 자체를 파괴한 것이라고 이야기하려 한다. 즉, 본문의 의미가 문화에서 나온다는 확신을 받아들이면서, 그 의미가 본문 내부의 변증법에서 파생된다는 사고에 대립하여 이 주장을 분명히 받아들인다. 하지만, 나는 구조주의자가 아니다. 이것 또한 다른 문제이다. 그리고 현재 유행하는 구조주의 역시 그들의 방법론에서 본문을 단절시키고 있음을 주지해야 한다!

그리고 우리는 결국 구약의 본문에서 율법의 결정과 같은 문제에 도달하고, 이것은 또 다른 질문을 불러온다. 이스라엘은 선택 받은 민족인가, 그렇지 않은가? 과학적인 관점에서 이 문제를 피해가기는 어려우며, 그 이유는 우리가 해석할 수많은 본문이 이스라엘의 선택을 선언하기 때문이다. 이와 같이 우리는 과학적으로 살펴보아야 한다. 우리는 성서 본문의 내용을 떠나서, 그리고 그 본문 자체가 주는 의미를 벗어나서 순수하게 해석할 수 없다. 그러나 이제 우리는 이 선택의 일련의 결과들을 만나게 된다. 만일 믿음에 의한 인식을 통해 우리가 이스라엘이 우주적이고 일시적인 차원에서 선택 받은 민족이라는 것을 인식한다면, 하나님의 말씀으로써 전해지는 이 문서는 이스라엘에 의해서 인식되고 발전된 전체성 속에서 인식되어야 한다. 이스라엘을 향한 하나님의 가르침을 인식할 때, 또는 여러 누적된 전통으로 원시적 자료를 점진적으로 다듬어 나갈 때, 여기에서 고려되는 것은 어느 한 부분의 고고학적인 사료들이 아니다. 이와는 반대로 선택된 민족이 하나님의 계시로 인식했던 것을 고려해야 한다. 이것은 여기에 오류가 있다거나, 즉각적이고 은사적인 영감을 통해 계시되었다는 것을 의미하는 것이 아니다. 오히려 오류와 혼란을 통하여, 이 민족이 선택 받은 민족으로서 분별하고, 받아들이고, 결정한 것만이 남으며, 그들의 계시의 경험을 더 잘 이해하게 해주는 한 본문만 남는다. 그리고 이 순간, 본문의 최종적 상태와, 다른 본문들과의 관계를 이스라엘에 대한 하나님의 계시로 여겨야 한다. 물론, 이것은 역사적 연구, 주석학적 연구, 문화적 연구, 문법적 연구, 해석학적 연구, 구조적 연구 등을 가로 막지 않는다. 그러나 이러한 각각의 연구는 그 자신에 제한된 본문만을 이해할 뿐이고, 그래서 우리가 본질적으로 역사적 존재라고 여기는 문서를 역사적 이해의 영역으로 제한한다. 이것은 실재로 선택 된 민족을 통해 전해지는 이 본문에 대해서 어떤 깊은 이해도, 어떤 진정하고 새로운 이해도 가져다주지 못한다. 실재로 우리는 본문과 우리 지식 사이의 관계에 대해서 많은 교훈을 받는다. 그래서 우리는 이 외적인 자료들을 언제나 더 정확하게 인식할 수 있다. 그러나 이것은 진리와는 전혀 관련 없다. 겹겹이 쌓인 전통과 역사적 동기들 그리고 본문을 이해하도록 해주는 방법을 구분하는 것은 결국 이 본문을 설명하는 것이고, 실재로 이 본문이 선택 받은 민족의 표현이 아니라는 태도를 암묵적으로 취하는 것이다. 그리고 다음의 유명한 주장에 속아 넘어가서는 안 된다. "성서 본문은 이와 같이 역사적 구절이고, 우리는 그래서 이것을 역사적 본문으로 받아들여야 한다. 이것은 이후에 우리가 이 본문을 계시된 본문으로 받아들이는 것에 장애물이 되지 않는다." 이것은 정확한 표현이지만, 동시에 기만적인 표현이다. 실재로 모든 주석 작업은 유용하지만, 주석은 그 한계를 인식한다는 조건에서만 유용하다 우리가 본문의 진리를 이해함에서 이와 같이 진보하고 있다는 확신에는 분명 기만적인 요소가 자리 잡고 있다. 전쟁을 이끄는 장군이 승리를 확신하지 못한다면, 군대를 전진시키지 않는다! 단지 전투가 발생한 이후에야, 우리는 누가 승리자인지를 알게 된다! 이와 같이 어떤 대가를 치르더라도 원시적 말씀원본 그대로의 말씀에도 달하려는 욕망은 그 어떤 진리에 대한 보장도 되지 못한다. 이 말씀원본 그 대로의 말씀은 가장 오래 되었기 때문에, 혹은 가장 원래의 것이기 때문에 진리라고 여길 수 있는 것은 아니다. 다윗이 사용한 단어가 무엇이었는지를 아는 것은 흥미로운 일이지만(!) 이것은 고고학적 관점에서만 흥미로운 것이지, 하나님이 다윗에게 원하셨던 것과 그가 이스라엘을 대표했다는 진리의 관점에서는 그다지 흥미롭지 않다. 어쩌면 우리는 정확히 어떤 예언자가 어떤 말씀을 선언했는지에 관심을 가질 수도 있고, 혹은 3명 또는 4명의 이사야로 구분하는 데에 더 흥미를 느낄 수도 있다. 그러나 이것은 분명히 영감을 개인적인 차원에서 받는다는 사고에 전적으로 사로잡혀 있는 것이다. 여기에서는 이것이 실재로 이사야가 말한 것인지가 중요한 것이 아니고, 이사야가 결국 선택 받은 백성에게 선지자로 인식되었다는 것이 본질적인 것이다. 그래서 고려해야 하는 것은 이것이 선지자의 말씀이며 그리고 이 선지자의 이름으로 나온 말씀이다 이 백성들에 의해서 수집되고, 엮어지고, 받아들여지며 전해진 말씀이라는 사실이다. 그래서 그 최종적인 상태가 중요하다!

아니면 우리는 이스라엘이 선택 받은 민족이 아니라고 결정을 내린다. 그렇다면 성서 본문을 역사적 기록으로만 고려해야 하고, 우리는 주석학적 해석이 허락하는 것 이상을 생각해서는 안 된다. 그러나 만일 이 가정 안에서, 우리가 믿음의 태도를 견지해 왔다면, 그리고 하나님의 말씀을 추구해 왔다면, 우리는 주의해야 할 것이 있다. 본문의 분석적이고 분해하는 방법에서, 다른 본문 대신에 이 본문을 하나님에 의해서 영감 받은 말씀으로 여기고 선택하고 잘라내는 작업은, 순전히 이론적이거나 혹은 매우 실용적인 작업이 되었다. 나는 본문이 일관성을 갖도록 본문을 분리하는 것은 이러한 관점에서 이러한 본문의 분리는 너무나 적절한 것으로 여겨진다 실재로 그러한 하나님의 말씀을 이해하지 못하도록 한다고 생각한다.

그래서 나는 이 연구에서 하나의 총체적인 관점을 확고하게 견지한다. 이 총체적인 관점에 의하면 각 본문은 전체로 해석되고, 일반적 흐름으로 나타나는데 선택 받은 백성 자신의 역사와 연결되어, 이 일반적 흐름은 내부에 자신의 일관성을 갖고 있으며, 우리는 그 본문을 상관관계 속에서 정확하게 파악할 수 있다.

이와 같이 이 연구는 왜 이스라엘이 도시의 주제에 대해서 이야기했는 지 그 이유를 찾는 것이 아니라 무엇이 역사적 정황이었으며, 한 시대의 지적인 주제였는가를 찾는 것이 아니다, 이스라엘이 이야기한 것 자체를 찾으려 한다. 그리고 우리가 알고 있는 본문의 설명은, 우리가 과학적인 방식으로 세세하게 살펴보더라도 그것이 사회·역사학적이거나 혹은 구조주의적 방식이라 할지라도 폐기되지 않는다!

각각의 본문은 다른 본문들의 의미를 명확하게 해 주며 매우 자발적으로, 서로의 의미를 상호보완적으로 조명하고 있지 않은가? 우리가 본문을 시대와 장소에 따라 자르고 나눌 때에, 각 본문은 서로를 조명하지 못하게 된다. 비록 각 본문의 근원과 기원이 다양하지만, 성서의 총체적 관점을 숨길 수 없고 성서 전체는 진리의 메시지가 되며, 본문은 상징적인 최종적 구조를 갖게 된다.

다른 말로 하자면, 우리는 단편으로 나누어진 성서 각 부분의 기록과 형태를 힘들게 찾으려 하지만, 구성자와 편집자의 작업 역시 원저자의 작업만큼이나 중요하지 않은가? 각 문화 속에 포함되어 있는 진리는, 우리가 이 진리를 다른 것들과 분리시킨다면 사라지지 않을까? 그리고 우리는 본문의 원래 의미에 가장 근접한 의미를 찾으려고, 파편으로 나누어진 부분들을 연결시킬 때에만 인식할 수 있는 의미를 지워버리지는 않는가? 그래서 나는 여기에서 문자적인 보수주의를 변호하려 하지 않는다. 이것은 나의 생각과 거리가 멀다.… 그러나 이스라엘의 하나님과 예수 그리스도의 하나님이 역사 속에 나타난 동일한 하나님이라는 것이 신학적으로 사실이라면, 이 계시를 심각하게 받아들이는 것은 이 계시의 말씀을 박제된 나비와 같이 문화적 한계 속에 갇힌 역사의 한 순간에 다른 것을 의미할 수 없도록 고정시키는 것 아닌가? 이 해석학적 태도와 성육신한 하나님의 진리 자체 사이에 대립되는 것은 없는가? 이와는 대조적으로 하나님의 말 씀을 담고 있는 이 본문들이 동적일 수 있고, 더 포괄적이고 깊은 의미를 갖고자 서로 영향을 미칠 수 있다는 것이 중요하지 않을까? 이때문에 나는 성서 본문의 "고전적" 독해가 매우 중요하다고 생각한다. 여기에서 고전적 의미는 본문에 대한 과학적 연구를 무시한다는 의미에서의 고전적인 것이 아니라, "원래의"태생적으로의 의미를 갖고 있다는 점에서 그러하다. 여기에 보편적인 이해가 필수적인 이유가 있다. 그것은 우리가 실제 성서 본문을 처음부터 마지막까지 살펴볼 때, 그리고 가장 오래된 역사적 시점에서부터 가장 최근의 본문까지 살펴볼 때, 한 현상에 대한 특징적인 계시가 지속되고, 일관성을 갖고 있기 때문이 아닌가? 그리고 우리가 이 단편을 포괄하는 전체적인 흐름 대신에 각 독립적인 단편들만을 고려할 때 본질을 잃어버리기 때문이 아닐까?

나는 여기에서 분명히 롤랑 바르트와 대립되는 주장을 한다.예를 들면『사드, 푸리에, 로욜라』 1 나는 하나의 본문은 하나의 메시지의 기능으로만 존재한다고 생각한다. 나는 분명히 언어가 중립적인 도구라고 이야기하지 않는다. 그러나 이 중립적이지 않은 도구는 그 내용을 갖고 있는 무엇인가의 도구이고, 무엇인가를 위한 도구이다. 그 내용을 보려 하지 않고 본문을 보려는 시도는 그저 어리석은 시도일 뿐이다. 그 본문은 우리가 매우 빈번하게 보는 것처럼, 나무는 보지만 숲은 보지 못하는 것과 같다. "메시지가 아니라 메시지의 힘"을 들으려는 시도는, 마치 내가 관심 있는 것은 운전하는 것이지, 길을 따라가면서 보게 되는 아름다운 경관이 아니라고 주장하는 것과 같다. 우리는 기계주의자가 언어에 대한 이야기를 할 때, 이 위험에 주의를 기울이지 않는다는 사실을 충분히 잘 알고 있다.

『로욜라』의 작가가 자신의 언어에만 관심을 갖고 있다고 선언하는 것은, 이미 자신의 언어 자체에 의구심을 던지는 것이다. 과연 롤랑 바르트는『로욜라』에 덧붙였던 것들이 도덕적 담론이나 믿음과 같은 것이라고 믿고 있을까? 즉, 여기에 덧붙여진 것들이 각 개인이 견지하는 도덕적 담론을 분해하는 것일까? 그리고 로욜라가 그 뒤에 숨겨진 작은 의도들을 갖고 있지 않다고 생각하고 있을까? 그

---

1)) [역주] Sade, Fourier, Loyola, 롤랑 바르트(R. BARTHES), Edition du Seuil, Paris, 1920

리고 그는 "하나의 본문"을 기술했다고 믿지 않는가? 영적인 훈련은 로욜라가 원했던 영적인 삶과 매우 구체적으로 관련된 목적이 아니었던가? 아니면 다른 것이 있는가? 말하자면 바르트의 주장은 완전히 헛되고, 부적절하며, 허점이 있는 수사학인 것이다. 그는 뒤틀린 도덕적 담론을 덧붙이고, 분명히 새롭기는 하지만, 아무 의미 없는 기준점을 세운다. 그래서 그 책의 독서가 훈련에는 좋다는 사실을 알지만, 그 책을 읽는 나는 여전히 그 수준에 머물며, 전통적인 수준에 머물 뿐이다. 성서의 본문은 단지 하나의 본문이 아니다. 그것은 무엇인가를 이야기하는데, 그 이야기하는 내용이 본질적인 것이다.

이와 같이 나는 순차적으로 성서를 읽어나가는 선택을 하게 되었고, 구조나 문화에 의해서 비신화화 된 주해를 받아들이기보다는, 성서의 각 부분을 더 조명하는 가운데 항구적인 본래 의미를 심각하게 받아들이고, 성서의 보편성을 받아들인다.

아브라함의 사건에 대한 과학적이고 문화적인 주석이나 이 본문의 구조적 해석과, 동일한 사건에 대한 키에르케고르의 영적인 묵상 사이에서, 나는 키에르케고르를 선택한다. 이것은 내가 문화적 주석이나 구조적 해석이 잘못되었다거나 헛된 것으로 여기기 때문이 아니다. 이것은 분명 정확하고, 과학적 작용에는 유용하지만, 본질을 향해서는 한발도 앞으로 나갈 수 없기 때문이다. 이 주석과 해석은 분명히 정확도에 기여하지만, 진리에 대한 주제에 대해서 그 어떤 것도 이야기할 수 없으며, 행간을 읽을 수 있도록 도움을 주지 못한다. 반면, 키에르케고르의 묵상은 어쩌면 과학적 실재에 기초하지 않을 수도 있지만, 나 스스로를 거부하지 않고는 거부할 수 없는 존재 앞으로 나를 데려다 놓는다. 나는 여기에 예외적인 선택이 있다고 생각하지 않는다.

이 책에서 이야기하는 도시에 대한 연속적인 주제는 본문에 대한 정직한 주석학적 연구 이후에, 성서에서 나타나는 문화적 다양성을 관통하는 이 연속성의 결과로 나오는 것이라고 결론 내릴 수 있다. 그리고 나는 도시새예루살렘에 대한 계시를 받아들이면서 이 모든 방법론을 사용할 수 있었다.

결국, 우리는 성서에 지속하는 주제가 있음을 계속해서 논할 수 있다. 그렇다면 성서를 이 주제로 해석하는 것을 받아들여야 하는 것일까? 우리는 모든 성서가 인간에 대한 하나님의 문제를 제기하고, 혹은 언약과 그 외의 것들의 문제를 제기한다는 사실을 부정할 수 있는가? 오히려 각 부분을 자신의 문화적이고 구조적인 단위 안에 넣고자 전체를 해체하는 것이 진정한 의미를 무시하는 것 아닌가? 그래서 나는 계속해서 성서에 끊임없이 흐르는 지속적인 주제 중의 하나가 도시라고 이야기하고 싶다. 도시에 대한 계시의 관점에서 쓰이지 않은 본문들이다양한 시대와 다양한 문화적 환경에서 기록된 본문들이 도시라는 주제에 대해서 정확하게 완벽한 하나의 메시지를 준다고 주장하는 것은 매우 어리석은 주장일 것이다. 그리고 주석가들이 구축한 인위적인 통합체 역시 그러한 메시지를 줄 수 없다. 각 본문을 그 본문이 위치한 환경을 통해 보면서 이것을 주장하는 것은, 본문이 이야기하지 않는 것을 말하는 것 아닐까? 그렇지 않다면 이것은 구조적 방식과는 상반되는 방식을 통해서 본문에 근본적으로 숨겨져 있는 것을 이야기하는 것인가? 우리가 훌륭한 주석 작업을 하고, 본문을 문자적으로 분해할 때에도, 우리는 분명히 아직 그 의미에 대해서 어떤 것도 이야기할 수 없다. 아직도 여기에 어떤 의미가 있다는 주장을 받아들여야 하는 것인가! 그리고 만일 내가 주석과 해석 작업을 완전히 받아들인다면이 작업을 통해서 나온 해석을 받아들인다면, 나는 통속적인 "구조주의"예를 들면 본 문을 그 자체로 다루는 방식을 따르는 롤랑 바르트의 구조주의를 더욱더 비난할 수 밖 에 없다. 이 비난은 그 안에 내용이 없음에도, 그 언어는 그대로 존재한다는 선언에 대한 비난일 뿐이지, 그 내용과 의미의 도구로써의 언어에 대한 비난은 아니다. 나는 마치 퍼즐을 맞추는 것같은 이러한 방식에 흥미를 찾지 못했고, 모터는 모터일 뿐이라고 선언하면서 이 모터를 축소하여 보여주는 것과 같은 이 분석의 허구성에 대해 관심 없다는 사실을 고백한다. 단지 나에게 흥미로운 것은,

비록 이 모터가 자동차를 움직이게 한다는 사실이 분명 어떤 의미도 갖지 않는 것이 명백함에도, 그 부품들을 보여주고 분류하는 방식인 것이다.

성서는 어쩌면 "도시 언어의 해석"에서 나온 도시에 대한 첫 번째 언어일지도 모른다. 이 언어는 근본적인 것이다. 그러나 성서를 통해 우리에게 주어진 것을 보여주려면, 우리 스스로 문화적으로 도시에 대한 공통의 언어를 가져야 했다. 그래서 도시새예루살렘에 대한 성서적 교훈에서는 도시의 확장과 같은 문제가 우리의 주목을 받지 못하는 것이다. 오늘날 유일하게 알려진 것은 도시의 언어로 변환된, 도시에 대한 언어의 출현이며, 이 언어는 성서의 언어의 의미를 희미하게 만들었을 것이다.

내가 이렇게 나를 사로잡은 성서의 특수한 해석을 발견한지 곧 30년이 된다. 그리고 도시새예루살렘에 대한 언어를 자세히 살펴 볼 때, 이 도시에 대한 해석된 언어에서 도시 자체로의 언어로 넘어가는 것이 가능하게 된다. 이 언어에 다른 깊은 지식은 존재하지 않는다. 이 지식은 성서 본문 안에서 우리에게 가능성과 잠재력으로 주어졌지만, 분명하게 이 목적으로 쓰인 것은 아니었다. 그러나 지금 우리를 둘러싼 환경에 대한 해석처럼, 이 지식은 담론으로 넘어가기를 기다리면서 자신의 본래적 의미를 감추고 있다.

참고문헌

* 도시 기능의 다양성에 대해서, 그리고 도시와 문명의 관계에 대해서 이해하려면, 아래의 책들을 읽기를 권한다:
  * A. 토인비, 『역사 속의 도시들』(1972), 이 책은 분명 흥미롭지만, 각 도시들을 너무 세세하게 묘사하고 있다.
  * 루이스 멈포드, 『역사 속의 도시』*The City in History*(1961)(김영기 역, 명보문화사, 2001).
  * 에머리 존스[2] 『: 일반적 도시와 역사적 도시』(1973).
    이 책은 도시 안의 "죽음의 본능" 의 암묵적 지배에 대해서 사회학적 개념으로 결론짓는다. 이 사상은 다음의 저작들에서 더욱 발전한다:
  * 미쳐리히, 『정신분석학과 도시계획』(1970) 이 책은정신분석학적 개념에서 설명한다. 여기에서 다음의 저서를 평가하고 비평하는 것은 불가능할 것이다.
  * 앙리 르페브르, 『법에서 도시까지』(1970), 『도시혁명』(1971), 『마르크스 사상과 도시』(1972). 저자는 도시를 본질적인 인간 대립의 장소로서 소개하면서, 의도하지 않았지만, 성서의 사상과 맞닿은 결론을 내린다.

* 마지막으로 신학적 관점에서 우리는 다음의 책들을 참고할 것이다:
  * 콤블린(Joseph Comblin), 『도시의 신학』(1968)과 그 참고문헌들.

* 나는 다음의 두 책에 대한 콤블린의 비평에 대해 총체적으로 동의한다고 덧붙이고 싶다.
  * Greinacher, 『도시 사회의 교회』*(DIE KIRCHE IN DER STÄDTISCHEN GESELLSCHAFT*, 1966).
  * 하비 콕스, 『세속 도시』[3] 구덕관 외, 대한기독교서회, 2002.
    이 책은 나 자신이 직접 비평했으며, 특별히 출발점으로 선택된 사회학적 기초와, 더 근 본적인 것을 보지 못하도록 하는 "도시적 사회" 의개념(말하자면, 도시는 단순히 기능의 집합체일 뿐 아니라 의미의 집합체이다)에 대한 비평이다. 그들의 사회학은 훼손된 사회학이고, 나아가서 콤블린의 표현에 따르면, 이 책은 도시보다 세속화에 대한 이야기를한다!

---

2)) [역주] Emrys Jones(1920~2006). 런던 경제대학(London School of Economics)의 지리학 교수를 역임했음. 지리학과 도시계획 분야에서 활동하였음..

3)) [역주] *The Secular City*, Secularization and Urbanization in Theological Perspective(1965).

콤블린의 저서에 대한 주註

1968년에 출간한 콤블린Josheph Comblin의 연구 『도시의 신학』은 상당히 오랜 기간의 연구 결과였다. 그리고 내가 이 책을 접했을 때1969년, 콤블린이 미국에 대해 깊은 인상을 받았음을 알 수 있었다. 이 책에서 성서 연구에 기초한 첫 번째 부분만이 내 글을 참고자료로 사용하였다. 콤블린은 내가 기고했던 『살아계신 하나님』1949과 『믿음과 삶』1950에서 나타나는 개략적인 개념들과 일치한 개념을 갖고 있다. 만일 내가 그의 연구를 알고 있었다면, 내 연구의 목적을 바꾸지 않았을 것이고, 연구 방법은 본질적으로 달랐을 것이다. 그리고 우리는 완전히 다른 결론에 도달했을 것이다! 그는 도시의 인간 현상과 사회학적 그리고 역사학적 실재에서 자신의 연구를 시작하였고, 도시를 신학이 대답해야 하는 문제로 놓는다. 이런 도전의 기능으로 그는 도시의 신학적 관점을 추구한다. 이때부터 우리는 신학적 구조를 생산해야 하고, 정당화를 추구해야 하는 의무와 함께 목회적 신학을 향해 나아가야 한다. 하지만, 신학이 도시계획가, 경제학자, 사회학자 등의 영역으로 보이는 그러한 문제에 녹아들어가야 하는가? 나는 이와는 반대로 성서에 서 출발하여개인적으로 현대 도시계획에 의해 탄생한 도시에 대해 충분히 주의를 기울인 다. 그렇지만, 현대 도시가 신학에 질문을 던지지는 않는다! 이 오래된 글 성서이 우리가 근대적이라고 여기기 힘든 현상들에 대해서 너무나도 적절하게 지적하는 것에 대해서 경탄을 금하지 못한다. 성서는 문제를 던지지만, 충분한 대답을 갖고 있지는 않다. 나는 이 문제에 대해서 신학적 구조를 구축하려 하지 않았다. 만일 여기에 신학적 구조가 나타난다면, 이 구조는 본문 그 자체에 대한 수정이고, 고증이며, 설명일 것이다. 나는 여기에 어떤 목회적 염려도 없으며, 따라서 이 책의 의도에 어떤 정당화를 찾을 필요도 없다.

하비 콕스의 비평에 대한 주^註

나는 분명히 이 책의 영어 번역판에 대한 하비 콕스의 매우 긴 비평에 대해 한 부분 한 부분 대답할 수는 없다. Commonweal, 1971년 7월, "Has God cursed the cities?" 하나의 대답으로 그의 모든 질문을 만족시키려는 것은 매우 억지스러울 것이며, 나 자신을 위한 보기 불편한 변명으로 밖에 보이지 않을 것이다. 나는 콕스가 논쟁으로 가져온 점들을 모두 세세하게 살펴보진 않을 것이다. 예를 들면, 그는 예수 그리스도 안에서 우리가 긍정적으로 도시의 천사도시를 지배하는 영를 섬길 수 있다고 주장하지만, 나는 성서에서 이러한 선언을 허락하는 본문을 찾을 수 없다. 성서에서 천사들은 언제나 악하며, 반역한 존재이고, 정복당하였으며 결박되어 있는 존재로 나타난다. 이들은 어느 한 순간도 긍정적인 적이 없다 이것은 바울신학과 펠라기우스의 논쟁과 동일하다. 이 둘은 정확히 반대의 태도를 취하며, 이 논쟁은 분명 교의적 선택에 대한 것이다. 나는 단지 그가 이해하고 있는 부분의 오류를 지적하고 싶지만, 모든 오류를 드러낼 수는 없다. 그래서 나는 다음의 세 가지 특징적인 오류만을 이야기하는 것으로 만족하려 한다. 우선, 콕스는 내가 성서의 본문을 잘못 번역했다는 것을 어느 부분에서도 증명하지 못했다. 그는 즉각적으로 일반적인 신학의 수준으로 비약하였으며, 나를 깔뱅주의자라고 비난하였고 나는 깔뱅주의자가 아니며, 나는 이것을 쉽게 증명할 수 있다, 이것은 그의 중심적 오류를 증명하는 것이다. 그는 내가 쓴 것을 이야기한 것이 아니라, 그로 하여금 내가 쓴 글을 깔뱅주의로 읽도록 하는 선입관으로 읽은 것이다. 콕스는 내가 깔뱅주의 설교의 고전적 방식을 취했다 죄와 지옥 그리고 은혜의 선언에서 고 비판한다. 그러나 도시의 신학에 관해서는, 나는 깔뱅주의의 틀을 따르지 않았고, 오히려 순수하게 성서의 사건들을 살펴보았다. 만일 도시에 대한 첫 번째 본문이 가인의 본문이고, 마지막 본문이 하늘의 예루살렘의 본문이라면, 내가 오류를 범한 것인가?!

두 번째로, 매우 흥미롭게도 그는 실재로 내 책의 절반도 읽지 않았다. … 말하자면, 그는 하늘의 예루살렘의 성취 안에서 모든 것이 대체된다는 표현을 읽지 않은 채, 도시의 정죄에 관련된 것만을 이야기했다. 여기에는 "죄 / 초월적인 은혜" 의 도식이 있으며, 그는 이 도식을 내 연구에 적용했다. 그러나 나의 연구를 이러한 도식으로 해석해서는 안 된다. 그리고 종말론적 실재는 마지막 때에 실재로 온다. 그의 비평에는 내가 강조했던 언약의 한 단어도, "밝아오는 여명" 의 한 단어도 없다. 또한, 새예루살렘이 모든 역사와 모든 인간 행위의 성취이며 응답이고 승천이라는 사실에 대해서도 단 한마디의 언급도 없다. 그는 이와는 반대로 내가 인간 역사의 폐기를 선언하였다고 말하지만, 내 책의 모든 부분은 이와는 반대의 것을 말한다! 다른 말로 하자면, 그는 이 책 처음의 두 장만을 이야기하고, 나머지 네 장은 전혀 고려하지 않았다. 여기에서 그는 전혀 이 책의 맥락을 고려하지 않았고, 인용한 내용을 편집하기만 했을 뿐이다 분명하게 콕스는 이 책 전체에 나타나는 변증법적 흐름을 정확하게 보지 못하고 있다. 그는 이 책 이외의 다른 책의 비평에서도 변증법적 사고로 보이는 것을 완전히 무시한다.

내가 본 세 번째 부분은 그가 권력과 힘의 영을 혼동했다는 것이다. 여기에서 콕스는 상당히 주목할 만한 일련의 잘못된 해석을 범했다. 그는 나에게 인간의 힘은 하나님에 대한 반역에서 나온다고 이야기한다. 이것은 매우 어리석은 것이다. 나는 창조에서 하나님이 인간에게 힘을 주셨다는 것을 잘 알고 있다. 그러나 내가 글에서 표현한 것은 힘의 영이다. 그는 도시힘의 영의 작품의 힘에 대한 저주와, 내가 한 번도 이야기하지 않은 인간에 대한 일반적 저주를 혼동한다. 그는 도시의 영적 실재와 내가 여기에서 갖고 있는 어떤 형이상학적 관점을 혼동한다. 특별히 그는 "아무것 도 할 수 없다." 라는 구절을 주목하면서, 이 주장이 무엇에서 가져온 것인지 살펴보기를 거부한다. 나는 인간 거주의 조건을 향상시키고, 빈민촌을 없애고, 도시를 살만한 곳으로 만드는 등의 일에 대해서 우리가 아무 것도 할 수 없다고 이야기한 적이 없다. 나는 단지 우리가 도시의 본질적인 문제를 해결하지 못할 것이고, 도시의 영적인 의미는 그대로 남아 있을 것이기 때문에, 이러한 행위는 여전히 무의미한 것이라고 이야기했을 뿐이다. "아무 것도 할 수 없다." 라는 표현은 중심적인 문제에 대한 것이지, 도시 계획에 대한 것이 아니다. 도시계획은 유용하지만, 결정적으로 어떤 도시의 문제도 해결하지 못한다 이것이 정확하게 콕스가 보지 못한 문제이다. 그리고 그는 단순하게 혹은 선동적인 방식으로, 내가 도시 빈민촌게토, 파벨라스의 문제를 너무 쉽게 받아들인다고 비난하며, 여기에 그의 주요한 오해가 있다. 그리고 그는 이러한 상황에 대한 나의 대답이 인내이기 때문에내가 인내라는 덕목을 나타내려고 모든 것을 오해해서는 안 된다! 나를 희망이 없는 사람으로 특징짓고 운명주의자로 단정짓는다. 그러나 나는 이 책에서 분명히 "가장 근본적인 희망" 을 선언한다.

제1장 • 건축자

1. 가인

첫 번째 도시의 건축자는 가인이었다. 이 사건에 대해서 우리는 다음과 같은 몇 가지 정황들이 살펴볼 수 있다.

가인은 자신의 동생을 살인한 후에 하나님께 저주를 받았다. "이제 네가 땅에서 저주를 받을 것이다. … 네가 밭을 갈아도, 땅이 이제는 너에게 효력을 더 나타내지 않을 것이다. 너는 이 땅 위에서 쉬지도 못하고, 떠돌아다니게 될 것이다."창4:11,12 가인은 이러한 하나님의 조치에 불만을 품었다. 그리고 하나님의 저주 앞에서 그가 보여준 반응은, 자신의 너무나 큰 죄로 말미암아 자신이 살해당할지 모른다는 두려움이었다.

주님은 가인에게 다음과 같이 말했다. "그렇지 않다. 가인을 죽이는 자는 일곱 갑절로 벌을 받을 것이다.' 주님께서는 가인에게 표를 찍어 주어서, 어느 누가 그를 만나더라도, 그를 죽이지 못하게 하셨다."창4:1 그리고 하나님은 가인에게 그를 만나는 어떤 사람도 그를 죽이지 못하도록 표sign를 주었다. 그 이후에 가인은 하나님을 떠나 에덴의 동쪽, 놋 땅에 거주하였다. 가인은 아내와 동침하였다. 가인의 아내는 임신하였고 에녹을 낳았다. 그리고 가인은 도시를 건설하였고, 이 도시를 아들의 이름을 따서 에녹이라 불렀다. 창4:9-17 오늘날 이 기록을 신화로 치부하고, 이 신화에 어떤 "사실의 실재"도 없다는 주장에 동의하는 사람들이 있다. 우리는 역사가들의 "놋 지역이 지리학적으로 존재했는지에 대해서는 실재로 알려진 바가 없다." 라는 주장에 반론을 제기하지는 않겠다. 내가 이 말씀을 읽었을 때, 나는 상상의 날개를 펼 수 있었다. 지리학자들도 알지 못하는 미지의 장소! 어디에도 존재하지 않는 곳, 에덴과는 달리 지리학자들에게 조차 알려지지 않은 이 지역, 어디에도 존재하지 않는 이 땅은 어떠했을까?

이 기록은 우리가 화려하게 현학적인 용어로 이야기하는 것처럼 역사 적이거나 논리적이지 않기 때문에, 이것들은 실재로 신학적인 이야기일 뿐이고, 우리는 그 이상 이야기할 수 없다. 다시 말하면 이 이야기는 하나님과 관련된 것이고, 하나님께 온 것이다. 만일 가인에 대한 이야기가 흥미롭다면, 그 이유는 가인이 겐 족속의 조상이기 때문에, 혹은 인류의 기원을 설명해주는 이야기이기 때문이 아니다. 그 이유는 오히려 인간에 대한 하나님의 견해를 나타내기 때문이고, 아니면 인간의 어떤 태도나 행위를 나타내기 때문이다.4

가인에게 주어진 정죄는 땅에서 쉬지도 못하고 떠돌아다니는 것이었다. 그에게 거주할 땅도 친구도 사라지게 되었다. 지금까지 그는 하나님의 보호를 통해서만 살 수 있었다. 하나님의 보호는 사람과 자연과의 관계에서 일종의 안정감과 친밀함을 통해서 나타날 수 있었다. 가인의 살인은 이 평화를 깨뜨렸다. 그의 살인은 불안, 피 그리고 보복을 가져왔다. 하나님이 선언한 정죄

---

4) 분명히 콤블린(Comblin)은 도시가 하나님의 작품이라고 주장한다. 그리고 "다른 전통은 가인을 기초자로 보고 있다.…" 라고 주장한 이후에, 도시의 기초를 놓은 가인의 역사를 간략하게 언급하면서, 도시의 건축자로서의 가인이 의미를 축소했다. 거듭 말하지만, 나는 성서 가 파편으로 나누어진 단편적인 기록들이 아니라, 하나의 완성된 기록으로 본다. 그리고 이것은 사실이다! 만약 콤블린의 사고처럼, 하나님에 의한 교육과정이 진화한다면, 왜 가장 오래된 성서의 본문이 더는 권위를 갖지 못하는가? 이기록의 여러 흐름들 사이의 궁극적인 흐름을 찾는 것이 왜 의미가 없는 것일까? 그리고 만일 성서에 궁극적인 흐름이 있다면, 가인에 의해서 도시의 역사를 세우는 작업은 다른 작업보다 구체적이지 않다는 것을 인식해야 한다. 성서 전체를 조각조각 나누고, 이 조각난 사건들을 사상의 흐름으로 바꾸는 것은, 성서 본문이 내포하는 모든 흐름을 지우는 것이라는 것을 분명하게 인식해야 한다.

는 가인의 행위를 통해 나타난, 화해할 수 없는 결과였을 뿐이다. 그는 인류의 친족관계를 파괴하였고, 결국 그는 땅에서 쉬지도 못하고 떠돌아다니게 될 것이다. 그에게 더는 자연적인 보호가 존재하지 않는다. 가인은 다음과 같이 주장하였다. "저를 만나는 사람마다 저를 죽이려고 할 것입니다."창4:14 이것이 바로 땅을 떠돌아다니는 것이 가져오는 결과이다. 가인에게 더는 인간적인 장소도, 지질학적인 장소도 남아있지 않았다. 그의 살인이 이러한 인간적이고도 물리적인 장소를 파괴하였기 때문이다. 이러한 장소를 상실했다는 것은 이 사람이 사형에 처해졌음을 의미한다. 땅을 떠돌아다니는 가인의 상황은 무덤에서 바라보고 있는 아벨의 눈보다 더 무서운 것이었다. 가인에게 주어진 이 떠도는 상황은 실재로 불가능한 것이었다. 그러나 이 불가능했던 상황에 처해 있는 현대 사회는 지금 죽어가고 있다.

다른 한편으로 이 의미를 더 잘 살펴보려면, 아벨이 목자였으며 유목민이었다는 사실을 기억해야 한다. 반면에 가인은 농부였고, 그래서 정착민이었다. 여기에서 우리는 분명히 많은 문제를 일으키며 두려움을 몰고 오는, 사막 광야에서 큰 소리를 내면서 공격해오는 유목민에 대한 정착민의 고통을 생각해 볼 수 있다. 정착민은 이러한 문제를 일으키는 유목민에 대항하여 자신을 방어하는 동시에, 오직 이 유목민을 죽이려는 욕구만을 갖고 있었다. 유목민은 그런 불안한 환경에서 하나님의 보호를 받아 살아남는 것처럼 보이기 때문에, 이들은 실재하는 하나님의 능력과 신비한 언약을 아는 것처럼 보인다. 여기에서 하나님은 가인에게 단지 아벨이 처해 있던 떠돌아다니는 상황을 주었을 뿐이었다. 가인은 유목민이 되어야 했다. 그는 자신의 피해자와 동일한 상황이 되었다. 그가 농경 생활을 통해 누릴 수 있었던 평화는, 희생된 목자의 희생동물과 바뀌어야 했다. 그러나 지금부터 그는 그의 희생자의 조건과 함께, 떠도는 자와 언약을 맺는 하나님의 표를 동시에 갖게 되었다. 헤겔의 주인과 노예의 변증법이 나오기 이전에, 성서는 이미 살인자와 희생자의 변증법을 기록하고 있다.

하나님은 가인에게 처음 만나는 사람이 그를 죽이지 못하도록 그에게 표를 주었다. 이 사건은 하나님이 매우 일관되지 않은 것처럼 보이게 한다. 하나님은 반역의 가능성을 갖고 있는 사람 앞에 있으며, 이 사람은 드러내놓고 하나님이 선언하는 말씀을 심각하게 받아들이기를 거부한다. 이 사람은 더는 하나님을 믿지 않을 것이다. 그리고 그가 죽음이라는 처벌의 수위를 낮춰달라고 할 때, 자신의 행위의 결과로 맞닥뜨리게 될 죽음의 위협에 대해 자신의 보호를 요구할 때, 하나님은 그가 보복 당할 것을 약속하지만… 하나님은 그에게 표를 준다.

이 얼마나 가련한 보증인가! 가인은 자신이 죽음의 위험에 처할 때에만 보복을 할 수 있을 것이다. 이것은 결코 가인이 원했던 것이 아니다. 가인은 하나님께 벌을 받을 것이다. 그러나 그는 더는 하나님을 믿지 않았다. 가인은 하나님의 보호라는 표를 받았지만, 그에게 이 표는 그다지 중요하지 않았으며, 나아가 가인은 이 표가 자신을 보호할 수 있다는 사실 조차 염두에 두지 않았다. 그는 더 물질적인 것을 원했다. 즉, 자신의 범죄가 파괴한 것들, 말하자면 동물들 사이에도 뿌리내리고 있던 가족을 통한 안전, 그리고 인간과 장소 사이의 친근함을 원했다. 그러나 과거로 돌아가는 것과 회복은 불가능했다. 이것이 바로 가인의 비극이었다.

여기에서 우리는 하나님과의 깊은 단절을 볼 수 있다. 가인은 끊임없이 자신의 근원을 찾게 될 것이다. 그는 이제 그에게 자연스러워진 정착 문화를 따를 것이다. 그는 결국 희생자가 처한 상황이었던 떠돌아다니는 상황을 견디지 못할 것이다. 그는 다른 방식으로 뿌리를 내리고, 자신을 보호하고자 정착할 것이다. 그리고 더는 농사꾼이 아니라, 도시의 건설자로 정착할 것이다. 가인은 이렇게 하나님께 반역할 것이다.

가인은 하나님의 보호 아래에 있었고, 이 보호 안에서 생존이 가능할 것이다. 가인에게 이 보호가 없었다면, 그는 떠도는 삶과 영원한 무국적의 상태로 사라졌을 것이다. 그를 보호했던 하나님의 표는 실재하는 동시에 예언적인 것이었다. 가인은 단지 그 표를 믿지 않으려 했을 뿐이다. 그는 믿고 싶지도, 믿을 수도 없었다. 그것은 가인이 하나님 앞에서 떠났기 때문이다. 그리고 이것은 물질적으로 하나님을 떠났다는 것을 말하는 것이 아니라, 영적으로 떠났음을 말해준다. 그는 하나님에게서 멀어졌다. 그는 자신을 정죄한 것으로 보이는 하나님을 더는 신뢰하지 않았는데, 그 이유는 그가 하나님께 최고의 모욕을 했기 때문이다. 결국 가인은 자신이 보지 못한 이 표가 그를 보호할 뿐만 아니라, 자신의 죄와 불순종에도, 하나님에게서 멀어졌음에도, 자신을 충분히 보호할 수 있음을 알지 못했 다. 그리고 가인은 결국 자신의 안전을 찾는 데에, 적대적인 힘과 싸우는 데에, 자연과 사람을 다스리는 데에, 그리고 안전에 대한 보증을 찾는 데에 전 인생을 바치게 된다. 그리고 가인은 자신이 원하는 대로 할 수 있을 것으로 생각했고, 이러한 그의 행위가 안전을 보장해주는 것으로 보였지만, 실재로는 그 어떠한 것에서도 자신을 보호할 수 없었다.

※   ※   ※

이와 같이 가인은 하나님 앞을 떠나 에덴의 동쪽인 놋 땅에 살았다. 여기에서 세 가지 특징을 발견할 수 있다. 놋 땅은 히브리어의 문자적 의미로 번역하면 떠도는 지역이다. 하지만, 왜 이름없는 지역에 이름을 붙였을까? 가인이 떠도는 지역에 거주했다는 것은 반어적인 표현이다. 어떤 사람은 이것이 당시의 히브리 기자의 반어법이 아니라고 주장할 수도 있을 것이다. 물론 이것은 분명하지 않다. 하지만, 이것이 하나님의 반어법이 아니라고 말할 수도 없다.

그러나 근본적인 의미에서 이것이 과연 반어적인 표현일까? 이 구절들은 가인이 처해 있는 상황의 회복할 수 없는 불균형을 말하고 있지 않은가. 거주하고 싶은 사람, 정착하고 싶은 사람, 그러나 결코 정착할 수 없는 사람, 떠돌 수밖에 없는 사람, 출발부터 절대로 어떤 목적지를 바라볼 수 없는 사람, 그런데 이 사람은 무엇을 향해 가는 것일까? 인류가 추구하는 모든 것은 떠도는 땅에서의 가인의 거주에 뿌리를 두고 있다. 그리고 인류는 안전을 추구하고, 거주할 장소의 필요를 만족시키는 장소를 추구한다. 그러나 가인의 유일한 장소, 정확히 말하자면 이 지역은 거주할 수 없는 땅이다.

그리고 이 오래된 이야기는 에덴의 동편과 정확히 같은 장소를 말한다. 동편orient. 해가 뜨고 지는 지역, 그리고 언제나 우리가 떠나오는 곳. 이곳은 머무를 수 없는 출발점으로, 우리는 여기에서부터 나온다. 이제 가인은 이 출발점에 정착했고, 그의 시선은 이 땅을 향한 영원한 욕망으로 넘쳐날 뿐이다. 그리고 출발점인 이 장소에서 거주하기 때문에, 그는 언제나 이 장소를 추구하기만 할 뿐이다.

성서에서 동쪽은 매우 구체적인 의미를 갖고 있다. 그것은 주님을 향해 가는 길인 동시에 주님의 부르심에 순종하여 따라가는 길이기도 하다. 이 두 개의 커다란 길은 서로 만나지 않으며, 인간의 수많은 태도들의 관계를 보여준다. 바벨을 건설하려 했던 사람들도 동쪽에서 왔으며, 역사상 선택된 민족을 짓밟았던 침략자들도 동쪽에서 왔다. 그러나 아브라함 역시 하나님이 부르신 사람들처럼 해가 뜨는 동쪽에서 왔다.사41:25 그리고 모세와 레위인은 제단의 동쪽을 취하였다. 동방박사들이 동쪽에서 왔다는 사실까지만 이야기하자. 이 긴 역사의 흐름은 실재로 모든 사람이 기다리고 있었던 것으로, 동쪽에서 올 지극히 높은 분에 대한 예언이다. 이것이 가인이 상징적인 동쪽에 정착한 이후에 기다린 모든 것이다.

좀 더 정확한 사실을 덧붙인다면, 그것은 에덴의 동쪽이다. 지금 우리는 가인의 시선과 욕망이 무엇을 향해 있는지를 알고 있다. 그것은 에덴을 향한 것이다. 잃어버린 천국, 그것은 아담의 타락에 의해 만들어진 상황을 의미했으며, 인내해야 하는 상황을 의미했을 뿐만 아니라이 상황에서 아담의 안전은 가인이 혼란에 빠뜨릴 자연의 질서에 의해서 보장되었다 안전의 절대성과 인간 상황의 절대성도 의미했다. 이와 같이 가인의 타락은, 자신의 욕망과 마음 깊숙이 심겨진 극도의 불안의 그림자를 한 차원 더 높은 곳으로 올려놓았다. 이것은 그가 요구한 영원한 어두운 그림자일 뿐만 아니라, 영원함 그 자체이기도 하다. 그가 자신의 욕망을 추구할수록, 그는 점점 영원한 어둠 속으로 들어가게 된다. 그는 절대적인 것에 더 다가가려고, 떠도는 삶에서 영원히 떠날 것이다. 그러나 그는 자신의 인간적 조건에서 떠날 수 없다. 그리고 그의 떠남은 아무것도 얻지 못할 뿐더러, 결코 어디에도 정착할 수 없을 것이다.

그리고 여기에서 우리는 이 출발의 목적을 좀 더 자세하게 살펴볼 수 있다. 하나님의 앞을 떠난 이후에 가인은 떠도는 땅에 거하게 된다. 우리는 본문 안에서 발견되는 이 두 가지 사실들을 연결시켜야 한다. 가인의 마음속에 내재된 영원한 가시그의 마음을 자극하는 가시, 그것은 하나님의 부재이다. 하나님을 다시 찾는 것. 주님과 얼굴을 마주하는 것, 이것만이 각자의 마음에 있는 가인의 방황을 막을 수 있다. 자신의 장소에 대한 추구, 에덴에 대한 추구, 그것은 결정적으로 하나님의 즉각적인 임재를 계속해서 요구하는 것이다. 그에게 이 상황은 단지 절망적으로 보일 뿐이다. 우리는 하나님이 그룹들을 통해 에덴동산에 아담이 들어오지 못하게 막았다는 사실을 잘 알고 있다. 이 그룹들은 라파엘로가 그린 파랗고 빨간 그 룹들이기 보다는, 오히려 인간을 커다란 공포로 몰아넣는 무시무시한 전투의 칼날이다. 물론 아담은 에덴에 들어갈 수 없었고, 설령 그것이 가능했다 하더라도 그 성스러운 존재에 의해서 그 칼이 번쩍이며 휘둘러졌을 것이다. 그러나 가인은 더 열악한 상황 가운데에 놓여졌다. 그것은 우리에게 가인이 지금부터 떠도는 자임을 더 명확하게 보여준다. 이것이 그가 갖고 있는 특징이었다. 그래서 그는 안식을 찾을 수 없었다. 만일 그가 안식을 찾는다면, 더는 가인이라는 존재가 아닐 것이다. 결국 그는 주님의 얼굴을 평생 찾아 헤매는 정죄를 받았다. 그리고 하나님을 원하지 않는 것에서 믿지 않는 것으로 바뀌었고, 결국 하나님을 만날 어떤 방법도 없는 상태가 된다. 무엇을 하든 하나님을 만날 수 없으며, 거기서 절망하게 된다. 그리고 또 다른 어려움을 맞이하게 되고, 이 상황은 더욱 악화된다.

우리는 가인이 하나님이 허락한 안전에 대해서 전혀 만족하지 않는다는 사실을 알고 있다. 그래서 가인은 안전을 찾아 나설 것이다. 그의 이러한 안전에 대한 추구는 주님의 얼굴을 찾는 것과 다르지 않으며, 사실 오직 하나님 안에서만 자신의 안전을 발견할 수 있다. 오직 그가 하나님을 믿을 때에만 그에게 주어진 표sign가 효과적인 보증이 될 수 있다. 어떻든 간에 이 표는 우리 모두에게 주어진 것이 아닌가? 왜냐하면 그것이 하나님의 말씀약속으로 나온 것이기 때문이다. 물론, 가인은 여기에 귀를 기울이지 않았다. 그리고 그의 안전을 위해서 다른 길을 선택할 것이다. 이것은 그의 영원에 대한 욕망을 채우기 위해서이다. 그는 모든 영역에서 자신을 만족시키기 위한 시도를 할 것이다. 그는 잘못된 길을 갈 것이며, 그가 이 길을 가면 갈수록 하나님과 멀어질 것이다. 우리는 가인 이상으로 하나님과 더 멀어질 수 있는가? 그렇지 않다. 그 길은 실제로 하나님과 멀어지는 길이 아니고, 인간 마음에 하나님과 멀어지는 것과 같은 그럴듯한 거짓으로 인도한다. 왜냐하면 이것이 영원함과 안식의 목마름에 대해 일시적인 만족을 가져다주기 때문이다.

가인은 자신의 지역에 정착한 후에 저주를 견디려고 두 가지 일을 한다. 아내와 동침하여 아들을 낳았으며, 도시를 건설한다. 첫 번째 행위는 우리와 아무 연관이 없다. 단지 낙원에서 쫓겨난 아담의 행위와 동일한 가인의 행위에 주목해 보자. 아담의 행위는 가인을 세상에 낳게 하는 행복을 주었다. 이것은 한 인간의 영원을 추구하고 생명을 찾는 의지였다. 그는 자신의 자식들에게 이것을 전수했다.

두 번째 행위는 현대인이 추구하는 것과 직접적으로 연관이 있다. 이 첫 번째 도시의 건축자는 자신의 상황에 대해 반응했으며, 이 반응은 그 의 깊은 욕망을 실현하기 위한 노력이었다. 자신의 자손들을 통해서 이루 어질 영원에 대한 욕망, 그에게 적합한 장소를 만듦으로써 얻을 수 있는 안전에 대한 욕구, 그것이 도시이다. 이 두 행위의 관계는 도시와 자식에 게 주어진 이름의 정체성을 이야기할 때 이미 언급하였다.

가인을 위한 도시는 우선 가인 자신이 있는 그 장소가 될 것이다. 그의 본향, 그의 장소는 그가 떠도는 가운데에 있다. 그리고 그것은 안전에 대한 물질적인 표식이다. 그는 자신과 자신의 삶을 스스로 책임졌다. 그는 여호와의 얼굴에서 멀어져 있었다. 물론 위기를 넘겼다. 첫 번째 가나안 도시들은 필연적으로 성벽을 갖고 있을 수 밖에 없었다. 가인의 안전은 그가 벗어나려 했던 하나님의 관점에서의 안전이 아니라, 살인 이후에 적대적이 된 세상의 관점에서 안전이다. 세상은 아담의 타락 이후에 매우 고통스러워지긴 했지만, 아직까지는 살인이 저질러지지는 않았다. 그러나 이제, 살인이 발생했다. 도시는 가인의 살인의 직접적인 결과이고, 가인 스스로 하나님의 보호를 거부한 결과이다.

그의 도시는 이와 같이 떠도는 지역에 자리 잡았다. 그곳은 사람이 안식할 수 있다고 믿는 장소이다. 이 도시는 그에게 항구이며 정착할 곳이다. 이 장소에서 그는 결국 자신의 방랑을 잊을 수 있고, 에덴을 추구하지만, 이 추구는 결국 도시로 말미암아 멈추게 된다.

가인은 정말로 참기 어려운 상황 가운데에 있었다. 그것은 결코 도달할 수 없는 곳으로 끊임없이 떠나는 것이며, 들어갈 수 없는 에덴을 향한 끊임없는 갈망이었다. 이것은 진정으로 견디기 힘든 상황이었다. 이제 인간은 떠도는 것을 멈추었다. 가인은 이제 도시를 건설한다. 그는 하나님의 에덴을 자신의 에덴으로 바꾸었다. 그는 하나님이 그의 삶에 주었던 결과를 자신이 선택한 결과로 바꾸었다. 이것은 진정으로 가인이 자신의 삶에 미치는 하나님의 손길을 거부하는 행위이고, 자신의 손으로 운명을 만든 행위였다. 그리고 만일 내가 자의적으로 해석했다고 생각한다면, 이 도시의 이름이 에녹이라는 사실 한 가지만을 더 살펴보자.

이 도시는 에녹이라고 불린다. 에녹은 출발이라는 의미를 갖는다. חֲנוֹךְ 에녹: 시작하다, 세우다, 추구하다 가인은 새로운 세계를 시작하였다. 에녹은 레쉬트5의 반대이다. 이것은 창조의 시작인 동시에 향락의 추구이다. 도시는 에덴과 반대된다. 가인이 이 이름을 그의 피조물에게 준 것은 분명 헛된 것이 아니었다. 그 역시 지금 세상을 다시 만들고 있다. 이 세상으로는 만족하지 못하는 것이다. 완벽함이 사라지고, 가인 때문에 고통스럽게 된 이 세상을, 가인은 다시 재건할 것이다. 가인이 만드는 세상은 기존의 세상과 동일한 것이 아니었고, 필수적인 재건도 아니다. 이것은 새로운 구축이다. 가인이 재건을 목적으로 한 것이 아니기 때문에, 이것은 새로운 시작이다. 하나님의 창조는 무에서 시작되었다. 하나님은 아무것도 하지 않았으며, 특히 아무 것도 성취해 내지 않았다. 이것은 더는 하나님의 일이 아니다. 이 일은 인간이 시작하고 있다. 이와 같이 가인은 그가 하는 모든 행위에서 하나님과의 관계를 더 근본적으로 더 단절시키고 있다. 그의 상황에는 한 가지 원인이 있었는데, 그것은 하나님이 허락한 것이었다. 바로 이것이 가인이 결코 견딜 수 없는 것이었다. 가인은 그가 만든 상황을 스스로 해결하려 하였지만, 그럴수 없었다. 그것은 “하나님의 관점에서 본” 상황이었기 때문이다. 가인은 회복의 시도를 거듭하였으며, 각각의 시도는 새로운 불복종이었고 동시에 새로운 폭력이었다. 겉으로 각 상황에서 가인이 행했던 시도는 언제나 더 많은 불행을 주었고, 더욱 해결할 수 없는 상황으로 가인을 몰아넣었을 뿐이다.

가인은 건설을 시작했다. 말하자면 가인은 하나님을 가설의 영역으로 던져 넣었고, 비현실의 영역으로 버렸다. 그리고 아벨의 죽음과 함께 시작한 역

---

5) [역주] 레쉬트(R'eschit)는 히브리어로 그물망, 네트워크를 뜻함

사와 같이, 문명은 도시와 도시가 대표하는 모든 것으로 시작한다. 우리에게는 살인 이전의 역사가 존재하지 않는다. 그 이유는 우리가 중세까지 역사가들이 죽음으로 버려두었던 역사 이전의 시대를 여러 큰 역사의 흐름들 속에서 다시 구축할 수 없기 때문이다. 그러나 여기 이 역사의 죽은 유골이 우리에게 삶의 재료를 가져다준다. 우리에게는 죽음이 전의 역사를 알 수 있는 어떤 자료도 없으며, 타락의 결과인 죽음이 살인을 통해 첫 역사로 기록되었다.

가인의 시작과 함께, 그리고 에녹과 함께, 모든 문명이 구체적인 출발점을 갖게 되었다. 낙원은 전설이 되었고 창조는 신화가 되었다. 현재 우리는 우리 나름대로 역사의 기원을 추정하고 있으며, 가나안과 수메르인, 페루 도시의 성곽들은 우리에게 호모 파베르homo faber:도구의 인간에 대한 물리적인 지식과 물질적인 증거를 주었다. 우리는 이 물질적인 증거에 만족하였고, 진정으로 가인이 문명의 시작이라고 말할 증거를 갖게 되었다. 그가 살인자였기 때문에, 그가 인간의 지혜를 실현할 것이기 때문에, 그가 호모 프로토 사피엔스 homo proto sapiens:원초적 지혜의 인간를 호모 파베르로 변화시킬 것이기 때문에, 우리는 가인 이전에 하나님 외에는 아무 것도 없었다고 이야기할 수 있을 것이다. 그러나 가인의 행위로 말미암아 하나님은 더는 인간의 삶에, 인간의 의지에, 그리고 인간의 사고에 적합하지 않게 되었다.

그리고 이것은 소위 "사용의 방향설정과 시작" 이라는 에녹의 정확한 의미에 부합한다. 가인은 세상을 소유하였고, 우리가 이미 저 앞에서 이야기했던 바와 같이 자신의 목적 안에서 자신을 위해 이 소유를 사용하였다. 가인은 기술을 만들었다. 가인은 돌의 치수를 재고 다듬어서 하나님의 제단을 세우기에는 부정하고 부적절하게 만들었다.출20:25 이것은 인간이 하나님께 영광을 돌릴 수 없는 피조물을 사용하는 것이다. 가인은 모든 피조물을 자신의 의지로 왜곡시켰다. 그는 하나님의 명령에 의해 자신이 피조물의 수장이었음을 잘 알고 있었고, 이 피조물을 탈취한 것이기도 하다. 그는 피조물이 자신의 운명을 따라가게 만들었다. 이 운명은 죄의 노예의 운명이며, 피조물에서 벗어나려는 반역의 운명이다. 도시는 이러한 탈취와 반역에서 태어났다.

성서의 단순하지만 풍부한 정보 가운데에서 우리에게 주목할 만한 것은, 이 이야기가 어떠한 태도를 취하든 간에 성서의 관점에서 사실이라는 것이다. 이 이야기가 하나님의 계시라면, 이것은 하나님이 중요하게 여기는 사건이다. 하나님은 여기에서 도시의 건설이라는 인간의 시도와 그 깊은 의미에 대해서 우리를 심판하고 있다. 그리고 우리는 모든 역사 속에서 이 사실을 받아들여야 한다. 왜냐하면 하나님이 역사를 이렇게 바라보기 때문이며, 하나님이 역사에 내리는 심판이 우리가 여기에서 얻을 수 있는 과학적 지식보다 더 사실이기 때문이다.

만일 성서가 이전의 문서들에 의존하는 역사적 기록일 뿐이라면, 그리고 이 문서들 또한 의식의 출현과 함께 만들어진 신화에 의존하는 것이라면, 이 본문은 도시를 건설할 때, 정복하려 할 때, 그리고 도시를 세우려고 할 때의 인간의 의도를 이야기하기 때문에, 이 본문 역시 상징적인 것이 될 것이다. 그리고 이것은 도시의 기원에 대한 본질적인 기록이다. 왜냐하면 우리는 여기에서 순수하고 단순하게 건축자들의 감정을 보기 때문이다. 이 건축자들의 감정은 현대 사회에서는 더는 명백하게 나타나지 않는데, 그 이유는 우리 사회의 복합성이 결코 변하지 않는 인간의 감정이라는 단순한 그림을 은폐하기 때문이다.

※　　※　　※

그러나 이 이야기를 계속 하기 전에 우리는 한 가지 오해에서 벗어나야 한다. 도시와 시골. 우리는 도시를 고발하는 것도 아니고, 시골을 변호하려는 것도 아니다. 여기에서는 단지 성서가 우리에게 도시에 대해 나타내는 것을 알려고 할 뿐이지, 그 이상은 아니다.

가인과 아벨. 보들레르가 이야기한 아벨의 종족에는 다음과 같은 오류가 있다. 아벨이 하나님의 자유 행위에 의해서 의롭다 여김을 받는다면, 그리고 스스로 의인이었다면, 아벨 종족은 존재할 수 없다. 마태는 의로운 아벨이라 말했다. 이것이 아벨에게는 얼마나 큰 행운인가! 그래서 한 의로운 종족이 있다. 그렇지만, 이 표현에는 오류가 있다. 좀 더 정확히 이야기하면 아벨은 후손 없이 죽었다. 이 얼마나 무거운 사실인가! 그는 자신의 의로움을 유산으로 남길 수 없었다. 그리고 그에게 자식이 있었는지 없었는지를 논하는 것은 무의미하다. 그의 의로움은 자신의 제사를 받아들이신 하나님의 행위 외의 그 어떤 것에 의해서도 정당화되지 않기 때문이다. 그러나 가인은 아벨 없이 생각할 수 없으며, 아벨도 가인 없이 생각할 수 없다는 사실을 이야기하고 싶다. 이 둘은 서로에게 완벽히 연결되어 있고, 인류 안에서 연결되어 있으며, 이 둘은 모든 사람과 관련 있다고 이야기되곤 한다.

도시와 시골. 분명히 이 둘 사이에는 서로 연결되는 어떤 상징도 없다. 가인은 도시가 아니며 아벨도 시골이 아니지만, 그들의 관계는 도시와 시골의 관계를 조명한다. 물론 이것만을 조명하는 것은 아니다 단순히 도시와 도시 확장의 역사만을 인간의 모든 역사라고 이야기할 수 없다. 그러나 인간의 역사는 도시와 도시 확장의 역사로 가득차 있고, 이러한 역사 없이 도시는 이루어지지 않는다. 이 두 실재는 하나님의 실재이기도 하고, 하나님 안에서만 우리는 이 역사가 사실이라는 것을 알 수 있다. 그러나 사건은 도시가 시골을 죽일 때에, 가인이 아벨을 죽일 때에, 그 문제가 심각해진다. 이때에 인간은 진정한 반역을 하게 되고, 역사는 그 어떤 것으로도 바뀔 수 없게 되며, 그 어떤 치료약도 없는 질병에 걸리게 된다. 그래서 이것이 가져온 결과는, 그것이 다른 방식의 존재가 불가능해 진다는 것이다. 가인은 자신의 존재를 제어할 수 없었고, 결국 처음부터 아벨을 죽여야 했다. 잘 다듬어지지 못한 울퉁불퉁한 벽돌로 미숙하게 쌓아 올려진, 매우 소박하고 유치한 도시는, 많지 않은 인구와 농민들의 삶으로 이루어졌던 처음 건축되었던 때부터, 끊임없이 확장해야 하는 이유 때문에 오직 시골을 파괴하는 운명을 향해 갈 수 밖에 없었다. 시골은 하나님이 인간에게 모든 삶을 영위할 수 있도록 준 환경이다. 시골은 성인의 삶을 살도록 주어진 것이 아니라, 끊임없이 하나님이 부르는 죄인이 살 수 있는 환경인 것이다.

※　　※　　※

그렇다면, 도시에서 그러한 가치를 추구해서는 안 되는 것일까? 어쩌면 정확한 위치만을 찾는 지리학자들이나 정확한 날짜만을 찾는 역사가 들이 옳을지도 모른다. 어쩌면 실재 사실들은 "이러한 것보다 더 단순한 사실" 인지도 모르며, 성서 속의 도시에 대한 기록은 모두 유대인 서기관들이 우연히 기록한 정보일지도 모른다. 결국 성서 속의 하나의 단어 또는 하나의 구절을 가지고 하나의 종합적인 이론을 구축할 수는 없다. 이것은 극단적 문자주의일 뿐이다.

이 논란이 될 만한 처음 몇 장의 글을 통해서 나는 두 가지 대답을 던지려 한다. 첫 번째로, 만일 우리가 하나의 구절이나 단어만을 본다면, 우리 는 분명 도시에서 그러한 가치를 추구할 수 없을 것이다. 그러나 그렇지 않다. 성서 전체에는 일관된 하나의 교훈이 있다. 성서의 첫 번째 책에서 마지막 책까지, 도시에 대해서 동일한 심판이 있고 동일한 말씀이 있다. 그리고 이것이 사실이라면, 그리고 우리가 7~8세기 동안의 모든 시기에 행하여진 심판을 본다면, 우리는 어떤 형태로든 도시를 꺼려하는 농촌적 사고가 나타내는 효과나, 또는 본문을 통해 나타나는 우연한 사고 외의 다른 것을 볼 수밖에 없게 된다. 만일 우리가 인간 삶과 운명, 하나님과의 관계, 그리고 최종적으로 구원에 대한 분명한 자료를 통해 도시에 대한 완성되고 균형 잡힌 이론을 발견한다면, 만일 예수 그리스도의 주되심 안에 포괄되는 도시의 역사를 발견한다면, 결국 우리는 편협한 교수들의 신학적 창작물과는 전혀 다른 것을 받아들여야 할 것이다. 그래서 우리는 이 모든 것들을 하나하나씩 인식해 갈 것이다.

그리고 우리가 두 번째로 주목해야 할 것은, 도시가 처음으로 문제시되었다는 것이다. 도시라는 단어는 우리의 주의를 끈다. 도시는 עִיר이르 또는 עִירְדָאַם(이르데암이다. 이 단어는 여러 의미가 있다. 이것은 단순히 도시를 의미할 뿐 아니라, 일하는 천사, 땅의 침략자를 의미하기도 한다. 이 단어는 이상한 개념으로 조합되었다. 그렇다면 누가 하나의 민족선택된 민족을 복수와 테러리스트, 그리고 수호천사연결되어 있지만, 그 반대의 의미로… 등의 이름으로 이첫 번째 성벽 안으로 불렀으며, 첫 번째 밀집된 주 거로, 이 첫 번째 궁궐로 불렀는가? 선민, 하나님의 언약을 지니고 증거하는 자, 이들의 언어는 의심할 여지없이 하나님의 신비를 말하고 명쾌하게 선언하는 데에 가장 적절할 뿐만 아니라, 비밀스럽게 앞으로 올 분을 이야기하는 데에도 적합하다. 모든 성서는 선택된 민족의 삶과 생각이 하나의 의미를 갖고 있고, 그들의 언어 역시 의미를 갖고 있음을 증거한다. 그들이 최고라서가 아니라 그들이 선택되었기 때문에 우리는 쉽게 이러한 사고의 고리를 외면할 수 없고, 특히 이 연결이 앞에서 우리가 이야기했던 성서의 일반적인 흐름 안에 있을 때에는 더욱 그러하다. 그리고 이 부분에서 우리는 도시가 단순히 군집과 성벽이 아니라, 영적인 세력이라는 사실을 인식해야 한다. 나는 도시가 하나의 존재라고 이야기하는 것이 아니다. 도시는 천사, 능력, 그리고 절대적으로 여겨지는 존재와 같이, 영적인 세계에 있다.

그래서 도시는 영적인 의미를 갖고 있으며, 인간의 영적인 삶을 인도하거나 그 방향을 바꿀 수 있다. 그리고 인간에게 능력을 행사하여 인간의 삶을 바꾸고, 그저 하나의 집이 아닌 인간의 인생 전체를 바꿀 수 있다. 그리고 이 사실은 공포스러운 신비를 드러낸다. 이것을 단순히 성 앞에서 있는 유목민의 공포라고 할 수 있을까? 이것은 언약 때문에 위험한 세력을 직면하고 있는, 그 근원을 알 수 없는 세력을 직면하고 있는 선택된 민족이 갖고 있는 공포이다. 그러나 순전히 물질적인 세상에서 이것이 어떻게 가능할 수 있을까…? 가인은 자신의 모든 것으로 여기에 저항하였다. 인간은 여기에 그의 모든 능력을 두었고, 이 능력은 인간의 능력을 강화시켰다. 그 의도는 베일에 싸여있지만, 이것은 순전히 아담의 물질적인 행위이다. 결국 아무런 중요성이 없는 행위이다. 그렇다면, 어떤 것이 하나님에게 중요성을 갖고 있는가?

힘의 도시는 공포와 경계를 의미하고, 증오가 만든 성곽이며, 분노의표식이다.6

---

6) 이르(עי)의 어원은 다음과 같다. – 아르(ער) 남성명사 : 도시. 이 단어는 롯의 후손에게 주어진모압의 한 도시(혹은 모압 도시 전체)를 가리키려고 사용한 말이다. 그러나 이 단어는 또한 영적인 의미에서 "적"을 가리키는 데 사용한다. – "주님께서는 사울의 원수가 되셨다."(삼상 28:16) ", 주님의 적(주님의 이름을 거스르는 자)"(시139:20). 이 두 의미 간의 관계는 도시와 적 사이의 언어 유희에 의해서 명백하게 드러난다. – 예를 들어(시 9:6)에서 보면 다음과 같다. – 이르(עיר) 동사: 도덕적으로 태움, 진노를 나타냄, 전율함, 그리고 우르(עור) :깨우다, 깨있다.
– 이드(עיד) 여성명사: 1. 가장 일반적이고 빈번하게 사용되는 의미에서의 도시. 2. 수비대, 파수꾼: 가장 빈번하게 도시의 안전에 관련하는 사람의 의미로 쓰임. 3. 열정: 공포에서 나온 열정 혹은 분노에서 나온 열정 – 일반적으로 느두려움의 의미로 쓰임.
– 이르(עיר) 남성명사: 파수꾼, 천사 – 최근의 히브리 구절들에서 발견되는 의미로, 명백하게 앞선 단어(여성명사)의 두번째 의미에서 나온 것이다. 수비대가 도시를 안전하게 하는 것과 마찬가지로, 천사 역시 도시를 안전하게 지켜준다. 그래서 이것은 수호천사를 의미하며, 일하는 천사를 의미한다 : 용맹한 천사 – 그리고 우리는 이 의미가 이후 어떻게 발전하는지 알고 있는데, 그 이유는 이것이 히브리 천사론 안에 유입되기 때문이다. 그러나 이것은 일반적으로 심판을 선언하는 천사를 의미하거나(단4:10,14) 반역한 악한 천사를 의미한다(에녹서1:6). 이것은 전통적인 의미에서의 수호천사를 의미하는 것이 아니고, 이 영적인 세력들은 언제나 불길한 역할을 수행했다. 이 모든 것은 이르(עיר)의 어원이 알려지지 않았기 때문에, 이 주장의 근거가 될 순 없다. 이 단어는 히브리인이 가나안 땅에 들어갔을 때, 가나안 도시를 점령했을 때, 그들이 차용한 가나안어일 수 있다. 비록 우리가 여기에서 과학적인 방법을 보여주지 못한다 할지라도, 이러한 접근 방법은 여전히 유효하다.

2. 니므롯

　　도시의 모든 역사는 가인의 행위에서 출발한다. 모든 건축자들은 가인의 후예이며 그의 뜻을 좇는다.

　　우리가 다음으로 살펴 볼 건축자는 니므롯이다. 우리는 그의 업적에 대해서는 거의 정보가 없다. 니므롯, 그는 이 땅에서 힘을 갖기 시작한 사람이다. 우리는 그에 대한 정보를 거의 갖지 못하고 있지만, 하나의 본질적인 실마리를 갖고 있다. 그는 함의 자손이고창10:8, 함은 불의한 자식이었다. 함은 하나님의 근본적인 법 중의 하나에 불복종하였고, 저주를 받았다. 한 번 더 이야기하면, 도시는 저주의 결과이고, 이 저주를 피하려는 인간의 행위이다. 함에게 주어진 저주는 곧바로 도시의 건축이라는 반항으로 나타난다. "가장 천한 종이 되어서 저의 형제들을 섬길 것이다."창 9:25 분명히 그는 노예가 되도록 정죄 받았기 때문에, 그는 강해졌고, 그의 힘은 도시에 나타나게 된다. 인간의 반항은 언제나 하나님의 저주에 대항하여 나타난다. 그리고 인간의 힘은 무엇보다도 분명히 하나님을 향하여 자신의 마음을 굳게 하는 결과이며, 인간은 하나님의 심판의 날까지 세계를 정복하고 도시를 건설한다. 음유적 주석가들은 함의 저주를 이렇게 설명한다. "이스라엘 사람들은 이스라엘의 가나안 정복을 정당화하려고, 그리고 가나안 사람들이 원래 이스라엘의 노예가 될 운명이었음을 설명하려고 이 신화를 창조했다."

　　이 주장을 받아들인다고 하자. 그런데 어떻게 함에게서 이 땅의 첫 번째 강한 사람이 나올 수 있었는가? 그리고 그는 어떻게 이 땅을 계속해서 점령해 갈 수 있었는가? 그리고 시돈을 낳은 가나안은 어떻게 그런 왕국을 건설할 수 있었는가? 반면에 이스라엘은 니므롯과 시돈에 비해서, 여전히 소수 민족 아니었는가? 우리는 "독립적인 전통"을 이야기하면서 니므롯의 의미를 애써 축소하려 할 지도 모른다. 성서는 우리에게 하나님의 저주가 심판의 날까지 유예되었음을 실재로, 그리고 근본적 진리로 보여 준다는 사실은 여전히 유효하다. 하나님의 저주는 인간이 어떤 방법을 써서라도 성공을 추구하는 것을 가로막지 않으며, 나아가 그러한 인간의 행위를 격려하는 것처럼 보인다. 그것은 인간이 하나님의 저주에 직면할 때 곧바로 다음과 같이 대답하기 때문이다. "나 혼자서 이 일에 책임을 질 것이다." 그리고 그는 저주의 흐름을 끊으려고, 강해지려고 모든 노력을 기울인다. 그는 예술과 과학을 창조하고, 마차를 소유하며, 도시를 건설한다. 강함의 정신은 하나님의 저주에 대한 인간 스스로의 해결책이고, 만일 저주가 없다면 인간의 힘의 정신이 없을 것이라고 말할 수 있다. 그러나 저주가 지속되고, 어느 날 이 저주가 누구에게나 이해되는 사건으로 확실하게 보여진다면, 그것은 이미 이 땅의 최후의 심판에 대한 표식이 나타난 것이다. 언젠가는 바벨이 무너지게 될 것이다. 다시 그 이후의 언젠가는, 큰 전쟁에서 버려진 사람들은 정복당한 가나안과 같이 될 것이다.

니므롯은 그가 어떤 사람이었든 간에, 이러한 상황의 매우 전형적인 사람이다. 첫 번째로 그는 힘을 가진 사람이었다. 그리고 우리는 그에 대한 또 다른 정보가 있다. "주님께서 보시기에도 힘이 센 니므롯과 같은 *사냥꾼*" 창 10:9 우리는 특별히 그에 대한 이 세세한 내용을 알고 있다. 그리고 이것은 어쩌면 문자적 번역에서 온 것이다. 왜냐하면 찌야드ㄲ를 사냥꾼으로 번역할 수 있는지는 분명하지 않기 때문이다. 마지막으로, 그가 사냥꾼이라는 것은 우리에게 무엇을 시사하는가? 분명히 "사냥은 앗시리아─바빌로니아 사람들의 삶에서 중요한 위치를 차지한다." 라는 사실에 주목할 필요가 있다. 분명히 신화는 현대 소설의 장르 안에서 해석되는 것처럼 신비로운 사건에 대한 개략적인 서술로 해석하는 것은 빈약한 해석이기 때문에, 이보다 좀 더 나은 해석을 위해서는 사건의 세세한 사항들을 상세하게 살펴보는 것이 좋을 것이다. 이 교훈은 어떤 의미도 가지지 못하는가? 신화 속의 세세한 내용들이 불필요한 사항들이라면, 우리는 여기에서 거의 아무것도 얻지 못할 것이다.

그리고 다음의 두 단어는 여기에서 우리의 세세한 내용에 대한 무지를 드러낸다. 사냥꾼… 주님 앞에서. 이 안에서 하나님이 할 수 있는 것은 무엇인가? 니므롯이 큰 사냥꾼이라는 사실과, 주님 앞에 있다는 사실은 무엇을 의미하는가? 우선 이 표현을 생각해 보자. 그가 주님 앞에 있었다. 이것은 정확하게 인간의 상황을 이야기한다. 이것은 인간이 하나님 앞에 출두한다는 사실에 대한 표현이다. 이 표현에서 하나님은 심판자이고, 온 만물을 다스리는 주권자이다. 여기에서 하나님은 자녀들을 부르는 따뜻한 아버지가 아니다. 그 앞에 제사를 드리고, 그 앞에 땅이 잠잠하고, 강한 자들이 무너지는 무서운 하나님을 이야기하는 것이다. 여기에 사용된 전치사는 하나님의 존재함 이상으로 하나님과 인간의 분리를 나타낸다. 그가 하나님 앞에 있다는 사실은, 행한 모든 것이 하나님 앞에서 보여지고 알려졌음을 이야기하지만, 그와 동시에 근본적으로 하나님과 분리되어 있음을 이야기한다. 하나님과 인간은 존재한다. 그리고 여기에서는 모세와 같이 얼굴과 얼굴을 맞댄 연합이 아니라, 타락 이후 하나님과 아담의 관계와 같이 단절의 관계이다. 이와 같이 니므롯의 행위는 중립적이고 무관심한 행위가 아니라, 하나님이 지켜보는 행위인 것이다. 그리고 동시에 "주님 앞에서"가 니므롯의 행위에 대한 일종의 하나님의 승인이라는 생각을 깨뜨리는 데에 충분하다. 이것은 마치 하나님이 그의 행위를 제약한 것과 같다. 실재로 니므롯은 하나님과 분리되어 있었다.

그러면 사냥꾼이 된다는 사실은 어떤 점에서 하나님이 관심을 갖는 것이며, 우리는 어떤 점에서 이 행위와 하나님 사이의 관계를 주목했어야 하는가? 이 문장을 사냥꾼으로 번역하는 대신에 "강탈자, 정복자"로 번역한다면 우리는 이 대목을 좀 더 쉽게 이해할 수 있을 것이다. 이제 니므롯에 대한 다양한 요소들이 연결된다. 하나님 앞에서 정복자의 힘의 정신. 니므롯은 이 정신에 따를 뿐만 아니라 여기에 따라서 행동하는데, 이것은 하나님의 뜻을 벗어나서만 가능한 일이다. 첫 번째 왕국들의 건설, 군사적인 정복, 그렇다, 하나님은 이것들을 바라보지만, 하나님의 뜻과는 완전히 분리된 것이다!

그리고 이 정복자는 약탈뿐만 아니라 도시를 통해서도 자신의 세력을 세운다. 여기에서 니므롯에 대한 마지막 단서를 제공한다. 그는 위대한 건축자이다. "그가 다스린 나라의 처음 중심지는, 시날 지방 안에 있는 바빌론과 에렉과 악갓과 갈레이다. 그는 그 지방을 떠나 앗시리아로 가서, 니느웨와 르호보딜과 갈라를 세우고, 니느웨와 갈라 사이에는 레센을 세웠는데, 그것은 '아주 큰 성'이다."창10:10-12 물론, 역사적으로 바빌론과 니느웨 그리고 다른 모든 도시가 동일한 사람에 의해서 건설된 것은 아니다. 이 본문은 역사 교육을 하기 위한 것이 아니다.7 일반적으로 이것은 몇몇 민족들에 대한 정보라고 이야기하지만, 우리는 이것이 도시에 대한 정보라고 이야기한다. 그 이유는 이 본문이 여기에서 나타난 민족들의 문제를 이야기하지 않기 때문이다. 이것은 단지 도시들에 대한 문제이고, 이 본문에 의하면 니므롯의 후손들은 도시인이다. 그들은 도시 문명을 갖고 있었다. 그래서 이 두 표현은 니므롯에 대한 부수적인 역사적 기록이 아니다. 오히려 그와는 반대로 분명하게 세워진 방향을 따라서 나타난, 자신의 행위의 정점을 의미하고, 그 외의 것들의 필연적인 결과로 나타난 실재이다. 이것들은 바로 힘의 정신, 정복, 도시의 건설을 의미한다. 도시는 인간의 이러한 의지와 연결되어 있고, 인간의 이러한 의지는 이미 우리가 앞에서 특징지었던 것이며, 앞으로 계속해서 맞닥뜨리게 될 것이다.

---

7) 이것이 왜 11절에 대한 정확한 번역을 이야기하는 것이 그다지 중요하지 않은 이유이다. 우리는 앞에서 언급한 니므롯의 해석을 견지하면서 ", 그는 앗시리아로 가서…" 라고 번역하며, 이번역은 본문의 흐름을 따르는 것으로 보인다. 다른 사람들(예를 들면 신학자 폰라드(Von Rad)와 같은 사람들)는 앗수르를 니느웨를 건설한 다른 왕으로 여긴다.… 그러나 폰 라드 역시 니므롯이라는 인물의 신화성이 이러한 해석의 다양한 전통적 요소의 영향을 받았음을 인정한다.

그러나 우리는 한 걸음 더 나가고자 한다. 이제 도시는 전쟁의 중심에 있다. 도시 문명은 전쟁의 문명이다. 정복하고 건설하는 것, 이 두 가지는 더는 분리되지 않는다. 이 두 가지는 인간에게 동일하게 있는 것이고, 하나님에 대항한 힘의 의지적 표현이다. 성서는 우리에게 도시에 대해서 한가지 비밀을 더 알려준다. 그리고 우리가 사는 실제 세상은 이것을 부인하지 않는다. 도시 문명은 전쟁의 문명이다. 이 유사성은 우리가 사는 세상에서 가장 잘 나타날 것이다. 이 세상은 도시와 전쟁이라는 두 가지 근본적인 축으로 형성되어 있으며, 이 두 개의 기둥 위에서 우리 시대의 모든 경제적, 사회적, 정치적 삶이 움직인다. 니므롯, 그는 혼자가 아니다. "주님 앞에서의 니므롯이다."

※　※　※

우리는 한 인간을 보았다. 이제 이 사람이 행한 것을 살펴봐야 한다. 바빌론과 니느웨는 특별하게 살펴보아야 한다. 그가 건설한 모든 도시는 이미 힘에 의해서 인증되었다. 이 지역은 시날 지역으로, 이곳은 니므롯이 사는 곳이며, 그가 건설한 곳이고, 여기에서 출발하여 도시를 정복하고 새로운 도시를 건설한다. 시날은 무엇인가? 파괴하고 흔드는 자를 의미한다. 공포와 울부짖음의 표식이다. 이 세계는 평화의 반대편에 서 있다. 약탈과 격렬함의 지역이다. 우리는 이 지역의 이름을 특별히 바빌론과 동화시키지 않고서도 그 이름 속에 들어있는 이 모든 것을 이 지역의 역사의 흐름에서 다시 발견하게 된다. 시날 왕을 대항하여 주위의 다른 왕들의 동맹이 형성되었다. 이 동맹은 다른 모든 왕들을 정복하였고, 롯을 잡아갔으며, 결국 아브라함과 부딪힌다.창14:1 그리고 아브라함은 시날 왕을 쳐부수고, 살렘왕 멜기세덱은 아브라함을 축복하러 온다. 멜기세덱은 정의의 왕이고 평화의 왕이며, 시날 왕과는 대척점에 서 있었다. 이스라엘 민족의 모든 모험의 여정 가운데에 시날의 존재는 영적인 힘의 존재이고 죄악의 유혹이었다. 시날에서 탈취한 물건이 아간의 끔찍한 범죄의 원인이 될 것이다.여호수아 7장 그리고 만일 이것이 사실이라면, 이 국가들이 우상과 죄악의 전형이 된 것은 우연이 아닐 것이다. 그리고 느부갓네살 왕은 자신들의 신전에 바치려고 하나님의 성전 기구들을 탈취하여 이곳으로 가져온다. 그리고 다니엘은 이 단어그들의 신-역주 를 의도적으로 바빌론이라는 단어 대신에 사용하는데, 그 이유는 그가 바빌론을 유괴와 약탈의 국가로 기록하길 원했기 때문이다.다니엘 1,2장 그리고 누군가가 이 국가를 상징적인 의미로 받아들이지 않는다면, 그는 이 국가의 역할을 기록한 스가랴 5장을 다시 읽어야 할 것이다. 선지자는 이스라엘 지역에서 곡식을 넣는 뒤주8가 가까이 오는 것을 보았고, 한 천사는 그 뒤주 속에 한 여자를 밀어 넣었는데, 그 여자는 이스라엘의 죄였고, 뒤주 아가리 위에 납뚜껑을 눌러서 덮어 버렸다. 그리고 이 뒤주를 둘 신전을 지을 시날 지방으로 이 뒤주를 가져갈 것이다. "그리고 신전이 완성되면, 그 뒤주는 제자리에 놓일 것이다."슥5:5-11 시날, 그곳은 죄의 장소이다. 여기에 다른 어떤 해석도 불가능하다. 그래서 이곳은 가인 이후에 인간 도시의 요람이고, 니므롯의 장소이며, 그의 지배가 시작된 곳이다.

에렉, 악갓, 갈레, 르호보딜, 갈라가 바로 이러한 도시이다. 이곳은 영원의 도시이자 커다란 도시이고 힘의 도시이다. 이 도시에는 시간과 공간 그리고 힘의 모든 차원이 존재한다. 이 이름들은 인간이 이러한 가치들을 소유하고 있다는 상징이다. 인간은 정복하고, 경계를 그어 도시를 세우고, 여기에 자신의 정복을 기린다. 인간은 시간과 공간 그리고 힘을 정복한다.

그리고 "고삐"와 "재갈"을 의미하는 이름을 가진 대도시큰 성읍 레센이 있는데, 여기에서 사용된 이 단어의 의미가 이상하지 않은가? 그러나 이 시기에 말은 인간이 길들이고 이용한 첫 번째 자연적인 힘이었음을 기억하자. 히

---

8) [역주] 히브리어 "에바", 공동번역 "말"로번역됨.

브리인에게 있어서 말은 힘과 진보된 문명의 특징이었으며, 이 이름은 "인간의 가장 고귀한 정복" 에 대한 특별한 추억을 나타낸다는 사실을 기억하자! 말에서 시작한 이러한 인간의 특별한 역사가 핵분열에까지 이르렀다. 말을 매우 잘 다루는 사람들에게 동력원으로나 군사력으로 말을 사용하는 것과, 전기의 사용 간에는 과학적으로 질적인 차이가 있기는 하지만, 정신과 의지에는 차이가 없다. "고삐와 재갈" —이것은 인간이 자연의 힘을 굴복시키기 위해 고안해 낸 첫 번째 도구이다. 모든 새로운 문명의 첫 번째 행위는 분명히 도시를 건설하는 것이었으며, 도시는 정확히 이 새로운 문명의 최고의 표식이다. 그리고 주석가들이 "대도시큰 성읍" 라는 수식어를 니느웨에 붙이지 않고 이 도시에 붙인 것을 이해할 수 있다. 의심의 여지없이 역사 속에서 레센은 대도시가 아니었지만, 이 도시를 통해 영광을 받는 인간의 힘 때문에 큰 도시이며, 기술의 도시이고, 창조의 도시이며, 자연에 대한 지배의 도시이다.

이 도시들의 역사는 자신들이 가진 이름의 의미를 따라간다. 이들은 자신의 죄와 우상에 드려진 인간이 다스린다. 이 도시들은 하나님에 의해 세워진 사람들이 포로로 잡혀간 곳이다.

끔찍한 힘을 갖고 있던 갈레는 시온을 경고하고자 존재했다. 깨어서 기도하라. 유혹이 올 것이다. 폭력이 다스리던 갈레는 예루살렘을 향해 돌진할 준비가 되어 있었는데, 그것은 예루살렘이 거짓 평화에 잠들어 있었기 때문이다. 아모스6장

그리고 만일 갈레가 분명하게 이 일을 위해서 존재한다면, 그것은 갈레가 우상의 왕국이기 때문이다. 사10:10 이 도시는 그저 다른 도시들 가운데 하나의 도시일 뿐이다. 이 도시가 모든 도시를 상징하지는 않지만, 여러 도시 가운데에서 하나의 사명을 갖고 있었다. 그것은 정확히 교회를 대항한 침략의 출발점이다. 갈라 역시 다른 도시들 가운데에서 교회를 옮겨 놓는 역할을 갖고 있었다. 앗시리아의 왕 살만헤셀은 이스라엘을 잡아서 앗시리아로 끌고 갔으

며, 이 유수의 장소가 갈라였다.왕하17:6 우리는 이 부수적인 도시들의 우연한 성격을 상징적인 도시들 사이에서도 발견하게 될 것이다. 그리고 도시가 교회에 대립된다는 선언을 이미 수 없이 보았을 것이다. 도시는 "밀집" 과 "집합"의 장소이지만, 교회의 모임과는 분명 대립된다. 이 도시라는 장소에서 교회는, 우상에 대항하여, 그리고 도시의 본질인 영적인 능력에 대항하여 포로로 잡혀갈 수밖에 없고, 전쟁과 위협 그리고 혈과 육이 아닌 영적인 전투에서 먹이감이 될 수밖에 없다.

※　　※　　※

니므롯의 지배 중심에는 바벨이 있었는데, 그것은 곧 바빌론이다. 현대 주석가들은 바벨은 "신들의 문" 이라고 이야기한다. 히브리 주석가들은 바알이라는 어근에서 출발하여 혼란의 장소라고 해석한다. 여기에 대해서 우리가 아는 것은 하늘까지 올라가야 했던 유명한 탑이 전부이다. 그러나 이것이 이 이야기의 핵심 요소라고 생각하지 않는다. 이 신화에서 보이는 두 가지 사실은 도시와 이름이다. "도시를 세우고그 안에 탑을 쌓고서, 탑 꼭대기가 하늘에 닿게 하여 우리의 이름을 날리고"창11:4, "자, 우리가 내려가서, 그들이 거기에서 하는 말을 뒤섞어서, 그들이 서로 알아듣지 못하게 하자. 그들은 도시 세우는 일을 그만두었다."11:7,8 탑은 도시의 한 요소일 뿐이고, 이 사건의 하나의 에피소드일 뿐이다.

이 이야기의 핵심은 이름의 문제이고, 도시는 탑과 함께 그들의 이름을 알리는 수단일 뿐이었다. 우리는 히브리 기자에게 이름이 어떤 의미를 가지는지 알고 있다. 이것은 지배적인 특징을 말하는 것이고 영적인 특성을 이야기하는 것이다. 하나님은 첫 번째 인간에게 이름을 주었다. 인간은 모든 동물의 이름을 붙였다. 이것은 이름이 붙여지는 존재가 그 이름을 붙이는 자의 목적이 된다는 선언이다. 반역하는 민족은 자신의 이름이 붙여지는 것을 싫어한다. 그는 스스로 자신의 이름을 만들기 원한다. 그는 자신의 이름을 스스로 짓고 싶어한다. 스스로 자신의 이름을 짓는 것만으로는 불충분하고, 다른 대상에 이름을 붙여야 하는데, 이것은 대상에게 내용을 주고, 영적인 힘에 동의하는 것이고, 결국 그에게 동의하는 것이기 때문이다. 이름을 붙이는 것은 현대에 사용되는 표현인 자신의 이름이 알려지는 것과는 아무런 관계가 없다. 이것은 정말로 독립적이 되는 것이고, 이 독립의 시도가 나타내는 것이다. 그 민족은 분명하게 하나님과 분리되길 원한다. 인간은 자신의 저항에도 불구하고 하나님의 심판 가운데 있으며, 하나님이 여전히 자신의 주인이고 자신의 이름을 붙인 이가 하나님이며, 타락 이후 아담과 같이 "이름을 부르시는 분" 임을 잘 알고 있다. 인간이 원하든 원하지 않든, 인간은 여전히 하나님의 소유이다. 그리고 이것이 선택된 민족이 제거하기 원했던 상황이다. 이러한 인간의 반역은 우리가 비교하곤 하는 프로메테우스의 신화보다 훨씬 더 근본적이고, 더 집약적인 의미가 있다. 그것은 신의 능력을 훔치는 것보다 더한 반역이다. 그것은 인간이 자신의 창조 행위에서 하나님을 배제시키려는 시도이다. 스스로의 이름을 짓는 것, 이것은 하나님이 자신이 붙인 이름으로 인간을 부르지 못하도록 거부하는 방식으로, 인간 스스로 비밀스럽고 인간에게만 알려진 이름을 붙이는 마술적인 힘을 갖는 것이다. 그리고 이것은 더는 땅 위에서 분리되지 않으려는, 하나님과 분리된 인간의 통합이며 이름을 통한 연대이다. 그들이 공동으로 건설하려 했던 도시가 표식이 되고, 이 일의 상징이 된다. 인간에 의해서, 인간을 위해서, 다른 모든 개입과 힘을 배제한 가운데 건설된 이러한 인간의 환경 안에서, 인간은 스스로 이름을 부를 수 있기 때문이다. 이 환경에서 인간은 객체가 아닌 주체가 되려는 의도를 실현할 수 있다. 우리의 도시, 우리 시대의 도시는 인간이 그 어떤 장애물 없이 자연의 주인으로 군림할 수 있는 곳이다. 도시 문명 안에서만 인간은 "신을 죽였다." 는 형이상학적 주장을 할 수 있다.

그리고 우리는 이제 인간의 정복이 선언되고, 동시에 이 정복의 기념비가 되는, 놀라운 도시의 이중적 성격을 발견하게 된다. 영적 정복과 도시 건설이라는 두 현상은 서로 영향을 주면서 나타난다. 도시는 하나님 없이 인간의 승리의 길을 열어주는 장소이기 때문이며, 이 승리의 행진이 있기 때문에 도시가 필요해진다.

이것이 도시가 이 땅에서 가장 "영적인" 장소인 이유이다. 우리는 이미 인간이 성공하는 매 순간 도시에 성공의 깃발을 세운다고 기술하였다. 그리고 도시는 하나님에 맞선 인간 성공의 깃발을 세워야 한다. 이 도시는 하나님의 가치에서 우리를 분리시키려고 높게 솟은 탑이고, 하나님의 개입에서 인간을 보호하고자 세운 벽이며, 자신의 정복을 자신만의 것으로 소유하기 위한 폐쇄된 구조이다. "자, 우리를 위하여 도시를 건설하자…." 이것은 인간의 독립과 교만의 도시를 건설하고자 내딛는 인간의 승리의 걸음이다. 이 걸음은 인간 자신의 이름으로 모든 피조물과 자신의 운명을 결정짓는 자의 정복의 발걸음이고, 이제 그 누구도 자신의 계획을 실현하는 인간을 방해할 수 없다. 하나님이 세운 "타락의 질서"에서 세상은 지속될 수 있으며, 인간은 사물의 주인이 된다. 그래서 인간은 구운 벽돌과 모르타르를 가지고 하늘까지 도달하는 탑을 건설할 수 있다. 인간은 또한 자신의 이름을 낼 수 있는데, 그것은 어떤 자연적 장애물도 그가 하늘까 지 자신의 교만을 나타내는 것을 막지 않기 때문이다. 이것이 인간이 바 라는 모든 것을 나타내는 것이다. 죄는 언제나 인간으로 하여금 자연의 질서 속에서, 그 무엇도 막을 수 없는 영적인 파괴를 위해 자신이 소유한 것을 사용하도록 한다. 이것이 바로 도시이다. 그러나 이 교훈은 우리가 이미 가인에 의해서 받은 교훈을 폐기시키지 못한다. 왜냐하면 이 도시는 그들이 "동쪽에서 와서… 그리고 시날 반도에서"창11:2 건설했기 때문이다. 이제 하나씩 살을 붙여 보자. 가인과 마찬가지로 동쪽에서 와서 에녹을 건설하고, 시날에서 니므롯이 니느웨를 건설한다. 그리고 이 바벨의 도시는, 인간이 더는 이 땅에서 방황하지 않도록 하는, "더는 땅 위에 흩 어지지 않도록" 정착하는 곳이다.창11:4 그리고 그것은 죄의 장소에서 일어난다. 이 신화가 계시의 표현이기에, 이제 그 내용은 모순 없이 더욱 풍성해진다.

인간은 "도시를 건설하자" 라고 이야기했으며11:4, 여기에 하나님은 "자, 내려가자…" 라고 말씀했다.11:7

인간의 움직임에 대해 하나님도 움직임으로 대답한다. 피조물의 영적 정복 의지에 대해, 창조주는 질서의 의지로 대답한다. 창조주는 인간이 자신의 영적인 정복에서 단 하나의 목적지로만 향해 가는 것을 알고 있다. 그 목적지는 바로 죽음, 물리적 죽음과 영적 죽음이며, 그 이유는 모든 하나님과의 분리는 죽음이기 때문이다. 그리고 만일 인간이 진실로 "신은 죽었다." 라고 이야기한다면, 이제 인간 역시 죽은 것이다. 그리고 더는 하나님이 인간의 이름을 부르지 않는다면 이제 인간은 죽은 것이다. 만일, 하나님과 인간의 모든 관계가 단절되었다면상상 속에서 혹은 감정이나 인간의 주장이 아닌, 실재로 단절된 상태 인간은 죽어 있는 상태이다. 그리고 하나님은 피조물이 살기를 바라기 때문에 이 단절을 멈춘다. 그리고 인간은 결코 하나님을 지워버릴 수 없는데, 그 이유는 모든 것의 주인의 주되심을 막을 수 없기 때문이다. 세상 안에서 주체인 인간은 하나님 앞에서 객체일 뿐이다. 비록 내 정원동산에 있는 나무들이 자신들 사이에서 어떤 음모를 꾸민다 하더라도, 그들은 자신의 이름을 부르는 것을 멈출 수 없으며, 열매 맺었을 때 그 열매를 추수하는 것을 막을 수 없다. 하나님은 말씀한다. "자, 내려가자" 그리고 주체는 새로운 주체로 나타난다.

그러나 하나님은 부수거나 파괴하지 않는다. 바벨은 화염 속에 무너지지 않는다. 인간이 원했던 것은 영적인 것이었기 때문에, 이 문제는 영적인 문제였고, 여기에서 바벨은 그러한 표식에 불과하다. 스스로의 이름을 짓기 위한 인간의 의지에 대해 하나님은 언어를 혼란스럽게 하는 것으로 대답한다. 그 이름은 바벨이라 할 것이다. 혼란. 우리가 가진 본문은 바벨에 이러한 어원을 부여하였고, 전문가들은 이것이 원래의 어휘가 아니라고 주장하였다. 분명 전문가들의 주장은 옳다. 그러나 비록 이것이 언어학적 관점에서 오류일지라도, 신화라는 관점에서는 주석가들의 진리를 뒷받침해 준다.9 분명히 여기에서 신화가 나타내야 하는 것이 바로 이 진리이며, 따라서 언어적 법칙의 왜곡이 신학적 진실에서 큰 무게를 갖지 못한다. 하나님은 이름을 갖기 원하는 이 민족에게 이름을 주었고, 하나님의 행위에, 언어들의 혼란에 따른 이름을 주었을 뿐만 아니라, 그 전체가 혼란인 역사에 대해 충분히 상징적인 이름을 부여한다. 이 혼란은 인간의 힘과 하나님의 힘 사이의 혼란이며, 인간 계획의 어두움의 혼란이고, 하나님의 의지에 의한 인간 의지의 혼란이다.

이러한 왜곡은 또한 도시의 이름에 대한 태도에서도 보인다. 여기 성서의 기자는 신화적 관점에서 적절한 어원을 사용하는데, 이 어원은 명백하거나 분명하지 않기 때문에 독자들은 그 어원을 발견하는 데에 어려움을 겪는다. 그래서 이 이야기가 완전하게 명료해지려면, 그 이름이 표현하는 진리에 부합할 필요가 있다. 그와는 반대로 에렉이나 르호보딜과 같은 이름을 설명하는 것

---

9) 우리는 이 신화라는 용어를 사용하는 데에 거리낌이 있는데, 왜냐하면 적어도 신화는 모호하고 다양하며 여러 가지 형태를 가진다고 이야기할 수 있기 때문이다. 그리스의 의식적인 신화에서 소렐주의자의 신화까지, 성서적 신화에서 "20세기의 신화" 까지, 인도-유럽의 전설적 신화에서 불트만 신화까지, 신화에는 여러 가지 형태와 의미, 그리고 다양한 가치가 있다. 그리고 우리는 이신화 뒤에어떤 정확한 사실들, 어쩌면 인간에 관련된 사실들을 숨겨 놓는다. 성서에서 신화의 모든 관점에 대한 바르트의 비평은(Ⅰ, Ⅰ-2, §8,2) 실제로 이 단어의 가능한 다양한 의미 중에서 매우 작은 부분만을 비판한다. 바르트의 비평은 성서의 역사학적 해석 방법에 대한 것이고, 동시에 양식비평의 형식에 대한 것이며, 그리고 최종적으로 불트만에 대한 것이다. 정확하게 이야기하고자, 각자는 자신의 적절한 "신화" 의 의미를 이야기해야 한다. 내가 이 단어를 사용할 때, 아래의 사실을 의미한다. ― 하나의 사실이 신학적 상징을 나타낼 때, 그 사실이 그 자신에 의해 역사적 사실에 의한 것이든 역사적 사실인양 하는 것이든, 혹은 심리학적인 것이든, 혹은 인간적인 것이든, 여기에는 명확한 방법이 없다. 그래서 신화는 하나의 사실을 "의미있는 것" 으로 만드는 것이고, 하나님 계시의 전달자로 나타난다. 그래서 신화는 물성(物性) 속에서는 의미를 가지지 못하며, 계시자도 될 수 없다. 이러한 신화의 작용은 사건의 역사적 의미를 손상시키는 것이 아니라, 오히려 완전한 차원에서 의미를 보도록 해준다.

은 불필요한 일인데, 이 이름들은 공통적으로 이름의 가치를 상실했기 때문이다. 독자들은 이 부분을 혼동하지 않아야 한다.

이 이름바벨은 그래서 역사의 표식이다. 그리고 분명히 인간은 그 자신의 계획이 이처럼 변경될 때까지 기다리지 않는다. 인간은 스스로 이름짓기 원하는 이름이 그 이름이 되기까지 기다리지 않으며, 그 자신의 승리를 증명해야 할 도시가 의사소통이 되지 않는 장소가 되기까지 기다리지 않았다. 왜냐하면 이것이 인종과 언어의 창조보다 이 사건을 드러내기 때문이다. "그들이 거기에서 하는 말을 뒤섞어서, 그들이 서로 알아듣지 못하게 하자." 우리는 항상 이것을 인간 언어의 다양성을 설명하려는 의지로 해석했다. 그것은 어쩌면 틀린 것은 아니지만, 우리는 여기서 사용된 표현이 이 사실만을 나타낸다고 이야기하기 어렵다는 사실에 동의할 것이다. 여러 언어로 나뉘었다는 것을 말하는 것이 아니라, "언어의 혼란"에 대해서 이야기한다. 인간이 여러 언어를 이야기할 것이라고 이야기한 것이 아니라, 다른 사람들의 언어를 더는 이해하지 않을 것이라고 이야기하는 것이다. 이야기한다는 사실을 강조하는 것이 아니라 듣는다는 것에 강조점이 있다. 오순절 사건에서와 같이, 사도들이 거기에 있었던 모든 사람의 언어를 이야기했다는 것이 아니라, "다른 언어를 이야기하면서" 그들은 모든 사람의 말을 듣고 이해했다. 이 두 가지 현상은 분명히 연결되어 있으며, 다른 언어의 존재는 의심의 여지없이 바벨 사건에 나타난 정죄이지만, 우리는 이보다 더 나아가야 한다. 이것은 얼마나 많은 외국어가 있었는지의 물리적 사실만을 이야기하는 것이 아니다. 이 물리적 사실은 단지 인간들이 이해하고 듣는 것을 멈추었다는 영적인 현상을 나타낼 뿐이다. 그들은 실제로 더는 의사소통이 불가능했으며, 그들이 동일한 언어와 같은 단어를 사용했을 때에도 마찬가지로 의사소통이 불가능했다. "우리의 이름을 날리자." 그들은 모두 하나의 동일한 언어를 갖고 있었다. 여기에서 그들의 계획이 나온다. 인류가 할 수 있었던 의사소통은 그 안에 자신을 죽일 수 있는 가장 끔찍한 무기를 갖고 있었다. 이 의사소통의 가능성은 모든 사람이 동의하는 유일한 진리, 하나님에게서의 독립의 진리를 만들어 낼 수 있었다. 언어의 혼란에 의해서, 의사소통의 단절에 의해서, 하나님은 인간이 모든 사람에게 유효한 하나의 진리를 만들어내는 것을 막았다. 지금부터 인간의 진리는 부분적이 되고 반박될 것이다. 이 진리는 더는 진리가 아니고, 기껏해야 하나의 우상이 될 수 있을 뿐이 다.

그래서 타락 이후에, 인간 역사의 가장 근본적인 사건 중 하나이며, 노아의 홍수에 대한 대답인 이 사건이 도시에 위치해 있다는 사실은 매우 주목할 만한 것이다. 도시는 분명히 그 표식이 되었을 것이다. 도시에서 그리고 도시에 의해서 인간은 더는 서로를 이해할 수 없었다. 이러한 일반적인 인간의 조건은 바벨에서 극치에 이르렀고, 바벨이 이와 같이 되는 것에 적합한 장소였다. 그것은 바벨이 인간 종족의 연합의 장소이며, 인간 진리의 장소가 되어야 했기 때문이다.

도시, 그것은 인간 사이에서 의사소통의 부재의 장소이다. 도시는 하나님의 수많은 반어법이 숨겨진 곳이다. 이 혼란의 결과로 인간은 흩어졌고, 도시의 건설은 중단되었다. 물론, 도시가 파괴된 것은 아니었다. 사람들은 분리되었고 건설하기를 멈추었을 뿐이다. 다른 방법이 있을 수 없었는데, 그 이유는 그들이 이 사건을 통해 그들이 건설했던 도시의 의미를 잃어버렸기 때문이다. 인간이 서로 듣기를 멈추는 순간부터, 그들의 일치를 보증했던 도시는 이제 자신의 모든 의미를 잃어버렸다. 그리고 지금부터 이 상황은 지속될 것이다. 인간은 도시에 거주할 수 있으며, 건물을 짓고 거대한 도시를 건설할 수 있으며, 유기적 도시의 체계를 구축할 수 있지만, 이것들은 더는 의미를 갖지 못한다. 바벨은 결코 완성될 수 없다. 그것은 돌 위의 돌이며, 성벽과 성당이며, 집과 도살장 그 이상이 될 수 없다. 그리고 더는 인간에게 있어서 의식적이고 분명한 신격화의 대상이 아니다. 이제 인간은 결코 이렇게 이야기하지 않는다.

"자, 도시를 세우고, 우리의 이름을 날리자."

도시에는 이러한 영적인 힘이 남아 있고, 정복과 자만의 장소이며, 힘과 자신의 근원을 두는 장소이다. 그러나 인간은 더는 이것을 알지 못하고, 매번 자신의 무의식적인 계획에서 실패하게 된다. 역사 속의 도시는 반복되는 실패, 의사 소통의 부재의 장소, 종족의 흩어짐으로 귀결된다. 그들은 동쪽에서 왔고, 영원히 떠돌도록 정죄 받았으며, 이 유랑을 멈추고 한 장소를 건설하기 원했다. 그들은 바람과 같이 흩어졌다. 그들은 더는 서로를 듣지 않는다. 하나님은 이렇게 말씀한다. "자, 내려가자!"

※　　※　　※

바벨, 바빌론. 우리는 표면적으로 신화에서 "역사" 로 넘어간다. 이것은 표면적일 뿐이다.

이 둘은 서로 얽혀 있는데, 그것은 역사가 선택 받은 민족의 역사이며, 역사를 이야기하는 사람이 하나님을 증거하려고만 역사를 이야기하기 때문이다. 바빌론은 단지 바벨에서 선언된 예언을 따라갈 뿐이다. 그리고 예루살렘이 바빌론에 의해서 파괴되었다면, 이스라엘이 바빌로니아에 포로로 잡혀갔다면, 이것은 우연한 것이 아니고 바빌론의 내적인 속성, 즉 필요를 나타내는 것이다. 이스라엘은 바빌로니아에게 잡혀간다. 이것은 이집트가 잡혀가는 것과 전혀 다르다. 이집트가 잡혀가는 것은 선택된 민족의 역사와 동일한 방식으로 나타나지 않을 것이다. 하나가 어두움과 공포라면, 다른 하나는 혼란이다. 교회의 서로 다른 두 가지 포로 상태인 것이다. 혼란의 장소에, 도시에, 의사소통 부재의 장소에 갇혀 있는 일정한 시간 동안 선택된 민족, 언약의 소유자, 우주적 계시의 소유자의 장엄한 모험이다.

자신의 메시지가 우주적이 된 순간부터 교회는 이 장애물에 신음한다. 교회는 군대와 성벽에 감금되어 있지 않으며, 사막에 묻혀 있지도 않고 행정기관에 의해서 억제되어 있지 않다. 이 모든 것은 바벨이라는 이름을 갖고 있다. 교회는 세상에서 도시라는 감옥에 갇혀 있으며, 이 도시는 의사소통 부재의 종합체이며 복음을 나누는 것을 불가능하게 한다. 그래서 교회는 슬퍼하며 시편으로 기도한다. 그래서 교회는 믿음으로 기다리고, 다니엘은 혼란의 도시 가운데에서 무능력한 채로 기다린다. 하나님이 개입하기까지, 독재자가 꿈을 꾸고 비전을 볼 때까지, 불의 손가락이 벽에 글씨를 쓸 때까지. 그래서 하나님에 의해서 귀들이 열리고, 교회는 더는 잡혀가지 않으며, 이야기한다. 그리고 바빌론은 한 순간, 한 사람 때문에 바벨이 되기를 멈춘다. 그리고 그 이후에 다시 포로생활이 시작된다. 다니엘은 자색 옷을 입은 후에, 사자굴에 들어간다. 도시는 본질적으로 교회가 포로로 잡혀간 장소이다.

우리는 성서의 긴 역사에서 도시에 대한 하나님의 저주를 따라 갈 때, 이후에 다시 바빌론을 만날 것이다. 그러나 여기에서 멈추기 전에 우리가 생각해야 할 것이 하나 더 남아 있다. 바빌론은 단지 역사 속의 한 도시가 아니다. 그것은 도시 전체를 대표한다. 그리고 우리가 바벨에 대해서 이야기하는 이상, 이것이 도시라는 사실은 매우 중요하다.

바빌론, 대도시 혹은 대 바빌로니아 제국. 세상에서 가장 큰 나라. 그 누구도 이 도시와 견줄 수 없으며, 로마도 이 도시에 미치지 못한다. 그 이유는 바빌론의 역사적 거대함 때문이 아니라, 신화적 대표성 때문이다. 이 도시가 모든 도시를 대표하며, 이 안에 모든 도시가 종합되어 있다.단 3,4장; 계14,18장 바빌론은 분명히 다른 도시들의 머리이며 대표자이다. 하나님의 진노가 나타날 때, 첫 번째로 진노가 임한 곳은 바빌론이었다. 이 도시에 첫 번째로 진노가 임할 때, 다른 모든 도시는 이 도시 안에서 함께 진노를 당한다. 이 도시에 내린 비난은 모든 도시에도 임할 수 있으며 각 도시는 도시 병폐의 한 면만을 보여주지만, 바빌론은 모든 병폐를 보여준 다. 우리가 바빌론에 대해서 이야기하는 모든 것은, 사실은 도시 전체에 대한 이야기이다. 모든 도시와 마찬가지로그리고 모든 도시들 중에서 바빌론은 문명의 중심에 있다. 도시를 위해서 상업이 있고, 도시 안에서 산업이 발달하며, 도시를 위해서 배들이 여기저기를 항해하고, 도시에서 화려함과 아름다움이 꽃피우고, 힘이 일어난다. 도시에서는 모든 것이 소비되며, 인간의 육체와 영혼까지도 소비된다. 도시는 문명의 장소이며, 대도시가 사라질 때 문명은 더는 존재하지 않고, 세계는 사라진다. 전쟁에서 공격당하는 것은 도시이고, 주님과 세상 권세들 간의 큰 전쟁에서 도시가 먼저 공격당할 것이다. 이 도시는 단순한 도시 그 이상의 의미를 갖는다. 이것은 세상이고, 인간의 표현이며, 절대로 성취될 수 없는 작품의 성취로, 인간은 동일한 의도를 가지고, 동일한 성공을 끊임없이 계속해서 시도한다. 바빌론, 베니스, 파리, 뉴욕은 동일한 도시이며, 하나의 바벨이다. 이들은 언제나 다시 태어나지만, 애초부터 죽음의 운명으로 인도된 다.… "그래서 그들은 도시 세우는 일을 그만두었다.…"창11:8

반면에, 니느웨는 완전히 다른 존재이며, 다른 운명을 갖는다. 물론 니느웨 역시 도시이고, 따라서 도시의 특성을 갖는다. 하지만, 이 도시가 갖는 특별한 표식은, 이 도시가 회개의 도시라는 것이다. 우리는 뒤에서 니느웨의 그 시대를 다시 만날 것이다. 그러나 지금은 니느웨 역시 니므롯의 도시이고, 다른 그 어떤 것이 될 수 없으며, 정복과 반역의 자식이다.

니느웨는 피의 도시나3:1이며, "거짓말과 강포가 가득하며 노략질을 그치지 않는 도성" 이다. 우리가 이미 다룬 도시와 전쟁 사이의 관계는 여기에서 최고조에 다다른다. 니느웨는 독수리의 보금자리와 같다. 이 도시는 전쟁의 화신이 된 전사이다. 그리고 니느웨는 역사적으로 실재 그러했다. 비록 유목 민족의 전쟁이 있었고 빨치산의 저항이 있지만, 이러한 논의는 도시가 전쟁의 본고장이라는 사실을 분명히 드러낸다. 여기에서 우리는 도시의 다른 면을 발견하게 된다. 바빌론은 우리에게 도시가 문명의 총체임을 보여준다. 니느웨는 총체적인 전쟁의 도시이다. 여기에는 두 가지 형태가 있는데, 그것은 인간 힘의 정신의 두 가지 형태이다. 니느웨는 자신의 마차와 기병의 힘으로 이렇게 이야기할 수 있다. "세상에는 나 밖에 없다."습2:15 이 교만한 도시를 누가 감히 파괴하는가? 도시이기 때문에 강하다. 전사이기 때문에, 이것은 분명히 도시이다. 왜 도시인가? 왜 단순히 인간이 아니고 도시인인가?

분명히 이것은 모든 사물을 인격화시키려는 히브리 사고의 결함 때문만은 아니다. 사회학자들은 각각의 도시가 나름의 개성을 갖고 있으며, 인간의 체질은 시골에서 도시로 이주할 때 변하고, 도시에 따라서도 변한다는 것을 잘 알고 있다. 이러한 합리화는 사물을 복합적으로 보는 것을 거부하며, 비이성적이 된다. 피와 정복의 도시, 니므롯의 도시인 니느웨는 무엇보다도 도시이다. 이 도시에 거주하는 영과 천사는, 다니엘의 마지막 예언에서 나타나는 모두를 다스리는 통치자이다.단2:38 그 힘은 도시를 통해서 전쟁의 승리를 보증한다. 이것은 우리에게 도시의 문제가 단순한 사회학적 문제가 아니라 무엇보다도 영적인 문제임을 증명한다. 도시는 전쟁의 장소일 뿐만 아니라, 영적 전투의 장소이기도 하다. 그리고 도시의 한 부분을 장식하는 인간은 도시와 운명을 같이 한다. 도시는 살상을 좋아하고, 인간은 이 도시에서 그저 군인일 뿐이고, 살상의 수단일 뿐이며, 도시의 소유일 뿐이다. 도시는 인간 위에 군림하는 힘이다. 정죄를 당하는 것은 도시이지만, 여기에서 죽는 것은 인간이다. 나훔3장 우리는 하나님이 우리에게 드러낸 도시의 힘보다 더 강할 수 없다.

우리는 도시와 연대되어 있음을 어떤 계기를 통해서 인식할 수 있지만, 이것은 실제로 우리를 불쾌하게 한다. 그리고 우리는 이 연대 안에서 정죄당하는 것을 불쾌하게 여긴다. 더욱이 우리는 도시라고 부르는 전체의 한 구성 요소일 뿐이라는 사실에 불쾌해하고, 이와 같이 연대되어 있음에 불쾌해 한다. 그리고 도시의 행위 때문에, 우리가 인간으로서 뿐만 아니라, 모호한 전체로서 죽을 수 있다는 사실에 불쾌해 한다.

"끊임없이 쌓여 있는 시체… 우리는 죽은자들 위에 넘어진다.…" 우리는 폭격에 의해서 파괴된 도시들을 알고 있다. 그리고 무고하게 죽어간 사람들로 가득한 우리의 도시들을 생각한다. 무자비한 비행기의 폭격으로 말미암은 폐허 아래 깔린 죄 없는 사람들과, 이 도시에 살았다는 것 외에는 다른 죄를 짓지 않은 모든 어린 아이를 생각한다. 우리는 피할 수 없는 이 끔찍한 연대에 있다. 도시는 강하기 때문에 파괴된다. 그리고 자만감으로 가득 차 있기 때문에 붕괴된다. 도시는 다음과 같이 이야기한다. 세상에는 나 밖에 없다. 피 흘리는 도시, 여기에 비행기와 포탄을 만드는 공장이 밀집되어 있었다. 이곳은 또한 자신의 건강을 공장의 연기 속에 내던졌던 노동자들로 가득했던 곳이다. 그리고 이곳은 죽음의 모든 즐거움이 집중되었던 곳이다. 역사의 흐름 속에서 끔찍한 심판은 계속된다. "니느웨를 황무지로 만드실 것이니, 사막처럼 메마른 곳이 될 것이다."습2:13 그리고 역사 속의 그 어떤 것도 도시 자신과의 연대를 깨뜨릴 수 없다.

의심의 여지없이 시골 사람은 다른 종류의 연대에 속해 있고, 다른 죄를 짓고 있으며, 다른 위험에 노출되어 있다. 그러나 성서에서 시골 사람의 운명은 환경과 인간의 행위와그리고 그것이 어떤 인간의 행위이든 크게 필연적으로 연결된 것처럼 보이지 않는다. 도시에 산다는 사실은 인간을 비인간성으로 내몬다. 이 사실은 인간으로 하여금 도시의 어두운 여신을 섬기고 헌신하도록 한다.

"나는 하늘에서 또 다른 음성이 울려오는 것을 들었습니다. '내 백성아, 그 도시에서 떠나거라…'"계18:4, "그 두 사람은 롯과 그의 아내와 두 딸의 손을 잡아끌어서, 성 바깥으로 안전하게 대피시켰다."창19:16

3. 이스라엘

이제 역사의 다른 면을 조명해 보자. 파라오바로, 그 역시 커다란 건축자였지만, 성서는 그가 건축한 도시들에 대해 언급하지 않는다. 우리가 도시에 대해서 알게 된 것들, 즉 인간이 도시를 건축하는 동기들은 이미 충분하게 다루었다. 파라오의 도시들은 가인과 니므롯의 도시들과 동일하다. 우리는 파라오에 대해서 이 이상의 무엇을 알 수 없을 것이다. 그러나 파라오의 도시 건설이 선택된 민족과 연관될 것이기 때문에 우리의 주의를 끌 것이다. 도시라 부를 수 있는 것, 그리고 인간에게 도시를 건설한다는 사실을 살펴본 지금, 도시의 목적은 여기에 설 자리를 점점 잃으며, 그 갈등은 극에 달할 것이다. 그 이유는 도시가 하나님이 선택한 민족과 연관될 것이기 때문이다. 이 도시는 선택된 민족의 삶에서 불변하는 것 중의 하나가 될 것이고, 하나님 은혜의 역사 역시 도시들을 건설하는 선택된 민족의 역사 속에서 긴밀하게 나타날 것이다.

그래서 우리는 처음으로 하나님의 선택을 받은 민족이 도시를 건설하는 것을 보게 되는데, 그것은 바로 이집트에서이다. 지금까지 선택된 민족은 유목 생활을 했고, 이들은 아브라함과 그의 자손이었다. 그들이 도시에 들어올 때, 그들은 이방인이었다. 그리고 도시는 그들에게 호의적이지 않았다. 그들이 도망쳐야 했던 소돔과 고모라는 도시였다. 그리고 살렘의 도시에서 디나의 유혹이라 불리는 역사적 재앙이 일어났다.10) 이곳은 에서 종족의 도시들이 모여 있는 곳이고창36장, 이곳에서 야곱은 머물 수 없었다. 결국 요셉이 잡혀간 곳은 파라오의 도시이다. 요셉의 포로생활은 곧 바로 선택된 민족 전체에 퍼져 나갔다.

---

10) [역주](창34장) 세겜이 야곱의 딸인 디나를 폭행하여 야곱의 아들들이 보복했던 사건.

이스라엘은 어디에서나 도시와 분리되었고, 어디에서나 나그네로 잠시 머무르다 떠나야 했다. 그리고 그는 도시의 건설과 이 도시의 정신에 참여하지 않았다. 그는 실제로 이 도시 어디에도 자신의 자리가 없었으며, 이 도시에서 떨어져 나와야 하는, 도시에서 독립된 존재였다. 이스라 엘이 건축한 것은 자신의 하나님께 영광을 돌리기 위한 돌무더기가 전부 였다. 이것은 갈르엣, 곧 증거이다. 그는 자신을 위해서 건설하지 않고, 다 른 누군가에게 언약을 증거하고자 건설했다.창31:47 그는 이 돌무더기를 다른 무엇을 섬기려고, 자신의 안전을 위해 혹은 자신의 힘을 과시하려고 건축하지 않았다. 그는 언약을 증거하려고 건설하였다. 이 돌무더기는 언 약을 위한 것이지 분리를 위한 것이 아니다. 그러나 이 언약은 또한 하나 의 분리인데, 그것은 이 언약이 아직 하나님에 의해 세워진 완벽한 언약 이 아니기 때문이 아니라, 하나님에 의해서 선택된 백성들, 즉 인간일 뿐 이지만 자신의 역할을 이루어 내는 백성들에 의해서 세워진 언약이기 때 문이다. 이것이 바로 갈르엣이 라반과 야곱 사이의 분리를 나타내는 이유 이다. 그러나 이것은 평화 속의 분리이며, 공통의 믿음을 가진 사람들 간 의 분리이다. 이것은 더는 교만함 안에서의 분리가 아니라, 다른 사람을 존중하는 가운데 분리를 의미하는데, 그 이유는 두 사람이 동일한 하나님 을 따르기 때문이다. 갈르엣은 미스바로도 불린다. 하나님이 감시하기 때 문이다. 자, 여기 첫 번째 이스라엘의 건축은 여기에 계시는 분, 하나님께 드려진다. 그리고 이들은 이 돌무더기 위에서 함께 식사 한다. 이 식사는 화합과 연합의 식사이며, 하나님의 임재 가운데 첫 번째 연합이다. 그러나 갈르엣은 도시가 아니다. 갈르엣의 이 모든 특성은, 도시와 대립하는 특성을 보여준다. 그것은 인간 외의 다른 누군가에게 드려지는 것이다. 그것은 단지 돌무더기일 뿐이고, 하나님의 백성이 건설할 수 있었던 모든 것이었다.

"…이들이 단지 양치는 민족이었기 때문에, 그리고 이들의 문명은 가나안 문명의 수준에 이르지 못했기 때문에, 이 민족의 보잘 것 없는 수준이 그들이 타고난 속성은 아니다.…” 우리는 이것이 분명하다고 생각하지 만, 도시가 우리가 명백하게 거부하려 했던 의미를 가진다는 사실에서, 그리고 처음으로 이스라엘 민족이 어떤 것을 건축하는 순간 그 의미는 완전히 다른 의미를 갖는다는 사실에서, 역사가들이 내세우는 이유들은 큰 의미를 갖지 못하는 것으로 보인다. 아마도 가나안 사람들 역시 자신들이 무엇인가를 건설하기 시작했을 때 동일했을 것이다.… 이스라엘 민족은 이 땅의 다른 모든 민족과 동일한 길을 따라 갈 것이다. 아마도 그럴 것이 다. 그러나 계시의 신학적 역사는 이 가정에 대해서 우리에게 어떤 교훈도 주지 못한다. 이 계시의 신학은 우리에게 다른 더 명확한 것을 이야기한다.

이제까지, 이스라엘이 한 도시 안에 정착하는 것이 필요했을 때, 자신들이 건축하지 않은 도시에 정착해야 했고, 이것은 이 민족에게 이상적인 방식으로 여겨지게 될 것이다.신6:10 왜냐하면, 그들은 건축할 능력이 없었고, 아니면 그들이 건축가가 되는 위험을 잘 알았기 때문이다. 그 러나 이것은 그들에게 주어진 언약의 한 부분이었고, 그들에게 가장 바람 직한 상태였다. 이 아름답고 커다란 도시들에서 하나님에 의해 인도되는 민족은 아무것도 건축하지 않았다. 그런데 당시 이 도시들은 정죄 받지 않았는가? 그래서 이 선택된 민족은 그 도시들과 연합되지 않고 살아갈 수 있었는가? 이 도시들은 힘이 되지 않고 대신 그저 하나의 객체가 된다. 그들은 침략하고 위협하는 천사가 되는 대신에 그저 돌 위의 돌이 되고, 집 옆의 집이 되지 않았는가? 이것이 우리에게 확신을 준다! 우리는 여기 에서 우리가 살펴보았던 것을 다시 발견하게 된다. 그러나 이것은 오직 선택된 백성에 관한 것이다. 그리고 이 선택된 백성은 도시건설에 전혀 관련 없다. 그러나 그들 자신도 건축을 배운다. 그들 역시 모든 사람이 가 는 길을 갈 것이다. 그렇지 않으면 강제로 그 길로 인도될 것이다. 그들이 도시를 건설한 것은, 그들의 의지로 건설한 것도 아니고, 그들이 반역한 후에 건설한 것도 아니다. 그들이 포로가 된 그곳, 불행의 국가, 이집트에서 도시를 건설한다.

"그 왕이 자기 백성에게 말하였다. '이 백성 곧 이스라엘 자손이 우리 보다 수도 많고, 힘도 강하다. 그러니 이제 우리는 그들에게 신중히 대처하여야 한다.…' 그래서 이집트 사람들은, 이스라엘 자손을 부리는 공사 감독관을 두어서, 강제노동으로 그들을 억압하였다. 이스라엘 자손은, 바로가 곡식을 저장하는 성읍 곧 비돔과 라암셋을 건설하는 일에 끌려 나갔다."출1:9-11 이것이 이스라엘의 첫 번째 건축이었다! 이 민족은 이 건축을 전혀 원하지 않았다. 이것은 이 백성의 자기 의지의 표현도 아니었고, 자만심으로 시작한 일도 아니었다. 오히려 그들이 낮은 지위에서 섬기는 위치에 있었기 때문이었고, 도시를 어떻게 건설하는지를 배우고, 도시를 건설하도록 부역이 지워졌기 때문에 건축에 참여했던 것이다. 이스라엘이 노예 상태에 있을 때, 이스라엘은 도시와 관련을 맺게 된다. 그리고 이 관계는 우연한 것이 아니다. 이집트는 전통적으로 노예 지역이었는데, 그것은 단순히 이 때에 이스라엘이 노예 생활을 했기 때문만이 아니라, 상징적으로 그 이름, 미쯔베임מצרים이 이중적 불안의 지역이라는 것을 상징하기 때문이다.

함의 아들 미스라임… 그는 오직 노예의 운명을 갖고 있었으며, 아버지의 저주를 이어받아야 했고, 자신의 주인이 되어야 하는 사람을 노예로 복종시키며 주인이 된 자이다. 이것은 선언된 하나님의 말씀이 역사적으로 뒤바뀐 유일한 사건이다. 이 동일한 계시는 함의 자손과 건축자 니므롯, 그리고 건축자 미스라임에게 이어진다. 이들은 서로 다른 길을 가지만, 그들의 조상에게 내려진 저주를 통해 도시를 건설한다. 그래서 이스라엘은 죽음의 두려움의 나라, "죽음의 그림자" 의 지역, 미스라임에서 종이 된다. 그리고 이스라엘은 이 국가에서 도시 건설을 배우고, 실습하게 될 것이다. 선택된 백성에 의한 이 도시 건설은, 절대로 선택된 백성의 행위가 될 수는 없다. 그러나 이 기술은 지금부터 이 백성으로 하여금 종살이를 연상시키고, 이 기술을 배울 당시의 두려움을 떠올리게 할 것이다. 그리고 도시 건설은 이 백성의 기억 속에 남게 되는데, 이스라엘 자신이 도시를 건설할 때, 이 행위는 언제나 저주의 표식이 될 것이고, 새로운 노예됨을 선언할 것이다. 그리고 퇴폐적인 도시적 삶과 대립되는 이 긴 머리 예언자들의 예언은 바로 이스라엘의 첫 번째 실습도시 건설의 실습에 기초하고 있다. 나아가 이스라엘은 자신이 건설한 도시에 의해서, 그리고 이집트에서 그들이 건설했던 도시들을 따라서 건설한 도시에 의해서, 죄와 두려움의 국가에 다시 노예 관계로 연결된다. 하나님의 이스라엘이, 하나님이 아닌 다른 왕에 의해서 이러한 기술로 인도되는 것은 분명히 상징적인 것이다. 하나님이 선택한 백성이 세상의 왕, 이 시대에 가장 강한 힘을 가진 것으로 여겨지는 미스라임 국가의 왕에게 복종하기를 선택했다. 이 힘은 하나님이 인도하시지 않는 길로 선택된 민족을 강제로 몰아 넣는 힘이다.

도시를 건설하는 것은 민족의 노예생활종살이의 한 부분이었다. 하나님을 사랑하지만, 그의 의지에 더는 복종할 수 없게 되었고, 하나님에게서 멀리 떨어지게 되었다.창2:23,24 또한 이것은 이 백성의 노예생활의 목적이다. 이 민족은 도시를 건설하는 일에만 동원되었고, 그래서 우리는 도시라는 영역을 통해서 선택된 민족과 두려움의 국가 사이의 낯선 만남을 보게 된다. 처음으로 이 만남이 일어난다. 그리고 이스라엘로 하여금 하나님을 향해 끊임없이 대항하는 그 일에 섬기도록 강제된다. 하나님을 향해 대항하도록 하는 일은 바로 도시를 건설하는 것이다. 반면에, 이 도시들이 우리에게 다른 새로운 관점을 보여준다. 이 도시들은 파라오의 창고를 위한 도시들이고, 그것은 인간의 힘의 다른 면을 보여준다. 이것은 경제적인 힘이며, 이 힘은 동일한 의미에서, 그리고 같은 목적에서 다른 능력에 덧붙여진다. 파라오는 경제 정책을 생각하고, 경제적 조직을 고안했던 첫 번째 사람이었고, 이 일은 도시와 관련 있다. 이처럼 정복과 자치에 있어서 우리가 인간의 새로운 진보를 이야기할 때마다, 이 진보는 인간의 새로운 힘의 골격을 형성하며 건설되는 도시에 의해 보증된다.

동일하게 하나님의 백성 역시 이길을 가게 된다. 이 민족이 세상에서 배웠던 도시를 건설하는 일이, 이민족으로 하여금 동일한 세상에서 이 일로 끌어들이며, 군사적 경제적 계획이 바로 도시 건설의 문제로 이끌 것이다.

그러나 이것은 이스라엘의 행위였기 때문에 절대로 다른 민족의 행위와 정확히 동일한 의미를 가진 적이 없다. 그리고 하나님은 계속해서 인간의 이 행위에서 인간 스스로 부여하는 의미를 박탈한다. 그러나 세상을 건설하는 행위에 있어서, 이 불복종의 쓰라린 열매를 가져가지 않으면서 이러한 의미의 박탈을 받아들인다는 것은, 인간에게는 너무나 어려우며, 선택 받은 민족 역시 이것을 받아들이기 어려웠다. 하나님의 백성들은 실재로 세상의 노예로, 이집트의 노예로 잡혀 있었고, 세상의 정치에 복종해야 했기 때문에, 정금처럼 깨끗하게 되는 것이 어려웠다. 그리고 이 민족은 파라오의 도시를 건설하면서, 도시의 힘에 참여하고 그 경제적 정치의 커다란 그림 속에서 파라오를 지원할 뿐만 아니라, 그 계획을 이루어 간다. 어쩌면 이 백성은 원하지는 않지만, 사탄을 위해 가증스러운 행위, 비돔을 건설하는 행위를 한다. "돔의 집." 돔은 이집트의 태양의 신으로, 기원전 14 세기의 중심적 신 중 하나이다. 이 복잡하고 지적인 매우 특별한 종교 속에서, 하나님에 대항한 가장 완벽한 신학 속에서, 건축이 행해 진다.

이처럼 우리의 이스라엘은 사탄이 쳐놓은 영적 함정에 빠져 있으며, 여호와의 집을 건축하는 대신 여호와를 대적하는 자의 집을 건축하게 되었다. 하나님은 이러한 우회적인 방법을 선택하는 모험을 하는데, 그것은 하나님이 모든 세상의 일을 거부할 수 없기 때문이고, 이 일의 영적인 부담을 피하지 않기 때문이다. 그리고 이 민족의 이러한 행위 앞에서 하나님은 개입해야 하고 무엇이 일어날 지를 경고해야 한다. 왜냐하면, 실재 이일이 어떤 일인지 스스로 깨달을 그 어떤 명철도 이민족에게는 없기 때문이다.

하나님은 이 행위와 그 의미를 심판한다. 그리고 하나님은 스스로 이 렇게 행동하고, 여기에 새로운 의미를 부여한다.

　한편으로, 하나님은 다음과 같이 경고한다. "주님께서 집을 세우지 아니하시면 집을 세우는 사람의 수고가 헛되며."시127:1 그러나 이 경고는 자신의 행위가 헛된 것임을 알도록 인간에게 주어진 하나의 신호일 뿐이다. 여러분은 도시를 건설하고 여기에서 인간이 안전하다고 확신한다. 그리고 도시가 영적이기 때문에, 여러분은 도시에 여러분의 모든 노력을 기울이고, 도시는 이 모든 노력의 종합체이고 상징이며, 또한 물질적으로 가장 중요한 기능을 가진다. 그러나 여러분은 이것이 아무 것도 아니며, 그 시초부터 지금까지 달리고 있는 이 엄청난 열차가 헛된 것이라는 사실을 이해해야 한다. 그 이유는 하나님이 도시를 건설하지 않았기 때문이다. 그러나 다른 한편으로, 하나님은 자신이 선포한 말씀을 실현한다. "주님께서 집을 세우지 아니하시면…" 이것은 단순한 가정이 아니라 장엄하고 불가능한 조건을 의미하고, 이 조건에서 분명하게 하나님은 도시를 건설할 수 있다. 왜냐하면 "하나님께서 시온을 구원하시고, 유다의 성읍들을 다시 세우실 것이니."시69:35 하나의 동일한 행위가 두 시대에 나타난다. 하나님은 인간의 피로 건축된 이 도시를 받아들이고, 구원할 것이며미 3:10, 실수로 그리고 노예 상태에서 건축 기술을 배운 인간에 의해서 지어진 도시 시온을 받아들일 것이다. 이처럼 하나님은 인간의 작품을 자신의 작품으로 대체할 것이고, 도시들을 건축할 것인데, 이 도시들은 더는 이전과 동일하지 않으며, 진정한 유다의 도시가 될 것이고, 가인이 갖고 있던 것과는 다른 힘과 다른 표식을 가지게 될 것이다. 그러나 이 말씀은 받아들이기 어렵고, 하나님의 백성은 여러 번 이 말씀을 거부할 것이다. 이것이 바로 도시와 함께 이스라엘 앞에 주어진 문제이다. 그러나 이 민족은 이 문제를 피할 것이고, 다른 나라들을 따라 갈 것이며, 자신의 도시를 건설할 것이다. 이 도시는 정확히 다른 도시들과 같은 중요성을 갖지만, 절망의 의미가 덧붙여지는데, 그 이유는 이 백성이 구별되었기 때문이다.

※　　※　　※

이스라엘은 가나안을 정복할 것이고, 그들의 성 안에 정착할 것이다. 그것이 정복의 시작이지만, 이스라엘이 그들의 정복한 도시 안에 정착할 때, 이 도시의 정치적 중요성을 다시 부여하지 않을 것이고, 그 거주민을 제거한 이후에 거주지에 정착할 것이다. 이스라엘은 도시를 이용하는 방법을 몰랐다. 단지 므낫세 지파만이 고대 도시 연방 속에 편입되었다.세겜, 디르사

므낫세 지파가 볼 때에, 이 도시들은 그들의 정치적 다양성을 보전하고 있었고, 가나안의 영향이 여전히 지배하고 있었다. 그리고 우리는 므낫세가 도시를 수용한 결과를 즉각적으로 알 수 있다. 사사 기드온 자신이 우상인 에봇을 만들어서 이스라엘로 하여금 숭배하도록 요구한다. "언약의 바알"이라는 우상의 신전은 세겜에 세워질 것이고, 이 우상은 언어 유희에 의해 가나안 사람에게는 그들의 전통 신을 떠올리게 할 것이며, 이스라엘에게는 주님과의 언약을 떠올리게 할 것이다. 이스라엘이 도시를 차지한 행위는 자연스럽게 이러한 무서운 혼합의 결과로 나타난다. 우리는 솔로몬이 동일한 길을 걸었음을 발견하게 된다. 그리고 한걸음 더 나가서, 이러한 도시를 자신의 출발점으로 삼은 기드온의 아들 아비멜렉은 이 도시들이 수도이고 정치적 세계의 중심이 되길 원했기 때문에 가나안 도시들에서 자신의 왕권을 세우고 왕정의 원리로 이스라엘을 가나안화 시키고자 이스라엘을 정복하려 하였다. 그 자신이 이스라엘의 주인이 되려고 주 하나님의 왕권을 뺏으려 했다. 우리는 여기에서 같은 그림이 계속해서 나타나는 것을 볼 수 있다. 그리고 곧 이스라엘은 고대의 도시를 차지하는 것으로 만족하지 않고, 그 역시 자신의 이익을 위해 도시를 건설할 것이고, 아니면 도시를 재건할 것이다. 이와 같이 여리고가 재건되었다. 여리고는 매우 강한 도시였기 때문에 힘의 상징이었다. 이스라엘은 여리고 앞에서 유월절을 경축한다. 그리고 이 도시는 기적에 의해서, 이기적을 선

언하는 민족에 의해서 파괴될 것이다. 이 민족은 떠도는 민족이었고, 하나님의 영원한 진리를 소유하고 있었으며, 하나님께 능력을 받은 민족이었다.

또한 여리고의 몰락은그리고 그 반대의 의미에서 힘의 영, 그리고 도시가 나타내는 모든 것의 패배의 상징이다. 그리고 여리고는 선택된 민족에 의해서 다시 건설될 것이다.

하나님의 작품 중심에 이 극도로 미묘한 유혹이 자리를 잡고 있으며, 따라서 이 작품은 완전히 깨끗하게 될 수 없다. 결국 이스라엘 민족은 분명히 그 경계에 성벽을 쌓아야 했고, 요단강을 방어해야 할 필요성이 생겼다. 여리고의 재건은 아합이 강력한 국가를 이룩했을 때, 정치적으로 가장 중요한 순간에 일어났다. 여리고의 기적 이후 여호수아는 황폐한 여리고에 다음과 같이 이야기했다. "이 여리고 성을 일으켜 다시 세우겠다고 하는 자는, 주님 앞에서 저주를 받을 것이다. 성벽 기초를 놓는 자는 맏아들을 잃을 것이요, 성문을 다는 자는 막내 아들을 잃을 것이다."수6:26 약 400년 이후 벧엘 사람 히엘이 여리고를 다시 건축하였다. 그는 눈의 아들 여호수아를 통해 말씀한 하나님의 말씀대로, 기초를 놓을 때 맏아들 아비람이 죽었고 성문을 세울 때 막내아들 스굽을 잃었다.왕상16:34

400년 동안 여리고는 폐허로 방치되어 있었는가? 히엘이 이 폐허에 기초를 놓았다고 보기는 어렵다. 여기에는 개연성이 없다. 여리고는 매우 오래 전부터 사람이 살았고, 가나안 정복 이후에도 거주민이 있었을 것이다. 왜냐하면 여리고는 베냐민 지파에 분할되었고, 사사시대, 특별히 에훗의 시기에 분명히 거주민이 있는 도시로 불렸기 때문이고, 특별히 이 시기에 모압 왕이 종려나무 성읍을 점령하였고삿3:13, 다윗의 시대에도 그러했기 때문이다. 그러나 이것이 주거가 밀집되고, 그래서 여기에 주거지역이 생겼다고 보기는 어렵다. 왜냐하면 이것은 도시가 아니기 때문이다. 비록 히엘이 여리고를 확장했거나 재건했다 하더라도, 혹은 성벽을 쌓았다 하더라도, 그가 도시에 기초를 놓았다는 것만 인정할 수 있다. 왜냐하면 그의 행위는 성벽의 기초를 쌓고, 문을 설치한 것으로 묘사되기 때문이다. 그것은 그가 처음으로 의식적으로 도시에 기초를 놓는 행위를 결정하였고, 저주에도 불구하고 힘 있는 도시를 원했기 때문이고, 인간적 의도정치적 힘, 군사적 방어에 의해 하나님 말씀에 대항하기로 결정했기 때문이다. 이것은 분명히 그가 이방인 건축자들 사이에 있었기 때문이다. 그의 행위는 이방인 건축가들과 동일하였지만, 더 심각한 것이었다. 그는 저주받았다. 그리고 희생제사도 그의 저주를 풀지 못했다. 여호수아의 예언에는 선택도 속죄도 없었다. 유력한 견해에 의하면, 희생제사는 아마도 건물의 기초를 놓는 의식에 관련이 있을 것이다. 그것은 새로운 장소를 정복할 때, 영적인 힘 대신에 인간이 자리 잡을 때 영혼을 달래려 하는 것일 수도 있고, 혹은 폐허 위에 도시를 재건할 때, 전통적으로 폐허는 귀신이 나오는 곳으로 여겨졌기 때문에, 이 희생제사로 귀신을 만족시키고 쫓아내려 하는 것일 수도 있다. 여기에서 건축자들에 불리한 결론을 내리는 것이 쉬울 것이다. 그 이유는 도시의 힘을 위해서, 그리고 희생된 영혼이 도시를 보호하려고, 인간의 몸을 희생 제물로 삼아 도시의 초석을 놓는 이 방법이 셈족뿐만 아니라 다른 민족에서도 사용되었기 때문이다. 그리고 기초를 놓는 사람의 장자가 희생 제물이 되는 전통고고학으로는 확인할 수 없다을 거부할 수 없었을 것이다. 여기에서 우리는 에녹을 통해서 본 자식과 도시와의 관계를 다시 발견하게 된다. 이러한 조건에서 어떻게 도시가 스스로 영적 능력을 갖고 있지 않다고 믿을 수 있는가? 그러나 우리는 이것이 마술적 관습 때문이라고 결론 내리기를 거부한다.… 이것은 원시 민족들의 악습일 뿐이다. 우리의 도시들은 우리에게 이러한 희생을 요구하지 않는다. 왜냐하면, 도시라는 존재 자체가 희생된 수백만의 사람의 살아있고 물질적이며 영적인 힘을 삼키고 사용하기 때문이다. 그러나 이것은 결정적으로 중요한 요소로 볼 수 없는데, 그 이유는 이것이 하나님의 말씀에 필적할만한 중요성을 갖지 못하기 때문이다. 그래서 여기에서 주장해야 할 것은 도시와 관련된 희생에 대한 공포가 아니라, 열왕기서의 사건 속에 나타난 의미이다. 이 사건은 전통적으로 연상되는 마술적인 의미를 나타내는 것이 전혀 아니기 때문이다.

여호수아가 말한 것 중에서 첫 번째로 고려되는 것은 저주이다. 이것은 하나님이 파괴한 것을 다시 건설하려는 시도이고, 하나님의 뜻에 직접적으로 거스르는 것이기 때문에, 이해하기 어렵지 않다. 저주는 하나님이 거부한다는 것을 의미하는 것이고, 이스라엘 민족에게 준 언약에 따르면 이것은 물질적인 재앙으로 해석되어야 한다. 그래서 이 저주는 물질적인 표식이 나타나야 하는데, 그것은 바로 맏아들의 희생이고 막내의 희생이다. 희생은 표식일 뿐이고, 우리는 이 표식을 통해 정확하게 인식할 것이다. 한편으로 그 표식을 통해 우리는 히엘의 행위가 예언의 성취라는 사실을 인식할 수 있고, 다른 한편으로 이 표식에 의해 이것이 저주 받는 행위임을 알 수 있다. 여리고가 재건된 이유를 보지 못했던 역사학자들은 저주에 집착해야 했고, 당시에 유아 희생제물의 관습은 셈족에서 사라졌었고, 히엘의 행위에 의해 사람들에게 널리 퍼진 인식이 여호수아의 예언과 저주를 만들었을 것이라고 끊임없이 이야기해왔다. 뛰어난 솜씨로 19세기의 사고를 기원전 8세기에 그대로 갖다 놓으면서 왜냐하면, 현대 역사가들은 예언과 저주를 중요하게 받아들이지 않기 때문이다!

그것이 어떻든 간에 이 설명은 순수하고 단순한 성서 기록보다 더 받아들이기 어렵게 느껴진다. 그것이 유효하려면 다음의 질문들에 대해서 확실한 답변을 해주어야 하기 때문이다. 왜 히엘은 사라진 관습을 되살렸는가? 왜 그는 분명하게 원하지 않은 행위를 통해 백성의 의식에 충격을 주었는가? 왜냐하면, 지금까지 우리는 부모가 그들의 자녀를 예식과 전통 그리고 집단의식의 요구에 의해서만 희생제물로 바친다고 설명해 왔기 때문이다. 왜 그는 더는 마술적 가치 이상을 갖지 않았던 종교적 예식을 수행했는가? 역사가들이 설명하는 세 가지 불가능성은 우리가 그것을 환상으로 여길 수밖에 없게 만든다.

그러나 실제로 히엘의 행위는 그 자체로 의미 있다. 이 사건이 나타내는 것은 히엘이 이방민족의 행위를 따라 갔다는 것이다. 기초를 놓을 때 행하는 의식은 본질적으로 이스라엘의 의식이 아니다. 그는 도시를 재건하면서 하나님의 행위에 대해 이방인이 가질 수 있는 경멸을 받아들인 것이다. 그는 전통을 버렸고, 더 나아가서 주님에 대한 존경과 예배를 버렸다. 그리고 다른 한편으로는 자신의 왕을 따랐을 뿐이다. 그러나 분명히 그는 이러한 의미 안에서 저주를 받아들인 것이다. 이것은 여리고를 재건한 사실 자체에 대한 정죄가 아니다. 이 재건이 가지는 의미에 대한 정죄이고, 실재로 하나님 말씀의 거부에 대한 정죄이다. 그리고 히엘은 그가 주님을 버렸을 때 여리고를 재건했고, 여기에서 그 자녀들의 희생제는 피의 증거이다. 이것이 그가 저주를 받은 이유이다. 그리고 여호수아가 실제로 이 저주를 선언했다 하더라도, 혹은 하나님의 영이 성서 기자에게 히엘의 행위에 대한 의미를 드러내었다 하더라도, 이것은 분명히 우리가 살펴 본 교훈과 정확하게 동일하다.

그러나 우리는 도시에 대한 사실과 우리에게 주어진 교훈을 따로 떼어 놓고 생각할 수 없다. 그리고 이 역사는 비극의 새로운 측면을 보여준다. 지금까지 우리는 계속해서 건축자가 되는 자신의 상황을 설명하는 인간을 보았고, 하나님에게서 벗어나서 스스로 다른 존재가 되려는 인간을 보아왔다. 여기에 처음으로 도시 때문에 스스로 이 상황 속으로 들어오는 사람을 보게 된다. 이러한 도시에 대한 필요는 너무나 커서, 도시는 인간이 자신의 모든 것, 자신과 자신이 가지고 있는 모든 것을 거는 데에 주저하지 않을 정도로 매우 매혹적이고 좋으며 진실한 것으로 보인다. 어떤 관점에서도 도시는 유용하다. 도시는 피난처가 될 수도 있고, 창고가 될 수도 있으며, 상업지역이나 행정 구역이 될 수 있다. 도시의 이러한 유용성은 너무나 명백해서 인간은 자신을 희생하기까지 한다. 히엘은 이런 사람이었다. 그는 요단을 향한 길을 지켜야 했다.

그래서 자녀들을 희생시켰고, 저주를 받아들였다.

도시 앞에서의 인간은 완벽한 유혹 앞에 있으며, 더는 문자 그대로 자신을 인식하지 못하고 약해져서, 자신의 영혼과 육체를 빼앗기게 된다. 이 가운데에서도 인간은 분명하게 이성적으로 계산하는데, 그것은 도시의 유혹이 이성적이기 때문이고 이성의 절대성에 복종해야 하기 때문이다. 이후의 사건을 살펴보자. 이스라엘의 왕으로 첫 번째 건축자는 솔로몬이다. 다윗은 농민의 왕으로 남았다. 비록 그가 선택한 위상이 자신의 성과 수도 안에 위치하고 있음에도 그는 도시의 왕이 아니었는데, 그것은 그의 신실함과 단순함 때문이었을 것이다. 그러나 성서의 역사는 그의 이름에 건축자의 명칭을 붙이지 않는다. 이 명칭은 솔로몬에서 주어졌다. "솔로몬 왕은 주님의 성전과 자기의 궁전과 밀로 궁과 예루살렘 성벽을 쌓고, 하솔과 므깃도와 게셀의 성을 재건하였다.… 솔로몬은 게셀을 재건하였다. 솔로몬은 강제 노역꾼을 동원하여서, 낮은 지대에 있는 벳호론을 재건하였다. 또 바알랏과 유다 광야에 있는 다드몰을 세웠다. 그리고 솔로몬은 자기에게 속한 모든 양곡 저장 성읍들과 병거 주둔 성읍들과 기병 주둔 성읍들을 세웠다."^{왕상9:15이하} 그러나 이미 여기에서 솔로몬의 첫 번째 불순종이 나타난다. 그는 노예제도 위에 이 도시들을 건설한다. 그리고 자신들이 이집트에서 있었던 것과 노예에 대한 모세 율법을 잊어버리 고, 그는 "자신의 성문 안에 있는 외국인" 을 자신의 통치 아래에서 종으로 삼을 것이다. "솔로몬은 그들을 노예로 삼아서, 강제 노역에 동원하였다."^{왕상9:21} 이 행위에 대해서 성서는 어떤 판단도 하지 않는다. 우리는 이 사건이 나타내는 명백한 의미 이상을 찾기 보다는, 그 사건 자체만을 논하 는 것으로 만족할지도 모른다.

그러나 여기에는 그 이상의 의미가 있다. 여기에는 이미 타락과 정죄를 가져오는 이방인의 힘의 유혹이 있다. 만일 그가 도시들을 다시 건설 한다면, 그것은 부분적으로 파라오 덕분이다. 파라오는 자기 소유의 몇몇 도시들에서 철수하였고, 이들 중에 게셀과 같은 요충지를 솔로몬이 사용 하도록 넘겨주었다.

다른 한편으로 위대한 왕에 의해서 건축된 이 도시들이 얼마나 취약하고 공격당하기 쉬운지를 안다면 놀랄 것이다. 역사를 훑어보면 하솔과 벳 호론, 게셀과 므깃도에서 큰 패배를 당했음을 쉽게 찾아볼 수 있다. 역사는 성벽이라는 피난처 안에서 정치적 안정을 이룰 수 있다는 것을 부인한다.

그러나 우리는 이 도시의 기초를 놓는 역사에서 한 가지 사실을 기억해야 한다. 성전 이후에 건축된 첫 번째 도시는 밀로이다. 그리고 여기에서 솔로몬의 삶을 둘로 나누는 단절의 역사를 발견할 수 있다. 밀로의 건축을 감독한 사람은 여로보암이었다. 하루는 그가 예루살렘 밖으로 나왔을 때, 새 옷을 입은 아히야 선지자를 만난다. "들에는 그들 둘만 있었는데, 아히야는 그가 입고 있는 새 옷을 찢어서, 열두 조각을 내고, 여로보암에게 말하였다. '열 조각은 그대가 가지십시오. 주 이스라엘의 하나님께서 그대에게 이렇게 말씀하셨습니다. 자, 내가 솔로몬의 왕국을 찢어서, 열 지파를 너에게 준다. 그리고 한 지파는 내 종 다윗을 생각해서 그리고 이스라엘의 모든 지파 가운데서 내가 선택한 성읍 예루살렘을 생각해서, 솔로몬이 다스리도록 그대로 남겨둔다. 솔로몬은 나를 버리고, 시돈 사람의 여신인 아스다롯과 모압의 신 그모스와 암몬 자손의 신 밀곰에게 절하며, 그의 아버지 다윗과는 달리, 내 앞에서 바르게 살지도 않고, 법도와 율례를 지키지도 않았지만…'"왕상11:29이하

성전을 건축한 이후, 솔로몬이 힘과 부의 능력에 굴복하여 도시들을 건설하려는 그 순간 놀랄만한 모험을 하게된다. 그 결과로, 그는 하나님 외에 다른 것에 자신의 믿음을 두었기 때문에, 예루살렘 보수를 끝낸 이 후에, 밀로의 건축을 통해 인간적인 보호 장치를 마련하려 하였기 때문에, 솔로몬은 그의 통치가 끝나기도 전에 버려졌다. 어쩌면 이것이 하나의 우연일 뿐인지는 모르겠지만, 그것이 충분히 놀랄만한 일이며, 이것이 정확하게 그가 하나의 도시를

건설하는 순간 여호와를 버리고 아스다롯과 그모스 그리고 밀곰을 섬겼다는 이유로 정죄를 당한다는 사실을 받아들여야 한다! 그리고 이것은 그의 통치가 정점에 이르렀을 때, 스바 여왕의 방문 전에, 이 새로운 신들을 위한 제단을 건축하기 전에 일어난다. 다른 한편으로, 도시와 이방신들의 관계는 솔로몬이 이 도시들에 부여할 이름에서 더 강하게 나타난다. 바알랏과 벳호론, 그들의 이름은 이들을 침략하는 이방의 거짓 신들에게 바쳐진 이름이다. 이스라엘에서 도시와 거짓 신들 간의 이러한 관계는 지속 된다. 이것은 힘의 세력들과 도시 세계의 관계를 더욱 강하게 한다. 예레미야는 다음과 같이 이야기한다. "유다 사람들아, 너희가 섬기는 신들은 너희가 사는 성읍 수만큼이나 많고." 렘 11:13 이것이 이방신들의 이름을 가진 도시들에 관한 것이라 할지라도, 이름의 중요성은 계속해서 생각해야 한다. 도시에 이름을 부여하는 것은 그 도시에 이름이 갖는 존재 자체를 주는 것이다. 솔로몬이 우상을 섬겼기 때문에, 그에 대한 정죄를 세세하게 살펴보는 것은 헛된 것이 아닐 것이다. 솔로몬의 행위는 특별하게 종교적인 것은 아니었다. 그것은 구체적인 모습을 갖고 있었다. 그는 이방신을 사랑했고, 그들에게 바쳐지는 도시들 을 건설했다. 이처럼 솔로몬의 행위는 역대기서 기자의 설명과 부합하며, 이 사실들의 병행은 놀랍게도 이 동일한 인물이 여호와의 집과 바알의 집 모두를 건축하는 것과 동일하다. 성전을 건축한 이후에 그는 우상의 도시 들에서 나타나게 될 힘을 추구한다. 그리고 분명히 우리는 성전 자체에 동방 문화가 완전히 스며들었다고 이야기할 것이다. 그러나 그것은 본질적으로 다른 의미를 갖는다. 이것은 우리에게 이것이 고려하는 행위의 물성 만이 아님을 일깨워준다. 그러나 물성 역시 고려한다 그것은 그것의 영적 가치를 의미한다. 하지만, 도시 건설의 영적 가치는 여기에서 논의의 대상이 아니다. 솔로몬이 행한 첫 번째 불순종의 행위는 도시건설이었다. 이것은 정확히 솔로몬이 여호와를 버리고 자신의 신비한 지혜의 사용을 멈춘 순간이고, 그가 도시 속에서 물질화된 힘의 정치를 결심한 순간이다. 이후에, 그는 자신의 남은 지혜로 스바 여왕을 매혹시킬 수 있을 것이다. 그러나 그는 이미 버려졌다. 그 자신은 다윗 때문에 버려지지 않겠지만, 그의 집과 르호보암은 버려질 것이다.…

르호보암 역시 건축자였으며, 솔로몬과 함께 가장 큰 건축자였다. 솔로몬이 불복종의 왕이었던 것처럼, 르호보암은 분열의 왕이었다. 솔로몬은 진정으로 불복종의 왕이었는데, 그 이후에 다른 왕들이 하나님을 다시 부인할 것이기 때문이며, 또한 그 이후의 다른 왕들이 인간적인 광기에 사로잡히게 될 것이기 때문이고, 믿음에서 벗어날 것이기 때문이다. 그러나 그 누구도 더는 지혜의 선물을 받지 못할 것이며, 성전 건축의 부르심을 받지 못할 것이다. 다른 왕들 역시 추락할 것이고, 그 누구도 일어서지 못할 것이다.

르호보암, 역대기서는 그에게 3개의 장을 할애한다. 첫 번째 장은 왕의 미숙함으로 말미암아 거룩한 민족이 두 개로 분열되는 내용을 상세히 기술한다. 두 번째 장은 도시들과 우상의 건설이 기술된다. 세 번째 장은, 이집트 왕과의 전쟁과 패배, 그리고 죽음을 자세하게 기술한다. 이처럼 그의 다스림 가운데에서 당시 사람들에게 가장 인상적으로 보인 것은 그가 건설한 많은 도시다. "르호보암은 예루살렘에 자리잡고 살면서, 유다 지방의 성읍들을 요새로 만들었다. 베들레헴과 에담과 드고아와 벳술과 소고와 아둘람과 가드와 마레사와 십과 아도라임과 라기스와 아세가와 소라와 아얄론과 헤브론이 그가 유다와 베냐민 지방에 세운 요새 성읍들이었다. 그는 이 요새 성읍들을 강화하고, 거기에 책임자를 임명하고, 양식과 기름과 술을 저장하여 두었다. 각 성읍마다 방패와 창을 마련하여 두어, 성읍들을 크게 강화하였다. 이렇게 유다와 베냐민은 르호보암의 통치 하에 들어갔다." 그리고 르호보암은 많은 자녀를 낳았고, 자녀들을 각 도시들에 살게 했다. "르호보암은 슬기롭게도, 자기 아들들에게 유다와 베냐민 전 지역과 요새 성읍들을 나누어 맡기고, 양식도 넉넉하게 주었으며, 아내들도 많이 얻어 주었다. 르호보암은 왕위가 튼튼해지고 세력이 커지자, 주님의 율법을 저버렸다. 온 이스라엘도 그를 본받게 되었다."대하 11:5-23;12:10

이것이 르호보암의 모든 역사이다. 우리는 르호보암에게 우리가 이미 보았던 동기를 발견하게 된다. 이 동기는 자연인의 삶에서도 나타나는 것이지만, 여기에서는 매우 특별한 동기를 발견하게 된다.

르호보암은 하나님에 의해 버려진 왕이다. 르호보암은 자신의 허영심 때문에, "그 젊은 시절의 교만"에 의해서, 완고함과 힘을 추구하는 사상 때문에 왕국을 분열시킨 사람이다. 르호보암은 하나님에 의해 해방된 민족을 자신의 정치적 노예로 전락시키려 했다. 르호보암은, 모든 백성은 아니었지만, 하나님이 자신에게서 분리시킨 백성을 다시 가져오려 했다. 그래서 그는 도시를 건축했다. 그는 10개 지파를 빼앗겼고, 그것을 20개 도시로 대체하였다. 이 지파는 하나님이 선택한 백성의 지파였던 반면에, 르호보암이 건축한 도시들은 성벽의 도시이며, 창과 방패로 가득한 도시이다. 그는 하나님의 보호하심을 성벽으로 대체하였고, 하나님의 언약을 무장된 정치 형태로 대체하였다. 이것은 정확하게 가인의 사건과 동일한 메카니즘이며, 인간은 언제나 여기에 복종한다. 하나님이 결정한 것에 대해서 지나친 보상을 요구하며, 이 보상은 터무니없는 요구이기 때문에 지나친 것이 된다. 이 강한 도시들은 그토록 복종하고, 자신의 안전을 추구하여 그토록 고통을 당하다가 어느 한 순간에 황폐하게 될 것이다. 이것은 하나님과의 단절을 의미한다. 그리고 마치 크레바스의 벌어진 틈의 "위험" 표지판과 같이 경고의 표식이 될 것이다. 반면에 사람들의 흩어짐과 단절에서, 도시들은 이 흩어짐의 장소에 집합의 표식이 될 것이다. 도 시 속으로 들어가십시오, 그러면 당신은 새로운 연합체가 될 것입니다. 도시의 성벽 안으로 모이시오, 여러분은 동일한 무기를 가질 것이고, 동일한 위험과 동일한 기근, 동일한 노예 생활을 받아들일 것입니다. 이와 같이 여러분은 연합될 것입니다. 그러나 상실된 영적인 연합은 생명 없는 돌 위에서 발견되지 않는다. 이것은 따로 구별된 거룩한 백성의 분리이 고, 어쩌면 자신의 힘의 표식을 세우기 원했던 르호보암 왕의 가장 큰 잘못일 것이다. 아무런 근거 없이 이 이야기를 하는 것이 아니다. 본문이 우리에게 이렇게 이야기한다. "르호보암은 왕위가 튼튼해지고 세력이 커지자…"대하12:1

우리는 선택된 백성을 힘의 도시로 대치시킨다. 여기에 동일한 가치가 있다. 그리고 여기에 믿음을 가지고 르호보암에게 피했던, "유다 나라를 강하게 하고, 솔로몬의 아들 르호보암의 왕권을 확고하게 해 준"대하11:17 레위인과 제사장 이야기의 의미가 있다. 이것을 국가의 성장에서 교회를 사용한 첫 번째 예로 볼 수 있을까? 이처럼 도시는 서로 다른 민족에게 서로 다른 사람들에게 동일한 역할을 한다. 도시는 동일한 표식을 가지고, 동일한 영적 에너지를 갖지만, 여호와가 선택한 민족에게는 더 크고 더 특징적인 가치를 가진다. 교회에 대한 도시의 특별한 성격은 아사와 여호사밧에게서 찾아볼 것이다. 그러나 르호보암에게 도시는, 이스라엘 민족이 선택 받기 전 사람들이 가졌던 가치와 동일하게, 분리의 모든 가치를 지닌다.

"르호보암이 자기 아들들에게 나누어 맡기고…"대하11:23 이 문장은 이와 같이 버려진 왕과 원초적 유형에까지 확장된다. 그 역시 도시와 그의 자녀들을 연결시키는 데에까지 나아가며, 인간적인 이중적 힘의 기초에 의지하고, 참을성 있게 자신의 함정이 될 도시를 건축한다. 그 도시가 열려있고 그 자녀들이 아직 어린 한은, 이 도시는 여전히 믿을 만한 것으로 보인다. 그는 여로보암이 학대했던 제사장과 레위인을 모으고, 겉으로는 하나님과 자신의 조상을 경배한다. 그는 다윗과 솔로몬의 승계자로 남는다. 그는 심각하게도 솔로몬과 동일하다. "나는 나의 아버지와 같이 행할 것이다." 이것은 르호보암의 유일한 동기이며, 유일한 능력으로 보인다. "그는 당신들을 약하게 때렸지만, 나는 전갈을 주고 채찍질을 할 것이다 그는 도시들을 건설했지만… 나는 계속해서 도시들을 건설할 것이다."

교회의 전 역사에서 믿음과 전통, 사도들의 전통과 교부들의 전통 사이에서는 언제나 혼합이 있어왔다. 이 혼합은 교회 내에서 불안정하게 보이는 믿음에 대항하여 인간적 지혜를 통해 가능한 모든 안정을 구축한다. 이처럼 르호보암은 약해진 자신의 왕국의 불안함 속에서 나아가기를 거부했다. 모든 침략자들에게 먹이로 제공된 이 두 지파는, 그들을 강하게 했던 유일한 믿음을 전혀 받아들이지 않았으며, 그것은 르호보암이 자신의 아버지를 따라갔기 때문이다. 그러나 이 사건이 이야기하기 원했던 것은, 르호보암이 스스로 충분히 강해졌다고 생각할 때 드러날 것이다. 그래서 그는 20개의 도시와 28명의 자녀를 가진 지금, 그들이 행하던 표면적인 하나님에 대한 경외조차 필요 없게 된다. 그는 힘을 얻었고, 더는 거짓 연기를 할 필요가 없다. 실질적인 정치는 도시의 찬란함에서 나타난다. 이처럼 그는 의식적으로 도시와 힘을 연결시킨다.

그리고 이것은 분명하게 인간적으로 그리고 역사적으로 설명된다. "당시에는 도시의 성벽만큼 강한 다른 형태는 없었다. 성은 항상 이런 특성을 갖고 있었다. 이것을 알고자 성서가 필요한 것은 아니다! 그리고 오늘날 힘의 상징은 변하였고, 도시는 이전만큼 우리에게 영향을 미치지 못한다. 그것은 우리가 비행기나 혹은 핵폭탄에서 더 큰 힘을 보았기 때문이다." 이것이 우리가 이야기할 수 있는 것이다. 그러나 이것은 정확하지 않다. 이것이 정확하지 않은 것은, 도시에 우리가 드러내는 힘의 표식을 주는 것이 성서라는 사실을 이야기하고, 도시가 이 드러나는 것에 대한 실제적 책임을 가진다고 이야기하는 것이 성서라는 것을 이야기할 때, 이 주장이 정확하지 않다는 것이다. 비록, 이 주장이 사실이라 할지라도, 실재로 가나안의 도시들은 매우 조잡한 구조물이었을 뿐이다. 이 문제를 다시 한 번 살펴보자. 도시가 보전하는 모든 근대 이전의 발명들, 그 최고봉에도 불구하고, 이 논의를 근대도시에서 출발하는 것도 정확하지 않다. 비행기가 감각적으로 좀 더 강한 인상을 줄 수 있다 하더라도세일 유목민11을 막으려고 이집트 성벽이 할 수 있었던 것과 필적할 만하기 때문에 도시는 여전히 모든 힘이 집중된 장소이다. 도시는 인간 문명의 종합체이고, 이 문명을 지키는 존재이며, 점점 강성해지는 존재이다. 그리고 적어도 성서가 부여하는 사회학적 실재이다.

로호보암은 강해지려고 도시를 건설하였고, 강해졌기 때문에 하나님을 버렸다. 이것은 단순히 경건한 이야기가 아니고, 심리학적 논증도 아니며, 그 이상의 것이다. 왜냐하면 실재로 주님을 버리는 것의 또 다른 면이 유한함 속에 뿌리 내리는 것을 의미하기 때문이다. 르호보암은 더는 선택된 백성을 위해 하나님이 부여한 토대에 기초를 두지 않았다. 그는 강하게 물질 안에 기초를 두었다. 그리고 이것은 도시의 영향력이었다. 도시는 물질에 뿌리를 두고, 더 정확하게 이야기 하면 유한한 것에 뿌리를 둔다. 이것은 도시가 물질주의자임을 말하는 것도 아니고, 그것이 지적 혹은 영적 삶을 배제함을 말하는 것도 아니다. 우리는 이와 반대되는 도시의 속성을 보았는데, 그것은 도시가 그 근원, 그 힘, 그 가치를 특별하게 유한함 속에서 취함을 말해주는 것이다. 여기에 하나님과 도시 사이의 대립이 있다. 도시는 영원한 근본적인 것들과 단절된다.

그러나 유한함이라는 틀 속으로 들어왔기 때문에, 이 조건 안에서 게임을 해야 하고, 그 규칙들을 받아들여야 한다. 그 규칙은 가장 강한 사람이 승리하는 것이다. 이것은 지속적으로 르호보암에게 요청될 것이고, 그가 처음으로 행했던 것은 재앙으로 바뀐다. 이집트 왕 시삭은 르호보암을 대항하여 일어났고, "그는 강한 도시들견고한 성읍을 빼앗았다." 분명하게 르호보암의 교만과 영광은 하나님과의 분리를 가져왔고, 여기에서 시삭의 공격이 시작된다. 르호보암은 자신의 게임을 즐기던 이 도시들 가운데에서, 이 계기를 통해 자신이 유한한 것에 뿌리를 두도록 창조되지 않았음을 깨달을 것이다. 역대기서가

---

11) [역주](신2:5) 에서의 후예.

이야기하는 것처럼 그가 하나님께 불순종했기 때문에 패배했으며, 그가 세상의 왕의 게임을 하기 원했기 때문에 그는 선택된 백성의 왕으로서의 역할을 할 수 없었다. 시삭 왕은 이것을 증명하는 것으로 만족하지 않고, 예루살렘으로 진군하여 점령하고 성전을 약탈한다. 이 역사는 매우 특징적이고, 우리에게 이스라엘 백성의 도시들의 역사에서 다시 생각해야 할 첫 번째 굴곡을 보여준다. 도시의 건설은 다음과 같은 순환 주기 속에 있다. 성전의 건축 – 솔로몬에 의한 도시의 건축 – 솔로몬의 버려짐 – 이스라엘 왕국의 분열 – 르호보암에 의한 도시 건축 – 성전의 약탈 – 도시와 성전 사이의 대립에 의해 나타나는 매우 예외적인 운동. 우리는 이 주기를 이미 솔로몬을 통해 발견하였으며, 여기에서 다시 발견하게 된다. 유한함 속에 뿌리 내리는 결과는 성전의 약탈이다. 이 일반적인 흐름에 다른 여러가지 것이 따라온다.

그러나 이러한 건축자의 역할이 반역과 하나님에 대항해서 일어나는 왕들의 일반적 속성은 아니다. 이스라엘의 역사는 이 역할을 하게 될, 그리고 정확하게 유다의 수많은 왕들 가운데 역대기서 기자의 동의를 얻은 두 왕에 대해서 이야기한다. 이 두 왕은 아사와 여호사밧이다. 아사는 적어도 그의 첫 번째 도시 건설의 연설에서 실재로 자신의 선한 의도를 나타냈다. "그는 유다 백성에게 말하였다. '이 성읍들을 다시 세웁시다. 성벽을 둘러 쌓고, 탑과 성문과 빗장을 만듭시다. 우리가 주 하나님을 찾았으므로, 주님께서 사방으로 우리에게 평안을 주셨습니다.' 그래서 그들은 성읍들을 세우기 시작하여, 일을 잘 마쳤다."대하14:7 여호사밧은 이후에 아버지의 길을 따라 갈 것이다. 그 역시 자신이 무엇보다도 하나님께 속했다는 사실과, 자신의 힘의 수단인 도시가 하나님께 종속되어 있다는 사실을 의식하게 될 것이다.

그러나 만일 버림받지 않은 경건한 왕들이, 지금까지 반역한 인간과 하나님께 돌아선 인간의 전유물이었던 도시 건설의 기술을 위험 없이 제어할 수 있다면, 이것은 단순히 내면의 마음을 잘 잡는 것으로 이 모든 것을 충분히 변화시킬 수 있다고 이야기할 수 있지 않은가? 그리고 상당히 유행하고 잘 알려졌으며 매우 권위있는 주장에 의하면, 이 기술 자체는 악하지 않으며, 모든 것은 인간이 이 기술을 다루는 방식에 달려 있다고 이야기할 수 있지 않은가? 그렇다면, 거룩하게 된 가인은 도시를 장애물 없이 건설할 수 있었는지도 모른다. 그러나 가인은 거룩하게 되지 않았고, 지금까지 성서의 변하지 않는 교훈에는 어떤 이론의 여지가 없어 보인다. 여하튼간에 성서는 예수 그리스도가 가르치게 될 "깨끗한 자들에게 는 모든 것이 깨끗하다." 는 이 예시를 보여준다. 정죄 받는 일들, 사단의 일들 또한 하나님의 은혜에 의해 깨끗함을 입은 사람들이 행하고 취할 수 있다. 그것은 한편으로 정확하게 아사가 이야기한 것이다. "이제 우리들 은 우리들의 도시를 다시 세울 수 있습니다. 왜냐하면 우리는 하나님을 찾는 것으로, 사랑하는 것으로, 그에게 순종하는 것으로 이 역사를 시작했기 때문입니다. 하나님은 우리에게 이것을 허락하셨고, 안식을 주셨습 니다."대하14:7 참고 안식은 하나님과의 평화를 상징하고, 일치의 은혜를 나타낸다. 이 왕들은 하나님에 의해 선택되었기 때문에 그들의 도시를 건설할 수 있었다. 도시는 하나님이 그들의 영적 갑옷을 벗겨내기 때문에 힘을 잃는다. 만일, 도시가 이처럼 하나님의 은혜 안에서 중립적이라면, 도시는 객관적으로 그 도시 자체로 남을 것이다. 말하자면 도시는 그 자체로 선도 아니고, 선의 도구가 되지 않으며, 구원도 되지 못하고, 다른 사람을 위한 완벽함의 도구가 될 수 없다. 도시는 단지 하나님을 신뢰하는 자들에 대한 공격을 멈추고, 이들을 황폐화시키는 것을 멈출 뿐이다. 그리고 도시는 영적 힘의 의미를 갖는 것을 멈추게 된다. 그러나 타인에 대해서는 언제나 동일한 힘의 도구일 뿐이다. 도시의 본성은 변하지 않는다. 그것은 세상의 본성이 변하지 않기 때문이다.

그리고 이것은 예수께서 할 수 없었던 것을 자신들이 할 수 있다고 믿는 용맹한 사람들의 큰 환상이다. 그리고 세상이 진보하는 것에 행복을 느끼는 사람들이다. "우리는 최고의 아이디어들을 받아들이고, 이 아이디어들은 정부의 틀 안으로 침투한다. 모든 사람은 정의를 원한다. 모든 사람은 개인의 가치를 존중한다. 누구나 사람을 존중한다. 모든 사람은 종교적이다. 그리스도인의 덕목은 존중된다. 그리고 국가가 최우선이다. 이와 같이 세상은 회심한다." 결백함! 심판은 단번에 이루어진다. "빛이 세상에 왔으나, 세상이 빛을 받아들이지 않았다." 여기에 대해서는 다시 살펴 볼 필요가 없다. 그리고 당신이 매우 잘 조직된 세상의 힘들을 볼 때, 당신이 국가와 돈 그리고 도시를 볼 때, 세상이 여러분의 말을 받아들이 는 것은, 여러분의 선한 의지의 말이나 전도의 말이 거짓이기 때문이다. 왜냐하면, 여러분이 하나님께 반역할수록, 세상은 더욱더 쉽게 여러분을 인내할 수 있기 때문이다.

이 세상을 가장 좋은 곳으로 만들 수 있다는 환상은 "깨끗한 자에게 모든 것이 깨끗하다."는 것과 "깨끗한 사람이 세상을 깨끗하게 만들 수 있다."는 것 사이의 혼동에 의해 나타난다. 그리스도인에게 허락된 돈의 사용은 돈을 타락시키지는 않지만, 돈을 성화의 수단으로 변화시키지도 않는다! 도시가 이와 같다. 나아가서 우리는 도시가 경건한 왕들이 완전히 죽음의 고통을 잃어버렸다고 말한다면, 우리는 너무 멀리 나간 것이다. 왜냐하면 도시는 아사와 여호사밧의 거룩함에도, 자신의 힘을 가지고 아무리 최소화해서 말해도 유혹의 힘을 가지기 때문이다. 도시는 자신의 힘의 영이 상징하는 것을 그대고 지니며, 만일 왕이 무엇보다도 완벽하게 자신의 행위와 승리를 믿음 아래 복종시킨다 하더라도, 왕이 자신을 위해서는 아무것도 구하지 않고 충분하게 하나님께 복종한다 하더라도, 힘은 조금씩 그를 유혹하기 시작한다. 그리고 왕이 외국의 힘, 시리아 왕과 동맹을 맺는다면, 이 행위에는 필연성이 있다. 동시에 그는 이스라엘 왕에 대항해서 싸우고 외국 왕과 동맹을 맺으며, 새로운 도시를 건설한다. 게바와 미스바 이와 같이 우리는 아사의 반역에서 도시의 존재를 다시 발견하게 된다. 이것은 하나니 선지자의 경고와 같이 하나님에 대한 반역이기 때문이다. "임금님께서 시리아 왕을 의지하시고, 주 임금님의 하나님을 의지하지 않으셨으므로…"대하16:7 동일한 동기에 의해서 새로운 도시의 건설과 분리, 힘 그리고 반역의 고리가 다시 나타난다. 이처럼 아사왕에게도 이 도시에서, 자신의 경건한 마음에 다가오는 유혹이 있다. 물론 아사왕의 유혹은 르호보암의 그것과는 매우 상이하다. 강해지고 여호와를 버리려고 도시를 건설하는 대신, 아사는 하나님의 백성을 섬기려고 도시를 건설하였다. 그러나 이것은 위험한 행위이고, 주님과 분리시키는 다른 어떤 행위보다 더 위험한 요인이었으며, 어떤 인과관계도 없이 일어난 일이다. 그의 타락은 비록 우발적이었지만, 결정적이었다. 그는 선지자를 억압하고, 백성 전체를 억압하였으며, 그리고 "동일하게 그의 투병기간 동안 그는 여호와를 찾지 않고 의사들을 의지했다." 이처럼 유한함에 뿌리 내리는 것은 죽을 때까지 계속되었다.

4.건축하자…

　　이스라엘 왕들의 역사를 살펴볼 때, 우리는 한 가지 신기한 특징을 발견하게 된다. 역사의 모든 기록에서 오직 역대하의 기록들만 도시와의 관계를 이야기한다. 사무엘서와 열왕기서는 이 문제에 대해서 거의 침묵한다. 이 사실은 우리에게 몇 가지 실마리를 줄 수 있다. 무엇보다도 역대기서는 가장 최근의 책들이다. 기원전 400~200년 사이에 기록되었기 때문에, 원본과는 상당한 차이를 가진다. 이것은 지난 반세기 전부터 선지자들에 의한 도시의 정죄를 설명하기 위한 전통적인 논쟁을 무의미하게 만든다. "선지자들은 경건한 전통의 믿음 위에서, 사막광야의 시기와 유목의 시기를 이스라엘의 경건의 시기로 여긴다. 그래서 선지자들은 도시가 유목생활과 대립되며, 그 결과로 거룩함에 대한 반역의 상징이기 때문에, 도시를 정죄하였다." 이와같이 단순한 이성주의자의 설명은 언제나 나를 당황스럽게 만든다! 예언자들이 도시를 정죄한 것은 과거의 이상화된 관점에서 출발한 것이 전혀 아니었다. 그들은 새로운 세계와 도시에서 인간의 타락을 보았고, 그들은 인간을 향한 하나님의 뜻의 계시를 통해 도시를 정죄했다. 여기에서 그들은 과거를 이상화시킬 수 있었다. 이러한 이상화는 하나님이 역사 속에 자신을 계시하는 종교에서 일반적이다. 하나님은 아브라함의 시대에, 모세의 시대에 말씀했다. 그러나 그 어떤 말씀도 과거를 유목 생활의 형태와 연결시키지 않았다! 엘리사는 도시를 떠나 정착된 농부의 생활을 유지했고, 유목 생활을 하지는 않았다. 이사야는 도시인도, 유목민도, 농민도 아니었다. 예레미야 역시 그러했다. 이들 모두가 대도시를 정죄하였다. 선지자들이 만장일치로 "유목생활"의 의견을 지지했고, 도시를 정죄하고자 유목생활에 사회적 · 정치적 동기를 부여했다고 받아들이는 것은 너무나 단순한 생각이다. 그들의 공통적인 동기는 완전히 다른 것이었고, 유목적 이상은 매우 부수적이고 부차적인 역할만을 할 뿐이다. 이 해석은 선지자들의 심판을 다시 인용하는 몇 세기 이후의 역대기서 속의 기록을 통해 분명하게 지지된다. 역대기서 기자는 사막광야에 대해 어떤 이야기도 하지 않았으며, 이러한 관점을 전혀 지니지도 않았다. 도시 생활을 후회하고 다시 유목 시대로 돌아가기를 바라기에는 너무 오랜 시간이 지났다. 그는 도시 문명이 더는 문제되지 않는 시기에, 찬란함 문명이 인접한 모든 세계로 뻗어간 시기에 기록했다. 그러나 역대기서 기자는 도시에 대하여 덜 명백하고 덜 폭발적이며 덜 웅대하게 기록하면서, 선지자들과 정확히 동일한 태도를 유지한다.

다른 한편으로 역대기서는 도시를 하나님에 대한 인간 대립의 커다란 표현으로 본다. 이것은 이미 우리가 기록한 부분에서 볼 수 있지만, 역대기서의 전체 방향성에서 명백하게 나타난다. 이 책은 유다 왕들의 성공과 실패를 설명하려고, 선한 행위와 악한 행위를 단호하게 구분하고, 하나님의 즉각적 보상이나 하나님에 의한 엄격한 생활과 같이 매우 양식화된 그림을 그린다. 그리고 이 양식화된 그림에서 모든 불필요한 세부 사항을 없앤다. 여기에서는 이 그림을 드러내는 데에 필요한 것만을 소개한다. 그래서 역대기서 기자가 지속적으로 언급하는 도시 건설의 사실이 이 그림과 크게 무관하지 않다는 사실을 받아들여야 한다. 이것이 직접적으로 하나님에 대한 반역과 도시 건설의 부역에 연결되기 때문에, 기자의 사고 속에 도시 건설이 분명하게 하나님과의 분리의 표현이라는 것에 의심의 여지가 없다. 그리고 역대기서 기자가 이 사실에 대해서 다른 역사가들보 다 이 관계를 더 주장한다면, 이것은 또한 역대기서 기자의 사회적이고 정치적인 개념선악의 개념 밖에 있는에서 온 것이다. 그는 이스라엘의 정치적인 죄를 교회의 행위와 동일시한다. 이 기자에게 죄는 개인적인 행위라기보다는, 선지자들에 대한 기록에서처럼, 왕에 의해서 통합된 모든 백성의 죄이다. 그리고 죄는 왕의 사회적 행위이고 거룩함 또한 동일하다. 이처럼 그는 정의의 주요한 요소로 예루살렘에서의 제사의 행위를 표현했다. 이것은 상당히 외적인 행위이지만, 사회적 삶 속에 그 근원을 갖는 행위이다. 그는 도덕적 성격이나 순수한 영적 성격을 크게 주장하지 않았다. 죄에 대한 것도 정확하게 동일하다. 역대기서 기자가 볼 때 하나님에 대한 불순종은 주로 정치적 행위를 통해 나타난다. 이는 높은 자리를 바라보고, 이방인과 언약을 맺으며, 이방 여인과 혼인하는 등의 행위를 말 한다.

그래서 우리는 이러한 조건에서, 다른 책과의 차이에서, 왜 역대기서 기자가 몇몇 왕이 가지고 있던 건축자의 특성을 강조했는지를 이해할 수 있다. 이것은 저자의 일종의 선입관이었다. 즉, 저자가 견지하는 선악의 기준으로 사회적·정치적 행위를 기술하는 것이고, 그 운명을 설명하는 관점에서 사회적·정치적 행위를 상술하는 것이다. 그러나 결정적으로 선악의 고리 속에 도시 건축을 삽입하는 것은, 그리고 특별히 이스라엘 역사 속에 도시 건축을 삽입하는 것은, 이 선택된 민족에게 도시가 무엇을 의미하는지에 대한 질문을 제기한다. 그래서 결국, 이 민족은 가나안을 정복하고, 하나님의 지도 아래 도시들을 탈취하고, 정복한 도시에 거주한다. 이것은 신명기서에 기록된 약속의 성취이고, 이 성취로 선택된 민족을 정죄하기 어렵다. 그들이 진정한 국가의 형태를 가짐에 따라, 도시들에 성벽을 세우고 강하게 하였다. 그리고 정치적으로 지혜로운 행동을 하였으며, 이것은 일반적인 정치이고표면적으로 어떤 점에서도 하나님에 대한 불복종이 아니었다. 그리고 만일 우리가 여기에서 창세기를 통해 나타나는 도시 건설의 행위에서의 반역의 상징을 보기 원한다면, 이 상징은 정확히 무엇에서 나타나는 것일까? 도시를 건설한다는 사실이 특별하게 이스라엘의 반역의 역사에 어떤 특별한 것을 가져오는가? 하나님의 백성의 반역을 특징짓는 것에 있어서 선지자들이 우리에게 보여준 모든 것과 우상숭배로는 부족한가? 우상을 섬기는 것이 결정적으로 이 모든 것을 포함하기 때문에, 여기에서 인간의 행위를 상징화하려는 불필요한 노력을 기울인 것이 아닌가!

　나는 이와는 반대로 우리가 지금 특별한 성격을 갖는 역사를 본다고 생각한다. 대부분의 이스라엘 죄악 가운데 우리는 깨끗한 상태의 선택을 보고 있다. 이스라엘에게 죄악을 선택하기 위한 분명한 인간적 이유는 없다. 예를 들면, 이스라엘에게 하나님에게 드리는 예배보다 바알에 대한 예배를 선호할 만한 결정적인 이유는 없다. 이와는 대조적으로 선지자들은 이것을 우리에게 일깨워준다. 이스라엘이 하나님을 선택하는 데에는 분명한 이유가 있는데, 그것은 하나님이 이미 자신의 힘과 이스라엘 민족을 향한 자신의 사랑을 보여주었기 때문이다. 그래서 그들이 바알에게 예배하고자 하나님을 떠난다면, 그것은 민족의 판단착오이고, 경험에 의해 이성으로 정죄할 수 있는 착오이다. 이러한 판단착오는 순수한 상태의 인간 마음을 부패하게 한다. 왜냐하면, 인간이 하나님을 경배할 모든 이유를 갖고 있을 때, 여전히 이 모든 이유를 외면하기 때문이다. 그리고 인간의 마음이 성령에 의해 변화되지 않는 한, 경험에 의해서도 혹은 이성에 의해서도, 그의 마음에 하나님의 뛰어나심을 받아들이는 것은 불가능하다. 그는 모든 영역에서 이성적으로 행동하지만, 단 하나의 예외를 가지고 있다. 이 예외는 하나님과의 관계인데, 이 관계에 대해 인간은 자신의 모든 이성과 모든 지식을 거슬러서 행동하며, 그 이유는 "그 마음의 근원이 악하기 때문이다."

　그래서 상징으로서 도시의 의미는 이스라엘 민족에게 완전히 다른 것이 된다. 우리는 이 행위가 아무 이유 없는 행위가 아닌, 이성적 행위임을 발견하기 때문이다. 여기에서 이성은 도시를 건설하는 사람들의 편에 있는 것처럼 보인다. 이성적 행위는 하나님과 바알 사이의 선택의 문제가 아니라, 단순하고 좋은 행정적인 집행의 문제로 보인다. 우리가 국가의 수장이라면, 성을 쌓는 것은 정상적이고 정확한 것 아닌가? 국가의 주 진입로를 지키고 보호하는 것은 정상적이다. 도로의 교차점에 시장을 열고, 여기에 저장시설을 만드는 것은 일반적으로 합리적인 것이다. 이 모든 것은 명백하게 여겨진다. 이것은 군대를 갖고 전쟁에 필요한 장비를 갖추는 것이 정상적이고 합리적인 것과 같다. 이와 같이 우리는 외적으로 필수불가결하고 어떤 때에도 이성적인 필요 앞에 있다. 선지자들이 이 필요에 반하는 이야기를 한다면, 그는 미친 이야기를 가르치는 것이며 여기에는 거부하기에 충분한 이유가 있다. 그리고 역사의 필요 앞에서 이들은 하나님에 대한 불복종을 피해 갈 수 없었다. 이처럼 이스라엘 백성은 세상의 거부할 수 없는 틀에 직면해 있다. 겉으로 볼 때 이스라엘에게는 선택권이 없다. 정치적, 군사적, 사회적 필요의 흐름은 너무나 강해서, 이스라엘에게 초인간적인 투쟁을 요구한다. 이 피할 수 없는 존재는 금욕주의 혹은 어떤 인간의 노력에 의해서 극복할 수 있는 것이 아니라, 하나님께 오는 거룩함을 통해서 극복할 수 있다. 이스라엘은 이것을 극복할 수는 있지만, 피할 수는 없다. 그는 하나님의 정치를 실현하려고 하늘로 피할 수 없으며, 세상이 제시하는 모든 것을 거절할 수 없다.12

---

12) 나는 콤블린의 관점과 그의 "전제"에 완전히 동의하지 않음을 강조해야 할 필요성을 느낀다. 그는 도시가 하나님의 계시이고, 하나님이 인간에게 준 표식이라고 주장한다. 이 표식은 인간이 알도록 하나님이 나타내준 표식이고, 하나님이 드러내는 어떤 것들의 이미지이다. – 좀더 상술하면, 성부하나님의 표식, 성자하나님의 표식, 성령님의 표식… 나는 이 모든 것이 단순한 확신일 뿐이라고 주장한다. 그러나 나는 그 결과를 알고 있다. – 콤블린은 이것을 하늘의 예루살렘(새예루살렘)으로부터 이야기할 수 있다. 그리고 우리는 본질적인 신학적 모순 앞에 있다. 그에게 있어서 하늘의 예루살렘(새예루살렘)은 이미 존재하는 것이고, 그것이 "하늘에 있는" 모든 영원한 것의 존재하는 실재의 모형이며, 그래서 인간의 도시는 노력이고 반영(反影, reflect)이며 하늘에 숨겨진 도시적 신비에 대한 서투른 대답이다. 이것은 자연법과 율법이라는 신학적 도식과 동일하다. 그러나 이것이 역사를 무효화시키는 순간부터, 인간의 노력이 아무런 소용이 없음을 왜보지못할까? 이와는 반대로 나에게 도시는 하나님과 분리된 인간의 창조물이며, 주요한 행위이고, 인간의 독립인 동시에 반항의 혁신이다. 그리고 종말에 은혜에 의해서 역사를 요약한 이미지와 같이 도시의 성취를 보게 된다. 이때부터 인간의 행위와 역사는 충분히 중요성을 가지게 된다. 그래서 역사의 기간 동안 도시는 하나님이 인간에 준 표식도 아니고, 계시의 방식도 아니다. 도시는 인간 외의 다른 것을 드러내지 않는다. 오직 믿음만이 언약을 알 수 있고(이것은 구별해 내는 문제가 아니다) 그리고 그때부터 근본적이지만 최종적인 희망을 선언할 수 있다.

하나님의 백성은 단지 그의 마음만을 가지고 여기에 있는 것이 아니라, 인간적 삶과 군사적 조건 그리고 상업적 상황에 함께 연결되어 여기에 있다. 그리고 이 필요가 이스라엘에게 도시의 문제를 나타낸다. 여기에 진실로 어떤 다른 원인이 없기 때문에, 이 상황은 이스라엘이 처한 그 어떠한 상황보다 더 날카롭게 나타낸다. 만일, 이스라엘이 백성으로 살아가길 원한다면동일하게 하나님에 의한 언약 때문에 그렇게 해야 한다면 이스라엘 백성으로서의 몇 가지 삶의 조건에 복종해야 한다. 인간적 판단에 의하면, 그들은 매순간 특별한 은혜에 따라 살 수 없을 것이다. 그래서 이 조건들은 세상 임금의 손세상 권세에 있으며, 이스라엘은 그와의 관계에서 해결해야 할 일이 있다. 도시의 영적인 힘은 그래서 선택의 힘에 부딪힐 것이다. 이것이 이스라엘에게서 발견되는 도시에 대한 중심적인 문제이다. 그리고 이것은 그리스도의 은혜에 의해 살기 원하는 각 개인의 문제이다. 비극적인 동시에 당황스럽게 보이는 것은, 이 문제에 대해서 어떤 이론적이고 만족할만한 해결책이 없다는 것이다. 우리가 따를 어떤 신학적 주장도 없다. 그 해답은 삶에서 오며, 어느 날, 필요와 하나님이 준 자유 사이의 갈등 안에서, 우리가 결코 전체적으로 부정할 수 없는 세상의 지혜와 우리가 절대 완전하게 살 수 없는 십자가의 어리석음 사이의 대립 가운데에서 오게 된다.

※　　※　　※

도시에 대한 모든 성서의 이론은 기원전 10세기의 도시와는 그 어떤 유사성도 없어 보인다. 우리는 여러 이론으로 설명하려 하겠지만, 그럼에도 남는 것은 놀라움뿐이다. 의심의 여지없이 당시 이스라엘 주위에, 그리고 그 이전에도 상당히 예외적으로 도시문명이 존재했었다. 그리고 갈데아인과 앗시리아인은 본질적으로 도시의 백성이었다. 의심의 여지없이 이스라엘 민족 역시 도시를 그들의 크기와 웅장함, 그리고 유목 민족 사이에서 내려오는 전설에 따라 평가했다. 그리고 동일하게 사막광야에 익숙해진 민족에게, 목축과 유랑의 백성에게 도시가 나타내는 것이 무엇인지를 염두에 두어야 한다. 이 모든 것은 도시에 신화적 형태를 입히고, 성스러운 "아우라aura"를 두르도록 해준다. 이스라엘이 매우 빠르게 "도시적" 이된것 역시 사실이다. 우리는 사울의 시대에 이스라엘에 400개의 도시가 있었다고 여기며, 각 지역은 도시가 지배했다. 그러나 이것이 결정적으로 성서적 교훈을 설명하는 데에 충분하지 않다. 여기에는 도시의 실재에 대한 깊은 이해가 있기 때문에, 우리는 이것이 현대 도시의 관찰을 통해 나온 것이라고 이야기할 수 있을 지도 모른다. 결국 이스라엘이 접했던 가나안의 도시들은 각지고 조합된 거대한 블록의 울타리였을 뿐이다. 적은 밀도의 인구와 원시적인 주거지, 이것으로 도시의 모든 성격을 이야기할 수 없다. 가나안의 도시는 시골과 맞물려 있었고,13 시골에 의존하였으며, 가나안 사람들은 여전히 시골의 자취와 사고를 갖고 있었다. 이스라엘 도시에는 많아야 수천 명 정도의 인구가 있었다. 그곳은 성벽에 의해 닫힌 장소도 아니었고, 자폐적이고 독립적이며 자급자족적인 사회학과 심리학을 탄생시킨 장소도 아니었으며, 다른 시골들과 근본적으로 다르지 않았다. 그러나 놀랄만한 것은, 성서가 이 도시를 통합체로 이야기한다는 사실이고, 오늘날 우리는 이 도시의 완성된 형태만을 알고 있다. 이와 같이 성서적 이론은 진정으로 예언적이다. 성령은 인간에게 아직 괴물 같은 도시로 변모하지 않은 도시에서, 인간이 이 도시에서 취하게 될 것과, 수 세기를 지나 실현하게 될 실재들을 알려 준다. 성령은 인간에게 도시에 대해 하나님의 행위와 심판의 깊이를 알게 한다. 성령은 태초부터 이 일을 했고, 인간이 아직 그 일을 기획할 수 없는 존재였을 때에도 그러했다. 그 이유는 창세기의 첫 번째 장을 쓴 기자는 아직 자신이 대언하는 계시의 의미를 실현할 수 없는 시대에 있는 것이

---

13) [역주] 이빨 모양처럼 시골이 도시 안으로 관입되어 있는 형태를 지니고 있었음.

분명하기 때문이다. 그리고 지금까지 도시의 실존과, 이 도시의 실존이라는 주제에 대한 하나님의 계시 때문에 거의 걱정하지 않는다는 사실에 놀랄 필요는 없다. 그러나 때때로는 그러하다! 예언에 담긴 인간의 상황은, 그것이 진리이든 그렇지 않든, 아직 실현될 수 없었던 것이었다.

도시에 대한 예언이 현실이 되려면, 본문을 조명하는 성령의 역사 이외에도, 인간 스스로 괴물 같은 도시의 존재를 직면해야 했다. 이 괴물은 물질적으로만 존재하지만, 예언이 도시를 이렇게 묘사할 때에만 도시는 완전한 괴물이 된다. 그 예언이 우리가 보게 될 것처럼, 다른 곳이 아닌 예수 그리스도 안에서 조명되려면 성령과의 연결이 필요하다. 여기에 포함 된 것들의 선험적 진리는 존재하지만, 여전히 비밀이다.14

---

14) 우리가 성서에서 살펴본 모든 것을 정확하게 확증하는 몇 가지 현대 비평을 살펴보자. 앙리 르페브르가 완벽하게 보여준 것처럼『(마르크스 사상과 도시』*La Pensée Marxiste et la Ville*) 마르크스에게는 역사적 범주인 도시는 똑같은 계급이 크게 나뉘어지는 곳이며, 도시적 존재가 정치적 존재와 혼동되는 곳이다. 그리고 도시의 역사는 독재적 물질주의와 같은 역사다. 도시는 사회적 혼란의 이미지를 가지고 있다. 물론 마르크스는 자본주의 현대 도시를 그 자신의 사회학적 분석에서 설명하지만, 사실은 그것을 일반화하고 모든 도시를 대상으로 삼는다. 그리고 그의 비평은 함축적인 영적 관점과 연결된다. 미쳐리히(Mischerlich)는 도시를 사랑의 목적, 친어머니라고 주장하며, 도시를 영적 통합체 로 인식하려 한다. 그것은 정확하게 바벨이다! 그리고 나아가 도시의 역사는 이기주의와 그 거주민의 역사라고 한다. 알랭 메당(Alain Medam) 은그의 시사적인 저서『검열의 도시』*La Ville censure*(1971)에서, 도시가 검열이 우선되는 장소라는 자신의 생각을 덧붙였다. 그러나 그는 특별히 자본주의 도시만을 겨냥했다.

제2장 • 도시에 떨어진 심판

도시는 건설되어 왔다. 그리고 지금, 지속적으로 하나님을 대적해서 나타나는 이 엄청난 감정에서, 그리고 씻을 수 없는 인간의 문명에서, 하나님과 도시 그리고 인간 사이에, 죄와 은혜라는 거대한 게임의 한 요소가 작동하려 한다. 각 요소는 역사 속에서 자신의 고유한 태도를 갖는다. 그리고 도시에 거주하는 인간은 도시에 의해 다른 사람이 되어간다. 그리고 도시는 하나님의 존재에 의해, 그리고 하나님 앞에 있는 인간의 존재에 의해서 다른 존재가 된다. 이와 같이 복잡한 불협화음이 일어나고, 이 불협화음 속에서 하나님만이 하나의 하모니를 찾고 만든다.

1. 저주

하나님의 존재 앞에 있는 도시, 이 결과는 곧 바로 저주로 나타난다.15 저주는 도시 자신에 주어진 것이지, 도시에 거주하는 주민에게 주어진 것은 아니다. 도시 전체에 저주가 내린 것이다. 우리는 여기서 완전한 반反자연주의를 보게 된다. 여기에서 너무 성급하게 논제들을 도출하지는 말자. 우리의 현실적인 정치인들은 국가가 자연발생적이고 독립적인 동시에, 국가가 자신을 구성하는 인간과 기관들의 삶을 소유한다는 견해를 그대로 받아들인다. 파시즘은 국가를 신비한 장점을 지닌 존재로 찬양하고, 우리는 국가를 종교처럼 떠 받든다. 국가는 이렇게 완벽한 구성체로 여겨진다. 그래서 우리는 그런 국가에 호소하곤 한다. 그리고 만일 우리가 정치적 차원의 다른 극단으로 간다면, 더는 국가가 아닌 공동체가 우리가 기대하는 영적 특성구성원의 평범함과는 매우 다른 특성을 가지게 된다. 공동체성은 물론 공산주의자의 사상에서 가장 잘 찾아볼 수 있다. 이 공동체성은 부수적인 것이 아니고, 사람들과의 만남을 통해서 신화적 형태를 갖게 된 것이다. 그렇지만, 이것은 유물론적 관점이다. 이 공동체성의 신화적 특성을 잘 나타내는 것은 바로 소유의 문제이다. 자본주의의 역겨운 사적 소유 제도는 공동체의 각 구성원에게 사유재산을 허락한다. 그러나 이 사유 재산을 같은 집단의 공동 소유로 모으게 되면, 이것은 놀랄만

---

15) 콤블린이 매우 특별하게 "영감을 받은 성서 기자들" 이 정죄에 대한 그들의 태도를 명확하게 표현하지 않았다고 이야기한다. 분명히 그는 성서의 본문을 역사적 상황 가운데에서, 혹은 정착민족에 대항한 유목민족의 태도에서, 혹은 그들을 둘러싸고 있는 "이교도" 에 대한 대립으로 이해하려 한다.… 그러나 이러한 모든 관점들은 실재로 아무 것도 설명하지 못한다. 성서의 독자들은 분명히 주님과 인간의 관계의 배타성에 대한 그들의 관점에서, 그리고 인간이 이 관계를 이끈다는 오류의 관점으로 성서를 읽는다. – 예를 들면, 창조의 연합을 인간은 도시 공동체로 치환한다.…

한 공동체적 소유 제도가 될 것이다. 그리고 이 제도는 우리가 선호하는 경제적 기술적인 실재적 우월성 때문이 아니다. 단지 공동체에 대한 신화적 관점 때문에 확산된다. 결국 법률을 제정하는 사람들은 스스로 이 영적인 극단으로 간다! 그리고 여기에는 분명히 종교적인 이유 외에도 다른 여러 가지 이유가 있다. 실재로 기업, 조합, 문화유산은 특별한 존재에 의한 이유 를 갖고 있다. 이 특별한 존재는 이성의 존재이고, 법인이다. 우리는 이것들이 인간과 물질의 집합에 의해 나타났다는 사실을 인식하고 있다. 그리고 이 공통의 목적을 위한 집합은 각 구성원과는 무관한 새로운 법을 출현시키기에 충분하다.

그래서 우리가 도시는 스스로 영적 존재를 형성한다고 이야기할 때, 이 도시를 구성하는 자들의 어깨가 으쓱할 것이다. 이것은 유비類比에 의해서 개연성을 부여하려는 것이 아니다. 하나님 말씀은 그 자체로 충분히 진정성을 가지며, 정치는 각 국가마다 다르기 때문에, 나는 도시 자체를 고귀한 존재로 여기지 않는다. 성서는 여기에 대해서 이미 충분하게 이야기했다. 그러나 이것은 언제나 가장 현실적인 사람들의 정신 속에서 정치, 인종, 법률 사이의 대립을 유발하는 취향일 뿐이고, 이 취향이 하나님의 말씀과 대립된다고 보이지는 않는다.

이와 같이 하나님은 도시의 거주민에게 말씀하지 않고, 자신이 무엇을 하는지 알고 있는 위대한 인물에게 말씀하듯, 도시에게 말씀한다. 아니면 하나님은 한 사람에게 이야기하거나 혹은 다른 사람들에게 이야기하며, 각각에게 다른 말씀을 한다. 인간에게 말씀할 때, 하나님은 때로는 약속으로 그리고 때로는 협박으로 그를 부른다. 그러나 결정적으로 하나님은 그들 하나하나를 기다렸으며, 그들에게 하나님의 임재는 성화의 임재이며, 비록 하나님이 그들을 정죄할 때에도 그러하다. 도시에 특별히 말씀할 때, 하나님이 정죄의 말씀만을 전하는데, 이 말씀은 회심의 차원에서는 정죄가 아닌 저주이다. 도시는 자신이 대표하는 모든 것 때문에 죽음에 바쳐진다. 그리고 거주민을 폐허로 이끈다. 그리고 이 폐허는 도시와 거주민의 관계를 매우 복합적으로 만든다. 도시에 있던 천사는 언제나 파괴의 천사였으며, 아니면 타락한 빛의 천사였다. 성서가 이 타락한 천사에 대해서 이야기할 때, 두 도시의 천사가 두 번 반복된다. "웬일이냐, 너, 아침의 아들, 새벽별아, 네가 하늘에서 떨어지다니! 민족들을 짓밟아 맥도 못추게 하던 네가, 통나무처럼 찍혀서 땅바닥에 나뒹굴다니! 네가 평 소에 늘 장담하더니 '내가 가장 높은 하늘로 올라가겠다. 하나님의 별들 보다 더 높은 곳에 나의 보좌를 두고… 내가 저 구름 위에 올라가서, 가장 높으신 분과 같아지겠다' 하더니, 그렇게 말하던 네가 스올로, 땅 밑 구덩이에서도 맨 밑바닥으로 떨어졌구나." 이 구절은 바빌론의 천사에 대한 말씀이며사14장, 이 심판의 결과로 하나님은 다음과 같이 말씀한다. "내가 일어나 바빌론을 치겠다. 내가 바빌론을 멸하겠다. 그 명성도 없애고, 살아 남아서 바빌론의 이름을 이어갈 자도 하나도 남기지 않고 멸종시키겠다.", "사람아, 두로의 통치자에게 전하여라. 나 주 하나님이 이렇게 말한다. 너의 마음이 교만해져서 말하기를 너는 네가 신이라고 하고 네가 바다 한가운데 신의 자리에 앉아 있다고 하지만, 그래서, 네가 마음 속으로 신이라도 된듯이 우쭐대지만, 너는 사람이요, 신이 아니다. 너는, 다니엘보다 더 슬기롭다. 아무리 비밀스러운 것이라도 네게 드러나지 않는 것이 없다. 너는 지혜와 총명으로 재산을 모았으며, 네 모든 창고에 금과 은을 쌓아 놓았다. 너는, 무역을 해도 큰 지혜를 가지고 하였으므로, 네 재산을 늘렸다. 그래서 네 재산 때문에 네 마음이 교만해졌다. 그러므로 나 주 하나님이 말한다. 네가 마음 속으로 신이라도 된듯이 우쭐대니, 내가 이제 이방 사람들 가운데서도 가장 잔인한 외국 사람들을 데려다가, 너를 치게 하겠다. 그들이 칼을 빼서 네 지혜로 성취한 아름다운 상품을 파괴하고, 네 영화를 더럽힐 것이다. 너를 죽이는 사람들 앞에서도 네가 신이라고 네가 감히 말할 수 있겠느냐? 네가 사람들의 손에 찔려 죽을 것이다. 너는 사람이요 신이 아니다."겔28:2-7,9 전통적인 주석은 이 왕자두로의 통치자—역주에서 영적인 천사를 영적인 힘으로 본다. 우리는 실제 여기에서 선포된 정죄가 영적인 대표자를 향한 것임을 볼 수 있는데, 그 이유는 이것이 거주민 전체를 향한 것이 아니라, 특별히 이 죄악의 무게를 담당한 존재를 향한 것이기 때문이다. "나 주가 선고한다. 가사가 지은 서너 가지 죄를, 내가 용서하지 않겠다."암1:6 그리고 이 도시에 대한 정죄와 심판은, 도시 한가운데에 도시의 힘 중심에, 저주를 받아 심판을 당하는 자신을 파괴하는 불을 가져 온다.암1장 모든 도시는 저주의 채찍을 받게 되고, 이스라엘에게 있어서 도시들을 전멸시키는 것민21:2은 언제나 하나님의 행위로 여겨지고, 선하고 거룩한 행위가 되었다. 도시는 인간을 하나님과 떼어 놓은, 찬란히 빛나는 계명성으로 나타나기 때문에, 도시에게 도시로서는 어떤 희망의 말도 어떤 용서의 말도 있을 수 없었다. 그 이유는 만군의 주님이신 전능하신 하나님이 자신의 산 위에 올려놓았던 자의 능력을 깨뜨렸기 때문이며, 주님께서 이 산에서 쫓아내고 삼킬듯이 타오르는 불로 그를 정죄했기 때문에겔28장, 그가 만들고 파생시키고 무리지은 도시들이 도시들의 건축자는 맹목적이고 눈 먼 통치의 도구였다 이 파괴되었다. 이와 같이 저주가 도시 의 세상을 지배한다. 이것은 우리가 이미 인식하고 있는 인간적인 기원 때문이 아니라, "지키는 그룹" 과의 관계에서 영적인 존재 때문이기도 하 다.겔28:14

그리고 이것은 우리에게 도시에 대한 풍성한 관점을 제시한다. "도시문제"에 직면하여, 수많은 사회학자와 법학자, 도시계획가와 정치인, 건축가와 경제학자, 인본주의자와 혁명가, 이 모든 사람은 도시가 드러낸 수많은 문제에서 어느 정도 도덕적이고 적법한 해결책을 찾는다. 우리는 해결책을 찾기 원한다. 주거의 해결책, 도시확장의 해결책, 교통의 문제, "르꼬르뷔지에의 도시 블록" 16, 대중심리, 여가 문제에 대한 해결책을 찾는다. 여기에 무엇을 해

---

16) [역주]르꼬르뷔지에(Le Corbusier, 1887~1965). 스위스 출신 프랑스 건축가. 도시계획가 및 저술가. 르꼬르뷔지에는 20세기를 대표하는 건축가로 그의 건축과 도시계획 및 여러 저술들은 근현대 건축에 가장 큰 영향을 미친 것으로 평가된다. 특히 콘크리트의 사용과 대규모 집

야 할지, 그리고 어떻게 해야 할지를 알려면 하나의 법칙이 필요하다. 그리고 우리가 이 해결책을 찾는 동안, 뱀파이어는 천천히 신선한 피를 찾아 다니며, 집단으로 저주의 영역 안으로 들어간다. 인간은 일을 하고, 다른 어떤 가능성 없이 죽음을 향해서 비인간적이고 바꿀 수 없는 인간의 삶을 살아간다. 이런 무의식의 세계에서 죄 없는 인간은 저주 속으로 들어갔고, 시험 받으며, 고통 당한다. 그리고 다른 방식으로 어떻게 선하게 행해야 할지 모르기 때문에 고난은 지속된다. 이것은 어디에서나 동일하다. 그리고 어떤 이들은 다른 해결책을 찾으려 하지만, 그 해결책은 고통당하는 사람과는 매우 동떨어진 해결책이다. 그래서 이 해결책은 고통당하는 사람의 문제를 해결할 수 없다. 그러나 우리는 어린 아이들을 위해서 해결책을 찾으려 하며 그리고 「에뚜왈 압생트」Etoile-Absinthe 지誌는 빈민굴과 결핵 환자촌뿐만 아니라 도시 계획가의 찬란한 거리, 어린 아이들의 정원, 안전한 취미, 노동자 주거, 지하철, 상하 수도 시설을 지원하면서, 인간을 보호하기 위한 환경을 조성한다.17

합주택의 이상은 근현대 도시의 가장 중요한 기초가 되었다. 작품으로는 유니떼 다비따시옹, 빌라 사보아, 샹디가르, 빛나는 도시 등이 있다. 르꼬르뷔지에가 제안한 유니떼 다비따시옹과 빛나는 도시는 한국의 대규모 집합주거의 원형으로 볼 수 있으며, 이러한 한국의 아파트 단지가 그의 이상을 가장 잘 실현한 것으로 평가하기도 한다.

17) ") 도시 현상을 연구하고 해결하는 데에 인간은 이상하리만큼 무능력해지며, 이것은 모든 시대에, 모든 체제에서, 그리고 경제적 구조가 어떠하든 인간의 무능력을 볼 수 있다. 프랑스 정부는 그랑장상블의 폐해를 인식하고 있으며, 도시의 계층 분화 문제를 해결하려고 이론적으로 건강한 주거 정책을 수립하고 있다.(「정부 위원회 간 정보 보고서」Bulletin du Comité interministrériel pour l'information, 1973년6월) - 그러나 법적인 방식은 실재와는 아무 상관 없다. 우리는 이것이 자본주의 구조와 투기의 문제라고 이야기할 수 있다. 그러나 우리는 소비에트연방공화국(U.R.S.S.)에서도 이와 동일한 문제, 동일한 개발의 문제, 거대한 도시화의 문제를 발견할 수 있다. 오늘날 우리는 계속해서 도시의 법률적인 계획(대도시가 아닌 중소 규모의 도시를 만들려는 노력)에 대한 정확한 이데올로기가 나오는 것을 보게 되고, 계속해서 이 이데올로기의 의도는 왜곡되고, 계획은 폐기되며, 이것은 마치 귀신의 힘이 새로운 환경에 대한 인간의 꿈을 변질시키는 것과 같이 왜곡되고 변질된다.(어떻게 오늘날 "노동자 주거 - 소도시" 사이에서 건전한 선택을 할수 없는가? 그러나 이와는 반대로 우리가 원하지 않던 심각한 운명이 발생한다.) 브뤼클랭(Bruclain) 「르몽드」, 1971년 11월호.
도시 현상을 변화시키기 위한 여러 노력과 교육 과정… 기능주의자, 문화주의자, 자연혁명론자, 미래주의자, 인본주의자, 최고의 기능주의의 추구에서 통합된 공동체적 삶의 추구까 다른 사람과 마찬가지로 그리스도인은 한 가지 법칙을 추구했다. 우리가 "근대적 삶" 이라고 부르는 이러한 문제들에 직면하여, 그리스도인은 어떤 태도를 취할 수 있을까? 도시의 정비 방식을 찾고, 도시적 삶을 추구하고, 도시적인 취미들, 그리고 일과 꿈을 도덕적으로 추구하는 것일까? 자, 이것이 그리스도인이 생각하는 것이다. 그렇다면 우리는 어떻게 해야 할까? 그러나 하나님이 우리에게 명확하게 보여준 것은 분명히 이 저주 앞에서 어떤 행위를 취하는 것이 전혀 아니었다. 하나님은 도시에 대해서 우리에게 어떤 명령을 내린 적이 없었다. 그는 우리에게 법을 던져 주지도 않았다. 그 이유는 도시 문제가 인간 내면에 관한 문제가 아니기 때문이다. 하나님은 분명히 우리에게 "너는 간음하지 말라" 고 이야기할 수 있다. 그러나 우리에게 "너는 도시에서 살지 말라" 고 이야기할 수 없다. 그 이유는 한편으로는 이것이 하나님이 준 계명에 순종할 수 있는 인간 개인의 태도에 관한 것이기 때문이다. 다른 한편으로 그것은 근본적으로 인간 능력 범위 밖에 있는 현상이기 때문이다. 사실 도시가 지금과 다른 존재가 될 수 있는 여부는 인간에게 달려있지 않다. 우리는 인간의 건축에 대한 근본적인 본능에서, 인간이 도시에 자신의 모든 것을 쏟아 붓는 다는 사실에서, 도시에 대한 인간의 무능력을 보았고, 도시 문제는 영원히 인간 능력의 범위 밖에 있다. 여기에는 계명이 없다. 도시에 관해서는 어떤 법도 없고, 때문에이것들은 영적인 계획 가운데에서 이루어지기 때문에 우리는 매우 천천히 그리고 평화롭게 도시를 바라보게 된다. 사실 여기에 할 수 있는 일은 아무 것도 없다. 도시가 장밋빛 삶을 제공해 주는 기술로, 혹은 고통을 맛

지, 도시 계획에서 자연적으로 극도로 확장된 주거에까지, 고층 빌딩으로 가득한 도시에서 전원도시까지, 효율성의 추구에서 행복의 추구까지, 우리는 도시의 끝없는 복합성 속에서, 과거의 속박에서 벗어나게 하는 점점 더 강해지는 기능을 가지고, 영원한 도시적 모형을 끊임없이 재생산해 내면서, 방황하고 길을 잃는다.…

그리고 결국, 미쳐리히는 도시가 분명히 사회−경제학적 구조의 표현이 아니라고 결론내린다. − "공산주의 국가에서는, 사유재산에 대한 제한이 본래적 도시 유형의 출현에 호의적이지 않으며, 특히 고립의 문제를 해결하지 못한다.… 우리는 계속해서 음산한 도시를 건설해 왔다."

보지 않고 편안히 죽을 수 있는 기술로 자신을 나타낸다 하더라도, 도시가 최적의 일조日照 조건을 갖고 있고 "인간의 집" 이라는 이름을 가진다 하더라도, 진정한 문제는 그대로 남아 있다. 인간의 수많은 노력을 통해, 4~5천 년 전에 건축된 두꺼운 진흙벽은 그대로 남아 있고, 기초도 여전히 남아 있다. 그 이유는 하나님이 도시에 대해서 우리에게 계명 을 주는 대신에, 도시에 저주와 심판을 선언했기 때문이다.

그리고 이 저주는 한 도시에만 내린 것이 아니었다. 다음과 같이 이 문제를 해결하는 것이 더 편리했을 것이다 ". 유다의 대적들에게 저주를 내리는 것은 선지자들의 관점이었다." 혹은 "도시의 왕과 이 세상의 왕을 동일하게 이야기한 것은 우연의 일치이다." 그러나 이것은 결코 자랑할 수 없는 패배일 뿐이고, 우리에게 적합하든 그렇지 않든 우리가 사는 이곳에 대한 논쟁에 참여할 수 없는 것에 대한 변명일 수밖에 없다. 왜냐하면, 실재로 이것은 저주에 사로잡힌 모든 도시에 관한 것이기 때문이다. 선지자들은단지 이들 뿐만 아니라 수평적으로 바라보고, 믿기지 않을 정도의 인내심과 항구성을 가지고 모든 도시를 향해 이야기한다. 이러한 본문은 쉽게 찾아볼 수 있고, 친구 도시이든 적의 도시이든 심판은 동일하다. 만일 예언에 형식적인 통일성이 존재한다면, 바로 이것을 의미할 것이다! 그러나 이것은 하나님의 심판이다. 말하자면 그것은 하나님과 도시 사이에서 일어나는 일인 것이다. 그리고 이 심판은 분명히 실재적인 행위를 통해 나타나고, 도덕이 아닌 이 행위에 기초하여 예언이 이루어진다. 우리는 행동해야 하는 것이 아니라 들어야 한다. 그리고 오늘날 우리의 도시에 직면하여, 우리는 마치 문제를 해결할 수 있다는 생각에 잘못된 문제를 해결하려 한다. 그리고 이 때 역사의 흐름의 극적인 작용이 우리의 해결책을 배제시킨다. 왜냐하면 우리는 우리가 들어야 하는, 우리의 삶이 지속하고 우리가 사랑하는 이 도시에 대한 예언을 버리고, 우리의 하찮은 미덕으로 문제를 해결하려 하기 때문이다. 마치 우리 자신의 죄를 다른 사람이 아닌 우리 자신이 해결하려는 것과 동일하다. 도시의 역사를 이해하고 실재 일어나는 상황을 이해하려면, 우리는 단지 인간의 출발점뿐만 아니라, 도시가 처음 시작할 때부터 주어지고, 이 도시 환경의 자취 속에 스며든 이 저주에 대해 살펴봐야 한다. 그리고 저주는 사회학과 인간 주거에서도 나타난다. 이 저주는 단지 인류 전체에 대한 저주일 뿐만 아니라, 특별히 이 세상의 한 부분을 차지하는 도시에 대한 저주이다. 저주는 성서의 시작에서 마지막까지 다음과 같이 표현되어 있다. 주님은 "나는 파괴할 것이다. 멸망시킬 것이다…" 라고 말씀했다.

※　　※　　※

　저주는 그 방식과 원인에서 한 도시, 바빌론에서 자세하게 나타난다. 그리고 이것은 바빌론에 대한 문제제기인데, 그 이유는 바빌론이 성서의 언어 속에서 모든 도시를 대표하기 때문이다. 로마Urbs 역시 바빌론으로 불리고 있다! 그리고 이것은 계시록의 기자가 로마를 가리켜 바빌론이라고 이야기할 때, 로마 경찰의 눈을 피하기 위한 위장술이 아니다. 이 얼마나 단순한 설명인가! 그리고 이것은 계시의 연속성을 나타내는 것 이기도하다. 이사야 선지자, 에스겔 선지자, 예레미야 선지자가 바빌론을 이야기할 때 그것은 전형적인 도시를 의미하는 것이었지 특정한 바빌론을 의미하는 것이 아니었다. 그리고 바빌론을 대신한 로마에도 동일한 말씀이 있었으며, 계시가 뒤따라왔다. 우리가 계속해서 이야기해 오고, 너무나 잘 아는 특성 때문에, 이 도시는 바빌론의 한 가운데에 위치하게 된다. 그리고 만일 요한계시록이 파괴될 인간적 힘의 상징으로 한 도시를 선택한다면, 그것은 우연하게 선택된 것이 아닐 것이다. 이것은 제국의 중심에 있던 로마의 역사적 상황을 의미하지 않는다. 모든 인간의 문명은 도시 안에서 상징되고 요약된다. 도시는 인간의 영적 노력을 의미한다. 그리고 단지 도시만을 나타낼 뿐만 아니라, 그 뒤에 있는 정죄 받은 힘을 나타낸다. 우리가 이야기한 이 세 가지 작용은 바빌론에 대한 요한계시록의 첫 번째 선언에서 볼 수 있다. 세 천사가 이야기한다. 한 천사는 하나님의 영광을 이야기하고, 심판이 가까이 왔음을 이야기한다. 두 번째 천사는 이미 멸망하고 파괴된 바빌론에 대한 저주를 선언한다.··· 바빌론은 자기 음행으로 빚은 진노의 포도주를 모든 민족에게 마시게 한 도시다. 이 도시는 모든 나라 가운데에서 가장 타락한 힘이다. 세 번째 천사는 인간에 대한 심판을 선언하면서, 짐승과 주님 사이에서 선택하도록 하고, 구원의 가능성을 이야기한다. "나는 또 하늘에서 들려 오는 음성을 들었습니다. '기록하여라. 이제부터 주님 안에서 죽는 사람들은 복이 있다.'"계14:6-12

우리는 바빌론이 도시이기 때문에 정죄 받은 것인지를 잘 보아야 한다. 그러나 그 상관관계는 매우 경악할만하다. 이 도시 안에 인간의 모든 정죄 받은 행위가 집약되어있다. 그리고 이 도시 안에서 모든 도시가 정죄 받는다.

일곱 번째 천사는 자신의 대접을 공중에 쏟을 것이다. 그래서 지진이 일어날 것이고, "이런 큰 지진은 사람이 땅 위에 생겨난 뒤로 일찍이 없었던 것입니다.··· 그리고 그 큰 도시가 세 조각이 나고···"계16:18,19 대도시인 바빌론 그리고 다른 모든 도시가 무너진다. 그리고 이 의미의 상징적이고 종합적인 특성에 여전히 의구심을 품는 사람에게는 이 계시록의 다른 본문을 살펴보도록 권하고 싶다. "그 도시는 영적으로 소돔 또는 이집트라고도 하는데, 곧 그들의 주님이 십자가에 달리신 곳입니다."11:8 이것은 이 이름이 영적인 의미에서 해석되어야 함을 나타내며, 대도시가 소돔우리는 앞으로 이 의미를 살펴볼 것이다과 이집트우리는 이미 도시의 역할을 살펴보았다를 포함해야 함을 의미한다.

그러나 여기에서 우리가 문제를 제기하는 대도시는 바빌론이 아니다! 그것은 분명히 예루살렘이고, 예수 그리스도가 십자가에 못 박힘이 가리키는 곳이 바로 예루살렘이기 때문이다. 실재로 이것은 단순한 문제가 아니다. 구약과 신약에서 대도시의 문제를 이야기할 때, 혹은 거대도시의 문제를 이야기할 때, 바빌론은 언제나 이와 같은 의미를 지니고 있었음을 염두에 두어야 한다. 그리고 여기에서 나타나는 바빌론은 지리적인 장소를 의미하는 것이 아니고, 영적인 장소를 의미하며, 우리는 영적인 의미에서 바빌론을 이해해야 한다. 예루살렘은 예수 그리스도가 못 박혔기 때문에 분명히 바빌론이 된다. 그러나 결국, 성서 전체에서 바빌론과 예루살렘이 서로에게 동전의 양면과 같이 분리할 수 없는 것임을 기억해야 한다.

이와 같이, 바빌론에 대한 모든 이야기는 모든 도시에 적용되며, 그 도시의 이름이 무엇이든, 우리가 보아왔던 모든 도시보다 오늘날의 대도시 에 더 완벽하게 적용된다. 대도시는 국가의 중심에, 정치권력의 중심에 있으며, 그리고 만일 다니엘서와 계시록에 동시에 바빌론이 여왕으로 나타나고, 정치권력의 수호자로 표현된다면, 그리고 바빌론이 바다에서 올라온 짐승이 나타내는 국가와 매우 긴밀한 관계를 갖고 있다면, 이 표현은 단순한 시적 표현도, 단순한 서술도 아니다 국가와 같이 정죄 당한다. 도시는 부분적인 요소가 아니라, 스스로 특수한 권력을 갖는 세력이며, 왕좌와 지배자가 바뀌고 왕위가 큰 혼란 가운데에 던져질 때 오직 하나의 운명만을 갖는 존재이다. 이와 같이 주님의 영이 명 확하게 보여주는 것은, 로마에 대해서도 모스크바와 베를린에 대해서도 진리이다. 이것은 대도시에 대한 놀랍고 기괴하지만, 이해하기 어려운 중요성이다. 파리가 히틀러의 수중에 들어가 있을 때에 전쟁은 이미 끝났다. 그러나 국가의 모든 힘을 쏟아 모스크바를 지켜야 했다. 그렇지 않으면 더는 저항하지 못했을 것이다. 우리는 우랄산맥 뒤로 후퇴한 것은 속임수임을 잘 알고 있다. 그것은 국가의 모든 힘이 "대도시" 에 집중되어 있는 것과 동일한 것이다. 한 국가가 완전히 점령되지 않은 채로 남아있다 하더라도, 대도시가 점령되면 더는 저항은 불가능하다! 의심할 여지없이 대도시가 중요하다! 그리고 조직과 집중의 필요성이 있다. 그러나 이것이 모든 것을 설명하지는 못하며, 성서가 국가의 힘이 대도시에 있다고 정리할 때, 우리가 자연스럽게 받아들이는 객관적 사실과는 다른 이유를 가질 것이다. 이것이 무엇을 의미하든, 제국 패망의 예언은 실재로 도시, 대도시, 거대한 바빌론을 향한 것임을 인정하는 것으로 충분하다.

※　　※　　※

그리고 이 저주는 대도시가 대표하는 모든 것 때문에, 이 대도시에 주어진다. 강한 도시에서의 삶은 하나님에 대한 지속적인 반역을 의미한다. 도시에서의 삶은 애초부터, 도시의 발전에서도 일반적인 저항의 연속이며 계승을 의미한다. 이사야는 우리에게 도시가 끊임없이 전쟁에 빠져들며, 전쟁, 피, 억압에 눈멀어 쫓아가는 존재임을 이야기하고, 그 태생에서부터 우리가 아는 것처럼 전쟁의 운명에 복종하고 있음을 보여준다. 그리고 대도시가 망하면, 다른 나라들은 한 숨 돌리게 된다.… "네가 엎어졌으니, 이제는 우리를 베러 올라올 자가 없겠구나…" 도시와 그 왕은 세상을 황폐하게 하며, 국가들을 흔들어 놓으며, 민족들을 약탈하고, 포로들을 돌려보내지 않았다.^{사14장}

여기에 여전히 우리는, 인류학적 이유에서부터 경제 기술적 이유에까지, 전쟁에 책임을 돌릴 수 있다. 그러나 성서가 이야기하는, 전쟁을 일으키는 주체는 대도시이다. 농민 대전쟁은 존재하지 않는다. 시골에 사는 사람은 절대로 약탈자가될수 없다. 그들은 도시로 이주할 수는 있지만, 전쟁을 일으킬 수는 없다. 전쟁은 도시적 현상이며, 마찬가지로 도시는 군사적 현상이다. 그리고 한 편의 완성은 언제나 다른 편의 완성으로 이어진다. 이것은 우리가 사는 세상에 대한 통합적인 관찰의 결과이다. 미래에 도시는 전쟁의 필요 때문에 지하에 묻히게 될 것이다. 이 지하의 도시는 오늘날의 대도시보다 더 대도시적 특성을 가질 것이며, 그 운명은 여전히 폭력의 운명에 연결될 것이다.

그러나 이것이 유일한 관계는 아니다. 계시록은 이사야가 두로에게 이야기한 것을 바빌론에게 전이시킨다. 대도시는 자본과 관련 있다 : "이 땅의 모

든 상인들은 자본의 화려한 능력으로 더욱 풍성해질 것이다.…” 그리고 이 도
시가 무너질 때, “그리고 세상의 상인들도 그 도시를 두고 울며, 슬퍼할 것입
니다. 이제는 그들의 상품을 살 사람이 하나도 없기 때문입니다. 그 상품이
란, 금과 은과 보석과 진주요, 고운 모시와 자주 옷감과 비단과 붉은 옷감이
요, 각종 향나무와 각종 상아기구와, 값진 나무나 구리나 쇠나 대리석으로 만
든 온갖 그릇이요… 소와 양과 말과 병거와 노예와 사람의 목숨입니다. 그 도
시 때문에 부자가 된, 이런 상품을 파는 상인들은, 그 도시가 당하는 고문이
두려워서, 멀리 서서 울며 슬퍼하면서….”계18장 이 말은 다른 여러 도시에서
선지자들이 했던 예언과 동일하다. 여기에 놀라서는 안 된다. 도시와 화려함,
상업과 자본의 극치, 그리고 이윤의 극대화 사이의 이러한 절대적인 체계가
있음을 애써 이야기할 필요는 없다. 이것은 여전히 도시 문명의 표식이며, 오
직 도시에만 적용되는 것이다. 그리고 상업이 발전함에 따라 대도시가 필요했
다. 여기에 중세의 주교도시가 도시의 가능성을 열었고, 스스로 도시가 되었
으며, 이 항구가 유럽 선박의 통행료를 징수하는 첫 번째 계산대가 되었다. 그
리고 첫 번째 식민 도시가 되었다. 또한 식민지를 침략하는 군대의 출발 항구
가 되었다. 여기에서 역사의 도시로 건너뛰어서는 안 되고, 경제적 현상에서
정치적 혹은 군사적 현상으로의 전이 없이 지나가서도 안 된다. 이 도시들 간
의 직접적인 연결은 없으며, 이 관계는 사회적 그리고 영적 연결고리의 중재,
즉 도시의 존재를 통해서만 일어난다. 그리고 우리는 정치적이고 경제적인 교
차로에서만 도시를 발견하는 것이 아니라, 도덕적인 교차로에서도 도시를 발
견하게 된다. 도시는 문자적으로 죄의 집합소이다. 소돔은 단지 하나의 예일
뿐이지만, 대도시는 매우 철저하게 그러하다. 대도시는 음란함과 가증스러운
것으로 가득하다. 도시는 음란함으로 가득한 포도주를 모든 사람이 마시도
록 한다.계17,18장 이것은 광적으로까지 죄를 쏟아내고 있음을 나타내는 것이
고, 죄에 속해있는 한 죄인이 연약함을 느끼면서 구원 받기를 갈망하는 것이

아니라, 더러움 속에서 살 수밖에 없는 한 세력이 자신을 둘러싸고 있는 진정한 환경을 향해 의지를 가지고 돌진하는 것이며, 자신의 힘과 자유의 교만 속에서 마지막까지 죄를 짓는 것이다. 그리고 도시는 인간으로 하여금 이 더러운 피에 연대감을 갖도록 한다. 그 이유는 밧모섬에 유배되어 있는 요한에게, 취하게 하는 이 포도주와 예수 그리스도의 피와의 연합이 정확히 대립되는 것이 분명하기 때문이다. 그리고 이것은 분명 여기에 "땅의 음녀들과 가증한 것들의 어미"계 17:5라고 이야기할 수 있는 연합의 현상에 필적할 만한, 영적 연합의 현상이 있기 때문이다. 이것은 모든 죄인이 이 도시 안에 모여 있기 때문도 아니고, 대도시에 사는 거주민이 특별히 죄인이기 때문이 아니라, 그 도시의 법을 받아들이는 사람들에게 도시는 자신의 죄의 힘과 광기를 나타내기 때문이다. 이와 같이 이 세 가지 영역이 만나는 곳에서 도시는 동일한 가치를 가지고, 동일한 힘을 갖는다. 도시는 다른 피조물이고, 그 모든 행위에서 스스로의 가치를 가치며, 충분한 힘을 소유하며, 스스로 자신의 존재를 뚜렷이 드러낸다. "나는 여왕의 자리에 앉아 있고, 과부가 아니니, 절대로 슬픔을 맛보지 않을 것이다."계18:7 도시는 이처럼 자신의 힘을 나타내며, 죽을 때에도 그러하다. 도시는 그 누구도 필요로 하지 않는다. 그 어떤 인간의 힘에도 의지하지 않는다. 도시는 스스로 충분한 이유를 가지고, 충분한 힘을 가지며, 충분한 법을 갖고 있다. 실재로 그 태생에서부터 인간보다 더 강하다는 사실을 분명히 이야기해야 한다. 이처럼 선언한 사람은 도시의 기초자도 아니고, 도시에 거주하는 주민도 아니다. 그것은 인간뿐만 아니라 하나님에 대해서까지 독립적인 인격을 갖고 있다. "나는 영원한 절대자가 될 것이다." 도시는 평안히 앉아서, 그 마음에 이렇게 이야기한다. "나 외에는 아무 것도 없다! 나는 절대로 과부가 되지 않을 것이며, 내 자녀들을 절대로 빼앗기지 않을 것이다." 그녀는 자유롭게 다음과 같이 선언한다. "아무도 나를 돌아보지 않는다." 우리는 여기에서 그 존재의 중심에 접근할 수 있다. 그녀는 닫혀 있고, 영적으로 폐쇄된 세계이며, 고립되어 있다. 그것은 마치 물질세계의 벽에 의해서 갇혀 있는 것과 동일하다. 그녀는 외부 세계를 알지 못하고, 영적인 개방을 원하지 않는다. 그녀는 하나님을 배제시키는데, 그 이유는 스스로 충분한 영성을 갖기 때문이다. 하나님과 절대적 세계, 폐쇄된 세계, 죽음의 세계와는 일 치점을 찾을 수 없다. 오직 나자아만이 있을 뿐이다. 이것은 인간의 교만한 선언이 아니다. 이것은 영적인 능력의 선언이다. 이것은 하나님의 손에서 벗어나고, 자신의 특별한 삶을 추구한 인간이 만들어낸 선언이다.

이러한 것들이 그 어떤 가치도 없다고 스스로 자만하는 인간이 얼마나 우스꽝스러운가! "모든 것은 우리가 사용하기에 달려 있다. 두려워하지 말자. 이것은 그다지 중요한 것이 아니다. 우리는 우리가 원할 때 이것을 다시 우리가 원하는 대로 되돌려 놓을 수 있다. 내가 정신적으로 강해진다는 사실만으로도 충분하며, 높은 기술의 수준으로 이 모든 것은 질서체계가 잡힐 것이다.…" 바빌로니아 왕의 이 선언은 얼마나 어리석은가! 자신에게 주어진 하나님의 말씀 앞에서 바빌로니아와 이 바빌론이 대표하는 모든 것 때문에, 단 한 가지만을 이야기할 수 있을 뿐이다. "내가 세운 이 도성, 이 거대한 바빌론을 보아라! 나의 권세와 능력과 나의 영화와 위엄이 그대로 나타나 있지 않느냐!" 단4:30 절대 그렇지 않다! 바빌로니아 왕이여, 이 도시는 당신의 것이 아니다! 하나님은 이 도시를 당신에게서 거두어가셨다. 그 이유는 당신이 이 도시를 당신의 것으로 여기고, 소유하였으며, 그 죄를 당신의 것으로 만들었으며, 여기에서 하나님을 대항하는 도구를 만들었기 때문이다. 이제 당신은 짐승처럼 되어서 소처럼 풀을 뜯어먹게 될 것이다.… "몸은 하늘에서 내리는 이슬에 젖었고, 머리카락은 독수리의 깃털처럼 자랐으며, 손톱은 새의 발톱같이 자랐다." 이 이야기는 대도시에 대한 인간의 주장을 조롱하는 것이다.이 본문의 논점은 다른데 있는지만, 여기에서는 이 부분을 강조해야 한다 이 도시로 하나님은 들어오지 않는다. 실재로 "신들의 문" 은 바빌론의 경계이다! 그리고 이것이 그 관계가 저주 의 관계가 될 수밖에 없었던 이유이다. 하나님은 이 벽에 금이 가도록 만들었다. 이 굳게 닫힌 도시성, 여리고에 대항하여 하나님의 말씀은 7번 반복되었고, 성벽은 무너졌다. 바빌론에서 이 영적인 한계들이 무너졌다.

모든 도시는 이와 같이 건설되었고, 각 도시는 하나님을 제외하는 경향을 갖고 있었으며, 매우 놀랍게도 이것이 우리가 강조해야 할 선언을 설명해준다. 계시록의 항구적인 계시는 도시가 거주민에게 행한 악행의 영향을 보여주고 있으며, 그것은 단지 그들이 땅의 왕들 사이에서뿐만 아니라 상인들에게도, 그리고 그들이 만나는 사람들에게도 그 악한 영향력을 보여주었다. "세상의 왕들이 그 여자와 더불어 음행을 하였고"계17:2 이 모든 것은 마치 정치적 권력과 같이, 마치 돈이 지배하듯이, 대도시에 의해 부패하였다. 비교적 나쁘게 보이지 않는 왕들도, 도시에 의해서 죄를 짓게 되었고, 상인들 역시 무역 자체가 정죄 받는 것은 아니지만, 그 기능이 전도됨으로 말미암아부패함으로 말미암아 정죄 받게 되었다. 왜냐하면, 상인들은 인간 삶에 필요한 것들을 거래하는 것이 아니라, 대도시의 유혹에 의해서, 그 아름다움에 의해서 그리고 인간을 정복하고자 휘황찬란한 거래를 하기 때문이다. 그리고 이 도시와의 관계 때문에 상인들은 정죄의 위험을 감수하며, 처형당하지 않으려고 도시에서 도망친다. 인간 행위, 정치 권력, 상업과 같은 가치 있는 행위가, 이 행위가 하나님 없는 세상의 폐쇄성 안에 있을 때, 이 도시가 오로지 하나님을 대항할 때, 인간을 영화롭게 하고자, 인간을 속박하고자, 인간을 유혹하고자, 죽음과 죄의 열매가 된다. 이것이 도시를 떠난 상업과 국가, 자본이 성화될 수 있다고 믿는 것을 의미하는 것은 아니다! 이것은 어쩌면 도시의 타락의 중심 내용이 아닐까? 그리고 도시를 떠나서는 상업과 국가가 존재할 수 없음을 나타내는 것이 아일까? 이것은 어떤 상황에도, 도시는 과학적으로 하나님이 개입할 모든 가능성이 닫혀있고, 스스로 닫혀 있기 때문이다. 도시는 고집스럽고 자발적이며 완고한 방식으로 자신을 사랑한다. 도시는 하나님의 한 말씀 한 말씀에 가시를 세우는 고슴도치이다. 그리고 이 세상은 비록 하나님이 없지만, 다른 여러 신으로 가득하다. 만일 사막광야이 귀신의 장소라면, 도시는 우상의 장소이다.

우리는 이미 과거의 도시에서 이 도시의 이름을 통해서, 우상들 즉 인간의 손으로 만든 신들과의 관계를 알고 있다. 도시는 분명히 우상을 만듦으로 완전히 폐쇄되었다. 도시는 이제 자신의 신을 갖고 있으며, 자신이 만든 신들을 소유하고 있고, 이 신들을 다스리고 있기 때문에 그 신들을 사랑한다. 그리고 이 신들이 다른 모든 영적 개입에 대항한 가장 확실한 무기이기 때문에 이 신들을 경외한다. 그리고 정확하게 여호와의 개입을 특징짓는 것은 바로 이 우상들을 파괴하는 것으로 시작한다. "조각한 모든 신상들바빌론의 신상들이 모두 땅에 떨어져서 박살났다!"사21:9 "벨신이 고꾸라졌고, 느보 신이 넘어졌다!"사46:1 그리고 도시와 우상의 관계는 분명 마술적인 관계였고, 이 관계는 우리에게 끊임없이 보이는 관계였으며, 특별히 바빌론에서 나타나는 관계였다. 이것은 신적인 능력을 지배하려는 인간의 행위를 의미한다. 물론 도시 외에도 다른 마술적인 장소가 있었지만, 도시는 수많은 주술과 마술의 장소사47:9, 우상과 이방신들의 장소단5장의 모든 유형을 대표한다.

그리고 이 모든 것은 인간을 유혹하기 위한 것이었고, 그들이 추구하는 것을 멈추기 위함이었다.계18:23 여기에서 인간은 방랑을 멈추게 되고, 의심을 거두게 되며, 다른 무엇인가를 찾으려는 시도를 멈추게 된다. 그는 자신의 척도 안에 있는 세계자신이 제어할 수 있는 세계를 발견하였으며, 자신의 모든 필요와 요구를 충족하는 폐쇄된 세상을 발견하였고, 쉴 수 있고 안전한 세상을 발견한 것이다. 그러나 이 모든 유혹과 만족은 실재로 인간의 완벽한 노예 상태를 의미한다. 이것은 도시를 향하여 인간의 몸과 영혼을 실어 나르는 음울한 모습을 보여준다. 여기에서는 단지 법률적인 의미에서의 노예만을 의미하는 것이 아니라, 특별히 상업적인 의미에서의 노예를 이야기한다. 그리고 우리는 여기에서 가장 귀한 것에서부터 그렇지 않은 것으로 점차로 분화되는 것을 쉽게 보지 못하는데, 그것은 계시록의 기록에 너무 많은 의미들이 중첩되어 있기 때문이다. 계18장 우선 금과 진주, 그리고 진기한 보석, 또한 향나무와 향수, 포도주와 올리브 기름, 그리고 점점 그 소중함을 잃어가는 것들, 그리고 통용되는 물건들, 결국 인간의 몸과 영혼들이 가장 천하게 여겨지는 것이 된다.

인간의 몸과 영혼은 단지 노예를 의미하는 것이 아니다.… 이것은 인간 존재 전체의 문제이며, 육체와 영혼, 그리고 도시에서 의미를 상실하고 상품이 되는 인간 존재의 문제이다. 프롤레타리아와 매춘은 도시의 작품이며, 모든 도시인은 어느 정도는 프롤레타리아와 창기가 될 운명에 처해 있다. 이와 같이 인간의 승리는, 인간만이 왕이 되는 이 환경에서, 인간은 절대적인 존재가 되고 하나님의 자취는 어디에서도 찾아볼 수 없는데, 그 이유는 인간이 하나님을 지워버리는 데 모든 노력을 기울이기 때문이다. 그리고 인간으로 가득하게 될 이 환경이, 견딜 수 있을 것 같아 보이는 에덴 밖의 도시의 환경이, 실재로는 인간이 노예가 되는 장소가 되었다. 이것은 분명 노예제도인데, 그 이유는 우리가 이미 도시의 돈과 화려함의 힘에 굴복했기 때문이다. 인간은 이 힘에 대한 자신의 행위를 통해 스스로 자아를 상실하고, 자신에게 남아 있던 것조차 상실한다. 그리고 이 힘을 얻고자 길을 잃고 스스로를 상실한다. 자본, 국가 모든 신비한 황홀함을 맛볼 수 있는 이 변형의 장소는 바로 대도시이다. 역사가들은 우리에게 다음과 같이 이야기한다. "도시들은 언제나 인간 진보, 사상, 자유의 중심에 서 있다." 그러나 하나님의 시각에서 이 도시들은 완전히 다른 관점에 있다.

※　　※　　※

저주의 기초가 세워졌다. 그러나 의심의 눈으로 바라볼 때, 필연적으로 한 가지 질문이 서서히 고개를 든다. 이 모든 것은 도시의 문제인가? 바빌론, 그것은 역사 속의 하나의 도시였으며, 더 큰 의미에서 하나의 상징이고, 죄의 이미지이며, 세상의 이미지이고, 악한 세력의 집산이고, 죄된 인간의 집합체가 아니었던가? 아니면 그 반대로 역사의 정점에서 본문 이이야기하지 않는 것에 대해서 침묵하는 것인가? 과거의 예언자들에게 이것은 분명 바빌론에 대한 이야기이다. 요한에게도, 로마에게도, 이 본문은 문자 그대로 이해되어서는 안 된다. 이것은 단지 비유이고 과장일 뿐이고, 수사법으로, 세세한 내용을 살펴보기보다는 일반적인 의미로 이해해야 한다. 이 일반적인 의미는 하나님이 선택된 민족과 교회를 억압하는 세력을 심판한다는 것이다. 이와 같이 과도하게 영적인 의미를 부여하거나 혹은 제거하면서 우리는 동일한 결과에 도달한다. 너무나 평범한 두 번째 견해를 받아들이는 것은 상당히 쉬워 보인다. 이것은 전통적인 역사가들의 견해로, 이들은 실재를 본다는 전제 아래 진리를 감춘다. 우리는 이미 여기에 대해서 여러 차례 부분적으로 대답 하였고, 역사적 상황이 하나의 완전한 의미를 지닌다는 전제 하에 이 역사적 상황이 동시에 역사를 초월한 상황이라고 이야기하였다. 여기에서는 성서 기자가 언제나 하나님의 왕국이 건설되기 전에, 이 땅에 하나님의 심판이 임하는 것이, 최후의 심판이 도시에 대한 정죄와 연결되어 있다는 사실을 덧붙이는 것으로 충분하다. 도시에 대한 정죄는 전형적인 정죄이다. 다른 여러 본문 중에서도, 하나님 왕국이 건설될때그 이름고유명사의 언급 없이 이야기하는 이사야서 32장 19절 말씀을 이야기하는 것으로 충분하다. "성읍이 완전히 무너져 내려도" 이러한 종말론적 관점 때문에 모든 실제적인 관점들의 중요성이 무시된다.

또 다른 더욱 심각한 관점은 다음과 같다. 바빌론은 도시이기 때문에 정죄 당한 것인가, 혹은 다른 이유로 더 영적인 이유로 정죄 당한 것인가? 실재로 성서의 어떤 구절도 바빌론이 도시이기 때문에 정죄 당했다는 주장을 허용하지 않는다는 것은 매우 명확한 사실이다. 나는 이 주장을 받아들이지 않으며, 이처럼 이야기하지도 않았다. 분명히 반역하는 힘이 정죄 받으며, 그것은 세상이고, 요한이 머리말에 쓴 의미로 해석하자면 그것은 죄이다.… 그러나 이와 같은 태도를 취하는 것은 도시에 대해서도 그리고 우리가 말한 다른 모든 것에 위배되지 않는다. 우선 악에 대한 하나님의 심판에 대한 교훈이 있고, 그이후에 여기에서 파생하는 도시에 대한 교훈이 있다. 그렇다면 왜 도시는 예언의 목적으로 여겨졌는가? 그것은 죄를 목표로 한 것이지만, 도시를 통해서 정죄 받는다. 정죄 받는 것은 세상이지만, 이 세상은 도시에 의해서 상징된다. 그것은 파괴되는 지옥의 세력이지만, 그 표식은 도시를 통해서 나타난다. 도시는 표식, 상징, 이 모든 것의 종합으로 여겨진다. 이 모든 것을 나타내고자 선택된 것은 도시이지, 산왜 죄의 산이 아닐까?이나 바다가 아니다.

이것이 상징하는 것과 단테가 상징하는 것을 비교해보자. 실재로 상징하는 것은 상징되는 대상의 속성과 관련 있다. 그리고 여기에서 도시는 우연하게 선택된 것이 아니라 하나님이 정죄하는 것과 본질적인 관련이 있는데 그것은 도시가 모든 죄된 힘의 상징적인 장소이며, 죄의 중심이며, "음란함의 어머니" 이기 때문이다.18 그리고 우리는 여기에서 성서적 교훈의 연속성을 발견하게 된다. 건축자인 인간은 도시에 자신의 모든 한원한과 독립을 걸었다. 도시는 단지 물질적 수단일 뿐만 아니라 영적 의미도 포함되어 있다. 그리고 심판에서도 하나님은 영적인 의미를 취한다. 그러나 한편으로는 인간의 모든 것에 있어서 도시에 모든 정죄를 하고, 이 도시를 죄의 대표적인 장소로 이야기하는 하나님의 대답을 생각해야 한다. 그리고 하나님의 심판이라는 논리에서 도시만이 이 모든 것에 대한 책임을 지게 된다.

---

18) 우리는 현대 사회학자의 주장 "– 도시는 이 도시가 상징하는 요소의 비전형적인 체계로 여겨질 수 있으며, 그 구조는 다른 사회적 산물과 사회적 실재의 체계의 구조와 연결되어 있다." 프랑수와 쇼에(Francois Choay)의 저서『사회학과 도시계획』중 "도시의 의미" ,(1969) – 에 대해서 매우 흥미롭게 이야기할 수 있다. 그리고 이것은 우리가 이야기하는 성서에 부합하지만, 실제로는 평가절하된다. – 성서에서 도시는 이것과 다르다. 성서는 도시를 점진적이고 초월적 의미에서의 진보에 대해서 닫힌 체계로 이야기하지만, 이와는 반대로 우리의 근대도시는 빠른 진보와 복합적 의미의 진보에서 열린 체계이다. – 그러나 그 의미는 결국 동일하게 된다!

도시는 단지 파괴당하도록 정죄 받았을 뿐만 아니라, 그 존재를 형성하는 모든 것에서 분리되는 정죄를 받았다. "네가 마음 속으로 탐하던 실과가 네게서 사라지고, 온갖 화려하고 찬란한 것들이 네게서 없어졌으니, 다시는 아무도 그런 것들을 찾아볼 수 없을 것이다."계18:14 도시의 마술은 효용성이 없어졌고, 도시가 받았던 영광은 이제 사라졌다. "자식을 잃고 과부가 되는이두 가지 일이한 날에 갑자기 닥쳐올 것이다. 너의 주술이 아무리 능하고 너의 마술의 힘이 아무리 세다 하여도, 이 일이 반드시 닥친다. 네가 악한 일에 자신만만 하여 '아무도 나를 감시하지 않는다' 하였다. 너의 지혜와 너의 지식이 너를 잘못된 길로 들어서게 하였고, 너의 마음 속으로 '나보다 더 높은 이가 없다' 고 생각하게 하였다. 불행이 너에게 닥쳐와도 너의 점술이 그것을 막지 못할 것이며, 너에게 재난이 덮쳐도 네가 거기에서 벗어나지 못할 것이다. 네가 생각하지도 못한 파멸이, 순식간에 너에게 이를 것이다.… 보아라, 그들은 검불같이 되어서, 불에 타고 말 것이다.… 그 불은 너무나도 뜨거워서, 그들 스스로를 그 불에서 구하여 내지 못할 것이다.…"사47장 그리고 여기에는 어떤 치유도 없다. "바빌로니아가 갑자기 쓰러져서 망하였다. 그를 애도하고 통곡하여라. 혹시 그가 낫지 않는지, 유향을 가져다가 그 상처에 발라 보아라."렘51:8

또 다른 매우 중요한 구절이 있다. 도시는 새롭게 되지 못할 것이다. 도시는 인간이 만든 존재의 범위를 벗어날 수도 없을 뿐더러, 하나님께 오는 정죄를 피하지도 못할 것이다. 이와 같이 인간의 선한 의도에서 나온 노력에도 불구하고, 도시를 더욱더 인간적으로 만들려는 시도에도 불구하고, 이 도시들은 쇠, 철, 주철, 시멘트로 남아 있을 것이다. 전원도시19, 선형도시20, 빛나는

---

19) [역주] 전원도시(Garden City), 20세기 초 에베네제 하워드에 의해서 영국에서 주창된 도시계획운동. 19세기 산업운동으로 나타나게 된 도시문제들에 대해서 처음으로 '도시와 농촌의 결합'을 통한 대안으로 제시됨. 대도시 주변에 철도로 연결된 도시를 계획하여 도시의 확장을 막고, 도시 내부는 공원을 중심으로 공공시설을 배치하고 그 외곽에 전원주택지를 배치함., 이도시는 자본주의적 농민에 의한 자급자족적인 도시 형성을 목표로 함.

20) [역주] 선형도시. 스페인 도시계획가 마타(Arturio Soria Mata, 1844-1920)가 제시한 유토피아

도시21… 이 도시들은 죽음의 도시이고, 죽어 있는 재료로 만들어졌으며, 죽음의 정죄를 당하였으며, 그 어느 것도 죽음을 피할 수 없다. 나는 분명히 도시계획가와 건축가의 작업 전체를 부정하는 것이 아니다. 도시를 살기 좋은 곳으로 만드는 시도는 계속되어야 한다! 이것은 분명하다. 도시들을 인간적으로 만들고자 노력해야 한다! 그러나 그 어떤 것도 도시의 중요한 문제를 해결할 수 없다. 이 모든 시도가 유용하긴 하지만 상대적이다. 우리는 도시를 치유하고자 노력할 수 있다. 건축자들의 표식과 하나님의 심판은 도시에게 너무나도 가혹한 것이다. 그리고 도시가 의지하는 모든 것은 정죄 당하였다. 성벽들은 넘어졌고, 자본은 흩어졌으며, 힘은 쇠락하였다. 도시는 사막광야을 드나들던 귀신들을 위한 장소이다. "화려하던 궁전에서는 승냥이가 울부짖고, 화려하던 신전에서는 늑대가 울 것이다."사13:22

성서의 처음부터 끝까지 동일한 심판이 이어지고, 이 심판은 도시의 모든 인간에게 나타난다. 이 심판은 단지 도시 전체에 대해서 나타날 뿐 만 아니라, 도시의 삶에 참여하는 사람, 도시와 연합하고 그 타락에 함께 한 사람에게도 나타난다. 이것은 도시를 건축한 인간의 교만에 대한 심판이 아니라, 교만의 상징인 도시가 그 거대함이나 부유함 속에 의지한 사람과, 물질적으로나 영적으로 도시와 연합한 모든 사람을 죄악과 타락으로 이끈 것에 대한 심판이다. 인간은 단지 자신의 죄 때문에 정죄 받는 것이 아니라, 사회적으로 도시로 특징되는 악한 힘에 참여한 죄로 정죄 받는 것이다. 바빌로니아 주민의 악한 행동에 대한 심판에는 큰 문제제기가 없으며, 이러한 인과관계는 명확해 보인

다. 예를 들면 렘50:3이하 "너 오만한 자야, 내가 너를 치겠다. 너의날곧 네가 벌을 받을 때가 왔다."렘50:31 먼저 도시에 대해서 말씀하고, 이후에 그 주민들을 향해 말씀한다. "칼이 바빌로니아갈대아 사람을 친다. 바빌로니아 주민을 친다. 그 땅의 고관들과 지혜 있는 자들을 친다.… 칼이 그 땅의 용사들을 치니, 그들이 공포에 떤다. 칼이 그들의 말과 병거와 그들 가운데 있는 모든 외국 군대를 치니, 그들이 모두 무기력해진다.…"렘50:35~3 이후에 그 땅의 도시와 거주민 사이에 세워진 이방신과의 관계에 대해 정죄한다. "바빌로니아는 온갖 우상을 섬기는 나라이니, 그 땅에 사는 사람들이 그 끔찍스러운 우상들 때문에 미쳐 버릴 것이다."50:38 그리고 이 관계는 도시를 향한 예언에서 계속해서 반복될 될 것이다.

여기에서 끊임없이 나타나는 것은, 건축자가 인간에게 최종적인 장소를 제공할 수 있고 스스로 자신을 보호할 수 있다는 교만한 주장에 대한 하나님의 대답이다. 도시는 인간의 보호자가 되려고 건설되었다. 물론 도시는 폐허가 될 뿐이다. 하나님의 음성이 도시의 성벽을 뚫고 들어갈 것이며, 도시의 파괴 속에서 인간을 뒤덮을 것이다. 이것은 분명히 인간이 도시를 통해 모든 파괴에서 자신을 보호할 수 있을 것이라고 이야기했기 때문이다.신28:16 도시와 인간은 한 통합체로서 정죄 받는다. 인간은 직접적으로 정죄 받지는 않지만, 도시라는 통합체의 보호를 추구했다는 사건에 연루되었기 때문에, 도시는 인간의 정죄를 유발한다.

이러한 문제제기가 너무나 일반적이고 중요해서 도시의 모든 주민이 이 문제에 연루된다. 그리고 이것은 주민들이 도시의 힘에 굴복하지 않았을 때에도 동일하게 연루된다. 이와 같이 이스라엘 민족은 바빌로니아의 포로 시대 때에, 그들이 잡혀갔던 도시의 위험에 연루되어 있었다. "너희는 바빌로니아에서 탈출하여, 각자 자기의 목숨을 건져라. 바빌로니아의 죄악 때문에 너희까지 함께 죽지 말아라. 이제 주님께서 바빌로니아를 그가 받아야 마땅한 대로 보복하실 때가 되었다."렘51:6 도시와 거리를 두도록 하는 이 명령은, 우리가 순종할 수 있는 명령으로 생각된다. 그러나 이 명령은 하나님의 심판 전체와 조화를 이루며 하나의 의미를 갖는다. 하나님이 원하는 것은, 인간과 도시가 분리되는 것이었다. 이 심판은 인간에게 선언되었고, 이러한 선언은 외적으로 혹은 암묵적으로 이루어졌다. 그리고 하나님이 원했던 것은 물질적 또는 영적인 분리였으며, 이 분리의 최종적 완성은 정확하게 도시가 파괴되고, 인간 권력이 박탈되며, 도시에 최고의 징벌이 내리면서 이루어진다. 도시는 더는 그 거주민이 없을 것이 다. "바빌론 도성에도 다시는 정착하여 사는 사람이 없을 것이며, 그곳에 머무르는 사람이 없을 것이다." 이 본문은 도시에 선언된 말씀들의 라이트 모티브사건이나 상황을 나타내거나 암시할 수 있게 반복적으로 나타내는 중심 주제나 사건-역주가 될 것이다. "나라들 가운데서 가장 찬란한 바빌론, 바빌로니아 사람의 영예요 자랑거리인 바빌론은, 하나님께서 멸망시키실 때에, 마치 소돔과 고모라처럼 될 것이다."렘50:40 ; 사13:19

그러나 도시가 그 관계에서 이와 같이 정죄 당할 때에, 이것은 끝이 아니고, 모든 것의 열쇠가 될 것이다. 바빌로니아는 모든 도시의 상징일 뿐만 아니라, 모든 세상의 상징이기도 하다. 우리는 상징symbole이라는 단어를 사용하였지만, 표식sign이라는 단어가 더 적절한 것처럼 보인다. 이것은 절대 언어 편의주의에 의한 것도 아니고 말하는 방식을 편하게 하려는 것도 아니다. 이 단어가 도시에 대한 성서적 계시의 실제를 그리는 정확한 단어이기 때문이다. 그 표식은 영적인 실재를 통해 나타나는 사건이며, 이 종말론적 실재 역시 모호한 것이 아니고 실제적인 것이며, 분명한 형태로 나타나며, 완벽한 방법이라기보다는 구체적이고 효과적인 방법으로 나타난다. 다시 말하자면 효과를 나타낸다. 이와 같이 심판과 하나님과 바빌론의 관계의 역사는 언제나 하나님과 도시의 역사를 의미하며, 그 이유는 하나님이 바빌론을 모든 도시의 표식으로 여기기 때문이다. 사회학적 차이가 무엇이든 간에, 이 선택은 구체적인

데, 그 이유는 그가 바로 하나님이기 때문이다. 인간에 의해 세워진 상징은 영원할 수 없지만, 이와는 대조적으로 선지자들이 이야기하는 표식에는 하나님의 음성이 갖는 항구성이 있다.

도시는 세계의 표식이다! "그 빛이 어둠 속에서 비치니, 어둠이 그 빛을 이기지 못하였다.… 그는 세상에 계셨다. 세상이 그로 말미암아 생겨났는데도, 세상은 그를 알아보지 못하였다."요1:5,10 이러한 무지빛을 알아보지 못하는 무지는 도시를 통해 가장 잘 나타나며, 우리는 여기에서 그 이유들을 알게 된다. 그리고 이것이 도시가 세상의 상징으로 선택된 이유이다. 이것은 우리 주제에서 최대한의 신학적 선언을 이끌어내기 위함도 아니며, 문학적인 것도 아니다. 단순하게 이야기하면, 성서에 이렇게 기록되었다. 바빌론에 행해지는 심판은 최후의 심판이다. 이것은 정확하게 전 세계를 향하는 것이다.

이 심판이 선언되었다고 이야기할 때, 우리는 국가, 사회, 시골 그리고 민족을 이야기하지 않고 바빌론을 이야기한다. 최후의 전쟁은 도시가 도시를 대항하여 일어난다. 세계를 대항한 전쟁, 세계를 정복하는 전쟁, 이것은 도시를 대항한 전투이며, 도시를 향한 승리이다.

그리고 우리에게 오직 도시의 힘에 대한 심판을 보여주는 요한계시록에서만, 하나님을 대항한 모든 다른 세력들이 무너지는 것은 아니다. 이것은 동일한 관점을 가진 구약의 예언서에서도 동일하게 나타난다. 바빌론에 대한 이사야의 예언은 최후의 심판에 대한 예언이며, 바빌론이 심판받을 때, 바빌론은 세상을 말한다. "내가 세상의 악과 흉악한 자들의 악행을 벌하겠다.", "주님의 날이 온다. 무자비한 날, 진노와 맹렬한 분노의 날, 땅을 황폐하게 하고 그 땅에서 죄인들을 멸절시키는, 주님의 날이 온다.… 하늘이 진동하고 땅이 흔들리게 하겠다. 만군의 주님께서 진노하시는 날에 그 분노가 맹렬히 불타는 날에 이 일이 이루어질 것이다."사13장 그리고 여기에서 예루살렘과의 정치적 관계에서 이사야 시대의 바빌론에 관해서는, 이 예언에 특별히 동양적 과

장법이 있음을 보아야 한다. 이것은 분명히 예레미아의 교훈과 정확히 일치하는 것이다. 50, 51장 우리는 그래서 이것이 우연이라고 이야기할 수 없다. 그리고 우리는 이 상징에 어떠한 논리가 없다고 이야기할 수 없다. 만일, 예언서와 계시록에서 도시를 하나님과 세상 사이의 갈등으로 가득한 장소라고 한다면, 하나님을 향한 반역의 힘으로 가득한 곳이라 한다면, 또한 하나님의 승리가 선언된 곳이라 한다면, 그것은 우리의 도시가 세상의 상징이기 때문이며, 이 도시들 한가운데에 실재로 인간의 모든 신성한 소망을 담고 있기 때문이다.

※　　※　　※

우리는 이미 여러 번 심판과 정죄에 대해서 이야기했다. 그러나 이것은 우리가 맞닥뜨렸던 저주를 없애지 못한다. 여기에는 구별되지 않는 두 요소가 결합되어 있다. 저주는 태초부터 선언되었다. 이 저주는 도시의 한 부분이며, 도시 역사의 자취 속에 흐르고 있다. 도시는 죄악의 장소이며, 그 시작부터, 그 구조에 의해서, 그 쇠락에 의해서, 이방 신들을 섬김으로 말미암아 죄악의 장소였다. 각 도시는 발전할 때, 다시 저주를 받게 되고, 인내해야 한다. 저주는 모든 도시의 구성 요소이다. 저주는 이러한 상황 외의 다른 상황에서는 상상할 수 없으며, 이것은 마치 에덴에서 추방되지 않은 상태의 인간을 상상할 수 없는 것과 동일하다.

이와 같이 도시의 역할은 이미 예견되었고, 도시를 발전시키기 위한 인간의 모든 기술적 유산은 이러한 저주 위에 있다. 이것이 도시의 계획, 걱정, 인간의 관리와 도시의 실체 사이의 간극을 일으키는 결정적인 문제그리고 이 문제만을 설명해 준다.

도시는 인간의 모든 선한 의도를 통해 나타난다. 도시에 대한 노력에는 좋은 의도만이 있다. 인간은 좀 더 나은 환경에서 살고자 도시를 가꾼다. 가장 좋은 집을 얻고 여가를 누리려고, 자신의 인생에 슬픔이 반복되지 않으려고, 다른 사람들과 함께 하려고, 더는 말도 안되는 상황 속에 있지 않으려고, 가장 좋은 직업을 갖고, 가장 안전하려고, 더는 계절에 관계되지 않고, 빙판길, 태양, 땅의 불확실함에 좌지우지되지 않으려고, 악한 사람에게서 자신을 보호하려고, 약탈자들에게 강탈당하지 않도록, 자신이 하는 일의 정당한 결과를 얻으려고. 보증, 과학, 의학, 약학을 통해서 더 큰 안락을 얻고 우리가 이야기하는 삶의 기쁨을 얻으려고. 그리고 인간이 사랑하는 것들이 죽어가는 것에 아무 손도 쓰지 못하고 그저 바라보지 않으려고, 풍요를 누리려고, 그리고 다음과 같이 이야기하려고 도시를 가꾼다. "영혼아, 여러 해 동안 쓸 많은 물건을 쌓아 두었으니, 너는 마음 놓고, 먹고 마시고 즐겨라."눅12:19

분명히 도시는 모든 노력의 산물이지만, 더 나아가서 인간의 모든 선한 의도의 집합체이다. 이러한 도시 확장에서, 사방으로 뻗어가는 도시에서, 민주주의의 극대화에서, 선한 의도를 가진 선한 의지의 인간만이 있을 뿐이다. 이것은 역사에서 매우 결정적인 역할을 했던 정치인매우 드물게 혁명을 차단하려고 큰 길을 뚫었던 오스만 주지사22가 있었다이나 대자본가역시 매우 드물게 대규모로 집적된 노동자 주거를 만든 미슐랭이 있었다의 마키아벨리즘이 아니다. 이와는 반대로 도시는 엔지니어의 명확한 견해와 도시계획가의 보편적 사고의 결과물이며, 결정적으로 위생주의자의 이상을 통해 나온 것이다. 그러나 그 결과는 어떠한가! 수많은 노예들을 낳았고, 이 노예 상태를 견디도록 강제하였다. 그리고 인간적 관계를 파괴시켰고, 대도시의 익명성을 가져왔으며, 직업에 대한 근본적인 불확실성과 실업을 가져왔다. 실업은 도시의 본질적인 현상이며, 시골에서는 암이나 전

---

22) [역주] 오스만(Georges-Eugène Haussmann, 1809~1891), 나폴레옹 3세 당시의 파리 센느 주지사로 도시계획 및 대정비사업을 시행한 인물. 그의 도시 정비사업은 대가로를 통한 도로망의 확중, 건물 입면의 통일화, 녹지공간의 확보, 도시기반시설의 정비 등으로 특징지울 수 있음. 특히 혁명과 시위를 차단하려고 도로를 확장하고 도로 구조를 재편하였으며, 파리를 하나의 근대적 시스템을 가진 도시로 계획한 인물로 평가됨.

염병을 통해서만 나타난다 자연적이 되는 대신에 인간의 인간에 대한 속박으로 나타난다. 분노와 현대 전쟁의 불확실성, 그리고 적에 의한 점령에서, 도시 문명의 결과로, 도시는 고통을 겪고 있다. 그리고 빈민촌은 현대식 재료로 지어진 새로운 빈민촌으로 변화된다! 이것은 하나님의 저주에 녹아 들어간 인간의 선한 의도의 결과 이다.23

그리고 받는 사람이 있으면 보내는 사람이 있는 것처럼, 심판은 저주에 부합한다. 저주는 원래 도시 역사의 매 순간마다 나타난다. 최후의 심판 역시 현존하는 것인데, 그 이유는 심판이 이미 선언되었기 때문이다. "무너졌다. 무너졌다. 큰 도시 바빌론이 무너졌다."계18:2 이 구절을 통해 종말은 선언되었다. 도시는 그리스도가 십자가에서 죽음으로 그 힘을 빼앗긴 천사들의 세력의 일부분이다.골2:15 도시는 이미 심판 받았지만, 우리는 그것을 아직 알지 못하고 있다.

이것은 결석재판缺席裁判에 의해서 법정에서 유죄 판결을 받은 사람과 같다. 그는 아직 판결을 알지 못하지만, 법원은 이 판결을 상징적으로 알리고자 형을 집행한다. 이와 같이, 판결을 전달 받기 전에는, 심판을 받든 받지 않았든, 패소자는 아무 것도 알지 못한다. 우리는 이 심판에 대해 아무것도 모른다고 주장할 수 있다. 그리고 여전히 그 상징의 전달 이후에 항소가 있을 것이며, 이것은 재심되고, 결국 형이 집행될 것이다. 만일, 다시 항소하지 않으면 집행관은 강제로 집행할 것이다. 이와 같이 도시의 권세들은 자신에 대한 심판과, 상징과 집행의 이중적 순간 사이에서 이미 정죄를 당했지만, 무슨 일이 일어났는지 전혀 알지 못한 채, 겉으로는 자유롭게 자신의 역할을 온전히 수행할 수 있다. 적어도 공식적으로는 알지 못한다. 왜냐하면, 이들에게 이미 심판에 대한 경고가 주어졌지만, 이것은 부분적이고, 불완전하며, 일부만 공식

---

23) 우리 시대의 도시들은 암세포에 의해 파괴되는 인간과 같다. – 도시 안에 죽음의 충동은 존재하지 않는 것으로 보이지만, 죽음의 상황들은 존재한다." 미처리히(Mitscherlich),『정신분석학과 도시계획』,(1970)

적으로 나타나기 때문이다. 그리고 누군가가 소돔과 고모라가 바빌론을 향한 경고라고 이야기한다면, 우리는 당시의 사건들이 이야기하는 음성에 귀를 기울어야 한다.

　전쟁이 도시의 중심에 있다는 사실은 의심의 여지없이 심판의 표식이다. 전쟁의 도시이고, 도시 위의 전쟁이다. 과거에는 모든 지역에 수비대가 있었는데, 오늘날은 도시만을 목표로 하며, 의심의 여지없이 대부분 전쟁은 수도 탈환을 목표로 한다. 과거에는 시골의 평원에서 붙잡힌 적군들을 볼 수 있었다. 이후에 강한 도시가 생겨났고, 이 도시는 성벽으로 보호되었다. 그리고 성을 탈환하기 위한 전투가 있었다. 방어하지 않았던 도시들은 일반적으로 위협받지 않은 도시들이었다. 그리고 대도시의 점령은 군사적 승리를 보증해 주는 것으로 여겨지게 되었다. 도시의 열쇠는 공식적으로 정복자에게 주어졌다. 그러나 오늘날 도시는 전쟁 속으로 들어왔고, 파괴되어야 한다. 공업도시는 산업을 갖기 때문에 파괴되어야 하고, 행정도시는 도시의 중추적인 기능을 갖기 때문에 파괴되어야 하며, 인구가 집중되는 도시는 도덕을 파괴하고 혼란을 유발하고자 파괴해야 한다. 모든 면에서 도시는 목표가 된다. 더는 수많은 포로를 잡아서 전투의 승리를 얻는 것이 아니라, 군사적 승리를 얻으려고 문명을 파괴한다. 더는 도시를 점령하는 것이 아니라 황폐하게 만드는 것이다. 이것은 전투에서 도시가 용맹한 전사戰士이기 때문이 아니라, 공습이 도시 위에 떨어지기 때문이다. 하나님의 심판이 점점 더 구체적이 되고 명확한 경고가 된다. 하나님은 이 심판을 준비한다. 우리는 하나님의 경고를 이런 의미로 받아들여야 한다. 이 경고를 운명이나 과시로 여겨서는 안 된다. 도시가 지하로 들어간다 하더라도 심판을 피할 수 없을 것이다. 히로시마는 죄 없는 도시였다. 모든 도시에 대해 심판이 일어난다. 정죄가 올 것이다. 우리는 이것을 듣고 받아들여야 한다.

2. 소돔과 니느웨

인간들은 저주의 옷을 입은 도시의 함정에 빠졌다. 그들은 사막으로 변한 도시 속에 매장되었다. 도시와 인간의 연대는 마치 괴물처럼 보인다. 그럼에도 도시는 인간의 작품이다. 그리고 인간은 자신이 만든 작품에 사로 잡혀서, 도시와 같이 동일하게 처벌당한다. 이것은 우리에게 부당하게 느껴진다. "도시의 천사는 정죄 받을 것이고, 도시의 벽과 집들은 무너져 내릴 것이다. 이 모든 위험의 원인이 되는 인간 역시 '동일한 위기에 처해질 것인가? 그렇지 않다!' 하나님은 오래 참으며, 인간을 탈출구 로 인도한다.

하나님의 심판은 인과관계에 의해 필연적으로 파생되는 메카니즘이 아니다. 이것은 날카로운 칼로 무조건 잘라버리는 단두대가 아니다. 하나님의 심판은 살아 움직이는 것이며, 유기적인 것이고, 선포되는 것이지만, 여기에 탈출구가 있다. "내가 원하는 것은 죄인의 죽음이 아니다. 오히려 그들이 돌이키고 생명을 얻는 것이다.…" 만일 도시에 대한 심판이 선언되었다면, 그것은 도시가 인간에게 사망의 세력이기 때문이다. 그리고 하나님은 이 정죄에서도 여전히 인간의 지위를 회복시키려 한다. 그리고 만일 인간이 도시와 함께 정죄된다면, 인간이 도시와 연합하기 때문이다. 그러나 하나님은 하나의 탈출구를 남겨둔다. 하나님은 인간과 도시가 분리되길 원한다. 인간은 도시를 사랑하기 때문에 소유할 것이고, 혹은 자신의 완력으로 도시를 소유할 것이다. 그리고 도시는 사막이 될 것이다. 그 이유는 모든 주민이 파괴될 것이기 때문이고, 그렇지 않다면 도시를 떠날 것이기 때문이다. 그들을 천사와 연합시켰던 신비한 연결을 끊을 것이다. 인간의 결정은 여기에서 매우 중요한 역할을 할수 있다.

심판이 바뀔 수 있는 것일까? 그것은 분명히 아니다. 왜냐하면, 심판은 실제 상황에 대해 결정된 것이고, 동시에 이미 결정된 것이기 때문이다. 그리고 하나님의 실재 심판 속에 인간 미래에 대한 결정도 포함되어 있다. 이 결정은 하나님의 심판에서 은밀하게 일어나며, 우리는 그 은밀한 심판의 어떤 한 측면도 본 적이 없다. 우리는 하나님이 선지자들을 통해서 말씀한 것, 자신의 행동으로 나타낸 것만을 볼 수 있다. 그러나 인간의 눈에는 자신의 영적 결정을 통해서 심판의 도래를 앞당기는 것으로 보이고, 개인에 대한 정죄를 도시의 정죄에 덧붙일 수 있을 것으로 보인다. 아니면 인간은 일반적인 인간의 집단과 동일한 인간의 공동체를 형성함으로 커다란 도시의 한 부분이 되기를 멈추고, 공식적으로 하나님 앞에 모임으로, 스스로 도시의 파괴에서 벗어날 수 있다고 생각한다.

이것이 소돔의 역사이고 니느웨의 역사이다. 소돔에서 하나님의 심판은 일어났다. 하나님이 보낸 두 사람은 소돔을 향해 갔다. 이 도시는 주민들의 죄악 때문에 곧 바로 멸망해야 했다.유1:7 "소돔과 고모라에서 들려오는 저 울부짖는 소리가 너무 크다. 그 안에서 사람들이 엄청난 죄를 저지르고 있다." 그리고 이 사람들은 죄인일 뿐만 아니라, 즐거움과 교만으로 죄를 저지르고 있다.사3:9 그래서 도시가 도시로서 정죄를 받기 때문에 도시와 인간의 특별한 죄가 연합되는 것이 아니다. 인간은 자신의 반역에서 어떤 부분에서는 도시적인 차원을 넘어서고, 그 스스로가 책임자가 된다. 그러나 이것은 여전히 연대라는 문제를 가져온다. 도시는 하나의 통합된 형태를 지니며, 도시의 주민은 하나의 블록24을 형성한다. 이것은 우리가 오늘날 이야기하는 공동체이다. 누군가의 죄악은 모든 사람의 죄악일 뿐만 아니라, 누군가의 정의는 모든 사람을 이롭게 한다. 자신의 특별한 죄로 말미암아 정죄 받는다 할지라도, 그들은 모두가 하나의 공동체이며, 그 이유는 이들이 도시의 연합된 체제를 형성하기

---

24) [역주] 배타적이고 폐쇄된 집합체.

때문이다. 이것은 우리에게 도시에 관한 것에서는 아브라함의 기도를 연상하게 한다. 이 기도는 우리에게 심판의 기준을 점점 낮추면서, 하나님이 자신의 뜻을 접도록 하는 엄청난 거래를 연상시킨다. "주님께서 의인을 기어이 악인과 함께 쓸어버리시렵니까? 그 성 안에 의인이 쉰 명이 있으면, 어떻게 하시겠습니까? … 그처럼 의인을 악인과 함께 죽게 하시는 것은, 주님께서 하실 일이 아닙니다. …"창18:23~25 그리고 하나님은 의인을 악인과 분리하는 것에, 의인을 그 도시에서 탈출시키는 것에, 도시 안에 죄악을 경감시키는 것에 동의한 것이 아니라, 의인 50명 때문에, 그리고 20명, 그 이후에 10명 때문에 모든 사람의 죄를 경감시키는 데에 동의하였다! 이와 같이 도시의 연대는 하나님의 용서에서도 나타난다. 도시에서 비록 의인이 매우 소수일지라도, 그들 사이에 의로운 한 사람이 살 때 온 도시가 구원받는다. 그리고 이것은 거주민에게 그들의 도시를 살릴 가능성을 열어준다.

도시에 대한 구원은 최후의 심판에 나타나는 것도 아니고, 도시에 대한 포괄적인 정죄에 대해 나타나는 것도 아니다. 오히려 도시와 도시 가운데에서 사는 자들에게 지금, 그리고 즉각적으로 실행되는 구원이고, 이 구원의 실행은 우리가 이야기한 것처럼, 최후의 심판을 상징한다.

소돔에는 단 10명의 의인도 없었다. 그리고 이것이 실재로 하나님의 심판이 거두어지지 않은 이유이다. 그리고 이것이 그 심판을 선언한 이유이다. 그래서 소돔의 죄악이 정점에 다다랐다. 그들은 하나님께 보내심을 받은 자들을, 자신들의 극도의 성욕을 해소하는 대상으로 요구하였다. 롯의 접대를 받은 이 두 사람하나님이 보낸 두 사람은 소돔 사람들에 의해 위협 받을 것이다. 소돔 사람들은 그들이 서로 "상관" 하도록 내어 달라고 요구하였다. 우리는 여기에서 매우 특별한 죄의 극치를 볼 수 있다.

우선 우리는 이것들이 순리에 역행한다고 이야기할 수 있다. 그들은 너무나 잔인하고, 그들의 행위사랑이라 말하기 힘든 행위는 사랑과 동일한 가치를 갖지 못한다. 그러나 성서에서 무엇보다도 중요해 보이는 것은, 이 손님들에게 주어진 폭력이었으며, 환대의 폭력이었고, 셈족의 더러운 행위였다. 롯은 이렇게 이야기했다. "…이 남자들은 나의 집에 보호받으러 온 손님들이니까…" 이것은 천사들을 대항한 행위로 볼 수도 있다. 물론, 소돔 사람들은 그것을 알지 못했다! 분명히 소돔 사람들은 그들이 천사라는 사실을 몰랐으며, 비록 그들에게 이 사실을 이야기했다 할지라도 그들은 믿지 않았을 것이다. 그리고 롯 가족들 역시 이 사실을 불신하였다. "이 사람들이 하나님의 천사라고? 자 보자! 하나님의 심판이 다가온다고? 무슨 소린가! 당신은 우리가 잘 살고 있는 것을 보지 못하는가? 우리는 먹고 마시며 일하고 즐기고 있어. 삶은 이처럼 계속될 것이고, 그 어떤것도 우리의 삶을 막을 수 없어! 하나님의 심판은 이러한 논리적 연속성 가운데에 들어올 수 없다.…", "그러나 그의 사윗감들은 그가 농담을 한다고 생각하였다."창19:14 아니다. 소돔 사람들은 하나님이 보낸 사람이라는 사실에 관심 없었다. 그러나 여기에 한가지 놀라운 사실이 있는데, 그들이 보여준 것은 일종의 폭력 의지였다는 사실이다. 도시의 모든 사람이 롯의 집 앞에, 그 이방인들을 요구하려고 모였다. 그들이 일종의 무의식적인 반응에서, 그들의 욕구와 증오를 채우고자, 이 새로운 사람들을 대항하여 나왔다. 이뿐만 아니라 그들이 증오하는 희미하게 느껴지는 위협에 대항하여 나온 것이다. 소돔은 하나님의 존재를 견딜 수 없었다. 이러한 모든 사람의 일치, 강요, 폭력은 단지 자연스러운 단순한 반응이 아니다. 이러한 것들일치, 강요, 폭력은 분명 하나님의 개입을 예감하고 거절하는 인간의 반항이다.

그리고 이것은 롯의 동일한 태도에서도 나타난다. 그 역시 이방인 중에서 하나님의 천사들을 알아보았다. 롯은 천사들을 천사로 대했을 뿐만 아니라, 자신의 목숨을 걸고 그들을 보호했다. 그리고 자신의 딸들의 처녀성을 대가로 그들을 지키려 했다. 더 나아가서 그들의 말을 맹목적으로 믿었다. 그는 그들이 하나님이 보낸 사람들임을 알아보았고표면적으로도 아니고, 외연적으로도 아니다, 일하는 하나님의 힘을 알아보았으며, 그들을 하나님이 보낸 사람들로 대했고 보호했다. 그럼에도 롯의 판단은 소돔사람들의 판단에 대한 이해를 도와준다. 이들의 태도에는 평행선이 있다. 모든 것은 그들의 무의식 속에서 일어났다고 이야기할 수 있다. 롯이 무의식중에 그들을 천사로 알아본 것과 같이, 소돔 사람들 역시 그들이 자신들에게 불리한 심판을 가져올 사람들임을 무의식적으로 인식했다. 그들은 그들의 폐쇄된 세상 속으로 들어온 낯선 힘을 받아들이지 않았다. 하나님을 제거한 이 세상에는—아니면 자신의 이미지로 신들을 만들어낸 세상에는 하나님을 위한 자리가 없다. 그리고 하나님을 향해 분노하고, 반역하며, 신성모독하고, 고대 사회의 모든 법을 파기시킨다.

그래서 우리는 이것이 하나님의 사자들에게 소돔 사람들이 폭력을 행사하고 죽이기 원했기 때문이라고 이야기할 수 있을 것이다. 그들은 영적 죄악에 의해서 도덕적 죄를 짓게 되었다. 그리고 우리는 여기에서 그 상황의 심각성을 볼 수 있다. 그들은 도시의 죄에 인간들을 포함시켰고, 도시의 죄는 하나님이 즉각적으로 심판하도록 했다. 단지 도시의 왕성읍의 왕 만이 하나님의 사자에 대항한 것이 아니라, 도시의 거주민 역시 도시의 왕의 힘에 복종했다. 그들은 도시의 천사와의 관계를 끊고, 다른 천사들을 받아들일 수 있었다. 그들은 기회가 있었고, 그것도 두 번이나 있었다. 우선 하나님이 보낸 사람들은 도시의 입구성문 앞에서 자신들을 드러냈다. 그들은 이 천사들을 여느 이방인들처럼 다루지 않고, 그들의 죄를 향한 열정에 제동을 걸 수 있었고, 이 천사들을 환대할 수 있었다. 그리고 그들의 눈을 어둡게 만드는 기적 앞에서, 그들이 롯의 집 앞에서 집 안으로 들어가지 못하고 밤새도록 방황할 때 기회를 잡을 수 있었다. 이 어두움을 통해 그들이 대적하고 있는 사람들이 누구인지를 이해했어야 했고, 그들이 공격하고 있는 존재가 누구인지를 알았어야 했다. 이 기적을 경험했을 때, 그들은 회개했어야 했다. 물론 이 상황에서는, 하나님의 일하심이 사탄의 행위로 여겨질 수도 있었다.

그리고 롯이 전달한 소식은 이 기적을 뒷받침하였다. "주님께서 이 성읍을 곧 멸하실 걸세." 그는 소돔에 동화된 모든 친지에게 이것을 이야기했다. 분명 이 소식은 널리 퍼졌다. 그러나 이 요청 앞에서 어느 누구도 반응하지 않았다. 어느 누구도 도시의 운명과 결별하지 않았다. 인간들은 그 운명을 의식적으로 받아들였다. 그리고 도시의 모든 사람과 이 힘에 연합된 모든 공동체는 예외 없이 불과 재 아래에서 사라졌다. 오직 롯만이… 그러나 이것은 예외가 아니었다. 왜냐하면, 롯은 도시에서 이방인이었기 때문이다. 소돔 사람들은 스스로 그 소식을 거부했다. "꺼지시오! 이 이방인이 우리를 판단하려 한다!" 그리고 롯이 도시에서 분리되었다면, 그것은 그 역시 도시의 힘에 대해서 이방인이었기 때문이다. 그는 도시의 죄 뿐만 아니라 도시의 그 어떤 것에도 참여하지 않았다. 물론 그는 특별히 순결하지도 않았고, 자연적으로 선하지도 않았다. 이후의 역사가 수없이 이것을 보여줄 것이다. 그러나 그는 이러한 세상과 도시에 대항하는 위험을 감수하고 하나님의 사자를 알아보았고, 그 심판을 받아들였다. 이러한 하나님의 심판은 일회적인 것도 아니고 매번 반복되는 법칙도 아니라고 애써 이야기할 필요는 없다. 오히려 이것은 상징적인 사건일 뿐이고, 하나님이 이 땅에 선언한 다른 모든 심판과 같은 예언일 뿐이다. 그래서 롯이 떠날 때, 도시의 모든 것은 파괴되었고, 도시와 거주민은 파괴하는 천사의 손에 넘겨졌으며, 도시는 무너졌다.

※　　※　　※

우리는 니느웨에서 소돔의 역사와는 정확히 배치되는 것을 발견하게 된다. 여기에 소돔보다 더한, 어쩌면 원래부터 심판 받게 될 한 도시가 있다. 이 도시의 왕들과 천사는 정죄 받았다. "그러므로 주님께서 시온 산과 예루살렘에서 하실 일을 다 이루시고 말씀하실 것이다. '내가 앗시리아 왕을 벌하겠다.

멋대로 거드름을 피우며, 모든 사람을 업신여기는 그 교만을 벌하겠다.'"사
10:12

니느웨는 여느 도시와 같은 도시였다. 그러나 이미 앞에서 이야기한 것과
같이 특별한 성격을 갖고 있었는데, 그것은 전쟁의 도시였다는 것이다. "너는
망한다! 피의 도성! 거짓말과 강포가 가득하며 노략질을 그치지 않는 도성! 찢
어지는 듯한 말채찍 소리, 요란하게 울리는 병거 바퀴 소리. 말이 달려온다.
병거가 굴러온다. 기병대가 습격하여 온다. 칼에 불이 난다. 창은 번개처럼 번
쩍인다. 떼죽음, 높게 쌓인 시체 더미, 셀 수도 없는 시체, 사람이 시체 더미에
걸려서 넘어진다."나3:1-3 그리고 전쟁 때문에, 이 도시가 전쟁에 연루되었기
때문에, 이 도시 역시 정죄 받았으며, 그 주민도 역시 도시와 함께 정죄 받았
다. 단지 도시 자체만이 정죄 받은 것이 아니라, 이 도시의 모든 전사들 역시
정죄 받았다. "이스라엘의 빛은 불이 되며 '이스라엘의 거룩하신 분' 은 불꽃이
되셔서, 가시나무와 찔레나무를 하루에 태워서 사르실 것이다. 그 울창한 숲
과 기름진 옥토를 모조리 태워서, 폐허로 만드실 것이다. 마치 병자가 기력을
잃는 것과 같게 하실 것이다. 숲 속에는 겨우 몇 그루의 나무만 남아서, 어린
아이도 그 수를 기록할 수 있을 것이다."사10:17~19 전통적인 상징에 따라 이
사야는 숲을 통해 군대를 이야기하고, 가시나무와 찔레나무를 통해서 군대의
힘을 나타냈다. 여기에서 발견되는 이미지는 이사야서에서 자주 나타난다.
왕은 용맹한 자들을 기억하지만, 그들은 기력을 잃고 비틀거린다! "앗시리아
의 왕아, 네 목자들이 다 죽고 네 귀족들이 영영 잠들었구나. 네 백성이 이 산
저 산으로 흩어졌으나, 다시 모을 사람이 없구나"나3:18

이와 같이 니느웨는 이미 심판 받았고, 그것은 소돔과 정확히 일치한다. 니
느웨 사람들은 소돔 사람들처럼 정죄를 받았고, 동일한 함정에 빠졌으며, 이
들 모두는 좌우 분간 없이 도시의 저주에 함께 빠져들어 있다. 그리고 의심의
여지없이 이 집단적인 징벌은 도덕적 양심에 익숙해져 있고, 선악의 가치에

익숙해져 있는 우리의 마음에 저항을 불러일으킨다. 그러나 실재로 우리 마음에 일어난 이 엄청난 저항은, 도시의 인간들에게 개인적으로 나타날 수 있었던 모든 특성과 회복을 한참 뛰어넘는 것이다. 우리는 여기에서 처음으로 우리 시대의 특징인 사회적 죄의 표식이라 부를 수 있는 것을 보게 된다. 도시에 의해서 대표되는 사회적 집단은 너무나 강해서 인간으로 하여금 개인적이라고 부르기 어려운 죄로 인도하며, 비록 개인이 원하지 않는다 할지라도 집단에서 떨어져 나올 수 없도록 하며, 개인적인 선은 도시의 죄 앞에서 의미를 상실하게 된다.

이 문제는 단순한 공동체적 책임의 문제가 아니다. 우리는 예를 들면 "너희가 어찌하여 이스라엘 땅에서 아직도 '아버지가 신 포도를 먹으면, 아들의 이가 시다' 하는 속담을 이야기하느냐" 와 같은 율법을 잘 알고있다. 연좌제의 의해 "무고한 자가 죄인의 대가를 치른다." 어떤 사람이 죄를 범하고, 다른 사람이 그 결과를 감내한다. 그리고 죄와 심판 사이의 인과관계는 사라지고, 인간들 사이에 존재하는 관계 외의 다른 관계는 존재하지 않는다. 죄 안에 있는 이 연대의 감정은 구약에 매우 강하게 나타나지만, 이것은 분명 도시 때문에 불거져 나오는 문제가 아니다. 그 이유는 실재로 어느 누구도 순전히 개인적인 죄를 짓지 않기 때문이다. 어느 누구도 실재로 순전히 개인적인 죄를 선택하지 않았고, 개인적으로 자신의 선택에 의해서 하나님의 법이나 일반 법을 어기지 않았다. 단지 인간들은 하나님을 향한 반역의 한 부분을 차지했을 뿐이다. 어느 누구도 개인적으로는 책임자가 아니었지만, 그들 모두는 공동의 책임자이다. 어떤 사람도 개인적인 죄를 짓지는 않았지만, 그들은 모두 사회적인 죄에 가담했다. 이것은 성서가 이야기하는 특별한 사실로 보인다.

여기에 인간의 죄라고 이야기할 만한 것은 없지만, 그가 몸담고 있는 사회 전체의 죄라고 이야기할 수 있는 것은 있는데, 그 이유는 인간이 개인적으로는 아무 짓을 하지 않았다 하더라도, 각 개인은 죄 안에서 거하기 때문이다.

이 죄의 특징은, 아무도 죄를 짓지 않지만, 죄는 행해진다는 것이다. 여기에서 우리는 우리의 문명과 관련된 상황 속에 처하게 된다. 어느 누구도 죄를 짓지 않지만, 모든 사람이 죄를 짓기 원하지 않지만, 죄는 존재한다. 예를 들면 전쟁이나 사회적 비참함 속에서 이것들의 책임자를 찾는 것은 실재로 불가능하다. 그리고 책임자를 찾는 것이 불가능하기 때문에 우리는 신화에 의존한다. 그러나 이 신화는 다른 이야기가 된다.…

그것이 무엇이든, 도시에 대한 인간의 참여는 순수하다. 비록 앗시리아인이 완벽하게 착하고, 정직하며, 선하다 할지라도, 이들은 피 흘리는 도시의 악순환 속에 있었으며, 필연적으로 이들은 이 도시의 사회적 죄 속에 있었다. 반복하자면 이것은 개인의 죄가 아니다 그리고 개인적인 선은 그 어느 것도 막을 수 없으며, 어느 것도 덮을 수 없다. 그래서 개인이 자신의 신앙적 의무나 선함을 통해 사회적인 죄를 막는 것은 불가능하다. 이것은 더는 자신의 삶을 개선시키는 것이 아니다. 왜냐하면, 우리는 우리들 각자를 초월하는 힘에 사로잡혀 있으며, 우리는 이 힘에서 도망할 수 없다. 니느웨 사람들은 그들이 인식하든 그렇지 않든, 도시 니느웨 속에 포함되어 있다. 이것이 우리의 상황을 말해준다.

그렇다면 해결책은 무엇인가? 이것은 요나서에 분명히 나타나 있는 것처럼 보인다. 물론, 이것은 우리에게 선언된 것을 본질적으로 역사적 사실로 받아들이는 것을 말하는 것은 아니다. 우리는 계속해서 동일한 교차점으로 오게 된다. 이 책에서 니느웨에 대해서 우리에게 이야기해 주는 것은 역사적 사실이 아니며, 요나와 니느웨의 대화는 이 피로 얼룩진 도시의 일정한 역사적 시기에 일어난 일이 아닌 것도 분명하다. 니느웨가 진정으로 하나님에게 회심했다는 어떤 역사적 흔적도 발견할 수 없으며, 7세기 선지자들가드헤벨 사람 아밋대의 아들, 선지자 요나가 살았던 것으로 추정되는 시기.왕하14:25은 모두 니느웨를 완전히 이교도이며, 하나님의 대적으로 보았다. 그러나 여기에 기록된 대화는 실재가 아니다. 이것은 그 상징이다.

이 이야기는 실재 사건이 아닐 수는 있지만, 진리이다. 그래서 이 본문이 예언적인 것이다. 이것은 사실의 선언이 아니고, 하나님 말씀의 선언이다. 이 "우화" 가 주석가들이 이야기하는 것처럼 느빔25들 사이에서 발견된 것은 우연이 아니었다. 그것은 진정한 예언이었는데, 그 이유는 그것이 진정한 하나님의 심판을 이야기하고, 진정한 긍휼을 이야기하기 때문이다. 그것은 예수 그리스도에 관해서는 다른 언급을 하지만, 여기에서는 그것을 살펴보지는 않을 것이다. 우리의 목적은 이 이야기의 전체적인 의미, 특별히 그 "종교적 메시지" 를 살펴보려는 것도 아니고, "기독론적 관점" 을 살펴보려는 것은 더욱 아니다. 그러나 이것은 중심적인 진리와의 관계에서 도시에 대한 교훈을 이야기한다.

이것이 도시에 대한 것이고, 그 백성에 관한 것은 아니라 하더라도, 본문에 의해서 이것이 이미 도시와 그 백성 모두를 이야기한다는 것은 명확해 보인다. 그리고 이것은 그 왕을 니느웨의 왕이라고 불렀던 것에서 다시 발견된다. 전통적으로 그는 앗시리아 왕으로 불린다. 이와 같이 도시와 그 백성들의 운명이 문제가 된다. 하나님이 요나에게 말씀했을 때에, 이것은 분명히 위로의 말씀이 아니었고, 오히려 그와는 반대였다. "너는 어서 저 큰 성읍 니느웨로 가서, 그 성읍에 대고 외쳐라. 그들의 죄악이 내 앞에까지 이르렀다."욘1:2 심판이 임할 것이다. 심판은 소돔에서 일어났던 것처럼 이 큰 도시에도 임할 것이다. 그리고 요나에게 하나님이 말씀한 내용에는 어떤 반론의 여지도 없었다. "사십일만 지나면 니느웨가 무너진 다!"욘3:4

예견하지 못했던 일이 일어난다. 요나의 예언이그러나 예언은 이루어지지 않았다! 요나를 실없는 사람으로 만들었다. 니느웨의 모든 사람이 회심하고 회개하였다! "그러자 니느웨의 백성들은 하나님의 말씀을 믿고, 금식을 선포하고,

---

25) [역주] 느빔(Nevi'im), 토라 이후의 두 번째 책, 예언서.

그들 가운데 가장 높은 사람으로부터 가장 낮은 사람에 이르기까지 모두 굵은 베옷을 입었다. 이 소문이 니느웨의 왕에게 전해지니 그도 임금의 의자에서 일어나, 걸치고 있던 임금의 옷을 벗고, 굵은 베옷을 입고 잿더미에 앉았다. 왕은 니느웨 백성에게 다음과 같이 선포하여 알렸다. '왕이 대신들과 더불어 내린 칙명을 따라서, 사람이든 짐승이든 소떼든 양 떼든, 입에 아무것도 대서는 안된다. 무엇을 먹어도 안 되고 물을 마셔도 안 된다. 사람이든 짐승이든 모두 굵은 베 옷만을 걸치고, 하나님께 힘껏 부르짖어라. 저마다 자기가 가던 나쁜 길에서 돌이키고, 힘이 있다고 휘두르던 폭력을 그쳐라. 하나님께서 마음을 돌리고 노여움을 푸실지 누가 아느냐? 그러면 우리가 멸망하지 않을 수도 있다.'"욘3:5-9 여기에 사회적 죄에 대한 모든 해결책이 있다. 우선 이것은 개혁이 아니다. 예를 들면 니느웨가 새로운 사회적 구조를 가져야 한다거나 새로운 정부를 세워야 한다는 사실을 의미하지 않는다. 그리고 개인적 차원에서 회개하고, 정의롭고 순결하고 거룩한 삶을 살 것을 의미하지도 않는다. 이것은 우리에게 불가능한 것처럼 보이는 사건으로, 모든 백성이 회심했고 정부가 회개했다. 왜냐하면, 이 두 요소는 연결되기에는 매우 확연한 차이가 있다. 니느웨의 모든 백성은 회개하였고, 하나님의 심판을 받아들였으며, 즉각적으로 금식을 결단하였다. 그리고 영적인 권력과 정치적 권력을 동시에 갖고 있는 왕은, 자신의 불의와 자기 도시의 죄악을 회개하였으며, 동시에 이 회개와 회심의 적절한 결정을 하였다. 우리는 여기에서 사회적 죄악이 용서 받는데 필요한 모든 요소가 연결되어 있는 것을 보게 된다. 물론, 이 용서는 하나님의 자비가 이미 있었기 때문이며, 우리는 하나님의 긍휼 안에서 이 요소들의 연결을 보게 된다.

비록 한 민족 전체와 그 지도자가 하나님의 말씀을 듣고 받아들였지만 명확하고 분명한 결과를 가져오지는 못했다. 니느웨 사람들이 행한 것처럼, 믿음 안에서 심판을 받아들이는 것은 정확하게 하나님의 자유를 인정하는 것이다. 그리고 이것이 회개가 정치적 방법과 구별되는 부분이다.

1940년에 프랑스에 회개의 요구가 있었을 때에, 이 요구는 전쟁을 승리로 이끌고 패배의 부작용을 최소화시키기 위한 것이었다. 이런 마술적 행위는 이 본문이 우리에게 말하는 회개의 행위와는 아무 상관없으며, 그 결과들을 요구한 행위도 아니었다. 특징적인 것은 회개하는 공동체에 의해 하나님의 자유가 완전하게 드러난다는 것이다. 만일 하나님이 심판을 진행한다면, 비록 회개가 있다 할지라도 이 심판은 정의로운 것이다. 만일 하나님이 자신이 한 말씀을 거둔다면, 하나님 자신에게는 "포기"이며, 은혜의 행위인 것이다.

회개는 하나님의 결정에 어떤 영향도 미칠 수 없으며, 하나님을 구속할 수도 없다. 그러나 "불가능한 것은 아니지 않은가…?" 실재로 인간은 하나님이 은혜를 베풀 때에만 돌이킬 수 있지 않은가. 그리고 하나님의 자유는 그대로 둔 채 회개가 아닌 심판만을 받아들인 이 공동체는, 자신의 회개의 진실함을 나타냈다. 그러나 하나님은 용서한다. 그리고 매우 특수한 현상이 일어나는데, 그 어느 누구의 행위도 아닌 사회적인 죄가, 모든 사람의 행위인 회개의 순간에 씻어진다. 그리고 이 회개는 계속해서 각 개인의 행동과 백성의 집단적 행위, 영적 행위, 그리고 정부의 행위를 포함함을 잊어서는 안 된다. 그래서 이 회개는 죄 가운데에서의 연대를 의식해야 하는데, 그 이유는 사회적 조직이 연대적이기 때문이고, 각 개인이 저지르지 않은 행위에 대한 정죄를 받아들여야 하기 때문이다. 이것이 실재적인 회개이다.

그래서 도시의 힘은 더는 작용하지 않는다. 니느웨의 천사는 그 지위를 빼앗겼고, 니느웨 백성을 더는 자신의 의도대로 이끌 수 없다. 자신의 거주민을 붙잡고 있는 도시는, 더는 자신의 촉수로 거주민을 구속할 수 없으며, 도시의 거주민은 진정으로 해방되었다. 이 순간 인간과 도시는 진정으로 분리된다. 그리고 이들은 복종하기만 할 뿐 아니라, 하나님이 긍휼히 여기는 그들의 도시를 자신들이 원하는 대로 이끈다. 하나님은 좌우를 가릴 줄 모르는 주민과,

이들 곁에 있는 동물들 때문에 도시를 긍휼히 여긴다. "하물며 좌우를 가릴 줄 모르는 사람들이 십이만 명도 더 되고 짐승들도 수없이 많은 이 큰 성읍 니느웨를, 어찌 내가 아끼지 않겠느냐?"욘4:11이와 같이 하나님은 언제나 자신의 피조물을 사랑하며, 인간들과 동물들, 그리고 식물들을 사랑한다. 왜냐하면, 요나는 박 넝쿨의 죽음에 어떤 책임도 없기 때문이다 그리고 이 사랑 때문에 창조를 거스르는 인간을 용서한다. 도시에 있는 인간 때문에, 하나님은 도시를 용서하며, 이제 인간은 자신들이 하나님께 속해 있음을 다시 발견하게 된다.

이 말씀은 도시에 대한 계속되는 저주와 정죄의 재난 가운데에서 나타나는 첫 번째 희망의 말씀이며, 어둠 가운데에서 서서히 밝아오는 여명인 것이다! 이 사람들은 좌우를 분간하지 못하는 사람들이다. 왜냐하면 이들은 이방인이고, 그래서 우상을 섬기고 있었으며, 진정한 하나님의 예언을 한 번도 들어보지 못했기 때문이다. 그러나 여전히 여기에 설명하기 어려운 우연함이 있는데, 그것은 이 사람들이 대도시의 주민이라는 것이다. 그들은 대도시에 속한 사람들이었고, 이것은 그 의미들을 혼란스럽게 한다. 그리고 이들이 하나님의 심판에서 좌우를 분별하게 될 때, 그들은 사탄의 세력에서 자유하게 되고, 도시는 죽음의 유혹에서 벗어나게 된다.

이 사건에 대한 예수의 말씀이 이 설명을 뒷받침해 준다. 우리는 여기에서 예수 그리스도의 말씀의 의미를 찾으려는 것도 아니고, 그 말씀이 이 이야기의 역사적 진실성을 뒷받침해 주는지 혹은 니느웨의 모든 사람이 예수 그리스도 안에서 이미 구원을 얻었는지를 알아보려는 것도 아니다. 그러나 분명한 것은, 예수 그리스도에게 있어서 니느웨 백성들의 태도는 소돔 사람들의 태도와는 정확히 상반된다는 것과, 이 이야기가 소돔의 심판 이야기와 동일한 역할을 한다는 사실이다. 소돔의 운명적 파괴가 모든 도시의 즉각적인 심판을 의미하지 않는 것과 마찬가지로, 니느웨는 거주민의 회개가 있다 하더라도 모든 도시의 구원을 보장하지는 않는다. 그러나 도시에 거주하는 우리 모두는 여기 우리의 책임 앞에 직면한다. 지금까지 모든 일은 인간의 범위를 벗어난 것으로 보였다. 도시에서 힘이 작용하는 것에는 의심의 여지없이 인간의 책임이 있는데, 그것은 인간이 여기에서 건축자였기 때문이다. 그러나 인간은 여기에서 비참한 도구일 뿐이고, 일종의 원인 제공자일 뿐이다! 그리고 우리는 이 모험의 중심에서 배제되는 동시에 이 중심으로 부르심을 받고, 이 모험에 사로잡힌 동시에 자유로워지고, 도시에 복종하고 함께 심판 받는 동시에 하나님에 의해서 입양될 수 있었다.

※　　※　　※

　여기에 처음으로 위로의 말씀이 있다! 도시에 대한 관점에 진보가 있지 않았는가? 이것이 실재 모든 도시에 관련된 말씀이라는 것에는 의심의 여지가 없다. 니느웨는 이 이야기를 위해 선택된 것이고, 그것은 그들이 이방인이었기 때문이고, 그리고 일반적으로 하나님은 자신의 긍휼을 모든 백성에게 펼친다고 이야기한다 그들이 이스라엘 백성을 매우 괴롭혔기 때문이며, 우리는 하나님은 이스라엘의 관계와 상관없이 용서하기 원한다고 이야기하길 원한다 이것이 매우 예외적으로 시민도시 거주민에 관련된 것이기 때문이다. 이 의견을 확증하는 것은, 이 말씀이 분명히 니느웨의 붕괴 이후에 기록되었다는 사실이다. 성서적 교훈이 시대에 따라 변하는 것인가? 우리는 끊임없이 이 질문에 맞닥뜨려야 한다. 기원전 8세기 경 야휘스트시대에 여전히 야만적이었던 이스라엘은 도시 문명에 부정적일 수밖에 없었으며, 그것은 그들이 야만적이었기 때문이다. "야휘스트는 문명에 대한 일종의 증오를 갖고 있었고, 이 문명을 부족국가의 붕괴로 보았다. 우리가 진보라 부르는 전진하는 매 발자국이 그들의 눈에는 범죄로 보였고, 이들은 진보로 보이는 모든 것을 즉각적으로 처벌하였다. 문명의 처벌, 그것은 인간성의 작업이고 인간성의 분화이다. 바벨의 범세계적이고 세속적이며 기념비적인 문화적 시도는 극도의 범죄이다. 그리고 니므롯은 반역자이다.…"르낭, 『이스라엘의 역사』 제2권, 341쪽 그리고 이스라엘은 문명에 적응할 것이고, 받아들이게 될 것이며, 이 문명과 함께 도시에 적응하고 받아들일 것이다. 문명과 도시에 대한 견해는, 이 문명의 원인이 되는 사회적, 정치적, 경제적 환경들과 함께 변할 것이다. 불행하게도, 당시의 유대 민족이 문명에 더 호의적인 태도를 가졌는지는 확실하지 않다. 만일 우리가 요나서에서 이런 견해를 보기 원했다면, 도시에 대해서 정죄하는 전통을 견지하는 역대기서 시기의 기록은 어떻게 설명할 수 있을까? 이러한 대립은 서로 다른 기록 환경에 의한 것일까? 분명히 그렇다. 그러나 삶의 유형이 진보함에 따라 사상의 변화가 일어났다고 이야기해서는 안 된다. 다른 한편으로 실재적인 사상의 진보가 있었는가? 예수는 여전히 도시에 대한 저주를 선언할 것이고, 계시록도 그러할 것이다.… 그러나 우리가 보게 될 것처럼 고대시대 부터 도시에 대한 용서와 용납이라는 또 하나의 경향이 있어 왔다. 대립되는 이 두 흐름은 병렬적으로 존재하는가? 어쩌면 그럴지도 모른다. 그러나 이것으로는 충분한 설명이 되지 못한다. 이러한 체계에서 계시의 메시지를 이해하는 것이 불가능하기 때문에, 우리는 근본적인 부조화를 감추며 해결책인양 포장하는 역사적 설명 기법에 의존하는 것이다.

3. 그러나 이 도시들 안에서…

그러나 우리는 이 도시들 안에서 살아야 한다. 우리는 인간이다. 우리는 이 스라엘이고, 교회이다. 우리의 환경은 이러한 것들로 이루어져 있다. 이것이 바로 세상이다. 그리고 이 도시가 세상의 상징이라는 사실을 잊어서는 안 된다. 오늘날 도시는 문명의 상징이다.

이스라엘이 도시의 상징 중의 상징인 바빌론에 끌려갔을 때, 예레미야는 다음과 같이 기록하였다. "나 만군의 주, 이스라엘의 하나님이 말한다. 내가 예루살렘에서 바빌로니아로 잡혀가게 한 모든 포로에게 말한다. 너희는 그 곳에 집을 짓고 정착하여라. 과수원도 만들고 그 열매도 따 먹어라. 너희는 장가를 들어서 아들딸을 낳고, 너희 아들들도 장가를 보내고 너희 딸들도 시집을 보내어, 그들도 아들딸을 낳도록 하여라. 너희가 그곳에서 번성하여, 줄어들지 않게 하여라. 또 너희는, 내가 사로잡혀 가게 한 그 성읍이 평안을 누리도록 노력하고, 그 성읍이 번영하도록 나 주에게 기도하여라. 그 성읍이 평안해야, 너희도 평안할 것이기 때문이다.… 너희를 이 곳으로 다시 데리고 오기로 한나의 은혜로운 약속을 너희에게 그대로 이루어 주겠다."렘29:4-7

이 도시에서 우리는 포로로 잡혀 있다. 무엇보다도 우리는 이것을 이해해야 한다. 바벨 속의 이스라엘 민족과 같이, 교회는 도시에 포로로 잡혀 있다. 그리고 우리는 이미 도시의 본질적인 목적이 인간을모든 인간을 포로로 만드는 것이라는 사실을 알고 있다. 도시는 유혹과 힘으로, 영광으로 그리고 일을 통해, 전쟁으로 그리고 도시에 뿌리 내리도록 함으로, 인간을 포로로 사로잡는다. 포로로 잡힌 죄수들과 마찬가지로, 탈출이 가장 이상적인 해결책인 것처럼 보인다. 탈출해야 한다. 감옥을 부수고 나가지 못하면, 벽 뒤에 숨겨진 것을 볼 수 없다. 탈출이 첫 번째 반응이다. 하나님이 우리에게 보여준 것처럼 도시가 인간의 작품이라면, 그리고 도시에 저주가 내려졌다면, 도시는 이 땅에서 가장 큰 적이고, 도시의 종말은 이미 선포된 것이며, 우리는 무엇보다도 이 멸망의 장소에서 도망해야 한다. 우리가 도시를 떠나야 하는 이유는, 도시 밖에는 도시에 내려진 저주가 없기 때문이다. 그러고 나서 도시와 싸우고, 파괴하며, 농촌과 시골 문명으로 돌아가야 할 것이다. 이것이 옳은 것이라면, 우리는 하나님의 심판을 우리 손으로 이룩해야 한다.

이러한 태도는 분명 논리적인 반응이다. 그러나 하나님은 우리에게 논리로 말씀하지 않는다. 그리고 우리에게 바빌론을 파괴하도록 요구하지 않고, 오히려 이 도시를 보존하도록 요구한다. 하나님은 스스로, 그리고 홀로 자신의 정의를 완성한다. 바빌론은 하나님의 정죄에 의해서 멸망할 것이고, 그 시기는 하나님이 결정할 것이다. 그리고 인간의 행위를 통해 하나님의 행위가 완성되지 않을 것이다. 만일 인간의 힘에 의해서 이루어진다 할지라도, 인간은 그것을 깨닫지 못할 것이고, 자신이 그 역할을 수행한다는 사실을 알지 못할 것이다. 인간은 하나님의 심판을 집행할 수 없다. 이와는 반대로 모든 성서의 교훈은 하나님 스스로가 완전한 정의를 완성할 것을 이야기하고 있으며, 인간의 위치에서 그렇게 할 것을 이야기한다. 우리는 하나님이 도시를 정죄하고 있음을 알지만, 우리 자신이 하나님의 위치에서 이 심판을 주재할 수 없다. 우리 모두가 도시의 시민이기 때문이다. 그리고 도시의 모든 사람과 마찬가지로, 우리는 성벽 안의 모든 사람이 연대되어 있기 때문에, 우리에게 주어진 심판 아래에 있을 수밖에 없다. 좋은 것과 나쁜 것, 선과 악의 단순한 이분법에서 벗어나자. 하나님의 심판이 선과 악의 구분이 아니라, 파괴와 재창조이기 때문이다. 이와 같이 우리 스스로는 도시라는 무無의 힘을 파괴하는 것이 불가능하다. 그리고 재창조할 수도 없다.…

더 나아가서, 우리는 하나님에 의해서 제기된 문제의 의미를 봤는데, 그것은 단지 우리가 심판을 집행할 수 없을 뿐만 아니라, 우리가 더는 "여기에 어떤 것도 덧붙일 수" 없기 때문이다. 하나님의 정죄만으로 충분하며, 우리는 도시에 우리의 개인적인 정죄를 덧붙여서는 안 된다. 우리는 도시의 문제에 대해서 인간적인 이유를 더 찾아내려 한다. 그 이유가 도시에 호의적이라면, 이것은 직접적으로 성서적 가르침에 반하는 것이다. 반면에 그 이유가 도시에 대항하는 것이라면, 이것 역시 믿음이 없는 것이다. 이 두 가지 상황 모두에서 우리는 하나님의 뜻을 성취하는 것이 아니라 도시가 주는 교훈을 얻는 것이다. 그 교훈은 하나님의 위치에 우리 자신을 두는 것이다. 그리고 하나님께 복종하려는 우리의 의지가 우리로 하여금 하나님의 뜻을 벗어나게 할 때, 우리는 분명히 아담에게서 내려오는 죄의 흐름 아래 있는 것이고, 마치 아하스와 같은 죄를 범하는 것이다.사7장 우리는 하나님을 대신할 수도 없고, 세상의 죄를 심판할 수도 없다. 인간의 이러한 경향은 자신들의 도시를 건설하려 했던 건축자들의 뜻에 정확히 부합한다. 이와 같이 우리는 하나님의 뜻에서 멀리 떠났으며우리에게 주어진 저주 안에서, 비록 우리가 도시를 파괴하려는 생각을 갖는다 하더라도, 실재로는 도시의 편에 선다.

이것은 하나님이 우리에게 요구한 길이 전혀 아니다. 놀랍게도 우리는 이와는 반대로 도시의 다른 사람들과 같은 삶을 살고 있는 것을 보게 된다. 집을 짓고, 결혼을 하며, 아이를 낳는다. 이곳은 행복과 화해로 넘쳐나는 장소이며, 그 이유는 도시가 우리에게 이것을 요구하기 때문이다. 이 얼마나 보잘 것 없는 소명인가. 이 보잘 것 없는 소명은 영웅주의가 없기 때문에 우리를 실망시키지만, 이 소명이 겉으로는 쉽게 보이기 때문에 우리는 여기에 안주한다. 그리고 겉으로 보이는 이 안정성은 이전세대에서 다음세대로 이어지며 지속된다. 인간은 도시를 건설하면서 바로 이 안정성에 뿌리박기 원했다. 그런데 이러한 것들은 그다지 소중한 것으로 볼 수 없는가? 다른 사람들처럼 사는 것, 그리고 도시의 지위를 곤고히 하는 것은 큰 가치를 가지지 못하는가? 그럼에도 여기에는 우리에게 요구되지 않은 것이 있는데, 그것은 도시를 건설하는 것이다. 우리는 이미 존재하는 도시 속에 산다. 그러나 우리에게는 물질적으로 새로운 도시를 건설하는 것도, 영적인 도시를 건설하는 것도 요구되지 않았다. 말하자면 우리에게는 도시와 같은 존재를 만드는 데에 참여하도록 요구된 적이 없다. 우리는 이 부분을 정확하게 할 필요성이 있는데 그것은 물질적인 참여를 의미한다. 그리고 우리가 노예로 살고 있는 도시의 유익을 추구하는 것이다. 도시의 유익을 추구하는 것이지 불행을 추구하는 것이 아니다. 그러나 그것은 도시의 유익이지, 우리의 유익이 아니다! 이것은 우리가 생각하는 신뢰에 대한 반反, artithesis을 의미한다! 말씀은 이것을 물질적인 유익이라고 지적한다. 그렇다! 우리는 도시의 번영에 참여해야 하며, 여기에서 상행위를 하고 인구를 증가시켜야 한다. 우리는 도시를 방어해야 하며, 그것은 우리가 이 도시에 연대되어 있기 때문이다. 그러나 이 연대는 감시자간수와 노예들의 연대이다. 또한 이 도시가 인간의 작품이기 때문에, 우리는 이 인간의 작품을 아름답게 정비해야 한다. 그럼에도 하나님이 사랑의 눈으로 바라보는 다른 모든 인간의 작품과 마찬가지로, 저주 아래에 있는 이 인간의 작품이 살아있는 하나님의 영광을 노래하지 않을 것이라고 누가 확신하는가? 니느웨가 요나의 예언에 의해 회개한 지금, 이 문이 열려있는 지금, 이 질문은 가능해진다.

그러나 우리가 도시의 인간이 그 행위와 함께 이미 하나님의 선한 의도의 목적이고, 유한한 인간이 이미 무한한 은혜의 목적이며, 이 죄인이 자신의 본성을 거스르고 정의의 증인이 되도록 부르심 받았다는 사실을 인식할 때에만, 우리는 하나님의 저주와 우리에게 주어진 명령 사이의 난해한 대립을 이해할 수 있다. 그리고 만일 인간이 본성적으로 어떤 정의롭고 선한 것에도 증인이 되는 것이 불가능하다면, 그는 하나님의 말씀에서비록 인간이 아무 것도 알지 못한다 할지라도 이 말씀에 종속된 증인의 자격을 받은 것이다. 그것은 인간이 이미 부활 안에서 하나님의 위대한 행위의 목적이기 때문이며, 객관적으로 예수 그리스도에게 속해 있기 때문이다. 여기에는 종말론적인 실재만이 있을 뿐이고, 우리는 이후에 이 종말론적인 실재에서 그 의미를 보게 될 것이다. 그렇지만, 이 실재는 여기에 그리고 지금 이미 존재하는 것이고, 인간은 이 행위에 참여함으로 종말론적인 복종의 길을 가게 된다. 이것은 의도하지 않았지만, 하나님의 행위에 대한 증거가 될 것이다.

이 참여조차도 절대적일 수도, 전체적일 수도 없다. 이 참여는 도시로의 통합이라고도 이야기할 수 없다. 이것은 절대적인 것도 아니고, 영원한 것도 아니다. 오히려 이같이 행하는 사람은 노예이며, 그가 행동하는 장소는 감옥이고, 저주의 장소이다. 또한 우리가 이미 살펴본 것처럼 소통이 일어나지 않는 장소이고, 이 소통 없음은 이 장소를 헛된 예측과 방탕의 장소로 만든다. 이것이 바빌론을 회심시키려고 외치도록 요구하지 않는 이유이다. 그러나 기도는 해야 한다. 우리는 소돔을 위한 아브라함의 전투와 같은 영적 세계의 전투 가운데에 있다. 여기에서 우리는 도시를 위해 기도해야 한다. 이와 같이 우리는 하나님 앞에서 창조를 거스르는 작품을 변호해야 한다. 우리는 하나님이 도시에서 이 정죄를 거두어가도록 요구해야 하며, 이때에 도시에 대한 우리의 자유가 존재한다. 이 자유의 행위에서 우리는 다른 사람들과 동일한 노예가 아님을 드러낸다. 여기에서 우리는 도시와 명확하게 구분된다.

어떤 사람들은 도시의 구체화된 영적 세력의 노예이다. 이들은 세상의 왕의 영광을 위해서 일하고, 특별히 도시가 갖고 있는 구원에 대항하는 경향을 강화시킨다. 그리고 이 안에서 이들은 세상의 힘에 절대적으로 동의하고, 저주 아래에 있는 그들의 모든 계획을 성취하는 가운데, 물리적으로 자유인의 지위를 유지한다.

또 다른 사람들은 물리적으로 구속된 노예이고, 감옥에 갇혀 있으며, 지배를 받아들인다. 그리고 도시의 천사가 요구하는 역할을 거부하고, 이해하기 어려운 도시에 대한 신의를 고집하는 가운데, 도시의 선善을 위해 기도한다. 이것은 단지 도시 자신이 바라는 선善과는 다른 선善이다. 이 선善은 다른 성공을 의미한다. 이 기도에 의해서 도시는 자신의 의미와 가치가 바뀔 위험에 처한다. 우리는 다음과 같이 이야기한다. 누가 모험을 할 것인가? 아무도 없다. 그리고 아무도 그렇게 하지 않을 것이다. 이제 도시가 건설된 이유가 사라질 위험에 처해있고, 그래서 도시는 존재로 남는 다.

그러나 이것이 어떻게 가능할까? 이것은 인간의 힘의 범위를 넘어서고, 니느웨를 제외하고는 그 어떤 곳에서도 하나님의 개입이 있다고 보이지 않는다. 그러나 우리는 이 성공을 염려하기보다는 이 질서에 복종할 것이며, 그렇게 함으로써 우리는 도시의 힘과의 싸움에 들어갈 것이다. 그리고 우리는 이제 더 현실적인 다른 결정을 해야 할 위험에 처한다. 왜냐하면 우리의 기도에 대해 필연적으로 사탄의 반응이 나타나기 때문이다. 기도는 말씀의 헛된 반복의 극치가 아니라, 세례와 마찬가지로 하나님 앞에서 선한 의지의 약속이라는 사실을 분명히 기억해야 한다. 기도는 우리가 구체적인 의미에서 행동하며, 그래서 도시의 선善을 위해서 행동하고 있음을 내포한다. 그러나 도시 속의 인간이 원했던 것은 도시의 진정한 선善이 아니다.

그리고 이 행동은 사탄의 보복을 가져온다. 실재로 우리는 분명한 동기를 갖고 있는 보복에 노출되어 있지 않다. 오히려 우리는 공공의 행복의 적대자, 혹은 인류의 적대자로 여겨지고, 우리가 추구하는 것은 파괴의 의지로 여겨질 것이다. 우리가 단지 영적인 힘이라는 관점을 통해서만 도시를 바라본다면, 이것은 옳을 것이다. 이와 같이 겉으로 드러나 보이는 도시라는 큰 그림은 비밀스러운 선으로 그려져 있어서, 우리는 이 그림을 분명하게 보지 못한다. 그러나 도시 역사의 뒷면에, 이 그림을 뒤집어서 바라볼 때, 이 비밀스러운 선은 가장 확실한 연결고리이며 진정한 그림으로 나타난다.

그래서 우리는 이와 같이 도시 자체를 위해서가 아니라 우리 자신 때문에 그렇게 행동하도록 요구 받는다. 그리고 이것은 물론 도시 밖에 있는 사람들에겐 최고의 이기주의로 보일 것이다! 도시는 하나님의 말씀을 받은 이 사람들이 있기 때문에 유지될 수 있다. 그리고 기억해 보면, 여기에 소돔을 위한 아브라함 기도의 정확한 의미가 있다. 이 사람들은 그들이 하나님의 음성을 들을 때에만 가치를 가진다. 그리고 도시는 이 사람들이 있다는 이유에서만 보전될 수 있고, 그들의 중재에 의해서 일시적으로 복음의 전도자가 될 수 있다. 이제 우리의 선善은 도시의 보전과 연결되어 있다. 우리는 물질적으로 그리고 영적으로 이 선善을 추구해야 한다. 이것은 우리의 평안함, 만족, 도시에 대한 우리의 기원 때문이 아니라, 우리가 세상에 이야기 해야 하고 지켜야 하는 하나님의 말씀 때문이다.

하나님의 말씀을 섬기는 우리들은 이 말씀 때문에, 우리를 반역으로 이끌고, 우리에게 악한 것을 행했으며, 인간적으로 우리에게 상처를 준 것에 순응해야 한다. 만일 우리가 맹목적으로 거부한다면, 이것은 하나님의 말씀에 대항하는 것이다. 그리고 이 말씀은 용서 없는 심판이 아니라 심판과 함께 하는 용서이다. 그리고 이 태도는 실재로 도시에 달려있다. 요나는 그 도시에 재앙이 닥치지 않고 파괴되지 않은 것으로 고통스러워 했는데, 그 이유는 하나님의 예언자가 거짓을 말한 것처럼 보였기 때문이다. 이 사실들이 뒤집어진다면, 누가 니느웨에 대한 하나님의 음성이 진짜였다고 생각할 수 있을까? 그리고 이 니느웨의 회심에 대해서 조금이라도 설명하려고, 이 희극적인 회심에 대해서 이야기하는 역사학자의 비평이 있었던가? 그리고 실재로 우리는 현대 사회가 이러한 성취되지 않은 예언 앞에서 어떤 태도를 취하는지 잘 알고 있다! 이 얼마나 하나님에 대항한 논증인가! 그리고 우리는 어떤 점에서 요나가 이러한 일종의 하나님의 왜곡에 대해서 유감스러워하는지 잘 알고 있다. 아무것도 일어나지 않은 것을 볼 때, 요나에게는 그 자체로 희극이었다. 이 첫 번째 회심 운동은 희극이 될 수 있다! 만일 니느웨에 적어도 고통의 비가 떨어졌다면, 어떤 논쟁거리도 없었을 것이다. 그리고 구원 역시 없었을 것이다. 여기에 우리의 모든 상황이 담겨 있다. 우리는 끊임없이 저주를 선포해야 하며, 도시에 대한 심판을 선언해야 한다. 40일 동안 이 도시에 대한 심판을 선포하는 것은, 그리고 동시에 이 심판이 일어나지 않고, 긍휼을 베풀도록12만의 사람을 불쌍히 생각해서는 안 되는가!, 그리고 도시를 보호하며 그 영광을 보여 달라고 하나님께 기도하는 것이다. 우리는 조롱과 혼란 속에서 그렇게 해야 한다.

도시의 모든 존재는 이러한 믿음과 정의이것은 우리의 것이 아니다에 달려있다. "정직한 사람이 축복하면 마을이 흥하고, 악한 사람이 입을 열면 마을이 망한다."잠11:11 여기에 분명히 건축자들이 예견하지 못했던 힘이 있다! 도시는 이 힘을 위해서 건설된 것도 아니고, 이 힘에 의해서 건축된 것도 아니다. 그러나 하나님은 이러한 모험 가운데에서 우리에게 결정적으로 이 힘을 우리에게 보여주신다. 이 힘은 결정적이긴 하지만 최종적이지는 않다. 왜냐하면, 우리의 상황은 이처럼 완전히 변하지 않았기 때문이다. 예레미아의 편지예레미아서는 우리에게 우리가 여전히 기다림 가운데에 있음을 드러낸다. 도시의 거주민을 위한 우리의 노력은 정확히 도시가 하나님 자신에 의해서 완전히 심판을 받고, 선포된 심판이 그 효과를 발휘하며, 하나님이 선택하고 부른 모든 사람과 함께 이 도시를 떠나는 순간, 바로 우리가 기다리는 순간에 달려 있다. 그리고 하나님이 우리를 진정한 본향으로 데려가는 순간, 즉 이 포로의 장소에서, 이 감옥에서 벗어 나도록 하는 그 순간이다. 그리고 이 순간, 더는 그 파괴를 반대하는 것이 적법할 것이고, 이 순간 분리는 옳은 것이 될 것이다. 그러나 그 전에는 불가능하다. 하나님의 말씀에 앞서서는 안 될 것이다. 우리는 기다림 가운데에 있다.…

그리고 여기에 여전히 우리의 상황이 도시의 거주민과 그 건축자와 근본적으로 다르다는 사실을 발견하게 된다. 이 세상은 닫힌 세상이며, 우리가 그 어느 것도 기다리지 않는 세상이다. 그리고 인간의 완벽함에 도달하는 세상이다. 또한 반反창조가 성취된 장소로 여기에 그 어느 것도 덧붙일 수 없다. 이것이 도시이다. 그리고 이 안에서 뿌리를 내린 인간은 자신의 장소, 자신만의 장소, 즉 자신의 에덴을 발견했다고 믿는다. 외부에서 다가오는 적들에 대하여 보호 받는 인간이며, 성벽과 조직을 통해서 자신의 안전을 발전시킨다. 그 삶이 인위적으로 다시 구축된시멘트와 철로 구성된 도시의 인위성 인간에게 급격한 변화나 혼란은 없다. 그리고 이곳은 체계적이고 한 번도 반역이 일어나지 않았으며, 모험이 설 자리가 없고, 더는 아무 것도 기다리지 않는 곳이다. 이것이 시민이다. 그래서 이 세상 안에서, 이 사람들 가운데에서, 다시 기다려야 한다.

이 기다림은 최고의 순간을 기다리는 헛된 소망도, 더 큰 힘과 안전을 갖고 싶어하는 의지도 아니다. 오히려 우리가 너무 잘 아는 구체적인 사건의 기다림이다. 그리고 그것은 우리에게 달려 있는 것이 아니기 때문에, 우리의 힘을 넘어선다. 이 도시들의 한 복판에서 우리는 염려와 희망을 함께 가져야 하는데, 여기에 전투의 핵심이 있다. 이것이 왜 도시가 건설되었는지의 이유이고, 동일하게 폐허가 된 이유이다. 만일, 이 기다림이 항구적이고 진실 된 것이라면, 인간 마음 중심에 심어진 것이라면, 이 기다림은 도시의 영적인 힘 자체를 파괴시키는 것이다.

※　　※　　※

"내 백성들아, 바빌론에서 떠나거라." 이 외침은 성서의 처음부터 끝까지, 창세기에서 요한계시록까지 나타나며, 이것은 우리가 이 말씀을 도시에 대한 예언 전체와 분리시킨다면 잘못된 결론으로 귀결될 수 있다. 만일 우리가 이 구절만을 받아들이고, 이 구절을 가져오는 모든 자료를 고려하지 않는다면 오류를 범할 수 있다. 이 구절은 무엇보다도 선포된 도시에 대한 심판이 성취되는 매 순간 나타난다. 매 심판이 이처럼 다가왔기 때문에, 우리는 이 심판이 실현된 것처럼 여길 수 있다. 이와 같이 천사는 롯을 소돔에서 탈출시켰다. 그리고 이 심판이 너무나 가까이 있었다. "그런데도 롯이 꾸물거리자, 그 두 사람은 롯과 그의 아내와 두 딸의 손을 잡아끌어서, 성 바깥으로 안전하게 대피시켰다. 주님께서 롯의 가족에게 자비를 베푸신 것이다."창19:16 그가 성을 빠져 나오자마자, 혼란이 시작되었다! 그리고 이것이 한 도시에 떨어진 부분적이고 상징적인 심판이든, 아니면 모든 도시에 떨어진 상징되는 최후의 심판에 관한 것이든, 이것은 성서 전반에 나타나는 동일한 상황이다. 도시의 인간들에게 벌어진 상황은 동일하다. 그리고 이 순간에만 명령한다. "바빌론이 함락되었다. 벨 신이 수치를 당하였다. 마르둑 신이 공포에 떤다." 예레미아는 이렇게 이야기했다. "너희는 바빌로니아에서 탈출하여라. 바빌로니아26 사람들의 땅에서 떠나라."렘50:2,8 그리고 사도 요한은 동일한 방식으로 이 말을 반복한다. "그는 힘찬 소리로 외쳤습니다. '무너졌다. 무너졌다. 큰 도시 바빌론이 무너졌다.' 나는 하늘에서 또 다른 음성이 울려오는 것을 들었습니다. '내 백성아, 그 도시에서 떠나거라.'"계18:2,4 이처럼 도시를 떠나고 도시와 거리를 두라는 명령은, 도시가 이미 망하고 파괴되어서 더는 도시를 보전하고 구원하려고 아무 것도 할 수 없을 때 온다. 심판이 실행되고, 도시 안에서의 그리스도인의 역할이 아무런 의미가 없을 때 일어난다. 우리는 정확하게 하나님께 오는 이 명령을 기다려야 한다. 이것이 도시 안에서 살아가는 우리가 매 순간 기다려야 하는 본질적인 것이다. 이제부터 도시에서 우리가 분리되는 것을 거부하는 것보다 도시 자체를 포기하는 것이 더 쉬울 것이다. 그러나 하나님의 최종적인 결정이 있기 전에는 도시를 포기할 수 없다. 이처럼 우리는 마지막 순간까지 부르심을 받은 것이고, 우리는 우리의 힘으로 이 부르심에서 떠날 수 없다. 이 실재적인 하나님의 부르심은, 지금부터 성서에서 선언된 대로 우리

---

26) [역주] 또는 갈대아사람(새번역성서)..

에게 선언되며, 우리에게 이 자유를 깨닫게 한다.

이와 같이 모든 하나님의 백성은 도시에서 떠나도록 부름 받았다.27 "너희는 그 도시의 죄에 가담하지 말고, 그 도시가 당하는 재난을 당하지 않도록 하여라."계18:4 이와 같이 도시의 모든 역사에서 하나님의 백성은 바빌론의 죄에서 보호 받고 있다. 이들은 필연적으로 이곳에서 유혹에서 벗어난 채로 살 수 있다. 그러나 이것이 얼마나 어려운가! 이 보호는 하나님의 진노에 대한 보호이고, 그 심판에 대항한 보호이다. 이 보호는 최후의 심판 때까지 지속될 것이고, 이 때 도시와의 본질적인 연대가 다시 구축될 것이다. 이때에 하나님은 최종적인 결정을 내릴 것이고, 죽음의 천사에 의한 하나님의 징벌은 무차별적으로 행해질 것이다. 그가 이집트 전역을 다니며 맏아들을 죽였을 때, 그리고 소돔을 멸망시켰을 때, 그는 어느 한순간 자비를 베풀지 않았다. 이 정죄는 모든 사람에게 내려지는 것이고, 단지 정죄 받은 도시에서 벗어난 사람들만이 구원받을 수 있었다. 그러나 이때 에 사람들의 마음은 굳어진 상태로 있다. 이때까지 니느웨는 여전히 회개할 수 있고, 하나님의 뜻을 전하는 자들은 계속해서 자신의 역할을 수행해야 한다. 그러나 마지막 순간에 문은 닫히고, 더는 돌이킬 수 없게 된다. 그리고 하나님이 선택한 백성은 마지막으로 하나님의 심판을 선언한다. "즐겁게 소리를 높여서 알려라. 이 소식이 땅 끝까지 미치도록 들려 주어라…"사48:20 이것은 심판에 대한 선언이며, 바빌론을 떠난 하나님의 백성에 대한 용서의 선언이다. 이와 같이 하나님은 끔찍한 재난을 선포하도록 명령하지만, 이것은 더는 회개의 요청이 아니다. 하나님의 백성이 도시를 떠나

---

27) 콤블린(Comblin)은 이 부분에 대해서 항상 모호한 태도를 취한다.(『도시의 신학』186쪽) 콤블린은 신적 계시는(이것은 도시의 문제에 대한 해결책으로 요구되었다.… 그러나 어떤 문제에 대한 해결책인가?) 도시에서의 도피를 통해 일어난다. 그러나 곧바로 도시에 대한 긍정적인 가치를 발견하게 된다. ─ 왜 도피인가? "그것은 도시의 가치와 그 탁월함 등을 보기 위함이다." 우리는 성서에서 이 주장을 뒷받침할 만한 어떤 구절도 발견할 수없다. 도시에서의 도피는 정확하게 도시에 대한 정죄를 일컫는 것이다. 어떤 점에서 도시가 하나님에 대항한 세상인지를 알려면 도시 밖으로 나와야 한다. 그리고 하나님과 도시가 얼마나 단절되어 있는지를 알려면 도시에서 멀리 떨어져 있어야 한다.

는 것으로 심판의 선언은 이미 시작되었고, 이 선언은 환호 속에서 이루어질 것이다.

하나님은 교회가 끊임없이 회개와 모든 사람을 향한 구원의 희망을 사람들로 하여금 "들도록" 해야 한다고 말씀한다. 도시와 하나님의 백성 사이의 분리 가운데에서 이 말씀은 진정으로 인내할 이유를 준다. 이것이 교회에게 주어진 말씀과 요나에게 주어진 말씀의 모든 차이를 말해준다. 그래서 더는 돌이킬 수 없게 된다. 그리고 교회의 이 선언을 통해 회개할 수 있는 문은 닫히게 된다. 요한에 의해 선언된 하나님의 뜻은 이렇게 이해해야 한다. "그 도시의 죄는 하늘에까지 닿았고, 하나님은 그 도시의 불의한 행위를 기억하신다.…그 도시가 그렇게 자기를 영화롭게 하고, 사치하였으니, 그만큼 그에게 고통과 슬픔을 안겨 주어라. 그 도시는 마음속으로 '나는 여왕의 자리에 앉아 있고, 과부가 아니니, 절대로 슬픔을 맛보지 않을 것이다' 하고 말한다."계18:5,7 이처럼 하나님의 백성은 스스로 높으신 하나님의 뜻을 실행하는 자로 보인다. 그러나 우리는 이 모든 본문에서 물질적이고 영적인 파괴는 이 땅에 사는 하나님 백성의 작품이 아니라, 이 또한 죽음의 천사가 행한 작품임을 보여준다. 여기에서 교회가 부름 받은 이러한 징벌과 보수의 행위는, 정확히 이사야의 선언이었으며, 바빌론에 잡혀간 사람들의 해방에 대한 선언이었고, 도시의 죽음에 대한 선언이다. 이것은 약속이 아니라 이미 성취된 것으로 더는 되돌릴 수 없다. 그리고 어떤 것도 세상 왕이 흘리는 눈물과 슬픔을 바꿀 수 없으며, 더는 회개할 수 없을 것이다.계18:9-19

이와 같이 도시를 탈출하는 행위와, 도시에서 교회의 말씀선포는 아무때에나 쉽게 이루어질 수 없다. 그 이유는 우리가 이 행위들을 정결함 가운데 행하기 원하기 때문이다. 이것은 마지막 때에 일어날 것이고, 아니면 적어도 이것이 마지막 때의 표식이 될 것이다. 그리고 우리는 사람들의 불행의 짐을 우리 스스로에게 지울 것이다. 그러나 언젠가는 여기에서 벗어나며, 기다림은 끝날 것이고, 더는 지체되지 않을 것이다. 성서는 우리에게 단지 이것이 언제 시작될 것인지를 정확하게 알려준다. 이것은 정복과 분리를 위해 인간이 창조한 환경, 그리고 인간에게 하나님을 떠올리게 하는 모든 것에서 인간을 격리시키고자 인간이 소중하게 창조한 환경에서 쫓겨나는 것이 아니다. 오히려 이것은 물질적이고 일시적이며 상징적인 징벌에서의 도피이다. 이와 같이 롯은 소돔에서 탈출하였고, 이것은 인간의 눈에 불이 비처럼 떨어지는 지옥에서 도망치는 것이다. 그러나 이와는 반대로 이것이 최후의 심판에 대한 것이라면, 이제 이 시작은 영광스러운 시작이 될 것이다. "너희는 떠나거라, 그 곳에서 떠나 나오너라. 부정한 것을 만지지 말아라. 그 가운데서 나오너라… 그러나 이제는 주님께서 너희 앞에 가시며, 이스라엘의 하나님께서 너희 뒤를 지켜 주시니, 너희가 나올 때에 황급히 나오지 않아도 되며, 도망 치듯 달아나지 않아도 된다."사52:11,12 이제 도망하는 사람은 정복자가 아니라 하나님이 요구한 모든 것을 성취하고 떠나는 사람이다. 모든 역사의 흐름을 통해서 나타난 것과는 대조적으로, 이들은 도시에서 버림받은 사람들이 아니라, 자신들의 행위가 도시를 거부하는 하나님의 의지와 일치한다는 사실을 아는 사람이다. 그리고 떠나는 사람은 모든 부분에서 하나님께 보호 받는다. 하나님은 그들에 앞서서, 그리고 그들이 떠난 후에 일하고, 이제 도시는 하나님의 진노 가운데에서 유기된다. 분명하게 떠나는 사람들의 삶은 더 수월해지지 않는다. 그들은 자신들의 상황을 호전시키려고 안락함과 편안함이 넘쳐나는 이 장소를 포기하는 것이 아니었다. 그들은 사막광야을 향해 갔다. 그들에게는 흐르는 물도 부족할 것이고, 오직 하나님의 약속에 의지해야만 할 것이다. "주님께서 그들을 사막으로 인도하셨으나, 그들이 전혀 목마르지 않았다."사48:21 이것은 그들이 물질적으로 최고의 세계를 향해 떠났기 때문이 아니라, 그들이 떠나는 행위를 선택했기 때문이다. 그리고 하나님의 백성은 두려워서 떠나는 것이 아니라, 하나님의 말씀에 복종하기 때문에 떠나는 것이다. "나의 백성아, 너희는 바빌로니아에서 탈출하여, 목숨을 건져라. 주의 무서운 분노 앞에서 벗어나라. 너희는 이 땅에서 들리는 소문에 낙담하거나 두려워하지 말아라. 이 해에는 이런 소문이 떠돌고, 저 해에는 저런 소문이 떠돌 것이다.…"렘51:45,46 이 것이 근본적인 것이다. 도시의 모습 때문에 하나님의 심판이 무엇인지를 정확하게 인식하고, 이 도시에 떨어질 파괴의 위협을 분명하게 알 수 있지만, 그리스도인은 그 심판과 죽음의 소리를 특별히 심각하게 받아들이거나 무서워할 이유가 없다. 이 소리는 인간적인 소리이며, 인간의 말이다. 이것은 하나님의 심판 앞에 있다는 것에 대한 어렴풋한 인식의 메아리일 뿐이다. 또한 바벨과 고모라에 대한 어렴풋한 기억일 뿐이다. 그 이유는 인간은 언제나 창조를 거스를때 위협을 느끼기 때문이다. 하나님은 두려워하지 말라고 말씀한다.

예수도 똑같이 전쟁의 소문을 말씀할 것이다. "너희는 마음에 근심하지 말아라."요14:1 이러한 말씀의 일치는, 우리가 도시와 도시의 정죄에 대해서 이야기하는 모든 것을 성서의 관점으로 다시 가져와야 한다는 것을 강조하고, 마지막 시기에 세상에 대한 심판의 한 부분으로 도시에 대한 심판을 생각해야 한다고 이야기한다. 그리스도인과 교회는 두려움이나 여론, 전쟁 그리고 지배 때문에 분리되는 것이 아니라, 하나님이 그것을 말씀할 때 분리되도록 부르심을 받은 것이다. 우리는 어떻게 분리될 수 있는가? 우리는 여기에 대해서는 살펴본 적도, 예측해 본 적도 없다. 이 답은 바로 그 순간에 주어질 것이다. 그리고 때가 이르렀을 때, 하나님의 백성은 외부에서는 식별할 수 없고, 지적으로도 측정할 수 없지만, 절대적으로 의심의 여지가 없는 확신으로, 바빌론의 문을 나설 때가 왔다는 사실을 알게 될 것이다. 매번 우리는 표식을 의미하는 한 단어사건의 예측 불가능성과 하나님의 자유와 배치되지 않는를 만나게 된다. "너희는 바빌로니아에서 탈출하여라. 바빌로니아 사람들의 땅에서 떠나라. 양 떼 앞에서 걸어가는 숫염소처럼 앞장서서 나오너라"렘50:8 이 출발에서 우리는 무엇보다도 우리 자신을 따로 떼어놓고 생각하지 않는다. 각 개인의 출발은 재앙에서의 도망이 아니라, 하나님의 모든 백성과 한 무리로 모인 공동체의 출발이다. 그러나 놀라운 것은 이 예언에서 속죄염소와 같이 하나님의 뜻을 따르는 사람들이다. 이들은 무리를 인도하는 목자이다. 이 출발은 단지 믿음의 문제나 그리스도인이 도시에서 떠나는 문제가 아니라, 다른 사람들을 이끄는 사람의 문제라는 사실이다. 하나님이 은밀하게 선택한 사람들, 어쩌면 예수 그리스도를 한 번도 고백하지 않은 이 사람들은 어쩌면 단 한 순간도 고백의 공동체 안에 속한 적이 없었을 지도 모른다. 그럼에도 이들은 하나님의 백성에 속해 있으며, 결정적인 순간 교회가 세상에 선포하는 하나님의 심판과 구원의 말씀을 들을 때에, 그들이 하나님의 백성임을 드러낸다. 그런데 노아와 롯이 심판을 이야기했을 때, 이 말씀을 거부하고 그들을 조롱했던 사건을 어떻게 생각하지 않을 수 있을까? 그때에는 노아와 롯만이 구원을 받았다. 그러나 또한 니느웨가 요나의 예언을 받아 들였다는 사실을 어떻게 생각하지 않을 수 있을까? 이와 같이 출발의 순간에 교회는 하나님의 말씀에 주의를 기울일 준비가 되어 있지 않은 사람들이 듣도록 인도해야 한다. 우리는 이 신비한 백성에 놀랄 것이다. 이 백성은 우리 주위에 있는 사람들이며, 그 존재는 바울에게 준 하나님의 말씀을 통해 증명된다. 하나님은 말씀한다. "이 도시에는 나의 백성이 많다."행18:10

※　※　※

우리가 지금까지 기록했던 모든 것, 구약의 모든 말씀은 예수 그리스도의 논란을 일으켰던 말씀들과 일치한다. 그리고 예수의 말씀을 설명해 준다. "이 고을에서 너희를 박해하거든, 저 고을로 피하여라. 내가 진정으로 너희에게 말한다. 너희가 이스라엘의 고을들을 다 돌기 전에 인자가 올 것이다."마10:23

우리가 지속적으로 맞닥뜨리는 이 말씀, 즉 도시를 향해 이야기하고, 그 심판과 은혜를 담고 있는 이 말씀은 십자가의 말씀이다. 이 말씀 때문에 인간의 세상인 도시에 이야기하는 것이 실재로 가능하다. "그러나 하나님 나라가 가까이 왔다는 것을 알아라"눅10:11 인간이 폐쇄적으로 만들고 싶어했던 이 환경은 실제로는 열려 있다. 그러나 도시에 이 말씀을 선포하는 것은, 하나님께 대항하여 저항하는 마음 중심에 선포하는 것이다.

우리가 도시가 무엇을 대표하는지 인식하게 될 때, 우리는 예수가 제자들에게 도시로 가도록 한 명령과 함께 매우 흥미로운 지시여기에 진정한 외침이 있다를 이해할수 있다. "모든 도시를 돌며… 여러분 발에 묻은 그 고을의 먼지를 떨어버리고… 여러분들이 도시에서 핍박을 당할 때." 도시 안에서 그리고 그 도시에 의해서 전도가 비난을 받았다. 물론 이 구절에 대해서는 수많은 설명들이 있지만28, 모든 설명을 다 받아들일 수는 없다. 이 말씀제자들에게 하신 조언이 단지 12명아니면 누가복음에는 70명으로 기록되어 있다에게만 한정된 것으로 보이지 않으며, 일시적인 임무나 사도들의 예외적인 말씀으로 치부하기 어려워 보인다. 실재로 예수의 이 말씀은 교회에 그리고 그리스도의 모든 증인에게 한 말씀으로 이해해야 하며, 세상에서 증인들이 처한 상황을 설명해준다. 단지 사도들만 이 증거16절, 두려움26절, 하나님에 대한 사랑29절, 선택37절의 교훈에 관련되어 있다고 이야기할 수 없다. 어떻게 5절과 23절이 사도들에게만 예외적으로 주어졌다고 믿을 수 있을까? 그러나 도시에 대한 하나님의 계시는, 일반적으로 받아들여지는 설명들의 어떤 한 부분과도 배치되지 않고, 예수께서 그의 제자들에게 지시하셨던 것을 부분적으로 이해하는 데에 도움을 준다. "이방 사람의 길로도 가지 말고, 또 사마리아 사람의 고을에도 들어가지 말아라. 오히려 길 잃은 양 떼인 이스라엘 백성에게로 가거라"마10:5 십자가에 대한 예언은 인간의 자율성 중심에 선포되어야 한다. 이 예언은 인간의 가장 길들

---

28) 이 구절에 대한 쿨만의 주석 전체를 참고할 것 −『역사 속의 구원』*Le Salut dans l'Histoire*(1966)

여지지 않은 바로 그 부분에 선언되어야 한다. 이 예언은 적어도 전 인류에 도달하여야 하고, 숫자적으로도 인류 전체에 도달해야 한다. 제자들을 이스라엘 도시들로 보낸 것은 가장 위험한 임무였는데, 왜냐하면이 예언십자가의 예언이 세상 권력의 중심에 선언되었기 때문이며, 반역의 중심에 선언되었기 때문이다. 왜 이스라엘의 도시들일까? 정확하게 이야기하면 이 단어들의 연관성을 살펴보는 것은 너무 성급한 것이다! 하나님의 언약을 갖고 있는 이스라엘 백성 역시 도시들 속에 피난하고 있다. 우리는 이미 이스라엘에게 도시 건설이 무엇을 의미하는지 살펴보았다. 그리고 우리는 여기에서도 도시가 언제나 나타내는 극단적 분쟁을 보고 있다. 일반적으로 인간이 도시를 건설할 때, 인간은 가인의 사고에 종속되는 것이다. 그러나 이스라엘이 자신의 도시를 건설하는 때에는, 이것은 가인의 사고에의 종속 이상의 의미를 갖는다. 그 이유는 이스라엘의 행위가 가인의 안전을 얻으려고 의식적으로 하나님을 거부하는 것이기 때문이다. 그리고 이것은 예언자들이 언제나 선언했던 것이다 우리는 여기에서 이스라엘의 도시들에게 명확하게 적용되었던 "이스라엘의 길 잃은 어린양"이라는 단어와 그 주장이 하나님나라의 복음을 정확하게 이 도시에 선언하기 위한 것이라는 사실을 이해할 수 있다. 23절의 말씀과 함께 사마리아의 도시들과 평행하게 왜냐하면 복음이 선언되는 이 장소가 세상의 약점이며 분쟁의 중심이기 때문이다. 그리고 이것이 왜 제자들이 인자人子가 다시 오기전에 이스라엘의 모든 도시를 다 방문하지 못한 이유이다. 아니면 페르노Pernot가 다음과 같이 번역한 것과 같은 이유일 것이다. "여러분들은 인자가 다시 오기 전에 이스라엘의 도시들을 모두 다니지 못할 것입니다."

여기에 우리가 원하는 자연스러운 의미가 있을 수도 있다. 예수께서 자신의 다시 오심이 얼마나 근접했는지 혼동했다 하더라도, 혹은 이 말씀이 누가복음10:1의 말씀처럼 예수께서 제자들에게 맡기는 것을 의미하는 것이라 할지라도, 혹은 우리가 여기에서 이야기하는 인자의 오심을 주님의 오심과 구분해

야 할지라도, 아니면 예수가 실재로는 복음의 선언이 전적인 은혜라는 사실을
말씀하는 것이라 할지라도, 이 단어들이 의미하는 것은 "인자의 오심" 이다.
다른 해석과 마찬가지로, 비록 이 해석이 성서의 본문을 인용한다 할지라도,
이 해석 역시 자연스럽지 않다!

그리고 이 본문에서 어떤 점에서 도시를 대항하는지를 본다면, 우리는 본
문을 여러 다양한 의미로 분류할 수 있을 것이다. 왜냐하면, 분명히 예수는 본
문에서 이러한 환경과 행위의 관점에서 그리스도인의 상황이 어떻게 될 것인
지를 이야기한 것이다. 예수가 이 땅에서 정착하지 않는 것"인자는 머리 둘 곳이 없
다." 과 인간의 고집스러운 뿌리의 장소에 자신의 제자들을 보낸 직후라는 것
에는 분명한 의미가 있다.눅9:57, 10:1-16 그가 자신의 사도들로 하여금 서로 찢
어져서 자신들의 책임과 선택 앞에서 이스라엘의 모든 도시를 다니도록 하는
것에도 분명한 의미가 있다.마10:23 사도들이 자신의 샌들의 먼지를 털면서 떠
나는 행위의 중요성이, 정죄의 명령에서 결정적이라는 사실 역시 분명한 의미
가 있다.마10:14,15 실재로 우리가 구약에서 발견할 수 있는 모든 것이 여기에
요약되어 있다. 바빌론에 있던 이스라엘 백성의 모든 상황이 도시 속에 있는
제자들의 상황과 동일하다. 이 모든 거주와 떠남, 보전의 행위와 심판 사이의
변증법은 하나님 나라 복음의 선포에서 중심적인 위치를 차지한다. 지금까지
발견한 모든 교훈은 예수 그리스도의 몇몇 말씀에 의해서 분명하게 조명된다.
변한 것은 아무것도 없지만, 선포되었던 말씀은 실현되고 있다. 그리고 묘사
되었던 것은 실재로 나타났다. 여기에서부터, 지금까지의 것들을 반추해 볼
때 다른 모든 것을 이해할 수 있게 된다.

우리가 23절마10장의 전통적인 해석을 받아들인다 할지라도, 혹은 페르노
Pernot의 해석을 받아들인다 할지라도, 여기에는 큰 차이가 없다. 해석의 기교
가 성서 본문의 진실성을 뒷받침해 주지 않는다. "이스라엘의 도시들을…" 이
것은 유다 도시들의 문제가 아니다. 유다의 도시들은 예수 자신이 돌아다니

고 가르쳤다. "예수께서 열두 제자에게 지시하기를 마치고, 거기에서 떠나셔서, 유대 사람들의 여러 고을에서 가르치며 복음을 전하셨다. 예수 자신이!" 마 11:1 제자들의 임무는 유다 지역을 넘어서는 것이다. 그것은 하나님의 백성이, 하나님의 이스라엘이 존재하고 거주하고 살고 있는 도시를 의미한다. 그리고 어쩌면 이 백성은 이 도시들에서 노예가 되었고, 거절과 불복종에 갇혔다. 그리고 이 도시에서 자신의 사명을 외면했다. 이제 하나님의 이스라엘은 교회로 확장되었다. 물론 이 점에 대해서는 논쟁의 여지가 있다. 교회는 동일한 환경과 동일한 세상 속에 있으며, 교회가 거주하는 도시들에서 제자들은 동일한 일을 다시 해야 한다. 모든 도시 가운데 주어진 이 일은 결코 성취되지 않을 것이다. 여러분은 특히 도시의 힘에 대항해서 끊임없이 하나님의 말씀의 전쟁을 계속해서 치러야 하고, 이 전쟁은 인자가 올 때 승리할 것이다. 심판과 용서를 받아들이면서 이스라엘의 모든 도시를 돌아다니라. 여러분은 이 일을 결코 성취할 수 없을 것이다. 회심한 니느웨는 여전히 니느웨로 남아 있다. 여러분은 도시의 위험한 환경에서 주님이 도시 밖으로 추방되는 것마10:24과 같이 추방당하게 될 것이다.

제3장 • 어둠 속의 여명

1. 일시적인 선택

일시적인 선택 국가와 마찬가지로 도시 역시 역사에서 때때로 하나님의 도구로 나타 나며,그런데 이것이 실제로 역사 가운데에서 그러할까? 그 관계는 매우 복합적이 다. 우리는 다시 한 번 이 도시들의 중심에 바빌론이 있고, 그 결과로 중요 한 의미를 가진다는 사실을 논할 것이다. 그래서 이 관계의 도식은 일반 적으로 다음과 같다. 선택 받은 백성의 불신앙 때문에 이 백성에 대한 징 벌의 폭력이 필요하게 되었으며, 인간에 대한 징벌은 영원한 선택선택 받은 백성에 대한 선택을 위한 것이다. 그래서 하나님은 바빌로니아 왕으로 하여 금 자신의 본성에 따라 행동하도록 하며, 다시 말하면 도시가 허락하는 존재와 행위에 따른다. 바빌로니아 왕은 반역의 백성을 처벌할 것이다. 그는 예루살렘을 약탈할 것이고, 선택된 백성은 흩어질 것이고, 포로로 잡혀갈 것이다. 바빌로니아 왕은 이것을 행하도록 일시적으로 부름 받았 으며, 그는 하나님의 종이 되었고, 도시는 하나님의 도구가 된다. 그러나 바빌로니아 왕이 하나님의 종이 되고, 도시가 하나님의 도구가 된다 하더 라도, 이들은 영원한 징벌에서 피할 수 없다.

그러나 영원한 징벌은 정확하게 도시와 그 왕이 결코 하나님의 질서 속에서 자신들의 행위를 제한하지 못하도록 할 것이다. 이들은 언제나 요구된 이스라엘을 향한 징벌의 수위를 넘어설 것이고, 아니면 스스로에게 영광 돌릴 것이며, 아니면 이스라엘의 신성한 특성에 폭력을 가하려 할 것이다. 이 때문에 그들은 버림받을 것이다. 이 일시적인 선택은 이스라엘의 구속과 도시의 죽음 속에서 막을 내리게 된다. "너희가 나의 말을 듣지 않았기 때문에, 내가 나의 종 바빌로니아 왕 느부갓네살을 시켜서 북녘의 모든 민족을 데려오겠다. 나 주의 말이다. 내가 이렇게 그들을 데려다가, 이 땅과 그 주민을 함께 치게 하며, 그 주위의 모든 민족을 치게 하겠다. 내가 그들을 완전히 진멸시켜, 영원히 놀라움과 빈정거림과 조롱거리가 되게 하고, 이 땅을 영원한 폐허 더미로 만들겠다.… 이 땅은 깡그리 끔찍한 폐허가 되고, 이 땅에 살던 민족은 칠십 년 동안 바빌로니아 왕을 섬길 것이다. 이렇게 칠십 년이란 기한이 다 차면, 내가 바빌로니아 왕과 그 민족과 바빌로니아 땅의 죄를 벌하며, 그 곳을 영원한 황무지로 만들어버리겠다."렘25:8이하 "그러므로 모든 민족이 느부갓네살과 그의 아들과 그의 손자를 섬길 것이다.… 그러나 바빌로니아 왕 느부갓네살을 섬기지 않으며, 바빌로니아 왕의 멍에를 목에 메지 않는 민족이나 나라가 있으면, 나는 그 민족을 전쟁과 기근과 염병으로 처벌해서라도, 그들을 바빌로니아 왕의 손에 멸망당하게 하겠다.… 그러나 바빌로니아 왕의 멍에를 목에 메고, 그를 섬기는 민족에게는 내가 고향 땅에 남아 농사를 지으며, 그대로 살 수 있게 하겠다. 나 주의 말이다."렘27:7이하

다른 본문과 함께 이 본문은 도시의 왕에 대해서 하신 말씀이지, 도시 자체에 하신 말씀이 아니다. 그러나 우리는 또한 왕이, 비록 그가 역사적으로 그려진다 할지라도, 정치적 수장 이상의 성격을 가진다. 그는 영적 권위의 실재이고, 도시 자체에 대한 권위를 갖는다. 그 결과로 그는 이 세상 하나님께 달려 있지만, 그럼에도 하나님이 사용하는 세상에 부합하고, 하나님은 그 왕을 자신의 종으로 부른다.놀랍게도 하나님의 종-예수-과 비슷하다! 그래서 우리는 왕에게 주어진 것은 도시의 운명을 실현하는 것 외에는 아무것도 아니라는

사실을 보게 된다. 그것은 바빌로니아 왕이 정복 전쟁에서 자신의 신성한 임무를 전혀 알지 못하기 때문이며, 자신의 정치적 입맛에 따라 행동하며, 전쟁의 필요, 외교적 관계만을 따라 움직이기 때문이다. 바빌로니아 왕은 오직 이것만을 추구하고, 자신의 절대성을 강조할 뿐이다. 그는 도시의 야망을 실현한다.

도시는 전쟁과 먹이를 찾아 파괴하고 지배할 것이다. 혼란의 도시는 포로로 잡혀가는 장소인 동시에 반反창조의 장소가 될 것이다. 그리고 어떤 방법을 사용해서라도 피조물을 파괴하려 하고, 하나님의 도시를 황폐하게 하고, 선택 받은 백성을 노예로 삼을 수 있는 놀라운 계기를 여기에서 발견하게 된다. 이것이 도시의 영적인 운명에서 도달할 수 있는 영광의 정점이다. 그리고 이것은 건축자의 최상의 목표가 성취되는 것이다. 도시는 단지 이 목표에만 도달할 수 있다. 그것은 도시가 주님이 결정하는 이 새로운 한계 안에서 주님의 종일뿐이기 때문이다. 물론 도시는 이것을 감내하지도, 원하지도 않았다. 이때에 도시는 자신을 향해 다가오는 폭풍을 맞이하게 되고, 도시를 향한 정죄가 진행된다. 이와 같이 하나님은 인간 존재를 양도했으며, 이 의지는 이제 죽음의 의지이다. 인간과 도시의 행위는 죽음에 대한 열정을 갖는다. 인간은 자신을 파괴하려 하고, 이것이 죄의 무게이다. 하나님이 개입하지 않는다면, 다른 사람을 향한 인간의 행위는 죽음이다. 이 행위로 말미암아 인간은 스스로 죽음에 도달하고, 스스로 파괴한다. 바빌론은 복수의 도구로 바쳐지고 희생된다. "너는 나의 철퇴요, 나의 무기다. 나는 너를 시켜서 뭇 민족을 산산이 부수고, 뭇 나라를 멸망시켰다. 나는 너를 시켜서 말과 기병들을 산산이 부수고, 병거와 병거대를 산산이 부수었다. 나는 너를 시켜서 남자와 여자를 산산이 부수고, 늙은이와 어린 아이도 산산이 부수고, 처녀와 총각도 산산이 부수었다. 나는 너를 시켜서 목자와 양 떼도 산산이 부수고, 농부와 소도 산산이 부수고, 총독과 지방 장관들도 산산이 부수었다. 그러나 이제는 내가 바빌로니아 땅과 바빌로니아 백성에게 원수를 갚겠다."렘51:20이하 그리고 이것은 우리를 분노하게 한다. 이 도구가 하나님의 뜻을 나타낼 뿐이라면, 이것을 도구로, 자신의 분노를 나타내는 도구로 사용하는 하나님이 불의한 것이 아닌가!

이 분노는 겉으로는 논리적으로 보인다. 그러나 이것은 하나님의 계시 앞에서 너무나도 단순한 인간의 고집일 뿐이다. 자신의 주장을 굽히는 것은 이해를 포기하는 것이 아니다. 그것은 하나님이 우리를 이해시키는 대로 이해하는 것을 의미하는 것이지, 우리가 이해하고 싶은 대로 이해하는 것을 의미하는 것이 아니다. 바빌론이 가장 비천한 것, 시온의 가장 진실한 것을 파괴했을 때, 나이의 많고 적음에 상관없이 무차별적으로 죽였을 때, 바빌론은 자신의 욕망을 성취했고, 바벨이 되었다. 그리고 바빌론이 그렇게 행할 수 있었던 것은, 그리고 자신의 실재 모습을 보여줄 수 있었던 것은, 하나님이 동의했기 때문에 가능했다. 이것은 하나님이 시온에 대해 선포한 심판 때문이다. 교회의 불순종과 죄악이 땅의 세력이 넘쳐나는 것을 야기한 것이다. 그 땅의 세력은 도시와 국가이다. 하나님의 관점은 시온과 교회에 있으며, 하나님은 이 관점을 통해서 이 땅의 세력의 힘과 경향 그리고 가능성을 실현할 조건을 만들어주었다. 이 세력들은 죄가 존재하는 것과 동일한 의미에서 존재한다. 이것은 아무 의지 없이 하나님이 사용하는 대로 움직이는 도구가 아니다. 이것은 하나님의 백성의 불순종 때문에 허용되는 자유이다. 그래서 건축자들이 도시 속에 가두었던 자신들의 의지는 갑자기 사라지게 되고, 그 결과 이 땅에 대한 수많은 세력들의 지배가 넘쳐나게 되고, 온 세상은 교회와 함께 그 죄악 때문에 죽음으로 가게 된다. 그리고 하나님이 잿더미로 변한 도시에서 등을 돌릴 때, 하나님은 자신이 명령한 행위를 심판하는 것이 아니다. 그것은 하나님을 따르고실재로는 무시하며, 자신의 의지를 따랐던실재로는 자신의 의미만을 추구했다 적들의 세력을 심판하는 것이고, 파괴를 성공시킨 결과를 스스로 가져간 적들을 심판하는 것이다. 이들은 스스로에게 영광을 돌리고, 파괴하고 죽이는 것을 즐기는 세력이다. 그 세력은 자신들이 심판 받을 것이라고 생각하지 않는다. 또한 이들은 자신의 승리에 스스로 교만해진 힘을 의미한다! 이것은 다음의 본문에서 잘 나타난다. "딸 바빌로니아야, 잠잠히 앉아 있다가 어둠 속으로 사라져라. 사람들이 이제부터는 너를 민족들의 여왕이라고 부르지 않을 것이다. 전에 내가 나의 백성에게 진노하여, 나의 소유, 나의 백성이 곤욕을 치르게 하고, 그들을 네 손에 넘겼다. 그런데 네가 나의 백성을 가엾게 여기지 아니하고, 노인에게도 무거운 멍에를 메웠다. 너는 언제까지나 네가 여왕으로 군림할 것이라고 믿고, 이런 일들을 네 마음에 두지도 않았으며, 이후에 일어날 일은 생각조차 하지 않았다."사47:5이하 이처럼 바빌론은 복종한 것으로 보이지만, 실재로는 복종한 것이 아니었다. 바빌론이 교회에 대한 하나님의 심판을 성취하기는 했지만, 그 스스로를 심판자로 여겼고, 자신의 탐욕에 복종했다. 그리고 하나님이 주었던 자유를 인식하는 대신에 스스로에게 영광을 돌렸다. 바빌론에게 주어진 일시적인 패권 때문에, 바빌론은 공평과 긍휼을 행하기보다는 폭력을 행사했다. 자신을 심판의 도구로 여기기 않고, 심판자로 여겼다. 바빌론은 이것을 확신했다. 그리고 여기에 하박국이 바빌론의 백성에 대해 이야기한 것이 있다. "이제 내가 바빌로니아갈대아 사람을 일으키겠다. 그들은 사납고 성급한 민족이어서… 포로를 모래알처럼 많이 사로잡아 갈 것이다. 그들은 왕들을 업신여기고… 견고한 성도 모두 우습게 여기고, 흙 언덕을 쌓아서 그 성들을 점령할 것이다. 그러나 제 힘이 곧 하나님이라고 여기는 이 죄인들도 마침내 바람처럼 사라져서 없어질 것이다."합1:6-11 그러나 그것이 다른 존재가 될 수 있었다면, 이 도시는 다른 방식으로 행동할 수 있었을까? 그러나 이 상황에서 도시는 어떻게 하나님의 심판을 피할 수 있을까?

그러나 이러한 일시적인 선택은이 일시적인 선택은 필연적으로 도시의 정죄를 가져온다 도시에 대항하기 위한 것도 아니고, 바빌론을 정죄하기 위함도 아니다. 하나님이 추구하는 것은 죄인의 죽임이 아니라 그를 살리는 것이다. 하나님이 이렇게 부르는 것은 도시 때문이 아니라, 교회 때문이다. 이것은 도시를 정죄하기 위함이 아니라, 교회를 구원하기 위함이다. 그래서 그 힘은 공평하고 긍휼을 베풀 것이다! 도시가 이 선택을 인식한다면, 도시는 여기에서 하나님의 은혜의 표징을 발견하게 될 것이다.

하나님이 도시하나님을 대항한 인간의 작품이자 영적인 힘을 자신을 섬기려고 불렀다는 사실은 곧 오게 될 화해의 선언이다. 거부의 이유로 보이는 것, 저주 아래에서 도시의 어둠을 더욱 짙게 만드는 것으로 보이는 이것이 바로 도시 위에 떠오르는 첫 번째 여명의 표적이며, 아직 실행되지는 않았지만, 이미 약속된 정죄 안에서 서서히 밝아오는 표적이다. 우리는 하나님이 이 도시를 통해 성취한 비자발적인 섬김 속에서 하나의 표적을 발견하게 된다. 이 약속은 교회 때문에 실현되는 것이다.

그리고 이것은 도시와 교회의 또 다른 관계를 드러낸다. 도시와 교회가 언제나 대립적인 것은 아니다. 여기에는 긍정적인 면도 있다. 우리가 앞에서 살펴보고 이해한 도시 가운데에서 선택된 백성의 존재에서, 우리는 도시와 하나님 사이에 화해가 가능하다는 사실을 발견하게 된다. "내가 라합29과 바빌로니아를 나를 아는 나라로 기록하겠다. 블레셋과 두로와 에티오피아도 시온에서 태어났다고 하겠다!"시87:4 다른 번역본에서는 이 어려운 시를 이렇게 번역하였다. "나는 라합과 바벨론이 나를 아는 자 중에 있다 말하리라. 보라 블레셋과 두로와 구스여 이것들도 거기서 났다 하리로다. 시온에 대하여 말하기를 이 사람, 저 사람이 거기서 났다고 말하리니 지존자가 친히 시온을 세우리라 하는도다." 여기에서 선포된 것은 예언자의 단순한 보편주의도 아니고, 유대인의 메시아사상도 아니다. 이 선언은 더 깊은 뜻을 가지고 있다. 선택된 백성의 적들, 우상숭배의 극치를 달리는 백성, 도시는 이들과 동일한 그림 안에

---

29) [역주]이집트를 가리키는 시적 표현.(새번역), 저자는 라합 대신 이집트라고 표현하였다.

서 이제 변화된다. 하나님은 이것을 선포한다. 이 선포는 이 땅에서 즉각적으로 성취되지 않는 다. 그러나 도시에 선포된 말씀은 반드시 성취될 것이다. 도시는 자신의 복음이 선포되고 하나님의 백성으로 선택된 대적들 사이에 둘러싸여 있다. 도시는 하나님을 “아는 사람들” 때문에 유지된다. 우리는 어디까지 긍휼을 이야기할 수 있을까? 그러나 이러한 지식만으로는 충분하지 않은데, 그 이유는 귀신들 역시 하나님을 알고 두려워하기 때문이다. 하나님이 선포한다는 지식 역시 교회가 기다려온 선택이며 회심인데, 그 이유는 시온에서 이 지식이 나오기 때문이다.

이 선택은 이사야가 선지자로 부름을 받은 것과 유사하다. “그 날이 오면, 이집트 땅의 다섯 성읍에서는 사람들이 가나안 말을 하며, 만군의 주님만을 섬기기로 충성을 맹세할 것이다. 그 다섯 성읍 가운데 한 성읍은 ‘이르하헤벰עִיר הַהֶרֶס 30이라고 불릴 것이다. 그날이 오면 이집트 땅 한 가운데 주님을 섬기는 제단 하나가 세워지겠고… 주님께서는 이렇게 자신을 이집트 사람에게 알리실 것이며… 이집트 사람이 앗시리아 사람과 함께 주님을 경배할 것이다. 그 날이 오면, 이스라엘과 이집트와 앗시리아, 이 세 나라가 이 세상 모든 나라에 복을 주게 될 것이다. 만군의 주님께서 이르시기를 ‘나의 백성 이집트야, 나의 손으로 지은 앗시리아야, 나의 소유 이스라엘아, 복을 받아라’ 하실 것이다.” 사19:18-25 이 본문을 세세하게 분석하는 것은 여기에서 우리가 살펴보려는 범위를 넘어선다. 여기에서는 도시가 이 선택과 밀접한 관계가 있다는 것을 강조하는 것만으로 충분하며, 이집트가 이 선택이 나타나는 장소라는 것을 이야기하는 것으로 충분하다. 그러나 우리는 언제나 이 이중적 특성을 가지고 논쟁한다. 이 도시 중의 하나는 “이르하 헤레Ir ha heres” 로 불리운다. 이것은 세 가지 중복적인 뜻을 가진 언어유희로 보인다.

---

30) [역주] ‘멸망의 성읍’, 사해 사본과 불가타와 몇몇 마소라 본문에는 ‘태양의 성읍’ 곧 ‘헬리오 폴리스’(대한성서공회 새번역성서 각주 참조).

태양의 도시, 태양에 바쳐 진 도시, 그 결과로 우상의 도시. 그러나 이것은 역시 파괴하는 도시 파괴의 도시를 의미하고, 이중적 의미로와 파괴에 바쳐진 도시로 볼 수 있다.우리는 여기에서 도시의 이러한 변하지 않는 경향을 발견하게 된다 이것은 도시가 우상을 숭배하기 때문에, 파괴자이기 때문에, 하나님의 심판에 다시 떨어지기 때문에 이렇게 이해할 수 있다. 그래서 분명히 이 도시가 하나님의 군대로 충성 맹세를 하게 될 것이고, 이 맹세로 이스라엘의 모든 백성의 회심이 선포 될 것이다. 이것은 본문에 대한 역사가의 다음과 같은 해석과는 분명한 거리가 있다. "이사야는 이집트 몇몇 도시의 유대인 식민지를 이야기했으며, 그 중의 하나는 헬리오폴리스이다. 이 도시는 앗시리아와 이집트 사이의 미래의 동맹에 이스라엘의 중재로 말미암아 정치적으로 매우 특별한 역할을 한다." 우리는 이것이 순수한 상상일 뿐이고, 이사야의 목적은 정치적 계산과는 분명한 차이가 있다는 사실을 알고 있다.

이것은 이집트에 선언된 심판과 용서에 대한 것이다. 이 심판과 용서는 무엇보다도 그 반역의 중심인 도시들 가운데에서 선언된 것이다. 이 도시들 가운데 한 도시의 이름이 선택된 것은 이 말씀이 우상숭배와 파괴의 장소에 선언되었음을 나타내기 위한 것이다. 이와 같이, 도시 가운데 하나님의 백성은 도시 속의 하나님의 존재만을 나타내는 것이 아니다. 도시를 일시적으로 선택한 것은 하나님의 행위를 이루고 교회에 대한 하나님의 약속을 성취하기 위함이다.필요하다면 교회에 대항하여 그리고 이 정죄가 도시를 끝없이 어두운 밤에 가두는 것이 아니라는 사실을 보여준다.

두 개의 거대한 세력의 도시, 이집트와 앗시리아는 하나님의 평화의 약속을 받았다. 놀랍게도 총체적 회복의 예언에서 이스라엘은 세 번째로 나타난다. 우리가 자주 이야기하는 것과는 대조적으로, 이스라엘은 제국을 추구하지도, 제국으로 귀속되지도 않는다. 이스라엘은 화해의 축복의 시대에 세 번째로 올 것이다. 왜냐하면, 약속된 회복은 한편으로 이집트와 앗시리아 사이에서여러 무장 도시의 세력 가운데에서 일어날 것이고, 그 이후 에 이들과 이스라엘 사이에서 일어나게 될 것이기 때문이다. 이 회복은 이제부터 이스라엘의 책임이 될 것이고, 그는 세 번째로 올 것이다. 다른 한편으로 이스라엘 백성은 유일한 하나님이 누구인지를 알아야 한다. 저항과 영적인 정복자로서의 도시는 사라질 것이고, 그래서 이중적 공포의 국가로 불렸던 이집트가 "나의 백성" 으로 불리는 것과 마찬가지로, 우상의 도시 앗시리아는 "내 손의 작품" 으로 불린다. 이제 성스러운 관계가 선언된 것이다.

※　　※　　※

결국 도시는 적어도 한 번은 하나님이 원하는 보전의 명령 속에서 긍정적인 역할을 하도록 부름 받았다. 모세는 가나안 땅에서 도피성을 세우라는 명령을 받았고, 이것은 여호수아에 의해서 실현되었다.^{민35:6; 수20:2} 이것은 살인자가 원치 않게 죽였거나, 소위 "과실치사"^{過失致死}를 행했을 때, 살해당한 사람의 가족의 보복을 피하도록 만든 것이다. 눈에는 눈이라는 법은 사건의 실재를 보지 못한다는 맹점이 있다. 원시법에서는 살인에 대한 계획이 있는 때와 없는 때 모두 범죄라는 물리적 특성은 동일하다는 이유로 동일한 처벌을 내리도록 한다. 또한 과실치사의 여부가 밝혀진다 하더라도 피해자 가족의 보복은 동일하게 이루어질 가능성이 높은데, 그 이유는 사법 기구의 개입 없이 피해자 가족 스스로 이 법을 집행하기 때문이다. 그래서 우리는 이 본문을 법률적인 의미로 번역하면, 도피성의 체계와 함께 형사법 발전의 특별히 흥미로운 순간으로 이야기할 수 있다. 이것은 범죄의 일반적 평가에서 개인적 평가로 옮겨가는 것을 의미한다. 이제 우리는 범죄에서 범죄의지의 중요성을 인식하기 시작한 것이다.

이것은 또한 개인적 보복의 체계에서 공적인 사법 체계로 넘어가는 변화를 나타내기도 한다. 왜냐하면, 지정된 도시로 도피하는 사람은 모든 처벌에서 피하는 것이 아니라, 단지 보복에서 피하는 것뿐이다. "여호수 아"는 도피성도피성이 언제 만들어졌는지는 여기에서 크게 중요하지 않다. 판결의 시기 부터 혹은 왕국의 초기에 처음 만들어진 도피성과 포로시대 이후의 도피성 사이에 차이점이 있었다 할지라도, 이것은 변하지 않았다에 대한 사법 체계를 구축했다.이것은 민수 기의 도피성 제도에서 발전한 것임을 명확하게 보여준다. 여기에서 우리는 그 원리를 이야기하고, 적용의 세세한 부분을 살펴본다 우발적 살인자가 그 도시의 입구에 다다 랐을 때, 멈추고, 도시로 들어가기 전에 장로들에게 자신의 이유를 설명해야 한다. 만일 장로들이 받아들여준다면, 도망자는 도시로 들어가고, 이 도시에서 살 수 있을 것이다. 그는 피의 복수에서 보호된다.

이제 살인자는 사건의 재판을 담당할 재판장으로 가야 할 것이다. 이 재판장에서 도시의 장로들은 결정을 내릴 것이고, 처벌 수위를 결정할 것이다. 만일 실재로 그 살인이 의도적인 것이었다면, 그는 보복을 당하겠지만, 그 살인이 의도적이지 않았다면 당시의 대제사장이 죽을 때까지 그는 이 도시에 머물 것이고, 대제사장이 죽는 순간 그는 모든 형벌에서 자유롭게 될 것이다. 법은 이렇게 발전하였다.

그러나 이 결정은 진정으로 법률적이라고 이야기할 수 없고, 이 본문은 법적인 관점에서 기록된 것으로 볼 수 없다. 단지 사회적 관점에서 단 한 가지 흥미로운 점을 발견할 수 있는데, 이 제도가 지중해 지역의 모든 민족에게서 발견되는 제도와 매우 비슷하다는 것이다. 그것은 피보호권이다. 살인자는 지정된 성스러운 장소로 도망하여 대중의 보복과 같은 정죄를 피할 수 있다. 그러나 이 피보호권과 이스라엘의 도피성 사이에는 큰 차이가 있고, 우리가 수차례 했던 것처럼 이 두 법을 완전하게 동일화 할 수는 없다.

피보호권은 진정한 살인자를 잡으려고 있는 것이지, 과실치사에 의한 범죄자를 보호하려고 있는 것이 아니다. 피보호권은 보복에서 피하는 것을 허락할 뿐만 아니라, 정기적인 국가 법정의 정죄에서도 피하도록 한다. 또한 보호의 장소는 종종 사원, 신전, 신성한 숲, 그리고 매우 드물게 도시가 된다. 그러나 피보호권의 이러한 고려는 도피성 본문의 본질과는 다른 차원을 가진다.

이 본문은 히브리 역사에서 히브리 백성의 제도를 가르치려고 여기에 기록된 것이 아니다. 이것은 우리에게 주는 하나님의 가르침이다. 여기에 는 분명히 인간의 생명, 인간을 위한 구원의 의지가 있다. 그러나 이것은 우리가 살펴보게 될 범위 밖의 것이다. 우리가 볼 것은 이 구원을 위한 도구, 즉 도시이다. 여호수아는 6개의 도시를 선택했다. 요단강 동쪽, 르우벤 지파의 사막에 있는 벳셀, 갓지파의 길르앗 라못과 므낫세 지파의 바산 골란. 이 세 도시는 팔레스타인에 이스라엘 백성의 정착이 완료되기 전에 선택되었으며, 그 이유는 이 도시들이 요단강 동쪽에 위치해 있기 때문이다. 이것은 우리에게 이 도시들의 선택이 매우 서둘러서 이루어졌음을 보여준다. 그래서 우리는 이것을 매우 중요한 제도로 여길 수 있다. 팔레스타인의 다른 세 도시는 납달리 산간 지방에 있는 갈릴리의 게데스, 유다 산간 지방의 기럇아르바, 즉 헤브론, 그리고 에브라임 산간 지방의 세겜이었다. 이렇게 두 지파에 하나의 도시도피성을 선택했다. 이 도시들의 목적은 더 공평한 다스림과 무고한 자의 피를 흘리지 않기 위함이다.

여기에 지금까지 우리가 발견했던 모든 가르침과 대치되는 도시의 새로운 기능을 볼 수 있다. 이 도시들을 선택하는 데에 명백한 실재적인 동기가 있었다. 이 도시들은 지리적으로 도피하기에 좋은 위치에 있었는지도 모른다. 이 도시들은 성벽과 수비대와 함께, 범죄자에게 가장 효과적인 보호의 장소가 될 수 있었는지도 모른다. 실재로 그러했다. 그러나 이러한 유물론적 이유는 도시를 초자연적인 힘으로 여기고, 분명한 악의 세력으로 생각하는 백성에게 충분한 설명을 주지 못할 것이다. 이 확신은 정복전쟁 초기 때보다 강했고, 가나안 도시들이 정복당했을 때보다 더 강했다. 확실한 것은 하나님의 명령을 통해서만 정당화가 가능했다. 이것이 진정으로 선택된 도시들이 있었다. "내가 세 성읍을 따로 떼어 놓으라고 당신들에게 명령한 이유가 바로 여기에 있습니다."신19:7

세 도시성읍들을 따로 떼어 놓았다. 이 도시들은 다른 모든 도시와는 다른 의미와 가치를 가질 것이다. 이 도시들은 하나님의 백성을 따로 떼어 놓은 것처럼 따로 떼어 놓았다. 그리고 여기에서 특별히 주목할 만한 것은, 이 도시들의 신성함은 특별히 인간을 위한 것이라는 사실이다. 실재로 이 선택은 도시들의 의미를 변화시키고, 의심할 여지없이 도시의 영적인 힘을그러나 이 힘에 대해서는 아무 언급도 없다 변화시키는 것으로 제한되는 것이지, 인간이 도시에 부여했던 기능을 변화시키는 것은 아니었다. 가인은 동생의 죽음에 대한 복수에서 보호 받기를 원했다. 도시는 본질적으로 살인자를 보호하는 곳이었다. 그리고 여기에 도시는 이 특성, 즉 무고한 살인자를 보호하는 특성을 여전히 갖고 있다.

도시는 하나님의 법에 대항하여 인간의 모든 힘, 인간의 정의가 세워지는 영역이다. 그리고 여기에서 우리는 하나님의 법에 거슬러서 도시의 성벽을 쌓는다. "눈에는 눈", 그리고 이 실패만이 하나님 앞에서 옳으며, 하나님이 원하는 것이었다. 도시는 살인에 연루되어 있고, 전사이며 피 흘리는 자이다. 그러나 "주 당신들의 하나님이 당신들에게 유산으로 주신 땅에서는, 죄 없는 사람이 살인죄를 지고 죽는 일이 없도록 하기 위해서" 죄 없는 사람을 도망하게 하기 위해서이다.신19:10 이와 같이 도시의 역할은 여전히 유효하지만, 그 의미는 변하였다.

이 본문에는 한 구절이 여러 번 나타난다. 여기에서 살인 당한 사람과 "원한 관계에 있지 않았던 사람들"을 보호할 것이다. 여기에서 이야기하는 것이 단순히 살인이 계획적이었는지 그렇지 않은지에 대한 문제일까? 분명히 아니다. 그것은 이 본문들에 동일하게 나타나는 것과 같이, 살인이 의지적이지 않고 우발적이었음을 이야기하는 것으로 충분했기 때문이다. 이 비의지적인 특성은 범죄 계획이 없었음을 의미한다. 병행 구절에서 살인자가 고의로 죽이지 않았다는 것을 덧붙이고 있다.수20:3 실재로 여기에 도덕적인 요소가 있다. 원한 관계에 있지 않았던 사람만을 보호할 수 있는 것이다!… 이것은 순수하게 죄인지 아닌지를 논하려는 것이 아니다. 우발적 살인자를 정죄하지 않으려는 것이고, 증오가 진정한 살인이라는 것을 이야기하길 원한다. 예수는 이렇게 말씀했다. "자신의 형제에게 '라가'31 라고 말하는 사람은 살인자입니다."마5:22 이와 같이 우리는 여기에서 도시에 대한 반전을 볼 수 있다. 도시는 하나님이 최종적인 행위로 남겨둔 법, 성취하게 될 사랑의 법을 위반하지 않는 보호자가 된다.

그리고 인간은 "거룩한 기름 부으심을 받은 대제사장이 죽을 때까지" 여기에 머물 것이다.민35:25 내 지식으로는 이것이 대제사장의 죽음이 특별한 효과를 나타낼 유일한 때이다. 대제사장은 동물의 희생을 통해 다른 사람의 죄를 씻어주지만, 그 자신은 문제 삼지 않는다. 그래서 여기에 대제사장의 죽음은 감옥에서, 자신의 장소에서, 피난처이자 포로의 장소인 도시에서 살인자를 자유롭게 한다. 그것은 포로생활이기 때문이다. 대제사장의 죽음 이후에 그는 자신의 땅으로 돌아갈 수 있다.수35:28 왜 이렇게 해야 하는 것일까? 여기에 대한 설명은 매우 단순하다. 생명을 위해 생명이 필요하다! 이스라엘의 속죄를 담당하는 사람은 희생에 의해서, 자신의 죽음을 통해서 구약의 최고의 죄, 살인을 속죄한다. 대제사장의 생명은, 희생자의 생명의 대가를 지불해야 하는 우발적 살인자의 생명의 대가를 지불한다. 어떤 동물의 희생제도 속량의 희생이 될 수 없다. 어떤 동물의 생명도 동일한 가치를 가질 수 없다. 이 때 그 죄를 씻고자 이스라엘의 죄를 담당하는 사람의 생명이 요구된다. 그러나 우

---

31) [역주] 얼간이(새번역성서).

발적인 살인이면, 우리는 자연적인 죽음을 기다릴 것이다. 그리고 대제사장의 이 기능은 기름부음 받는 구절을 떠올리게 한다. 이 죽음은 살인자를 그 보복에서 분리시킨다. 이 죽음은 그 살인자를 포로 상태에서, 그리고 도시에서 자유롭게 하며, 대제사장의 역할은 이렇게 끝난다. 우리는 여기에서 분명히 하나의 예언을 볼 수 있다. 여기에서 이 예언을 논하는 것은 무의미하지만, 우리는 지금부터 도시가 하나님의 계획에서 하나의 역할을 한다는 사실을 이해하게 된다.

"유다의 수많은 족속 중에서…" 6개의 도시만이 도피성으로 요구되었을 뿐이다. 그들의 영적인 특성이 어떻게 변했는지는 명확하지 않다. 그들의 역할은 여전히 극단적으로 제한되어 있으며, 부수적인 것이다. 여기에는 분명히 입으로 전해 내려오는 예언 그 이상이 있으며, 하나님이 도시에 원하는 것이 이미 전제되어 있다. 이 부수적인 역할 속에 하늘의 예루살렘의 영광이 될 모든 내용이 있다. 그것은 살인자가 포로로 잡힌 장소가, 모든 용서 받은 자의 피난의 장소가 되는 것이다. 이와 같이 하나님은 자신의 백성 가운데에 표식을 두었다. 그는 자신의 영성령의 승리의 표식을 두었다. 그리고 이것은 예루살렘에서 더욱 분명히 나타날 것이다.

2. 예루살렘

　예루살렘은 독특한 운명을 갖고 있다. 물론 역사 속에 테베, 라싸, 메카, 바라나시, 로마와 같은 여러 성스러운 도시가 있었다. 인간의 관점에서 볼 때 예루살렘은 그저 다른 여러 성스러운 도시, 다양한 이름의 성스러운 도시 가운데 하나일 뿐이다. 그러나 그 역사를 자세히 살펴 볼 때, 모든 종교적인 해석을 벗겨낼 때, 이 도시는 이스라엘 백성의 운명처럼 설명할 수 없는 독특한 운명을 갖고 있음을 알 수 있다. 이것을 위해서는 이 도시의 역사를 볼 때 쉽게 알 수 있으며, 이것은 각자의 몫이다. 우리는 여기에서 역사적 작업을 하려는 것이 아니고, 그 기원을 묘사하려는 것은 더더욱 아니다.

　예루살렘은 이미 이스라엘 백성이 약속의 땅으로 들어갔을 때 존재하고 있었다. 그리고 무능했기 때문이었는지, 아니면 외교적인 이유 때문이었는지, 유다는 이 도시에서 여부스 족속을 축출하지 못했다. 여부스 사람들은 아마도 자신들의 수도였던 예루살렘을 지켰지만, 이 도시가 중요한 기능을 갖고 있었던 것으로는 보이지는 않는다. 실재로 여호수아서나 사사기서의 이 도시에 대한 언급은수15:63; 삿1:21 예루살렘이 이후에 중요한 도시가 되었기 때문에 덧붙여진 설명이다. 예루살렘은 가나안의 여러 도시 중의 하나였고, 좋은 도시라기보다는 부정함으로 외면당하는 도시였으며, 에스겔16장이 이야기한 것처럼 멸시 받는 도시였다. 그리고 이 도시는 처음 형성될 때부터 미개한 도시였다. 오랜 시간이 지난 후에 다윗은 이 도시를 점령했다. 그리고 역사학자들은 최근에 다윗이 이 도시를 수도로 선택한 동기에 대해서 수많은 해석을 내놓았다. 여부스는 예루살렘이 되었고, 다윗의 도시가 되었다. 우리는 언제나 이 완전히 새로운 도시를 선택하게 된 동기로 전술적인 가치나 방어의 수월함이라는 관점 혹은 완전히 정치적 필요에 대한 설명을 덧붙이곤 한다. 그러나 이 사실들은 주요한 이유라고 하기 어렵다. 이 도시를 처음으로 군사적 요충지로 만든 사람은 다윗이었다. 그는 결국 주님의 이름으로 이 도시와 사랑의 언약을 맺는다.

다윗은 언약궤를 안전한 곳에 두려고 특별히 강한 도시를 만들려는 의도와, 열 두 지파 중에서 종교적인 이곳에 정치적 중심의 수도를 만들려는 이중적인 의도를 가지고 있었다. 다윗은 도시가 대표하는 것이 무엇인지를 알았다. 비록 우리가 인용했던 몇몇 본문이 다윗 사후에 기록된 것이라 할지라도, 다윗은 도시에 주신 하나님의 교훈을 어느 하나 무시하지 않았다. 그리고 다윗은 여기 이 도시에, 최근까지도 이방인의 도시였던 이곳에 언약궤를 둘 장소를 마련하기 원했다. 지금까지 이 언약궤는 지방에 두었고, 개인의 집에 있었으며, 혹은 임시로 베델, 실로, 벳세메스, 기랏여아림의 도시들을 옮겨 다녔다. 그러나 그 거주처는 매우 자주 변하였다. 언약궤는 주로 도시 밖의 언덕에 혹은 전략적 요충지에 두었다.예를 들면 삼상7:1 이제 다윗은 자신의 도시를 언약궤의 도시로, 그리고 곧 하나님의 도시로 만들길 원했다. 여기에 주저함이 없었던 것은 아니었다. 오벳 에돔의 집에 언약궤를 두게 된 이야기는 다윗이 어쩌면 언약궤의 도시를 만드는 것에 대해서 분명한 의식을 갖지 못했다는 것을 보여준다. 그리고 그가 예루살렘에 하나님을 위한 집을 건축하길 원했을 때, 선지자가 그에게 가져온 대답은 명확했다. "그러나 나는, 이스라엘 자손을 이집트에서 데리고 올라온 날부터 오늘에 이르기까지, 어떤 집에서도 살지 않고, 오직 장막이나 성막에 있으면서, 옮겨 다니며 지냈다. 내가 이스라엘 자손 과 함께 옮겨 다닌 모든 곳에서, 내가 나의 백성 이스라엘을 돌보라고 명한 이스라엘 그 어느 지파에게라도, 나에게 백향목 집을 지어주지 않은 것을 두고 말한 적이 있느냐?"삼하7:6~7 이것은 도시로 들어가는 것에 대한 일종의 진정한 거부이며, 주거를 갖는 것에 대한 진정한 거부였다. 그리고 우리는 여기에서 예루살렘의 최종적 운명을 엿볼 수 있다. "너 다윗아, 네가 나의 집을 건축하고 나를 도시 안에 살게 하고 싶어 하는구나. 그러나 실재로는 나 하나님이 너를 위하여 집을 건축할 것이다!" 그리고 하나님은 다윗의 아들에게 성전 건축을 허락했다. 그러나 이것은 다윗의 소원을 받아들인 것일 뿐이고, 하나님이 기뻐하고, 하나님이 선택하고 사랑한 자의 제안에 대해 하나님이 동의한 것이다. 그리고 이것은 하나님이 다윗의 집을 지어주실 것이고, 진정한 후사를 줄 것이며, 진정한 도시를 건설할 것이라는 하나님의 선언에 대한 암시일 뿐이다. 이러한 다윗의 행위는 하나님의 역사 안에 있는 것이다. 그는 은혜에 의해서 선택된 하나님의 주요한 표징을 나타내는 도구이다. 한 도시, 이방인의 도시, 열 두 지파에게 정복되지 않았으며 모두가 꺼려하는 도시, 피로 덮인 한 도시, 하나님은 이 도시를 하나님의 백성의 중심으로 선택했고, 이 도시는 하나님이 사랑했던 왕의 도시가 되었으며, 하나님의 영광이 머물게 될 장소가 되었다. 이 도시는 주님의 기름 부음을 받은 도시가 되었다. 이스라엘과 유다로 나누어진 백성을 화해시키고, 그리스도 안에서 유대인과 이방인의 분리를 넘어서 교회가 세워진다. 그렇지만, 여기에서 예루살렘을 둘러싼 커다란 오해가 시작될 것이다.

거룩한 도시 예루살렘, 그렇다, 이 도시는 성전과 언약으로 거룩해진다. 여기에 도시와 언약궤가 연합되고 연결되며, 이 둘은 서로에 의해서 존재하게 된다. 그러나 이 모든 것은 하나님이 다윗의 소원을 허락해 준 것일 뿐이다. 여기에서 실재에 대한 오해가 있어서는 안 된다. 우리는 사물 자체가 아닌 사물을 비추는 거울을 취해서도 안 되고, 하나님의 행위를 다윗의 행위로 오해해서도 안 된다. 이와 같이 "내가 너에게 집을 지어 줄 것이다!" 라는 말씀과 함께 예루살렘은 주님의 도시가 될 것이다. 이 말씀의 선언과 함께 하나님은 도시로 와서 거주할 것이다. 예루살렘은 지금부터 독특하고 모호한 운명을 가지게 될 것이며, 이 운명 속으로 하나님이 선택한 인간의 한 도시가 들어온다. 이것은 하나님이 인간의 행위를 따른 기적이고, 하나님에 의해 선택된 인간은 하나님의 사랑에 종속된 것이다. 다윗이 선택한 이 도시이 도시는 애매한 상황 가운데 있다에 대해 하나님은 다음과 같이 이야기할 것이다. "내가 그 도시를 선택하였다." 하나님은 이 도시를 보호하고 존중하고 사랑할 것이다. 하나님은 이 도시를 진정으로 자신의 것으로 생각했다. 지금부터 예루살렘은 다윗의 도시로, 그리고 하나님의 도시로 이해될 수 있다. 하나님은 이 도시를 진정으로 자신의 구원 계획 속에 포함시키고, 메시아를 바라보는 백성의 역사하나님이 인도하는 역사 속으로 들어가게 한다.

가인의 행위가 결국 가인 자신에게 비수로 돌아온 것과 같이, 솔로몬의 행위도 자신에게 돌아왔다. 솔로몬의 모든 잘못에도 불구하고특별히 예루살렘의 선택을 거룩하게 만드는 유일한 가치인 성전 외의 다른 성을 건축하는 범죄, "그러나 이 나라를 갈라서, 다 남에게 내주지는 않고, 나의 종 다윗과 내가 선택한 예루살렘을 생각해서, 한 지파만은 네 아들에게 주겠다." 이와 같이 이 도시는 용서의 계기가 되었고, 이것은 다윗과 솔로몬이 이 도시를 진정으로 하나님께 드렸기 때문이며, 하나님이 아벨의 제사에 대한 일종의 승인을 했기 때문이다. 하나님이 선택한 도시 때문에, 그 이름이 승인된 도시 때문에, 하나님은 솔로몬을 용서한다.왕상11:13; 대하6:6 여기에 하나님의 이름과 하나님의 영광이 거한다. 그러나 하나님의 거주하심을 이해하려면 이 선택의 복합성을 이해해야 한다. 왜냐하면, 모든 것은 그 역사적 외연에도 불구하고 결정적으로 하나님의 행위에 달려 있기 때문이다. 그리고 이 행위는 여전히 미래에 일어날 행위이다. 만일 예루살렘이 거룩한 도시라면, 이것은 이 도시가 특별히 의롭다하심을 받았기 때문이며, 복된 소식의 선포를 받았기 때문이다.사41:27 "내가 싸워서 이길 날이 가까이 왔다. 그 날이 멀지 않다. 내가 이기는 그 날은 지체되지 않는다. 내가 시온을 구원하고, 이스라엘 안에서 나의 영광을 나타내겠다."사46:13 예루살렘의 영적인 역사는 우리에게 여러 방향을 보여준다. 예를 들면 하나님의 구원의 행위 안에서의 교회와의 관계, 우주의 건축을 의미하는 성전의 상징, 이스라엘 역사를 둘로 나누는 성전 건축의 날32 등. 그러나 우리는 여기에서 다음과 같은 한 가지 방법을 생각해 볼 것이다. 도시의 역사에서 예루살렘은 무엇을 의미하는가, 계시 속에서 인간의 행위 가운데 심겨진 이 독특한 도시는 무엇을 나타내는가?

※　　※　　※

　　예루살렘은 도시이다. 이 도시는 끊임없이 다른 모든 도시와 같은 자취를 나타낸다. 여기에서 예루살렘은 끊임없이 새롭게 나타나는 죄 때문에, 끊임없이 비난 받는다. 예루살렘의 죄는 다른 도시의 죄와 같다. 예루살렘은 다른 도시처럼 행동하며, 동일한 정죄를 받는다. 한 번 더, 하나님의 거룩함은 우리가 거룩하다고 부르는 것과는 아무 상관없다. 우리가 거 룩하다고 하는 것은 이상에 불과하다. 거룩한 도시 예루살렘은 집들이 잘 정돈되어 있고, 하천이 잘 정비되어 있으며, 상점들이 잘 갖추어져 있고, 상하수도와 정책이 잘 구비된 이상도시유토피아가 아니다. 또한 도덕적으로도 이상적인 도시도 아니다. 그러나 우리가 기억해야 할 이 도시의 죄에도 불구하고, 예루살렘은 거룩한 도시이다. 이 도시는 인간의 자취를 가지고 있었고, 그 선택도 인간적이었지만, 하나님에 의해서 받아들여졌다. 분명하게 선지자들은 예루살렘에 대해서 가장 힘들게 정죄의 메시지를 전했다.

　　예루살렘 역시 피의 도시였다. 그리고 범죄의 도시였으며, 전쟁을 위해서 희생 제사의 피로 이루어졌다. 예루살렘의 건축자에게도 끔찍한 저주가 내려졌다. 하나님은 이 도시가 여전히 피로 뒤덮여 있을 때에 이 도시를 선택했다.…미3:10; 겔16장 이 도시는 교만의 도시이다. 또한 다른 도시와 마찬가지로

---

32) 이 주제에 대해서 비세(Visscher)의 저서 『초기의 예언자들』 361쪽을 참고할 것.

먹이를 찾아 헤매는 광기로 하늘에 대항하려 했다.렘13:9 우리는 이 도시가 교만의 도시이며 불의의 도시라는 사실을 잘 알고 있 다. 그리고 이 거룩한 도시 역시 다른 도시와 동일한 상황에 처해있다는 사실은 중요하고 심각한 것이다. 그리고 이 기록들을, 역대기서의 조급한 이해와 같이, 이스라엘 역사의 진행과 동일시하는 잘못된 해석을 범해서는 안 된다. 우리는 예루살렘이 때로는 정의롭고 때로는 불의했다고 이야기한 적이 없다. 그리고 때로는 피의 도시였고, 때로는 거룩한 도시라고 주장할 수도 없다. 예루살렘을 향한 정죄는 우연한 사고에 대한 정죄도, 일시적 사건에 대한 정죄도 아니었다. 이 정죄는 지속적이었다. 예루살렘은 원래 피가 낭자한 도시였다.… 예루살렘은 도시이다. 동시에 이러한 특성이 단 한 번도 없어지지 않았던 거룩한 도시이다. 이것은 하나의 죄에 대한 정죄도 아니고, 특수한 상황에 대한 이야기도 아니다. 예수는 예루살렘의 이 특성을 분명히 이야기 할 것이다. 그리고 이 교차된 상황 때문에 예루살렘은 구속의 운명을 향해 갈 것이다.

그러나 예루살렘은 우상숭배로 말미암아 최고의 정죄를 당할 것이다. 성서는 이러한 본문으로 넘쳐난다. 고대의 선지자들에서 포로로 잡혀간 선지자들까지, 모든 선지자는 이스라엘 민족 전체의 우상숭배 가운데에서 예루살렘의 우상숭배를 특별하게 여겼으며, 죄악의 정점으로 정죄하였다. 특별히 한 본문만 살펴보면 우리는 이것을 충분히 이해할 수 있다. "네 아버지는 아모리 사람이고, 네 어머니는 헷 사람이다.…"겔16장 우리가 저 앞에서 강조했던 것들은 예루살렘의 이방인적 기원, 그리고 도시를 지배했던 정신에 바쳐진 것들 아무 근거 없이 도출된 것이 아니다. 이것은 정확하고 분명하게 선지자들이 이야기한 것이다. 예루살렘은 거룩한 도시가 아니었다. 이 도시는 하나님에 의해 건설된 것도 아니었고, 하나님을 위한 것도 아니었다. 오히려 인간에 의해서 황무지로 버려졌던 도시였고, 다른 여느 도시처럼 어떤 깨끗함도, 어떤 사랑도 없는 도시였다. 이 도시는 사랑 없이 태어난 도시였다.

그리고 하나님이 와서 살인자의 피, 기초를 놓은 사람의 피16:6를 보았다. 하나님은 이 도시를 크게 세웠다. 다윗은 성벽을 쌓고, 방어 요새를 만들었고, 보루33로 둘러쌓았다. 그러나 이러한 힘과 규모는 정의나 거룩함과는 전혀 상관없었다. 이 도시에는 하나님과의 어떤 언약도 없었고, 어떤 사랑도 없었다. 이 도시는 벌거벗었고16:7, 말하자면 여전히 정죄 아래에 있었다.

그리고 하나님은 이 도시를 자신의 사랑으로 덮었다. 그리고 우리는 에스겔이 묘사한 이러한 하나님의 선택을 주목할 수밖에 없다. 이 도시에 대한 하나님의 선택은 성전에 바쳐진 솔로몬의 기도와 너무나 비슷하고, 성소를 가득 채운 하나님의 존재가 어두움 가운데에 터져 나오는 것을 완벽하게 떠올리게 한다. 이렇게 하나님은 자신의 도시를 온전하게 만든다. 그러나 여기에 예루살렘의 죄악이 개입한다. 예루살렘은 하나님께 받은 이 선물들을 우상에 갖다 바친다. 도시의 천사가 하나님의 선물보다 더 중요한 위치를 차지한다. 이 도시는 자신을 위해 높은 재단을 쌓는다. 그리고 하나님이 온전하게 만든 이 도시를 다시 반대의 의미로 돌려놓는다.

성전은 유일한 하나님 대신에 다른 신들에게 봉헌된다. "내가 준 기름과 향을 그것들 앞에 가져다 놓았다."겔16:18 그리고 우리가 이미 도시에서 보았던 끔찍한 행위들을 계속해서 행하고, 자신의 자녀들을 우상들에 희생 제물로 바쳤다. 이들은 하나님의 백성의 자녀들이었다. "또 너는, 우리 사이에서 태어난 아들들과 네 딸들을 데려다가, 우상들에게 제물로 바쳐 불사르게 하였다."16:20 비극은 최고조에 달했다. 이보다 더 하나님에게서 돌아설 수 없으며, 더 절대적인 음행은 있을 수 없다. 이것은 우리가 도시가 대표하는 것을 정확하게 숙고할 때, 예루살렘이 어떻게 거룩한 도시가 되었는지를 고려할 때, 분명히 볼 수 있을 것이다 . 그리고 하나님의 고통의 외침, 그리스도의 고통의 신음은 우상숭배를 향하여 메아리 칠 것이다.

---

33) [역주] 적의 침입을 막기 위한 구조물.

에스겔은 예루살렘이 도시의 죄를 정점에 올려놓았다고 이야기한다. 소돔과 사마리아는 그 죄의 반에도 미치지 못했다. "네가 네 언니와 아우보다 더 역겨운 죄를 지으므로, 네 언니와 아우가 유리한 판단을 받았으니, 너는 마땅한 수치를 당해야 할 것이다. 너 때문에 그들이 의로운 것처럼 보이게 되었다. 네가 이렇게 네 언니와 아우를 의롭게 보이게 하였으니, 너도 부끄러운 줄 알아라. 네가 마땅한 수치를 당할 것이다."16:52 예루살렘은 다른 모든 도시와 동일한 죄악을 짓는다. 그러나 이 도시는 거룩한 도시이기 때문에, 이 동일한 죄는 결정적인 것이 된다. 그리고 이 죄는 더 무겁고 총체적이어서그리고 우리는 실재로 그것이 총체적인 죄라는 사실을 보게 될 것이다 다른 모든 도시가 정의로워 보이게 한다. 하나님은 예루살렘을 다른 도시처럼 정죄할 것이다.16:35 이하 예루살렘은 다른 도시들처럼 되길 원했고, 실재로 다른 도시들을 닮아갈 것이다. 예루살렘과 간음한 모든 다른 도시는, 이 도시를 벌거벗기고 때리고자 올 것이다. 하나님은 예루살렘을 간음한 다른 도시들에게 넘길 것이고, 이것이 바로 하나님의 정죄가 될 것이다. 하나님은 예루살렘이 사랑했던 도시들에게 예루살렘을 넘긴다. 그리고 이 복수자들은 예루살렘을 창녀처럼 다룰 것이고, 하나님이 이 도시에 다시 입혀 주었던 모든 옷을 벗길 것이다. 예루살렘은 원래 자신의 상태였던 완전히 벗겨진 상태로 돌아갈 것이다.

우리는 여기에서 도시에 대한 중요한 계기를 발견하게 된다. 인간을 보호하고, 감싸 안으며, 자신의 힘을 보여주려고 만든 인간의 작품은, 정확히 말해서 실재로는 벌거벗겨진 비참함 가운데 처해 있는 것이다. 도시는 벌거벗겨졌고, 어떤 장식도 어떤 아름다움도 없다. 도시는 마치 밭에 유기된 시체와 같다. 그리고 인간은 도시를 살리려고 노력하지만, 이 노력은 헛된 것이고, 이제 도시는 다른 장신구, 다른 옷이 필요하다. 이 작품 은 마치 장인의 작품과 같다. 장인의 광기는 자신의 손으로 만든 작품이 자신의 모험에 유용한 안전장치가 될 것이라고 믿으며, 그래서 그 자신도 자신의 작품으로 보호 받아야 한다고 믿는다. 모든 예언에서 끊임없이 되풀이되는 예루살렘을 향한 정죄 앞에서, 우리는 예루살렘의 몰락에 함께 묻히지 말고 떠나라고 말씀하는, 선택된 민족을 향한 명령을 이해하게 된 다. "나 주가 말한다. 내가 너희 앞에 생명의 길과 죽음의 길을 둔다. 이 도성 안에 머물러 있는 사람은 전쟁이나 기근이나 염병으로 죽을 것이다. 그러나 지금 너희를 에워싸고 있는 바빌로니아 군대에게 나아가서 항복하는 사람은, 죽지 않을 것이다. 그 사람은 적어도 자신의 목숨만은 건질 것이다. 나는 복을 내리려고 해서가 아니라, 재앙을 내리려고 이 도성을 마주 보고 있는 것이다. 이 도성은 바빌로니아 왕의 손에 들어갈 것이고, 그는 이 도성을 불질러 버릴 것이다. 나 주의 말이다."렘21:8이하 여기에서 다시 하나님은 인간과 도시를 분리시키기 원하고, 백성을 자신의 도시에 서 분리시키기 원한다. 예루살렘이 하나님의 도시이긴 하지만, 그 역시 아직은 도시 가운데 하나일 뿐이다. 그리고 이제 예루살렘은 비극적인 조롱을 받으면서 바빌론에 종속되고, 나아가 그 스스로 바빌론이 되려 한다.

우리가 예레미아의 말씀을 듣기 싫어하고, 그 말씀을 순전히 역사적인 이야기로 치부하고, 그 말씀을 바벨로니아 시대에 한정시키려 하는 것은, 그 말씀이 너무도 우리 각 도시에, 우리의 삶을 위협하기 때문이고, 이 위협을 참을 수 없기 때문이다. 그러면 기원전 600년으로 돌아가 보자. 우리는 더 쉽게 이 말씀을 이해할 수 있을 것이다.

예루살렘을 향한 이 저주는 일시적인 것이다. 에스겔의 예언은 우리에게 이 저주 위에 언약이 있으며, 언약은 은혜에 의해서만 새롭게 된다는 사실을 일깨워준다. 오직 하나님의 사랑만이 우상숭배에 의해서 정지된 언약을 다시 유효하게 한다. 우상숭배는 실재로 언약의 파기를 의미하는 데, 그 이유는 우상숭배가 다른 언약을 추구하기 때문이다. 예루살렘은 다시 세워질 것이다. 그러나 그 회복의 때와 방법은 이야기되지 않았다. 그리고 이 회복은 영원한 회복이 될 것이다. 이 회복의 계획에 대한 말씀은 대조적이다 . "나도 네가 한 것과 똑같이 너에게 하겠다.”16:59 그리고 하나님은 영원한 언약, 즉 하나님에 의해서 선언된 용서와 예루살렘의 회개 위에 세워진 언약을 선언할 것이다. 예루살렘의 상황의 모호성은 이 불확실함 가운데에 있다. 그리고 이 두 단어 용서와 회개가 존재론적으로 함께 유지되는 것이 가능해짐에 따라, 예루살렘은 매순간 거룩한 도시로 나타난다.

그러나 이 언약은 더욱더 오래 지속될 것이고, 우리는 다음의 말씀에서 종 말론적인 의미가 확증되는 것을 볼 수 있다. “비록 이것은 너와 나 사이에 세운 언약 속에 들어 있는 것은 아니라 하더라도, 내가 너보다 더 큰 네 언니와 너보다 작은 네 아우를 모두 네 딸로 삼아 주면, 너는 네가 저지른 악한 행실을 기억하고, 부끄러워할 것이다.”16:61 이와 같이 예루살렘의 우상숭배는 다른 도시들이 예루살렘 옆에서 정의로운 것처럼 여겨지게 만들었고, 이제 예루살렘에게 주어진 용서는 예루살렘 때문에 다른 모든 도시에 퍼져갈 것이다. 다른 모든 도시가 예루살렘의 딸이 될 것이고, 예루살렘이 다른 도시들의 행위를 따라갔던 것처럼, 다른 모든 도시가 예루살렘을 따를 것이라고 이미 예언되었다. “네 언니와 너보다 작은 네 아우” 라는 표현은 정확한 것이다. 소돔과 그 딸들, 사마리아와 그 딸들16:55, 이방 도시들과 타락한 도시들, 우상과 반역의 도시들, 이 모든 도시는 이제 예루살렘을 통해 위로 받을 것이다.16:54 그러나 이것은 예루살렘 이 다른 도시들에 대해 우월함을 나타내는 것이 아니다. “이것은 너와 나 사이에 세운 언약 속에 들어 있는 것이 아니다.”16:61 말하자면 과거의 언약, 예루살렘에게 부분적으로 주어졌던 언약이고, 그래서 여기에서 선언된 것은 일시적인 지배도 아니고, 정치적인 지배도 아니다. 새로운 언약에 의해서 모든 도시는 예루살렘 안에서 구원 받을 것이고, 예루살렘은 “모든 도시를 받아들일 것” 이다. 그리고 하나님의 은혜의 행위가 이 도시들을 거룩한 도시의 “딸로 줄 것이고”, 이 거룩한 도시는 이제 새롭게 됨으로 진정으로 거룩하게 될 것이다. 그러나 이것은 우리를 새로운 길로 인도한다.

　　　　　　　※　　　※　　　※

　이제 이 땅의 예루살렘에는 희망이 없다! "만군의 주가 말한다. 토기 그릇은 한번 깨지면 다시 원상태로 쓸 수 없다. 나도 이 백성과 이 도성을 토기 그릇처럼 깨뜨려 버리겠다. 그러면 더 이상 시체를 묻을 자리가 없어서, 사람들이 도벳에까지 시체를 묻을 것이다.… 반드시 이 도성을 도벳우상숭배의 장소, 요시아왕에 의해 더럽혀진 장소, 부정한 시체를 묻었던 불결한 장소처럼 만들어 놓겠다. 나 주의 말이다. 예루살렘의 집들과 유다 왕궁들이 모두 도벳의 터처럼 불결하게 될 것이다.…"렘19:11이하 그러나 이러한 타락과 깨끗하지 않음에 대한 정죄는, 부정한 것을 부정하다고 확정하는 것일 뿐이다.

　예루살렘 도시 안의 모든 것은 여전히 도시의 세상이며, 인간이 창조한 것과 인간의 교만이다. 이 모든 것은 단지 황폐하게 되고, 무덤에 묻히게 될 뿐이다. 이것은 도시가 벗어내기 어려운 자신의 존재 이유이기 때문에, 이 정죄는 단지 벗어버리기 어려운 옷이 불에 타서 벗겨지는 것과 같은 것이다. 그럼에도 이 도시는 하나님의 이름이 내세워진 도시이며, 이 때문에 상징적이다. 한 번 더 이야기하면, 하나님이 자신의 이름이 이 도시에서 불리길 원하며, 이 도시에 거주하기 원한다는 사실은, 그저 아무 이유 없는 우연한 것이 아니다. 하나님은 여기에서 한 도시를 선택하여 인간의 세계로 들어오고, 혹은 인간으로 한 도시를 선택하도록 하고이 장소는 인간의 장소이다!, 다윗의 손으로 창조에 대항하는 도시를 받아들인다. 그리고 하나님은 인간이 자신을 거부하는 세상으로 들어온다. 이 일은 인간의 손을 통해 일어난다. 하나님은 인간이 세운 벽을 부수고, 여리고의 성벽을 무너뜨리며, 다메섹의 문을 넘어뜨리는 주인처럼 행세하지 않는다. 그리고 자신에게 반역한 인간의 행위에 대해서 소돔을 멸망시키고 바벨을 좌절시켰던 심판자로 행동하지 않는다. 또한 하나님은 인간이 만든 규칙 속으로 들어오고, 이 규칙을 받아들인다. 그것은 하나님이 사탄을 상대하고, 영적인 세력들을 상대하는 것과 동일하다.

하나님 사랑의 겸손은 성육신 이전에 이미 나타나며, 예루살렘이 이 성육신의 모형이라고 이야기하는 것은 매우 쉽다.…물론 이것은 전혀 틀린 것이 아니다 예루살렘의 선택부터 나타난다. 그리고 하나님은 이와 같이 저항하고 거부하는 사람의 마음 중심에 온다. 하나님은 다른 도시와는 다른 더 아름답고 더 완전하며 더 힘이 센 도시를 선택하지 않고, 부정한 것에서 분리된 순수한 세상을 원하지도 않았다. 그는 다른 모든 도시와 마찬가지로 이방인의 한 도시를 선택했다. 하나님은 역사가들이 예루살렘의 선택에서 다윗이 가졌던 동기라고 이야기하는 것과 동일한 동기에서 예루살렘을 선택했고, 이것은 예루살렘이 다른 도시와 동일하게 사용된 도시라는 사실을 정확하게 보여준다. 예루살렘은 군사적으로 강한 도시였고, 유리한 위치에 있었으며, 베냐민 지파 안에 있었다. 그리고 이 도시의 정치적 역할과, 정치에서 '종교' 적 간음은 예루살렘은 이러한 장소가 될 것이다 모든 도시의 특성을 완벽하게 보여주는 것이다.

그리고 하나님은 이 모든 것 가운데에 올 것이다. 하나님은 바꾸지도 않을 것이고, 정화시키지도 깨끗하게 하지도 않을 것이며, 이 땅의 예루살렘에 더 공정한 정치나 더 거룩한 군대를 주지 않을 것이다. 하나님은 단지 인간이 하나님을 거부하는 그 장소에 있을 뿐이다. 가인의 거대한 시도는 다윗의 행위 안에서 실패하게 된다. 왜냐하면 지금 인간은 더는 이 도시의 벽 안에 숨어있지 않기 때문이다. 예루살렘이 하나님의 도시가 된 순간부터 도시는 더는 인간의 장소가 아니다. 이것은 다른 도시들의 상황을 전혀 변화시키지 못하지만, 인간이 닫기 원했던 문을 열게 했다. 그리고 인간의 떠돎 유리함이 다시 시작되었고, 죽음에 대한 걱정이 다시 시작되었다. 그 이유는 하나님이 인간을 재난과 홍수 속에 있는 것보다 더 확실하게 인간을 이 떠돎과 죽음의 장소로 몰아넣었기 때문이다. 그러나 예루살렘을 선택하고, 반反창조의 장소에 오는 것은, 하나님이 자신의 영역 안에서 인간을 만난다는 사고와 배치되지 않는다.

그 이유는 이 반창조의 장소에서 인간을 만나는 것이 기적을 통해서 이루어지는 것이 아니기 때문이다. 그리고 다윗의 행위는 단지 하나님의 사랑을 통해 나타날 뿐이다. 실재로 이러한 예루살렘의 상황은 우리에게 하나님이 인간의 행위에 실재로 존재한다는 사실을 보여주는 것이다. 우리는 여기에서 하나의 신비를 발견하게 되며, 이것을 설명하려는 시도는 무의미하다. 실재로 인간이 창조를 거스르는 위대한 작업에 뛰어들 때, 죽음의 세계를 만들 때, 죽음의 재료인 돌, 모르타르, 아스팔트, 시멘트, 주철, 철, 유리, 알루미늄, 석회, 벽돌로 도시를 건설할 때에도, 그럼에도 여기에 생명이 존재한다. 그리고 인간에게 속한 이 거대한 기계가 다른 저항자들과 함께 창조의 주님을 대항한 새로운 영적인 힘을 구축할 때, 주님은 단지 이 힘 앞에 서 있을 뿐 아니라, 그 안에 있다. 그리고 인간이 그렇게 하도록 둔다. 하나님은 인간이 거대한 공동묘지를 건설하도록 두며, 우리 시대의 거대한 공동묘지를 건설하도록 내버려 둔다. 그리고 하나님을 반역하여 도시로 내려온 천사들이 대항하도록 내버려 둔다. 그러나 하나님은 여기에 있으며, 여기에서 벗어나지 않고, 예루살렘이 증명하는 바와 같이, 여전히 이 행위 속에 존재한다.

우리는 이 부분에 대해서 좀 더 고찰해야 한다. 예루살렘은 우리에게여전히 많은 것을 시사해 준다. 예루살렘은 하나님의 도시가 되었고, 단지 하나님이 존재하는 도시일 뿐만 아니라 하나님께 속한 도시이며, 하나님의 이름을 갖는 도시이고, 그래서 하나님의 힘을 갖는 도시이다. 예루살렘은 이르-예흐라-쩨바오트יהוה יראה צבאות이다. 이 도시는 실 제로 하나님의 힘으로 옷 입고 있다. 그리고 우리가 이미 사용하고 있는 단어에 의하면, 하나님은 이 도시를 실제로 입양했다. 하나님은 한 도시 를 입양한 것이다. 하나님은 이 도시를 자신의 것으로 만든 것이다. 하나 님은 인간의 작품을 자신의 것으로 만들었다. 한번 더, 하나님은 이 도시 를 바꾸지 않고그러나 이 도시는 변화를 선언하고자 여기에 있는 것이다, 도덕적으로 만들지도 않는다. 그러나 이 도시는 정의의 심판을 선언하고자 여기에 있다! 인간이 만든 것, 6일 동안의 작품에 포함되지 않았던 것, 인간을 위한 창조 밖에 있던 것, 에덴동산 밖에 있던 것, 인간을 위해 하나님이 원했던 것과는 다른 것, 인간에게 주어진 곳, 즉 하나님이 인간을 두었던 곳 밖으로 나가기 원했던 인간의 의지, 하나님은 단지 여기에 존재할 뿐만 아니라, 그것을 넘어서 그 행위를 자신의 것으로 만든다.

하나님은 더는 반대의 태도를 취하지 않고, 언약의 태도를 취한다. 놀 랍게도 이것은 이미 예루살렘이 선언한 것이다. 하나님은 도시의 모든 악행과 우상숭배를 취했고, 이 도시를 자신의 것으로 만들었다. 하나님의 예루살렘은 다른 도시와 다르지 않다. 그러나 하나님은 이 행위를 통해 인간을 위해 한 것을 이미 완성한 것이다. 왜냐하면, 예루살렘은 우리가 간과할 수 있는 대상이 아니기 때문이다.

우리는 이미 수차례 인간과 그 행위 사이의 근본적인 관계를 드러내는 성서의 본문들을 보았다. 인간이 철저하게 스스로를 뛰어넘지 않고서는 도시를 깨끗하게 하는 것이 불가능하며, 인간을 파괴하지 않고서는, 자신 의 것으로 만들기 원하는 이 환경에서 인간을 빼내지 않고서는, 도시를 변화시키는 것은 불가능하다. 하나님은 자신의 사랑 안에서 인간을 구원 하는 동시에 이 환경을 자신의 것으로 만든다. 그러나 이것은 이 땅에서 실현되고 성취된 것이 아니다. 모든 것이 제자리를 잡기에는, 인간은 이미 자신의 자리를 잡고 있으며, 도시의 벽 안에 꽁꽁 숨어 버렸고, 자신의 반역과 반역한 천사의 도구가 되어 버렸다.

우리가 이미 언급한 저주는 그대로 남아 있지만, 예루살렘은 하나님의 일하심을 선언한다. 예루살렘을 자신의 것으로 만드는 하나님의 행위는 우리에게 인간의 행위에 대립하는 하나님의 진정한 최종적인 결정을 보여 준다. 이것은 이중적 의미에서 최종적인 결정이다. 우선, 그 이후에 다른 결정이 없다는 의미에서이다. 하나님은 이와 같이 도시를 선택하기로 결정하고, 이것을 예루살렘 안에서 우리에게 보이고, 이 결정을 취소하지 않는다. 도시에 대한 저주는 진정으로 최종 직전의 것이며, 그 이후에 이 도시를 선택한다. 두 번째 의미는 이 선택이 역사의 종말에 이루어진다는 의미에서이다. 예루살렘은 역사가 진행하는 동안 존재하며그리고 우리가 앞으로 살펴볼 것과 같이 모든 역사 동안에서는 아닐 것이다, 이 선택을 증명하려고 지속한다. 그러나 이 선택은 이 도시를 위해서, 명백하게 그리고 절대적으로, 심판의 때가 되어야 실현될 것이다.

그리고 예루살렘의 이러한 역사적 선택에서, 하나님은 선택을 성취하려고, 필요한 모든 것을 행할 것이다. 하나님은 건축자가 된다. 우리는 이미 인간의 건축 행위가 모방 행위라는 사실을 쉽게 느끼고 있을 뿐만 아니라, 창조주 하나님의 행위의 모조품이라는 사실을 쉽게 인식하고 있다. 건축자는 창조자에 대해 얼마나 사탄적으로 대항했는가. 우리가 하나님을 위대한 건축가로 묘사할 때, 여기에 사탄의 개입이 있다. 건축은 창조와는 대조된다. 물론 그 선택에서, 하나님은 자신의 행위를 멈추지 않으며, 스스로 건축자가 된다. 우리는 수많은 언약의 예언에서 이 말씀을 볼 수 있다. "내가 예루살렘의 벽을 건축할 것이다. 나 하나님이 거룩한 도시를 다시 세울 것이다!" 하나님은 도시에 필요한 모든 것에 대한 책임을 질 것이고, 이 도시를 채울 것이다. 그리고 그의 명령을 통해 포로시대 이후에 이 도시는 재건될 것이다. 그러나 이 임무는 진정으로 예측할 수 없는 것이었다.

그리고 이 말씀은 에스겔을 통해 말씀한 약속에 따르면 종말에도 완전히 성취되지 않을 것이다. 예루살렘 성벽의 한 부분도 더는 건축할 수 없을 것이다. 그 이유는 이 성벽 안에 수많은 무리가 거주할 수 없기 때문이다. 그리고 하나님 스스로가 성벽이 될 것이기 때문에 이 벽이 더는 필요하지 않을 것이기 때문이다.

이와 같이 하나님과의 모든 관계에서 예루살렘은 다른 모든 도시 가운데 첫 열매이다. 우리는 성서에서 자주 사용되는 이 단어의 의미를 잘 알고 있으

며, 우리가 이러한 방식으로 역사를 볼 때 예루살렘의 이러한 역할이 잘 드러
난다. 그러나 여전히 이 도시가 무엇에서 첫 열매인지를 알아야 한다. 그리고
여전히 이 도시가 선언하는 것에 대해서, 증거하는 것에 대해서 알아야 한다.
그리고 우리는 이미 분명하게 하나님이 이 도시 안에서 어떤 행위를 했는지를
보아왔다. 우리는 성서의 여러 책에서 이 이상을 살펴볼 수 있다. 우리는 성서
가 허락하는 만큼 더 고찰해야 한다.

※　　※　　※

　　예루살렘은 자신의 역사에서 증인 도시이다. 이 도시가 증인 도시인 이유
는 도시에 대한 하나님의 행위가 어떤 것인지 인간에게 보여주려고 존재하기
때문이다. 여기에는 이견이 없는데, 왜냐하면 이 도시에서 하나님의 이름을
불렀기 때문이다. 그리고 증인 도시인 이유는, 이 도시가 상황의 심각성을 이
해하도록 해주기 때문이다. 만일 하나님이 자신의 도시를 이처럼 다룬다면,
다른 도시는 어떻게 될 것인가? 그리고 증인 도시의 이유는 지금부터 이 땅에
서 하나님이 비밀스럽게 행한 것을 보게 해주며, 하나님의 다스림이 완전히
이루어질 때 드러날 것을 보도록 해주기 때문이다. 이것이 일반적으로 선지자
들의 말씀을 듣는 사람들에게만 보이는 반면, 예루살렘은 이것들이 의심의 여
지없이 모든 사람에게 보이도록 다 른 도시들 가운데에 있다. 하나님의 행위
는 예루살렘에 나타나게 될 것이고, 이 도시 때문에 백성은 하나님이 행한 것
을 알게 될 것이다. 이들에게 예루살렘은 단지 정죄, 겸손, 노예, 후회의 대상
일 뿐만 아니라, 즐거움과 인정의 대상이 될 것이다. 그리고 인간은 이 도시
에서 하나님의 표식을 인식할 것이다. 모든 구약 성서는 자연인에게 이 명확
성을 알 수 있는 가능성을 열어주며, 예루살렘은 도시들에 대한 하나님의 행
위를 명백하게 하려고 존재한다. 이것은 우리가 이 단락의 처음에서 예루살

렘의 역사를 정직하게 읽는 것만으로 충분하다고 이야기했던 것을 다시 떠올리게 한다. 그리고 무엇보다도 예루살렘은 도시에 대한 하나님의 심판과 은혜의 증인 도시이다. 그리고 도시 자신에 대한 심판의 실제적 표시이다! 이 도시들에 대한 모든 부분적이고 역사적인 심판은, 우리가 이야기했던 것과 같이 이 도시들을 향해 선언되었던 더 큰 심판들의 표징이다. 그러나 정확히 말하면 이러한 평가는 언제나 거부할 수 있다. 히로시마의 잿더미 속에서, 런던의 포화 속에서, 베를린 혹은 하노이의 폐허 앞에서, 우리 중 의 누가 이것이 완전한 심판의 실재적 표현에 관한 것이라고 받아들일 것 인가? 우리는 항상 상징적인 것을 쉽게 역사적으로 지질학적으로 지역화하며, 그 가치를 벗겨낸다. 우리는 예루살렘에서 이것이 하나님의 일하심이라고 이야기함에 따라 더 어려운 문제에 봉착하게 된다. 그리고 이것이 다니엘이 다음과 같이 이야기할 수 있었던 진정한 이유이다. "예루살렘에 내린 것과 같은 재앙은 하늘 아래 그 어느 곳에서도 없던 것입니다."단9:12 이 재앙이 그 어떤 재앙과도 필적할 수 없는데, 그 이유는 모든 다른 도시가 하나님에 대적해서 지어진 것이었고, 이 도시들이 전쟁의 공포 속에서 폭격 당하고, 재앙을 당하고, 황폐화되는 것이 정상적이고 옳은 것이기 때문이다. 하나님의 도시 예루살렘이 이와 같이 다루어질 때, 이것은 하 나님이 예루살렘에 등을 돌렸으며, 이 거부가 진정한 재앙이라는 사실을 이야기하는 것이다. 하나님은 자신의 심판을 통해 자신의 선택에 대해서 다시 의문을 제기하는 것처럼 보인다. 이와 동시에 다른 도시에 대한 모 든 희망은 사라졌다.

　예루살렘이 모든 도시에 대한 선택의 표식인 것과 같이, 이 도시에 대한 거부는 모든 도시의 정죄 대한 표식이다. 여기에는 어떤 논쟁도, 지역적 차이도 없다. 그래서 다니엘이 과장한 것처럼 보이는 표현은왜냐하면 다른 도시들이 예루살렘보다 더 혹독하게 다루어졌기 때문이다 영적이고 우주적인 실재의 표현이다. 그리고 이 실재는 다른 민족이, 이방인이 보고 인식할 수 있는 실재이다. 우리는 예루살렘의 심판을 보고 공포에 사로잡히고, 어안이 벙벙해진 국가들을 보여주는 많은 본문을 볼 수 있다. 다니엘의 기도를 통해 여러 민족이 이 저주를 자신의 것으로 여기는 것을 발견하게 된다.단9:17

　예루살렘은 자신의 심판에 의해서 다른 도시들의 심판의 표식이 될 뿐만 아니라, 그저 존재 자체에 의해서 다른 도시들에게 심판의 표식이 된다. 그리고 이 도시는 다른 도시들이 자신들의 심판을 보는 장소였다. 그리고 바빌론과 예루살렘의 만남에서 우리는 매우 특징적인 것을 발견하게 된다. "그의 반석[그의 왕, 그의 하나님, 그의 도시][바빌론]은 두려움을 인하여 물러가겠고 그의 방백들[그의 천사들]은 기호를 인하여 놀라리라 이는 여호와의 말씀이라 여호와의 불은 시온에 있고 여호와의 풀무는 예루살렘에 있느니라."사31:9, 34 바빌론은 예루살렘에서 자신의 심판을 명확하게 보았고, 하나님의 불을 만났다. 이것은 단지 예루살렘은 선이고, 바빌론은 악이라는 단순한 그림에 의한 것이 아니다. 또한 갈대아인의 군대가 정복당할 것이기 때문이 아니라, 예루살렘의 선택이 예루살렘을 다른 도시들과 병립할 수 없도록 만들기 때문이다. 그리고 이것은 더는 전사들이 힘을 겨루는 문제라기보다는, 성서의 구절들이 모호한 단어와 언어유희로 우리에게 보여주는 것처럼 진정한 영적인 문제이기 때문이다. 이것은 진정으로 하나님이 도시들 가운데에 둔 영적인 격전장으로, 하나님은 여기에서 한 도시를 선택하여 이 도시에 자신의 이름을 준다. 그리고 이 표징이 바빌론 천사들을 공포에 떨게 할 것인데, 그 이유는 바빌론이 지금부터 냉혹하게 정복될 것이기 때문이다.

　이와 같이 예루살렘은 심판에 대한 눈에 보이는 증거가 되는 동시에 은혜의 증거가 된다. 왜냐하면 이곳은 하나님이 자신의 은혜를 나타내는 장소이고, 무엇보다도 도시 자신에 대한 은혜가 나타나는 장소이기 때문이 다. 그 이

---

34) [역주] 저자는 1910년에 번역된 프랑스어 성경(Louis Second) 번역을 인용하였음. 여기에서는 이 구절의 번역에 보다 가까운 개역한글판을 인용하였음.

유는 예루살렘의 회복을 이야기하는 모든 본문이 필연적으로 종말적인 의미를 갖는 것은 아니기 때문이다. 물론 우리의 행위에는 차이가 있을 수밖에 없지만, 우리는 예루살렘의 일시적인 행복에 관련된 수많은 예언을 이 도시에 행해졌던 은혜의 표식으로 여길 수 있다. 그리고 이 표식은 모두에게 주어진 것이다. 하나님은 자신의 도시를 깨끗하게 할 것이다. 그는 반역한 사람들, 우상숭배자들을 없애버릴 것이고, 예루살렘의 한 가운데에 자신을 향한 믿음을 세울 것이다. 그는 이 성벽을 다시 자신의 소유로 삼을 것이고, 자신의 권력을 탈취했었던 도시의 천사의 지위를 박탈할 것이다. 그리고 이것을 아무 대가 없이, 은혜에 의해서 행할 것이 다. 그리고 도시의 존재의 변화 없이, 새롭게 바칠 희생 제물 없이, 행위와 희생을 이루지 않고 행할 것이다. 그 이유는 "돈을 내지 않고 속량될 것이기 때문이다."사52:3 이 본문은 예루살렘을 향해서 하나님이 거저 주는 선물을 이야기하는 것이다. 이것은 하나님의 행위에 대한 중요성, 심각성에 대한 신학적 표현이 아니라, 즐거움, 축전, 풍요로움 그리고 용서 받은 자의 영광의 전리품 가운데에서 나타나는 값없는 은혜를 의미한다. "너 시온아, 깨어라, 깨어라! 힘을 내어라. 거룩한 성 예루살렘아, 아름다운 옷을 입어라."사52:1 그리고 이 명령은 하나님의 행위가 모든 민족과 모든 도시에 보이고, 명백하게 나타나도록 주어진 것이다. 고통과 저주 속에서는 오직 황폐함만을 이야기했고, 그 의미를 이야기하는 말이나 행동을 덧붙일 필요가 없었다.

그러나 이 사실에서 모든 도시에 이 질문이 던져졌다. 축복과 은혜 속으로 예루살렘이 이 축복과 은혜의 표식이다 예루살렘은 들어와야 한다. 그리고 이 도시는 다른 도시들에게 심판을 선언하도록 부름 받았으며, 자신의 행위와 말을 통해 행복한 사건복된 사건은 자연적인 것이 아니라 초자연적인 것이라는 사실을 나타내도록 부름 받았다. 여기에서 초자연적이라고 말하는 것은, 제거된 반역의 흐름에서 단절되는 초자연성이며, 하나님의 영원하고 영적인 행위의 상징이라는 점에서 초자연적이고, 동일하게 다른 도시들에게 부르심이고 언약이라는 점에서 초자연적이다. 이것은 다른 도시들을 위해 예루살렘에게 위임된 사명이다. "그러면 세상 만민이 내가 예루살렘에서 베푼 모든 복된 일들을 듣게 될 것이며, 예루살렘은 나에게 기쁨과 찬양과 영광을 돌리는 이름이 될 것이다. 그리고 내가 이 도성에 베풀어 준 모든 복된 일과 평화를 듣고, 온 세계가 놀라며 떨 것이다."렘 33:9 예루살렘은 그래서 자신의 운명에서, 자신의 실재에서, 인간의 저항의 목적 자신에 실재 하나님의 은혜 속에서, 인간에게서 온 모든 것에 펼쳐진 하나님의 사랑과 선택에서 취소될 수 없으며 바꿀 수 없다는 것을 나타내도록 부름 받았다. 그 이유는 하나님이 예루살렘에서 이 행위를 사랑하는 것이 아니라, 자신의 선택을 사랑하기 때문이다. 예루살렘은 다른 도시들에게 있어서 이것을 증거해야 하고, 시편 기자와 함께 다음과 같이 이야기할 수 있어야 한다. "우리가 들은 바 그대로, 우리는 만군의 주님께서 계신 성, 우리 하나님의 성에서 보았다."시48:8 이것이 예루살렘의 첫 번째 역할이지만, 그 존재는 이 차원을 넘어선 의미를 가지고, 하나님의 부르심은 이 도시를 더 많은 역할을 행하도록 이끈다.

※　　※　　※

혼돈의 도시! 여기에 하나님의 말씀과 예루살렘을 이어주는 보이지 않는 연결점이 있다. 주님은 "시온을 격려해야 하므로35, 내가 잠잠하지 않겠다."사 62:1라고 말씀한다. 회복은 모든 차원에서 이루어진다. 하나님이 언어를 혼란하게 한 이곳에서, 하나님은 자신의 말씀을 깨닫도록 한다. 인간 스스로 자신의 이름을 짓기 원했던 여기에서, 하나님은 자신이 지은 이름을 주기로 결정한다. 우리는 이 실재를 더 잘 이해해야 하며, 더 가까이 다가가야 한다. 모든

---

35) 역주] 저자는 **Louis Second** 번역을 참고하여 "시온에 대한 사랑 때문에" 로기술하였음.

하나님의 말씀이 예루살렘 안에서, 그리고 예루살렘에 의해서 계시된 것은 아니다. 예루살렘은 예수 그리스도가 아니다. 우리는 그것을 분명히 보게 될 것이다! 예루살렘은 하나님의 말씀을 듣고, 그 언약을 받으며, 세상에 알리는 자이다. 성벽 위에 파수꾼이 있어 "낮이나 밤이나 늘 잠잠하지 않을 것이다."사 62:6 그리고 이 파수꾼은 하나님이 보낸 말씀에 귀 기울이며, 이 도시 저 도시에 이 말씀을 전달한다. 그러나 파수꾼은 아무 것이나 기다리지 않는다. 아무 말씀이나 기다리고 전달하는 것은 아니다. 여기에서 성서의 구절들은 매우 명확해진다. 파수꾼은 미명을 기다린다. 예루살렘에 선포된 하나님의 말씀은 결정적이고 영광스러운 건설의 선포이다. 이 말씀이 선포되는 순간, 모든 민족이 이 도시에 들어온다. 이제 이 도시는 더는 한 백성만의 도시가 아니라 하나님 자신의 도시가 된다. 그리고 하나님 자신이 성전이 되기 때문에 더는 성전이 없게 될 것이다. 오직 하나님의 말씀만이 예루살렘을 향해 선포되었다. 예루살렘은 이 언약을 통해 살아야 하고, 그 언약을 보증해야 한다. 그리고 정죄와 은혜의 표식이라는 역사적 기능은 이 사명 속에 포함된다.

이 도시는 자신의 말을 통해서 혹은 자신에게 일어난 사건을 통해 이 사명을 수행하는 것이 아니고, 자신의 존재 자체실존로 이 사명을 수행한다. 예루살렘의 말이나 행위가 자신의 진정한 사명을 표현하는 것이 아니고, 수많은 인간의 도시들 앞에서, 인간 세상에서, 자신의 존재만으로 이 사명을 표현한다. 예루살렘은 여기에서 변화를 유도하는 촉매제와 같다. 또한 도로 위에서 길 찾는 여행자의 길을 안내하는 표지판과 같다. 그러나 이것은 결정적으로 예루살렘의 존재가이땅 위에 종말을 선언함을 의미하며, 이미 그 존재 자체가 종말을 선언한다. 도시로 존재하는 예루살렘은 역사적 논쟁에, 전쟁과 정복 가운데에 있다. 또한 상업으로 부유하고, 도시로 정비되며아름다워지며, 밀집된다.인구가 증가한다 이 도시는 다른 모든 도시와 역사적 운명을 같이 하며, 갈대아나 이집트에서 일어난 사건들의 영향을 받는다. 그러나 이 도시는 모든 역사 가운데에서 끊임없이 종말을 기억하게 하는 가치를 가질 뿐 아니라, 마지막 때의 실재적 실체를 기억하도록 한다. 그리고 이것이 우리가 예루살렘의 신성한 은혜와 신성한 정죄의 증거가 그 종말론적인 역할에 통합된 부분이라고 이야기하는 이유이다. 현존하는 도시에 전해지는 하나님의 말씀은 히브리어의 반과거半過去적 시제36로 표현되어 있다. 이것은 말하자면 예루살렘에게 있어서 이미 시작되었고, 현재 진행 중이지만, 결정적으로 종말에만 성취될 행위를 표현하는 것이다. 만일 이 도시의 선행에 관한 문제를 예로 든다면, 이것은 언제나 예루살렘에 선언된, 그리고 예루살렘에 의해서 선언된, 앞으로 행해질 선행이다. "그런 다음에 너를 '의의 성읍', '신실한 성읍'이라고 부르겠다.…"사1:26 그러나 이 도시가 될 것에 대해서, 이 도시는 이미 "그 형태"를 가지고 있다고 이야기할 수 있다. 그리고 이 도시에 선언된 말씀과, 이 도시에 선언된 미래의 풍성함에 대한 말씀은 헛된 말씀이 아니다. 그래서 예루살렘은 진정한 말씀의 증거자가 되고, 종말론적인 존재를 책임지는 자가 된다.

　우리는 이러한 자세한 설명을 통해서 심판이 종말론의 본질적인 부분이며, 도시는 원래 앞으로 오게 될 심판과 분노의 운명을 가지고 있음을 알게 되었다. 그래서 주님의 도시는 지금부터, 그 선택의 순간부터, 분명히 인간과 인간의 행위에 대한 모든 정의와 더불어 모든 최종적 결정이 가능한 장소가 된다. 그리고 인간은 자신의 세상에서 분리되고 모든 소유를 빼앗기게 된다. 왜냐하면, 하나님이 최종적 실재의 존재를 설명하고자 예루살렘을 선택했다는 사실은, 인간으로 하여금 자신의 작품에 대한 절대적 지위를 상실하도록 만든다. 이것은 더는 동일한 결과로 나타나지 않는다. 인간은 더는 도시를 자신이 원하는 대로 움직일 수 없으며, 자신의 요구대로 시중들게 하는 주인이 아니다.

　그리고 도시들의 엄청난 발전 속에서, 더욱 발전하는 이 도시의 과학 속에

---

36) [역주] 과거에 아직 완료되지 않은 시제.

서, 도시는 "인간의 집"르꼬르뷔지에 37 외의 다른 것이 될 수 없기 때문에, 인간은 도시에서 주인 행세를 한다. 그리고 자신의 우월함을 나타내는 장소로 만들려는 의도이것은 역사 속에서 한 번도 실현되지 않았다 속에, 과거를 외면하려는 인간의 불균형이 있으며, 인간의 경험과 모순되는 모든 우스꽝스러운 선언이 있다. 인간은 더는 도시의 주인이 아니며, 도시는 더는 인간의 거처도 소유도 아니다. 이제 도시는 인간이 어떤 의미에서도 소유하지도 못한 종말을 향해 달려가고 있다.

한편으로 인간은 이것을 결정한 사람도 아니며, 선택한 사람도 아니고, 결정지은 사람도 아니다. 다른 한편으로, 인간은 도시를 여기에 도달하게 할 수도 없으며, 이것을 준비하거나 가속을 붙일 수도 없다. 더 나아가 이것을 발생시키거나 방향 지을 수도 없으며, 늦추지도 못한다. 이것은 단지 예루살렘이 그러하기 때문이다. 왜냐하면, 하나님이 표식으로 예루살렘을 자신의 소유로 삼으면서, 다른 모든 도시를 소유로 삼기 때문이다. 이것이 예루살렘의 첫 열매로서의 기능이다.

그러나 매우 정교하게 창조되고 자율적인 영적 힘이 거주하는 인간의 작품이, 예루살렘을 통해 하나님께 선택되고 다른 결말이 부여되고 하나님 자신이 거주한다는 이 놀라운 사실은, 인간에게 믿기지 않는 상황을 제공한다. 우리가 이미 언급한 것처럼, 예루살렘은 종말을 선언하면서 결국 다른 도시로 대체된다. 예루살렘은 단지 예루살렘이라 불리고자 존재한다. 이 도시는 최종적인 도시도 아니고, 모든 것의 척도도 아니며, 정의도 진리도 아니다. 오히려 이 도시는 또 다른 도시로 대체되고 변화되려고 존재한다. 이 새로운 도시에 정의와 진리, 안전이 거하게 될 것이다! 이 도시는 자신의 모든 존재가 사라져야 한다는 사실, 그리고 도시를 창조하면서 인간이 추구했던 목적을 이야기

---

37) [역주] La Maison des Hommes, 르꼬르뷔지에, 1942. 2차대전 당시 기술된 건축서로 전쟁으로 발생된 도시와 건축의 문제를 살펴보고 위생적인 건축과 도시의 필요성과 방법을 설명한 책.

하려고만 존재한다. 인간은 다른 도시, 즉 예루살렘을 대신하게 될 도시에서 이것을 찾게 될 것이다. "그 날이 오면, 유다 땅에서 이런 노래를 부를 것이다. 우리의 성은 견고하다. 주님께서 친히 성벽과 방어벽이 되셔서 우리를 구원하 셨다."사26:1 이와 같이 우리는 무엇보다도 예루살렘이 두 시기 사이에 있다고 이야기할 수 있다. 모든 존재는 각자의 기능을 가진 채 다른 것으로 대체되기 를 기다린다. 동일하게 하늘과 땅은 지금부터 "사라지고" 새 하늘과 새 땅이 나타나길 기다리는 존재이다. 인간은 지금부터 삶에 대한 하나의 의미를 갖게 된 다. 이 삶은 그 자체로 이미 의미 있지만, 새로운 충만한 삶과 진리로 바뀌 길 기다리게 된다. 그래서 예루살렘이 앞으로 올게 될 새예루살렘의 선포 에 서 아무런 의미를 가지지 못한다면, 그리고 종말적 기능을 상실한다면, 예루 살렘은 어떤 중요성도, 어떤 의미도, 어떤 종류의 가치도 가지지 못할 것이다.

도시를 바라보는 우리의 관점이 어떠하든, 예루살렘은 그저 평범한 도시 일 뿐이다. 이 도시는 육백 년의 역사에서 아무리 길어야 50년 동안만 정치적 인 위상을 가질 수 있었다. 정치적인 관점에서 어떤 실재적인 중요성도 없는 도시였는데, 그 이유는 다른 모든 수많은 정복된 도시 중의 하나로 언급될 뿐 이기 때문이다. 근동의 정치적으로 거대한 도시들 사이에서 예루살렘은 무엇 이었는가? 이 도시에는 상업적인 중요성도 없었고, 경제적으로도 이웃 도시 들에 의존적이었다. 문화적이고 예술적인 관점에서도 매우 하찮은 도시였다. 인근 앗시리아 궁에 비하면 성전의 찬란함은 보잘것 없었다! 성서의 기록들에 현혹되지 말자. 사물 자체에 대한 관점은 예루살렘에 그다지 호의적이지 않 다. 이 도시는 역사적으로 영광스러운 운명을 갖지 못한 도시로서, 군사적으 로나 문화적으로나 제국의 중심에 있지도 못했다. 또한 자신의 전략적 위치에 도 불구하고, 이 시대의 큰 갈등의 위치에 있었기 때문에 언제나 침략의 길 위 에 있었다. 즉, 운명을 알 수 없는 도시였다! 이것이 예루살렘의 특징을 더 잘 표현한 것으로 보인다. 끊임없이 포위당하고, 정복당하며, 다시 점령당하고,

정부가 바뀌고 역사적인 연속성을 갖지 못했다. 아랍의 정복자, 그리고 터키의 정복자가 이 도시를 변방으로 치부하였고, 결국에는 보잘 것 없는 도시로 역사 속으로 사라졌다. 이 도시는 정확하게 이 도시를 인식할 수 있도록 하는 것, 즉 그에게 주어진 하나님의 말씀에 의해서만 가치를 가지며, 앞으로 올 예루살렘을 증거할 때에만 의미를 가진다. 이 도시에 대한 모든 승리와 화려함은 단지 선언되었을 뿐이지, 실현된 것은 아니다.

예루살렘을 다르게 이해하는 것은 역사적 객관성의 환상 속으로 들어가는 것이다. 이 도시는 자신의 소멸을 선언하고, 새예루살렘으로 대체될 것을 선언하고자 여기에 있을 뿐이다. 이 도시는 그저 그림자일 뿐이고, 그 자신으로는 어떤 확실성도 갖지 못하며, 실재가 나타날 때 사라질 것이다. 그러나 이 도시는 필요하다. 마지막 창조에 준비가 있었던 것과 마찬가지로, 지상의 예루살렘은 그 자신에 새로운 피조물의 기초를 가지고 있다. "내가 시온에 주춧돌을 놓는다. 얼마나 견고한지 시험하여 본 돌이다. 이 귀한 돌을 모퉁이에 놓아서, 기초를 튼튼히 세울 것이니…"사28:16 예루살렘에서 다른 예루살렘의 기초를 발견하게 된다. 다른 곳이 아닌 예루살렘에서 모든 인간이 살게 될 것이고, 재건과 부활의 흔들리지 않는 돌을 놓게 될 것이다. 이 도시는 비록 사라지려고 존재하고, 자신의 죽음이라는 진실만을 알고 있지만, 심판과 사망을 넘어설 수 있도록 하는 유일한 것을 갖고 있다. 그러나 이것이 그 자신을 의미하는 것은 절대 아니다. 주께서 말씀하길 "내가 놓는다." 이것은 하나님의 행위이다.

예루살렘의 사명은 무가치한 것이 아니다. 그 임무는 진정한 가치를 지니고 있다. 그리고 이 도시는 지금부터 다른 도시들 가운데에서 독보적인 존재가 된다. 왜냐하면, 이 도시는 종말까지 지속될 것이고, 모퉁이돌을 가지며, 여기에 민족의 운명과 도시들의 희망이 자리 잡고 있기 때문이다. 이 도시는 다른 도시들을 새롭게 하고자 부름 받았으며, 문자 그대로 하나님의 빛 안에서 이 도시들을 자녀 삼도록 부름 받았다. 이 부름은 예루살렘에게만 주어진 것이지만, 겉으로 드러나는 것은 아니다. 우리는 아무 이유 없이 예루살렘을 교회와 동일시 할 수 없다. 예루살렘은 교회를 나타내는 표상도 아니다. 분명한 것은 예루살렘은 그저 하나의 도시이며, 이 현존하는 도시는 앞으로 오게 될 도시와 긴밀하게 연결되어 있는 동시에, 앞으로 올 도시는 우리의 육체와 영과는 근본적으로 다를 것이 다. 이 도시가 민족을 낳을 것이라고 정확하게 기록되어 있다. 여기에 시편 87편의 모든 구절을 인용해 보자. 이 본문은 이 도시의 존재와 보편성에 대해서 매우 놀랄만한 언급을 한다.

그 터전이 거룩한 산 위에 있구나.

주님은 시온의 문들을 야곱의 어느 처소보다 더욱 사랑하신다. 너 하나님의 도성아, 너를 가리켜 영광스럽다고 말한다.

"내가 라합과 바빌로니아를 나를 아는 나라로 기록하겠다. 블레셋과 두로와 에티오피아도 시온에서 태어났다고 하겠다."

시온을 두고 말하기를, "가장 높으신 분께서 친히 시온을 세우실 것이니, 이 사람 저 사람이 거기에서 났다." 고할 것이다.

주님께서 민족들을 등록하실 때에, 그 수를 세시며 "이 사람이 거기에서 났다." 고 기록하실 것이다.

노래하는 이들과 춤을 추는 이들도 말한다. "나의 모든 근원이 네 안에 있다."

이 시는 우리를 곧바로 미래의 예루살렘으로 인도하지만, 동시에 현재 존재하는 비참한 도시, 정치적으로 바빌로니아와 이집트에 예속되어 있는 도시에 주어진 것이다.

이 새로운 도시의 연구로 들어가기 전에, 우리는 여전히 우리 앞에 놓여 있는 우회로를 돌아가려야 한다.

※　　※　　※

　　우리 앞에는 적어도 하나의 우회로가 있으며, 이 우회로로 돌아가지 않고서는 현존하는 도시와 앞으로 올 도시 사이의 관계를 알 수 없을 것이다. 이 우회로는 겉으로는 사장된 것으로 보이지만, 실재로는 살아있고, 동시에 영적이고 지적 방식의 우회로이다. 그리고 우리는 여기에서 역사의 중심에 도달하게 된다. 이것은 바로 예수 그리스도에 관한 것이다. 여기에 도달해야 한다. 그리고 여기에 와야 한다. 그리고 이것은 예루살렘의 마지막 임무이고, 예루살렘은 이것을 기다린다. 예루살렘은 자신의 주인을 기다린다. "여기 주님이 오신다!" 예루살렘은 400년 동안 주인을 기다렸다. 예루살렘이 이 상황에서 부재, 비어있음을 보여주었다. 진정한 역사의 부재이다. 역사의 부재가 무엇을 의미하는 것일까? 위대한 시기에는 그렇지 않았는가? 이스라엘의 두 번째 국가는 첫 번째 국가보다 더 찬란하고 더 강하지 않은가. 두 번째 국가는 동양에 수많은 영향력을 행사할 것이고, 서양에는 일종의 두려움과 자극을 주어 반유대주의anti-judaism로 이끌 것이다. 이것이야말로 유대교가 팽창하는 아름다운 시기가 아닌가? 이 확장은 인구통계학적인 확장이고, 경제적인 발전이며, 동일하게 정치적인 발전이다. 그리고 우리는 마카비 대전쟁을 통해 유대인의 발전 규모를 볼 수 있다. 그리고 디아스포라 유대인의 지중해 지역의 침공은, 철학과 헬라 신화의 발전이라는 교만 속에 유대인의 사상과 신앙이 침투해 들어감을 의미한다. 모든 지역에서 이스라엘이 승리한다. 예루살렘은 진정으로 정치적, 경제적, 문화적 그리고 종교적인 수도가 된다.… 이 도시는 승리로 가득한 유대 세계의 수도이다. 이 도시는 지금까지 그 어느 순간보다 더욱 견고하여지고, 이 시대 민족들 가운데 가장 도시화된 수도이다. 이 순간이 이 민족, 모든 민족 중의 가장 작은 민족이 세상의 여러 세력 중의 하나가 된 순간이고, "세계 역사의 하나의 요소" 되는 순간이 아닌가? 여기에는 분명히 신비와 함정이 동시에 있다.… 이스라엘에 대한 하나님의 계시는 언제나 역사 속에, 그의 역사 속에 기록된다. 아브라함 부터 에스라까지, 이 계시는 한 걸음 한 걸음 역사를 따라 왔다. 이 계시는 소수민족의 보잘 것 없음, 분열 그리고 불순종과 연결되어 있다. 이것은 종교도 아니고, 하나님의 행위를 나타내는 형이상학도 아니다. 이것은 역사이다. 그래서 이 민족이 자신의 거대한 역사를 쓰고, 하나의 세력이 되는 바로 그 순간부터 하나님은 침묵한다. 선지자는 더는 나오지 않는다. 그리고 우리는 이 시대에 이야기하는 선지자가 거짓 선지자임을 알고 있 다. 유대인 대전쟁의 시기에 이 민족은 다음의 예언을 믿었다. "이 때에 유대에서 세상의 왕이 나올 것이다.…" 성공의 월계관으로 뒤덮인 이 400 년 간의 긴 역사에서 우리는 더는 하나님이 이끄는 역사를 볼 수 없다. 하나님은 침묵한다. 반면에 이 민족은 견고해진다. 법 제도가 잘 정비된다. 신학교가 분화된다. 지혜서가 나온다. 유대교는 고상해진다. 도덕과 신앙심은 더욱 발전한다. 그러나 하나님은 침묵한다. 여기에 기적의 다른 측면이 있다. 이스라엘 민족은 그 기저에 여전히 선택된 백성으로 남아 있다. 그렇다면 우리는 어떤 면에서 이것을 알 수 있는가? 우리는 이것을 정확하게 하나님이 침묵한다는 사실을 이 민족이 인식한다는 점에서 알 수 있다. 이 민족은 하나님의 말씀만을 받아들이는 근본적인 정직함을 갖고 있다. 이 순간에 이 민족은 성서의 정경을 구축한다. 그리고 성령의 인도 없이는 현재 그들의 성공을 하나님의 행위를 특징짓는 증거로 들이대려 하지 않는다. 그리고 하나님 백성의 겸손함에서, 이 백성은 오늘날의 자신의 영광스러운 역사가 계시가 아님을 인식한다. 이들은 자신들의 역사와 관련된 계시의 글들을 모은다.

자 이제 하나님의 백성은 겸손 가운데에 오늘날 자신들의 영광의 역사가 계시가 아님을 깨달았다. 이들은 몇몇 지혜서를 모으고 역대기서 속의 지나간 역사를 다시 살펴본다. 그러나 이들은 진정으로 에스라와 느헤미야에서 자신들의 특징적인 역사가 끝났음을 받아들인다. 400년 동안 사람들을 통해 전해 내려왔던 표면적인 이야기들, 모든 사건, 모든 수훈은 아무 의미를 갖지 못한다. 권력의 수도 예루살렘은 그저 기다릴 뿐이다. 우리가 이 도시에 대해서 이야기할 것은 오직 이 뿐이다.

4장 • 예수 그리스도

1. 성취

예루살렘은 기다림 속에 있었다. 이제 기다림의 끝이 왔다. 우선 이것은 우리가 아는 바와 같이 예수 그리스도의 응답을 의미하는 것이 아니며, 이것은 단지 예루살렘에 대한 예수 그리스도의 응답도 아니다. 다시 말하면, 이 도시가 지금 예수 그리스도에 관한 응답을 하는 것이다. 그리고 놓쳐서는 안 되는 첫 번째 명백한 부분은, 예수 그리스도가 구약 성서의 일점일획도 바꾸지 않는다는 것이다. 너무나 특별한 이 영역에서도 역시 예수 그리스도는 율법과 선지자들이 이야기했던 것을 일점일획도 바꾸지 않고 성취한다. 말씀에 기록된 모든 것은 진정으로 예수그리스도 안에 있었다. 이 말씀은 사라지지도 변질되지도 않았으며, 오히려 그 온전한 능력을 갖게 되었고, 모든 중요성을 갖게 되었으며, 최종적인 무게를 갖게 되었다. 이것은 예수 그리스도가 오기 전까지는 그저 인간의 의견으로 여겨질 수 있었다. 그러나 예수 그리스도 안에서 이스라엘 민족이 인식했던 모든 것은 계시로 인정되었고, 증명되었으며, 검증되었고, 동시에 성취되고 드러났다. 최고의 영적인 진리도, 그리고 의식적이고 문화적인 가장 이상하고 기괴한 법도 이와 동일하다. 예수 그리스도는 이들을 구분하지 않았다.^{마5:18, 23:23,26} 하나님 말씀의 보편성뿐만 아니라 도시에 대한 하나님의 심판 역시 이와 같다.

예수 그리스도는 도시에 대해서 화해나 용서의 말씀은 단 한마디도 하지 않았다. 그러나 인간에 대한 말씀에는 저주의 말씀과 더불어 용서의 말씀이 있었다. 인간에 대해서는 구원의 약속과 경고의 말씀이 함께 있었지만, 도시에 대해서는 오직 거부와 정죄의 말씀만을 했다. 예수 그리스도는 단 한 순간도 인간의 작품에 대해서는 은혜를 선포한 적이 없었다. 그는 도시의 사탄적 관점만을 생각했고, 자신의 행위를 가로막는 도시의 힘에 대항하여 싸우는 것 이외의 다른 것을 생각하지 않았다. 세례 요한은 도시에서 벗어났다. 예수 그리스도는 사막광야으로 가서 세례 요한과 만났고, 사막에서 세례를 받았다. 이 부분에 대해서는 어떤 논의도 도출할 수 없다. 반면에 예수 그리스도의 세례 이후 예수 그리스도의 첫 번째 도시와의 만남은 성전에서 이루어졌고, 거룩한 도시에서 이루어졌다. 그리고 예수 그리스도를 이 도시로 데려온 자는 바로 사탄이었다. 여기에서 거룩한 도시에만 특별한 사탄의 사상이 있는 것처럼 이야기해서는 안 된다. 예수는 세 가지 유혹시험을 사막광야에서 받았고 사막은 과거에는 언제나 거룩한 장소였고, 유대 민족의 회개의 장소였다, 매우 높은 산 하나님에 대한 원시적인 경배의 장소로, 시내산, 다볼산, 사마리아산에서 받았으며, 그리고 성전의 거룩한 도시에서 받았다. 그래서 이것은 단지 이 도시가 거룩함을 의미하는 것이 아니고, 이스라엘이 거룩하게 여겼던 장소에서 사탄이 활동한다는 선언 이다. 이 거룩한 도시에서 예수 그리스도는 무엇보다도 이 측면을 본다. 사탄은 여기에서 예수에게 스스로 하나님의 아들이라고 선언하도록 요구한다. 선지자들은 하나님의 아들이 예루살렘에서 분명히 선언되고 알려져야 한다고 이야기했다. 이 도시는 메시아를 기다리던 도시였다. 그래서 사탄은 이 거룩한 도시를 미끼로 사용하였고, 예수 그리스도를 유혹하고자 도시를 사용했다. 그래서 예수 그리스도는 예루살렘으로 인도된다. 이것이 예수와 이 도시의 첫 번째 만남으로 보이며, 이 첫 번째 만남은 사탄의 표식 아래 일어난다. 여기에서 이 도시는 분명히 어떤 긍정적인 역할도 갖지 못하며, 적절한 효용성도 없고, 그저 유혹예수님의 시험의 도구일 뿐이다. 그 이상의 의미를 갖지 못한다.

그러나 유다의 세 도시에 대한 예수 그리스도의 결정적인 위대한 말씀이 이어지는데, 이 말씀은 실재로 모든 유다 지파뿐만 아니라, 모든 도시에 대한 것이다.

"그 때에 예수께서는, 자기가 기적을 많이 행한 마을들이 회개하지 않으므로, 꾸짖기 시작하셨다. '고라신아, 너에게 화가 있다. 너희 마을들에서 행한 기적들을 두로와 시돈에서 행했더라면, 그들은 벌써 굵은 베옷 을 입고, 재를 쓰고서, 회개하였을 것이다. 나는 너희에게 말한다. 심판날 에 두로와 시돈이 너희보다 견디기 쉬울 것이다. 화가 있다. 너 가버나움아, 네가 하늘에까지 치솟을 셈이냐? 지옥에까지 떨어질 것이다. 너 가버나움에서 행한 기적들을 소돔에서 행했더라면, 그는 오늘까지 남아 있을 것이다. 나는 너희에게 말한다. 심판 날에 소돔 땅이 너보다 견디기 쉬울 것이다.'"마11:20 이하 이 본문은 무엇보다도 우리가 아는 도시의 대한 몇 개의 특징들을 분명하게 보여준다. 그것은 도시가 특별한 존재이며, 이 도시에 거주하는 사람들에 대해 독립적인 존재라는 사실이다. 예수는 바로 도시를 향해 말씀한다. 그는 도시에 거주하는 주민들의 공동체를 두렵게 할 정죄를 말씀하지만, 독립적인 존재인 도시에 더 분명하게 경고한다. 예수는 우리에게 도시 위에 내려질 심판에 대해서 이야기했고, 성서는 이 교훈의 모든 것을 뒷받침한다. 그것은 주민의 문제라기보다는 도시 자체에 대한 문제이다.

우리는 분명히 이 현실을 외면하려고 두 가지 대답을 할 수 있다. 첫째로, 우리는 예수가 도시의 이름을 통해 이미지로, 환유법으로 도시의 거주민을 지칭한다고 이야기할 수 있다. 둘째로, 우리는 예수가 이 사실들에 대해 그 시대의 잘못된 믿음을 공유하였으며, 인간으로서 지적으로 과학적으로 제한된 지식만을 갖고 있어서, 이 말씀들을 어떤 때에도 절대적으로 심각하게 문자적으로 받아들여서는 안 된다고 이야기할 수 있다.

첫 번째 대답에 대해서는 이 구절들 속에 이미 정확하게 도시의 문제와 주민의 문제 사이의 명확한 구분점이 있음을 볼 수 있다. 우리는 이미 이 차이점을 살펴보았다. 동일하게 우리가 보는 복음서의 본문은 예수가 니느웨의 거주민에 대해서 이야기하는 본문과 대립된다. 그러나 이것은 결정적인 것은 아니다. 그리고 논의를 진행시키면 극도로 어려운 문제에 혹은 불가능한 문제에 봉착하게 된다. 만일 예수가 도시가 아니라 주민들에 대한 정죄를 이야기한다면, 인간의 공동체는 아무런 구분 없이 정죄 당하는 것인가? 아울러 예수는 도시들의 심판의 날에 대해 이야기한다. 만일 이것이 거주민에 대한 것이라면, 이 심판을 그 시대의 세대로 한정시키는 것인가? 그러나 이 본문은 절대로 이렇게 제한하지 않는다. 그리고 어떤 점에서 이 부분은 선행하는 인용구와 대립된다: 11:16-19 이것은 정죄 받은 도시의 모든 세대의 주민에 대한 것인가? 그렇다면 어떻게 이 영구한 정죄를 받아들일 수 있는가? 그리고 어떻게 이것을 이해할 수 있는가? 실재로 우리가 도시를 단일체로 받아들이지 않는다면, 이 구절은 이해할 수 없을 것이다. 그래서 이것이 단일한 사고가 아니라는 사실이 반론을 잠재울 수 있다. 이와 같이 이해하는 것은 비단 이 구절 뿐만이 아니다. 우리가 이미 증명한 바와 같이, 이것은 성서의 항구적인 견해이다. 어쩌면 이 점에 대해서 모든 본문과 주석이 환유법으로 이야기한다고 주장할 수 있을지도 모른다. 어떤 근거로 이렇게 이야기할 수 있을까? 우리는 어떤 근거로 이 본문에 가장 일반적인 의미와는 다른 의미를 부여할 수 있을까?

그러나 우리는 여기에서 두 번째 반대에 부딪히게 된다. 예수는 그 시대의 믿음[잘못된 믿음]을 공유하고 있었기 때문에 이처럼 이야기할 수 있었다. 물론 그렇다. 우리는 예수가 핵물리학과 반작용의 법칙을 특별히 조명했다고 생각하지 않는다. 그는 분명히 지구가 평평하다고 믿었을 것이고, 하늘은 움직이지 않는 둥근 천장이라고 믿었을 것이며, 우리가 우아하게 이야기하는 것처럼

"문명의 요람" 은 메소포타미아이고, 지중해 지역을 벗어나서는 아무 것도 존재하지 않을 것이라고 믿었을 것이다. 그런데 이러한 역사적 지질학적 지식에서 이 도시에 대한 교훈이 나온 것일까? 지금까지 우리가 보여주려 했던 모든 것은 분명히 영적인 삶의 관점과 관련 있으며, 도시에서의 인간의 운명은 도시와 함께 한다는 것이었다. 그리고 이것이 죄와 은혜, 반역과 용서에 관한 사건이며, 따라서 이것은 단순한 자연적인 지식에 관한 것이 아니고 오히려 인간의 구원에 관한 것이라는 사실이다. 지금 우리가 이 영역으로 들어가는 순간부터, 예수의 "믿음" 에 대해서 조심스럽게 이야기해야 한다. 왜냐하면 여기에서 예수가 그리스도라는 사실을 받아들이는 사람들에게, 그리고 예수가 "인간 속에 있는 것과 인간의 구원을 위해 필요한 것" 을 알고 있었다는 사실을 받아들 이는 사람들에게는 이것이 의심의 여지가 없기 때문이다. 이것이 진리에 관한 것이라면, 하나님의 아들이 이야기한 것은 진리의 힘을 갖게 된다. 비록 우리가 이것이 예수가 살던 시대 상황 가운데에서의 믿음을 나타내는 것이라는 사실을 드러낼 수 있다 하더라도, 이것은 동일하게 진리이다. 이것은 무엇을 의미하는 것일까? 이것은 단순히 이 믿음이 예수 그리스도에 의해서 진리로 선언되었다는 것이다. 그리고 그것이 하나님의 백성이 받아들인 믿음이기 때문에, 비록 그 믿음이 그 시대의 믿음이라 할지라도 전혀 놀랄만한 사실은 아니다. 이 믿음은 단지 자신의 백성에게 보여준 하나님의 계시의 일부분일 뿐이다. 이와 같이 예수가 믿음의 본래적인 의미를 주장하지 않고, 당시 이스라엘 사람들이 믿었던 것을 받아들였다고 주장하려 하는 "예수와 그 시대" 에 대한 모든 저서를 중요하게 받아들여서는 안 된다. 만일 이스라엘 민족이 이것을 믿었다면, 그 이유는 정확히 예수 그리스도가 그것을 드러냈기 때문이 아니라, 성취했기 때문이다.

다른 한편으로, 이 "믿음" 을 다시 주장하려고 우리는 무엇을 더 살펴보아야 할까? 우리는 어떤 근거로 인간의 구원에 대한 이러한 예수의 말씀이 진리인지 거짓인지를 선언할 수 있는가? 우리는 어떤 근거로 진리를 판단할 수 있는가? 우리의 이성의 이름으로, 의식의 이름으로, 감정의 이름으로 진리를 선언할 수 있는가? 그러나 이미 "우리의 것" 이라는 사실에서 이미 오류가 있으며, 보증의 문제가 되지 않는가? 그렇다면 누가 우리에게 최종적인 보증이 될까?

이것으로 충분하다. 이 연구를 더 발전시킬 수 없는 이유는, 그 출발부터 이 연구가 인간의 우스꽝스러운 의도를 잘 보여주기 때문이다. 예수는 그러한 자격으로 도시에 대해서 이야기한다. 예수는 도시를 저주 아래에 두었는데, 그것은 도시가 회개하지 않을 것이기 때문이다. 이것은 우리가 이미 이해하고 있는 것이다. 우리는 이 말씀을 좀 더 살펴보아야 한다. 예수는 "불행" 을 이야기했다. 예수는 자신의 입으로 결정적으로 단순한 이 단어를 자주 선언하지는 않았다. 왜냐하면, 만일 우리의 보호자이고 우리의 변호사변론자인 예수 그리스도가 돌이켜서 "불행" 을 선언한다면, 예수가 고발자의 역할을 한다면, 누가 우리를 보호할 것인가?

예수는 저주를 자주 말씀하지는 않았지만, 이 저주를 잘 살펴보면 매우 특징적인 것을 발견할 수 있다. 개인적으로 정결하다고 확신하고, 전통을 엄격하게 고수했던 바리새인에게 불행하다고 했다. 화가 있다고 이야기 했다 율법에 대한 완벽한 지식과 거룩에 대한 지식을 확신하던 서기관과 율법학자에게 불행하다고 했다. 자신의 물질적 힘과 세상을 지배하도록 해주는 돈에 자신의 확신을 두고 있던 부자들에게 불행하다고 했다. 자신의 행복을 추구하고, 세상이 줄 수 있는 이 땅의 실재 행복을 추구하는 사람들에게 화가 있다고 했다. 인간을 찬양하고, 대중의 의견에 자신의 믿음을 두었던 사람들이 불행하다고 했다. 영적 진리를 믿었던 선지자들을 무덤에 묻은 사람들, 즉 그들을 죽였음에도 영적 진리를 보전하고 존중하는 체했던 사람들이 불행하다고 했다. 임신한 여성들, 말하자면 인간적 희망을 갖고 믿는 사람들에게 불행이 있을 것이라고 했다. 다른 관점에서는 이것이 진리일 수도 있고 적법할 수도 있다. 예수를 넘겨주는 사람도 불행할 것인데, 그 이유는 바로 이것이 하나님에 대항한 인간의 승리이며, 인간의 자유를 선언한 것이고, 주님께 보냄을 받은 사람을 제거하는 것이기 때문이다. 다른 "불행" 은 없다. 그리고 도시는 이러한 불행 시리즈로 가득하다.

그래서 매우 다른 존재들에 주어지고, 서로 서로에게 어떤 연관성도 없어 보이는 이러한 모든 저주를 특징짓는 것은, 바로 이 모든 저주가 인간의 태도를 목표로 한다는 것이다. 이 태도는 언제나 인간이 자신의 믿음을 하나님 외에 다른 것에 두고 있음을 의미한다. 인간은 언제나 스스로에게서 자신의 중심을 찾으려 하고, 자신의 존재의 이유를 자신이 추구하고 자신에게 속해 있는 것 안에서 발견하려 한다. 이것은 실재로 하나님에게서 자신을 보호하고자 작용한다. 이러한 인간의 노력들 가운데에 도시가 있는 것이다.

예수는 도시에게 회개하도록 요구한다. 그러나 이 회개는 무엇을 의미하는가? 이 세 도시의 특별한 죄는 무엇인가? 고라신, 벳세다, 가버나움의 특별한 죄는 무엇인가? 이 도시들은 기적을 이해하지 못했다. 이것으로 이 세 도시는 정죄 받을 것이다. 이 도시들은 기적으로 말미암아 회개하지 않았다. 우리는 이 지점으로 다시 돌아와야 한다. 이 도시들에게 요구된 것은 무엇에 대한 회개인가? 다른 도시들과 동일한 죄에 대한 회개인가? 그런데 왜 예수는 이 도시들을 바리새인이나 율법학자처럼 정죄하지 않는가? 그리고 이들을 역사 속에서 특별한 죄를 범했던 소돔과 두로와 비교하는가? 주석가들이 믿는 것처럼 이 도시들에 특별한 우상숭배가 있었다고 보기는 어렵다. 이 도시들에 대한 회개의 요구는 예수가 "불행화" 할 것이라고 이야기했던 모든 인간에 대한 회개의 요구와 동일한 사건, 동일한 태도를 목표로 한다. 이것이 인간이 스스로에게 자신의 안전, 영적인 삶, 자신의 힘에 의해 보장되는 능력을 믿는 것이다. 이 능력이 바로 도시이다. 또한 이것이 건축자들이 원했던 바로 그것이다. 그리고 이것이 심판 아래에 있던 그것이다. 예수 그리스도는 여기에서 태초부터 도시에 대해 선언되었던 정죄를 다시 선언한다. 고라신과 벳세다는 사실상 도시로 존재한다는 사실에서 회개해야 하고, 하나님 외의 다른 것에 자신의 믿음을 두려고 인간이 사용하는 도구라는 의미에서 회개해야 한다. 그리고 이러한 이유에서 예수는 독립된 개체로서 도시들을 향해 선언하는 것이고, 이것만이 인간이 아닌 다른 것에 선언된 유일한 불행이다. 도시는 자신의 모든 존재에서, 자신의 기원에서, 자신의 항구성에서, 물질적이고 영적인 실재에서부터, 자신의 구조와 의미에서 돌이키도록 요구 받는다. 그리고 도시는 인간의 모든 탈출 시도가 일어나고 저항해야 하는 첫 번째 존재들 중의 하나가 된다. 우리는 여기에서 놀랍게도 구약의 교훈이 확증 되는 것을 보게 된다.

그리고 이것은 또한 왜 기적만이 문제가 되는 이유이다. 도시의 힘에 직면하여 하나님의 말씀은 힘이 없는 것처럼 보이고, 오직 유일하게 기적만이 힘이 있는 것처럼 보인다.… 물론, 기적은 그 자체로는 유효하지 않고, 지배적이지 않지만, 하나님 말씀의 한 부분을 이룬다. 그리고 이 기적은 말씀을 향한 기적이지만, 말씀과는 다르며, 기적 자신만의 특별한 기능을 갖고 있다. 그래서 이것은 기적에 관한 것이다. 이미 예수가 자신의 제자들을 이스라엘의 도시들을 향해 보냈을 때, 예수는 그들에게 기적에 대해서 주장하였다. 지금 이것은 도시에 나타난 특수한 행위이다. 우리가 고라신과 벳세다를 비난하는 것은 그들이 말씀을 듣지 않았기 때문이 아니라, 그 기적을 이해하지 못했기 때문이다. 도시와 기적 사이의 관계는 매우 이해하기 쉬운 것이다. 복음의 기적은 무엇보다도 성령의 힘이 나타나는 것이다. 성령의 힘이 나타나는 것은 도시를 대표하는 힘 앞에서 필요한 것이다. 여기에 두 힘 사이의 일종의 맞닥뜨림이 있다. 도시는 영적 세력의 표현이며, 그 자체로 물질적으로 그리고 영적인 힘을 갖는 세력으로서, 힘이 나타날 때에만 받아들여지고 정복될 수 있다. 도시는 인간의 말을 듣지 않는다. 이 말은 도시로 파고들어갈 수 없으며,

도시라는 장소는 우리가 살펴본 바와 같이 혼란의 장소이며, 알 수 없는 침묵의 장소이고, 영적 분리의 장소이다. 도시는 한 마디의 말씀도 들을 수 없다. 예수는 저주만을 이야기했고, 이 저주는 정확하게 도시를 향해 주어진 것이 아니라, 이 도시 위에 선언된 것이다. 그리고 이 말씀은 관계를 형성하기 보다는 분리를 선언한다. 도시에는 단 하나의 사건만이 주어진다. 도시는 그 스스로 하나의 사건이 되고, 도시에 주어진 이 사건 앞에서 도시는 굴복 할 수밖에 없다. 이 하나의 사건은 명백한 증거가 되고, 기적은 정확하게 이러한 사건으로 나타난다. 이것은 마치 성령의 개입이 성령 자신의 드러남과 구분되지 않는 것과 동일하다. 하나님 말씀은 인간에 의해서 선언되고, 성령은 인간에 의해 선언된 말씀을 하나님의 말씀으로 변화시킬 수 있고, 힘을 갖게 한다. 기적에서 이것들은 분리되지 않는다. 성령은 여기에서 소위 있는 그대로 나타나는데, 이것은 분명히 도시를 향해 이야기하기 위함이다. 왜냐하면, 영적인 동시에 물질적인 세력은 물질적으로나 영적으로 긴밀하게 연결되고 표현되는 힘에 의해서만 지배된다. 그래서 예수가 이 도시들에 대해서 비난한 것은, 그 기적들이 도시로 하여금 자신들의 죄악들을 인식하고 회개하며 거절하기에 충분했기 때문이다. 도시는 자신의 영적인 힘을 포기하기를 원하지 않았고, 그들 사이에서 역사하는 힘을 인식하지 못했다. 이 도시는 단지 자신에게 주어진 표식을 통해서 "하나님의 나라가 가까이 왔다." 는 사실만을 인식했다. 말씀은 도시 안에서, 하나님이 영원히 선택한 백성에게 주어졌다.

도시에 주어진 이 특별한 언어에는 다른 이유가 있다. 복음의 기적은 본질적으로 죄가 무너뜨린 하나님의 질서를 다시 세우는 것이다. 그래서 도시는 무질서의 상징이다. 도시는 그 안에 모든 무질서를 갖는데, 그 이유는 도시 자체가 인간과 하나님 사이의 커다란 분리의 수단이기 때문이며, 인간이 홀로 있는 장소이기 때문이다. 도시는 동일하게 세상의 무질서한 장소이며, 도시에 질서를 이야기하는 것은 무의미한데, 그 이유는 근본적으로 하나님의 질서를 이해할 수 없기 때문이다. 2차원에 있는 존재는 3차원 공간을 상상할 수 없다. 동일하게 3차원에 있는 우리는 4차원을 생각할 수 없다. 우리는 4차원을 계산할 수는 있지만, 그 안에서 살 수는 없다. 이와 같이 도시는 계산할 수는 있지만, 하나님의 명령에 따라 살 수 없다. 그러나 도시 가운데에서 이 질서가 다시 세워지는 기적, 하나님의 명령의 증거인 동시에 경험을 의미하는 기적그러나 모든 기적을 이야기하는 것이 아니고, 예수 그리스도가 행한 기적만을 이야기한다은 받아들여질 수 있으며, 삶으로 경험할 수 있게 된다. 그리고 한 번 더 도시는 하나님의 명령에 따라 살기 원하지 않기 때문에, 예수 그리스도는 도시를 정죄한다.

예수의 말씀은 도시가 이 표식을 이해하고 인식할 수 있었음을 보여준다. 그리고 동시에 도시는 이 표식을 진정으로 새로운 질서 속에서 이해하고 창출할 수 있었을 것이다. 도시는 말씀을 직면해서는 할 수 없었지만, 기적에 직면해서는 할 수 있었을 것이다. 도시는 이 기적에 직면하여 하나님을 믿을 수 있었다. 기적은 정확하게 인간의 믿음에 대한 하나님의 부르심이고, 특별히 도시에게 있어서는 성벽에 대한 믿음을 하나님의 영에 대한 믿음으로 바꾸는 것이다. 얼마나 많은 선지자가 이와 같이 대립되는 믿음을 이야기했는가? 기적은 언제나 인간의 믿음을 인도하는 하나님의 능력의 표현이다. 이제 저주는 이렇게 설명할 수 있다. 도시들은 기적에도 불구하고 하나님을 믿으려 하지 않는다. 그리고 도시 가운데에서의 이러한 예수 그리스도의 행동 이후에 도시는 결정적으로 정죄 받는다. 이 정죄는 예수 그리스도의 죽음을 통해 절정에 다다를 것이다. 그러나 도시 안에서의 예수의 죽음은 기적의 거부를 통해 이미 선언되었다.

2. 머리둘곳 없이

　예수는 집이 없었다. 태어나서 죽을 때까지, 그의 전 인생은 방랑의 인생이었다. 그가 태어나려고 했을 때에, 그녀의 어머니 마리아는 자신의 집을 떠나야 하는 사건이 발생했다. 그녀는 비록 초라했지만 도시 내에 살았고, 도시에 뿌리내리고 기대어 살았던 것이다. 이제 구레뇨의 명령이 내려졌고, 떠나야 했다. 유랑자가 된 것이다. 여기에는 여정을 정하고 준비하는 여행사도 없다. 떠나야 했고, 예수님은 자신의 장소를 떠나서 태어나야 했다. 모든 행정기관이 동일한 요구를 했기 때문에 본적지로 가야 했다. 베들레헴은 유다의 작은 도시였고, 우리가 도시라고 이야기하기 어려운 곳이었다. 그러나 베들레헴은 다윗의 동네였고, 영원히 다스릴 위대한 왕, 다윗의 자손이 태어날 곳이었다. 이곳은 하나님을 통해 예수님의 장소가 된 곳이지만, 인간적으로는 아무런 볼 것이 없는 곳이었다. 그리고 이 동네에는 예수님을 위한 어떤 장소도 없었다. 다윗의 동네 조차도 도시 지역에는 예수님을 위한 장소가 없는 것일까? 만일 이 곳이 성서구약 성서가 우리에게 이야기한 바로 그 장소라면, 하나님의 아들이 나타났을 때에, 독이 있는 식물이 모든 위험한 것에서 자신을 보호하려고 입을 닫는 것과 같이 스스로를 폐쇄시키는 것은 당연할 것이다. 여기에 평화의 왕을 위한 장소는 없었으며, 우리가 잘 아는 것처럼, 여관 축사의 가축들 사이에 조그만 공간이 있었을 뿐이다. 정식 인가를 받은 산부인과가 있어서도 안 되고, 그 동네의 사람들이 그를 맞이하려고 수고해서도 안 된다. 들의 목자들이 올 것이고, 멀리서 방문객들이 찾아 올 것이다.

　그러나 도시 안에 거주하는 사람들은 그저 헤롯과 똑같은 생각을 할 뿐이다. "오실 이"는 우리를 번거롭게 할 것이고, 우리를 힘들게 할 것이며, 우리의 왕국과 우리의 습관을 바꿀 것이기 때문에 우리는 그를 죽여야 한다. 헤롯은 도시의 새로운 왕자였다. 그리고 헤롯이 거주하는 수도에서 솟구치는 강한 분노가 그 무고한 사람을 향해 나타날 것이다. 그리고 도시가 이 무고한 사람을 기다린다 하더라도, 도시는 그를 강제로 도망하도록 한다. 로마의 인구조사가 이루어졌고, 예수는 친척집 하나 찾을 수 없었는데, 그 이유는 예수에 대항하여 예루살렘의 법이 로마의 법을 대치했기 때문이다. "헤롯 왕은 이 말을 듣고 당황하였고, 온 예루살렘 사람들도 그와 함께 당황하였다."마2:3 예루살렘의 명령은 파괴될 도시의 명령일 뿐이다. 이 명령은 속박 속에서 저항자와 신성모독자이는 그저 한 명의 어린 아이일 뿐이 다를 도망하도록 강제할 뿐이다. 그는 아직 장소를 갖지 못할 것인데, 그 이유는 이집트로 도망해야 하고, 한 번 더 안전한 곳을 찾아 이집트로 가 는 여정 가운데 있기 때문이다. 이 도시들 가운데에서 그는 안전하지 않 다. 아마도 예수는 이집트에서 돌아온 이후 어린 시절 동안 유랑을 멈추 고, 한 장소에 정착하여, 평화롭게 살았을 것이다. 우리는 여기에 대해서 아는 것이 전혀 없다. 성서는 예수의 어린 시절에 대해서 단 한 본문만을 언급할 뿐이다. 우리는 12살의 예수가 여전히 예루살렘으로 돌아가는 여행 중에 있는 장면을 보게 된다. 이것이 예수의 어린 시절에 대해서 우리가 아는 전부이다. 그가 가족 안에 정착하지 않는 것, 그리고 "거룩한 가족"의 전통적인 상像을 성서에서 전혀 찾아볼 수 없다는 사실은 매우 놀랄 만한 것이다. 우리가 예수를 다시 발견했을 때에는, 그는 여전히 길 위에 있었고, 휴식을 취하거나 긴 숨을 고르고자 한 장소에 머물러 있지 않았다. 그리고 예수는 자신의 이러한 상황을 분명하게 의식하고 있었다. "여우도 굴이 있고, 하늘을 나는 새도 보금자리가 있으나, 인자는 머리 둘 곳 이 없다."마8:20 이것은 분명히 자신의 처지에 대한 불평이 아니었다. 오히려 어디든 따라가겠다는 한 율법학자에게 부드러운 인상으로 대답한 내용이다. 우리는 예수의 가난함이나 비참한 현실에 집중해서는 안 된다. 이러한 그의 조건은 우리의 마음을 감동시키기 위함이 아니다. 또한 가난함을 자랑하는 것도 아니고, 수많은 떠남의 철학도 아니다. 예수는 한 장소를 갖지 않는 것이 좋다고 선언하지 않는다. 그는 스스로 그러한 모범을 보이는 것도 아니다. 그는 정착을 지지하지 않는 것처럼, 영적 삶을 위한 유랑을 주장하지도 않는다. 우리는 이와 같이 한 극단 혹은 다른 극단으로 치달아서는 안 된다.

한편으로 그는 다음과 같이 이야기하지도 않는다. "짐승들도 거주할 장소가 있는데, 인자는 너무나 가난하고 비참해서 짐승의 수준에도 미치지 못한다." 또 다른 한편으로 다음과 같이 이야기하지도 않는다. "거처하고 뿌리를 내릴 장소를 갖는다는 것은 짐승의 조건이고, 이러한 장소를 갖는다는 것은 짐승적인 유혹에 굴복하는 것이다. 인간은 유혹을 지배하고, 육체의 속박에서 벗어나, 영적인 모험을 통해 자유의 증거를 갖도록 부름 받았다." 이 말씀은 다음의 사실만을 의미한다. 예수가 이야기한 단 하나의 사실은, 예수를 따르기로 선언한 사람에게, 인자가 거처할 장소가 없기 때문에 예수를 따르기로 한 사람은 수 없이 걸어야 하고, 인간적인 안락함과 안정을 포기해야 한다는 것을 대답하는 것이다. 예수는 자신의 상황을 이야기한 것이다. 우리가 만일 예수가 자신의 상황에 대해서 거의 이야기하지 않았다고 생각한다면, 이 구절은 매우 중요한 의미를 가진다. 이 구절은 우리에게 이 땅에서의 상황이 어떠한 것인지를 이야기해주는 매우 드문 구절 중의 하나이다. 그래서 이것은 안락하게 거주할 곳이 없는 한 인간의 상황을 특징짓는다. 이 이야기는 단순한 정황이나 일시적인 상황에 대한 이야기가 아니다. 그는 "이 순간"에 집이 없었다는 것에 전혀 주목하지 않는다.… 예수는 "나는…" 이라고 이야기하지 않고, 인자라고 이야기한다. 그래서 이것은 그런 방식으로 존재해야 하며, 도망해야 하는 상황이 아닌 지속적인 상황을 의미한다. 이것은 즉 하나님을 섬기는 상황을 의미한다. 그래서 예수가 이 사실에 어떤 중요성을 부여한다면, 이 것은 자신의 삶에 대한 세세한 부분에 중요성을 부여하는 것이 아니라 메시아의 상황에 대해 중요성을 부여하는 것이다. 만일 이것이 예수가 인간의 악함이 이러한 상황을 강제한다는 사실을 지적하는 것이 아니고 단순히 객관적 실체를 묘사하는 것이라면, 이것은 우리에게 무엇을 이야기할 수 있을까? 결국 우리는 여기에서 완벽한 유랑이 실현되는 것을 보게 되며, 가인의 저주를 가진 사람을 보게 된다. 가인은 이 정죄를 원하지 않았다. 가인은 반항했고, 도시를 건설했다. 그가 세상의 표면에서 유랑하고 자신의 상황에 뿌리 내리지 않은 것은 인간의 의지를 거스른 것이다. 그래서 예수는 인간의 조건을 완벽하게 취한다. 그는 죄를 제외하고는 완벽한 인간이다.

그러나 이것은 죄의 결과를 받아들이는 것을 의미한다. 우리는 십자가를 이야기할 때 이것을 잘 이해하게 된다. 그러나 그의 삶을 생각할 때에는 그렇지 않다. 전 생애 동안에 그는 인간의 종으로, 인간 육체의 종의 상태가 되었다. 그는 배고팠고 목말랐으며, 졸렸다. 그는 추위를 알았고, 경련과 더러움을 알았다. 그는 인간이 처한 상황 아래에 종속되었다. 그가 처한 상황은 하나님이 세상의 시작 때부터 인간에게 선언했던 모든 저주의 상황이었다. 그는 이 모든 것을 알고 있었고, 감내하였으며, 받아들였다. 이와 같이 가인은 방황이라는 정죄를 받았고, 예수 역시 동일한 정죄를 받았다. 만일 그가 끊임없이 여행 했다면, 이것은 임 무도, 선함도, 즐거움도 아니었고, 오히려 완전한 인간이었던 그가 유대인의 떠돎처럼 떠돌았기 때문이다. 또한 자신 안에 가인에게 주어진 저주를 완성했고, 가인이 취했던 태도 때문에 완전하게 이룰 수 없었던 저주를 완성했기 때문이다. 그는 이 저주를 자신에게 취했다. 그는 이 저주를 받아들였고, 이 저주가 자신의 삶에 있어야 함을 인식하고 있었다. 이와 같이 인자는 고독의 풍성함, 자연과의 풍성한 친근감을 알고 있었다. 그는 무죄한 피를 흘릴 것이고, 그에 대항하여 아벨의 피가 땅에서 하늘로 울부짖는다. 그는 다른 사람들이 이 저주에서 벗어나고자, 인간이 방황에 종지부를 찍을 수 있게 하는 적법한 장소를 찾고자, 우리가 추구하는 상상 속의 장소가 더는 저주에 붙어있는 거짓이 되지 않고자, 이 영원한 도피를 받아들였다. 예수는 그래서 이 저주에 대항하여 자신을 보호하려 하지 않았다. 그는 가인의 길을 걷지 않았다. 그는 도시를 건축하지 않았고, 보호소 안으로 대피하지도 않았으며, 어디에도 정착하지 않았다. 예수가 이와 같이 저주를 받아들인 행위는, 한편으로는 우리를 해방했고, 다른 한편으로는 도시적 실재에 대한 온전한 지식을 예수에게 주는 동시에 선지자들의 말씀을 확증해 주었다. 예수가 받아들인 유일한 보호는, 사실 하나님의 말씀이었고, 그에게 주어진 하나님의 표징이었다. 가인은 이 보호를 믿지 않았으며, 우리는 이 보호를 위해서 가인이 가인 되는 것을 멈추어야 했다고 이야기한다. 예수는 그것을 믿었다. 한편으로 그는 방황의 저주를 받아들였고, 다른 한편으로는 이 세상에서 자신을 보호하는 하나님의 표식을 받아들였다. 그는 이 믿음 안에 거할 때, 필요하다면 그의 아버지께서 이것을 보증하려고 천사 열두 군단을 보낼 수 있음을 알고 있었다.

도시의 성벽은 무엇에 유용한가? 예수는 도시의 성벽을 세우는 행위에 전혀 참여하지 않았고, 돈과 군대 그리고 과학을 거부했다. 그는 자본과 문명의 발전을 거부했다. 그는 하나님에 대한 믿음 안에서만 적법한 안식이 있음을 알고 있었다. 또한 방황을 받아들일 때, 이것이 결국 인간으로 하여금 세기에 걸친 도피를 멈추게 할 왕국, 진리 안에서 꽃피우게 될 왕국하나님나라을 건설하게 할 것임을 알고 있었다.

그래서 우리는 예수가 인간이 도시에 정착할 가능성을 거부하는 이유를 이해하는 것과 동일하게, 왜 자신의 제자들을 "보냈는지" 이해할수있으며, 왜 쉬지 않고 도시를 정죄하는지를 이해할 수 있다. 만일 인간이 가인의 길을 계속해서 간다면, 만일 인간이 자신의 휴식처와 안전을 위해 도시를 계속해서 건설한다면, 예수의 행위는 헛된 것이 될 것이다. 아니면 인간은 항상 자신의 진정한 휴식처와 진정한 안전을 발견할 수 있는 곳을 무시할 것이다.

한 번 더 이야기하면, 도시에 대한 예수의 심판이 심판은 예수가 하는 것인 데, 왜냐하면 예수가 스스로에게 이 심판을 내리는 것으로 심판을 시작했기 때문이다은 인간을 위한 것이다. 이 심판은 결국 심판의 진정한 목적이 어디에 있는지를 아는 데까지 이르러야 하고, 심판의 목적에 부합하는 것을 선택해야 한다. 왜냐하면 여기에서 선택이 필요하기 때문이다! 두 가지를 모두 선택하는 것은 불가능하다. 예수는 자신의 사역을 위해 도시에 정착하기를 거부하면서, 이러한 정착이 용서할 수 없는 반역이라는 사실을 우리에게 보여주고 있다. 예수에게 이것은 사탄의 제안을 받아들이는 것과 동일하기 때문에 미친 짓인 것이다. 어쩌면 예수는 예루살렘에 사역의 좋은 장소가 있었어야 했을지도 모른다! 수도 안에 그가 영향을 미쳐야 할 권력자 주위에, 그가 회심시킬 대제사장 주위에, 종교적 중심지에 있었어야 했을지도 모른다. 그는 신학자들에게 설교할 성전이 필요했고, 자신이 움직일 무리가 있는 대도시가 필요했으며, 그가 규합시켜야 할 프롤레타리아가 필요했을 지도 모른다! 그러나 그는 주로 농민에게 설교했고, 장인들이 있었던 작은 도시에서 많이 가르쳤는데, 여기에는 유다의 유일한 프롤레타리아 집단이 있었고, 노예와 노동자만이 있었을 뿐이다. 예루살렘에서는 단 8일만을 지냈을 뿐이다! 자신의 사역을 위해서 예루살렘에 정착하지 않은 것이 얼마나 큰 실수이며 얼마나 멍청한 짓인가! 절대 아니다! 예수는 도시에 대항하여 선택했고, 도시가 그에게 줄 수 있었던 찬란함과 화려함을 갖길 원하지 않았으며, 이것은 그에게 주어진 모든 인간 조건을 받아들이는 소명을 충실하게 받아들이기 위함이었다. 그 결과로 하나님이 인간에게 부여한 상황에서 벗어나려 했던 인간의 방식을 거절 했다.

예수가 도시로 들어갈 때, 이것은 곧바로 도시를 떠나기 위함이었다. 그는 도시에서 거주하지 않았고, 매일 저녁 베다니로 돌아왔으며, 또한 죽기 위해 도시에서 떠나왔다. 그는 도시를 떠났고, 우리 역시 이곳에서 떠나야 한다. 도시의 악한 영은 하나님의 아들이 그들 가운데 있을 때에 만 견딜 수 있다. 그리고 율법의 예언을 완성하고자 모든 세력이 연대한다. 우리는 이것이 예수가 도시 밖에서 십자가에 매달릴 것이라는 율법을 완성하기 위함이라는 것을 잘 알고 있기 때문이다. 희생 염소는 장막 바깥, 사막광야으로 데려가야 한다. 죄 때문에 희생되는 동물의 몸은 장막 바깥으로 보내지거나 도시 바깥에서 태워 져야 한다. 그리고 희생제물의 피는 성전 밖으로 옮겨져야 한다.레4장 그래서 이 희생 제물 율법과 도시의 힘이 거부한 표시 역시 거부해야 한다. 왜냐하면 예수 그리스도의 관점에서 도시는 정확하게 율법과 같은 계획 속에 있기 때문 이다. 율법에 순종한 예수는 도시에서 버림 받았다. 도시는 그리스도를 소유 할 수 없었고, 예수의 죽음은 외부에서 오는 하나님의 도시 정복을 영원히 보 증할 것이다. 그러나 지금은 세상의 모든 세력과 도시의 천사가 동시에 예수 를 못 박고 옷 벗기려고 십자가 앞에서 모인다. 그리고 도시의 천사는… 이제 예수의 행위에 의해서 자신의 영역, 힘, 수단에서 분리된다. 그는 마치 죄가 전가된 염소의 머리처럼 바깥으로 던져진다. 그는 이 인간을 끌고 가길 원했 던 그곳에서 하나님의 아들을 따를 수밖에 없었다. 그리고 예수의 영광을 벗 겨내려 할 때, 결국 자신의 영광을 빼앗겼다. 그러나 이 모든 것은 여전히 비 밀이며, 그 이유는 이와는 반대로 예수의 죽음이 겉으로는 예수를 대항하여 연합한 세력들의 승리를 보증하는 것으로 보이기 때문이다.

이와 같이 예수는 자신의 인격 안에, 자신의 모든 삶 안에서, 자신을 도시 세계의 이방인으로 선언한다. 다른 모든 인간의 삶에 관여했던 예수는, 이 인 간의 작품에는 전혀 참여하지 않는다. 이것은 예수가 완전한 인간의 삶을 취 했기 때문이며, 잘못된 치유와 응급조치 그리고 힘을 거부했기 때문이다. 또 한 그가 총체적인 방식으로 거부했던 인간의 반反창조의 세상 가운데에 하나 님나라를 세웠기 때문이다.

결국 이것은 도시와 기적의 행위 사이의 관계를 보여준다. 실재로 우리는 말씀만을 가지고 도시를 복음화 할 수 없다. 우리는 도시가 유일하게 물질적으로 이해할 수 있는 언어인 기적을 통해서만 도시를 향해 이야기할 수 있다.
기적을 통해서 혹은 순교를 통해서 이야기할 수 있는 것이 다.

3. 무리^{군중}

그렇다면 인간들에게는 어떠한가? 예수는 도시에 있는 사람들에 대해서는 어떤 정죄도 하지 않았다. 회개하지 않는 도시들에 대한 질책은 마태복음에 세례요한에 대해서 예수가 무리에게 하신 질문 이후에 찾아볼 수 있다. 예수는 무리에게 그들의 행위에 따른 책임을 지도록 요구했지만, 정죄하지는 않았다. 그리고 무리에 대한 태도와는 다르게 도시에는 저주했다. 우리는 예수 그리스도가 오기까지 인간은 자신의 작품 속에 포함되어 있고, 그 작품과 끈끈하게 연결되어 있었음을 보았다. 이것은 인간이 다스릴 수 없는, 그리고 억지로 끌려가는 새로운 역사가 아니다. 우리는 오늘날 인간이 처한 상황을 평가하려고 기술이라는 스스로 감당할 수 없는 존재를 논한다.… 그러나 구약 성서는 역사가 언제나 이처럼 흘러왔다는 사실을 보여준다. 그것은 도시를 창조한 인간이 도시에 갇혀 있고, 도시와 함께 파멸되며, 도시 안에서 심판 받고, 도시 안에서 범죄 한다는 사실인데, 이것은 도시가 원래 그러하기 때문이다. 우리는 소돔의 주민과 바빌론의 주민이 황폐함 가운데 둘러 싸여 있음을 보았고, 여기에는 어떤 차이도 없다. 그 이유는 다음의 구절에 잘 나타나 있다. "너의 보물이 있는 곳에, 너의 마음도 있을 것이다."^{마12:34} 도시는 인간의 보물 중의 하나이고, 인간의 마음은 도시의 악한 영에 잡혀 있기 때문이다.

여기에서 새롭게 찾아볼 수 있는 것은, 예수 그리스도가 도시의 재난에서 인간을 감싸지 않는다는 것이다. 의심의 여지없이 그는 물질적 상황을 바꾸지 않으며, 도시의 주민은 언제나 그 세상의 황폐함 속에서 물질적으로 파괴를 당한다. 여호수아의 시대에 요새화된 도시의 주민이 칼날에 무너졌으며, 히틀러 시대에 열려 있는 도시의 주민은 폭탄 아래에 파괴되었다. 그러나 최종적인 상황, 즉 하나님 앞에서의 상황이 변화되었다. 인간은 더는 자신의 작품 속에 매몰되지 않는다. 그 이유는 예수 그리스도의 오심이 인간으로 하여금 이 작품에서 분리되게 하고, 이 작품과 분리된 존재로 여겨지도록 했기 때문이다. 이것이 인간을 지탱하고 유혹하는 모든 것에 대해서 예수가 강하게 정죄했던 이유이다.

인간이 어떤 함정에 빠져 있더라도, 예수 그리스도는 인간을 멀리하지 않고, 정죄하지 않는다. 우리는 이미 다른 본문에서 무리를 향한 예수 그리스도의 말씀이 도시를 향한 말씀과 다르다는 사실을 발견하게 된다. 무리군중! 이것이 도시에서의 인간 삶의 형태이다. 인간은 무리 외의 다른 방식으로 존재할 수 없다. 인간은 여기에서 절대로 분리될 수 없고, 물질적으로 혼자일 수 없으며, 한 개인으로 존재할 수 없다. 도시 안에서 인간은 보이지 않지만 존재하는, 깨뜨릴 수도 없고 뛰어 넘을 수도 없는 얇은 유리벽에 의해서 자신과 분리되고 타인과도 분리되어, 절대로 혼자 있지는 않지만 버려진, 이상한 현상 가운데 있게 된다. 우리 모두는 군중 속에 있음을 지속적으로 인식한다. 군중은 단순히 한 장소에 모여 있는 사람들의 무리가 아니고, 그 수를 셀 수 있는 물질적인 현상이 아니다. 군중은 또한 심리학적이고 사회학적인 동시에 영적인 현상이기 때문에, 오늘날 우리는 군중에 붙여진 이름으로 이 무리를 평가하려 한다. 그래서 이 무리는 통계학적 수치로 나타나는 것이 아니라, 정신적인 방향을 통해 나타낸다. 그래서 어쩌면 인간은 도시가 아닌 군중 속에 있지만, 도시 안에서 인간은 항상 필연적으로 군중 안에 있게 된다. 왜냐하면 인간은 자신을 위한 충분한 공간을 갖지 못하고, 그의 표현은 억제되고, 그의 소리는 억눌리며, 타인의 시선을 피해야 하기 때문이다. 모든 사람은 이웃에 있는 벽에, 옆에 바로 존재하는 벽에 신음하고 있다. 그것은 여기에 침묵의 영역이 없기 때문이고, 모든 고립, 모든 명상, 모든 근본적인 만남을 지워버리는 혼란스러운 소리 안에서 살기 때문이다. 그리고 곧바로 인간은 침묵의 심 판을 더는 견딜 수 없게 된다. 또한 인간은 계속해서 다른 사람들에게 보이고 들려지며, 아무도 주의를 기울이지 않고 아무도 감시하지 않는다 할 지라도, 익명의 타인의 제어 아래에 있기 때문이다. 그리고 가면을 통해 숨을 수 있고, 정숙하지 않은 습성과 끝없는 공공의 잔인함의 습성에 길들여져 있기 때문이다. 또한 주택을 정비하고, 더 좋은 향기를 내고, 소음을 줄이고, 어두운 밤을 환히 밝히려고이 단순한 물질적인 이유 때문에 도시의 인간은 필연적으로 군중의 인간이 된다.

마태복음 11장에서 도시와 군중의 연관성을 발견할 수 있다. 예수 그리스도는 군중에게 먼저 이야기하고, 이후에 도시에게 이야기한다. 그리고 군중에게는 이미 그들의 모순과 연약함에 대한 일련의 자비로 특징짓는 말씀을 한다. 군중은 자신들이 무엇을 하는지를 몰랐다. "너희는 무엇을 보러 광야에 나갔더냐?"마11:7 군중은 세례요한을 보러 나갔다. 이들은 자신의 일상의 장소를 떠나 무엇인가를 찾아 떠났지만, 정확히 그것이 무엇인지는 몰랐다. 만일 이 군중이 선지자를 찾았다면, 이들은 이 선지자가 어떤 선지자인지, 또한 누구인지도 몰랐다. 이들은 정상적인 인간에게서 나오지 않는 무의식적인 흐름에 따라, 군중이 가질 수 있는 충동에 따라, 그들이 무시하는 자를 향해 갔다. 군중은 자신이 찾는 자를 무시했다. 군중은 이성 없이, 알지 못하는 목적을 향해 움직인다. 그리고 이 무시에 대답한 사람도, 모순을 드러낸 사람도, 이유를 설명한 사람도 바로 예수이다. 이와 같이 예수는 군중을 향해 이야기했다. 예수는 인간들에게 다른 방식으로 이야기했고, 다른 방식으로 규정지었다.

※　　※　　※

군중의 삶은 불분명하고, 분열되어 있다. "어린 아이들이 다른 아이들에게 이야기한다.…” 자, 여기에서, 예수 그리스도는 자신 앞에 있는 군중을 화해하지 않고 서로 비난하는, 잘못되고 경솔한 판단을 내리는 아이들이라고 말씀한다. 물론 예수의 이 말씀의 요점은 군중을 묘사하려는 데에 있지 않다. 그리고 이 말씀의 목적 또한 예수가 군중을 생각한다는 사실을 이야기하려는 데에 있지 않다. 이 본문은 완전히 다른 교훈을 위해 기록되었지만, 그럼에도 우리는 여기에서 이 부분을 간과해서는 안 된다. 더욱이 이 사건은 복음서에 기록된 예수의 생애 가운데에, 예수가 군중과 실재로 만나고 그들을 판단하고 그들에게 이야기하는 유일한 순간도 아니다. 그러나 예수는 이 군중을 잘 이해하지 못하고 잘 판단하지 못하는 존재로 본다.

예수가 회당장 야이로의 집에 도착했을 때 역시, 그는 슬퍼하는 사람들 가운데 소란스럽게 슬픔을 표현하는 무리를 보게 된다. 그리고 예수는 이 무리에게 뒤로 물러서도록 지시하는데, 그것은 이 무리가 단순히 사회학적 반사작용에만 따르기 때문이고, 실재로 그들이 행하는 것이 무엇인지를 모르기 때문이다. 그 무리는 실재로 앞으로 일어날 일을 알 수 없었으며, 예수가 죽음의 정복자라는 사실 역시 알 수 없었고, 오히려 그를 비난하고 있었다. 예수는 무리를 돌려보냈지만, 어떤 심한 말도 하지 않았다. 이 무리의 무의식 때문에 예수 그리스도는 무리를 향하여 주의를 기울인 것으로 보이며여기에서 군중심리를 이야기할 필요는 없다, 그렇게 이야기한 것으로 보이고, 열정으로 감동시킨 것으로 보인다.

군중에 대해서는 그 비참함에 대한 연민만을 가지고 있었다. 이것은 단지 군중에게 엄청난 비참함이 있었기 때문만은 아니었다. 실재로 복음서에서 군중에 대해서 이야기할 때, 인간의 모든 고통의 문제를 함께 이야기한다. 다리가 불편한 자가 있었고, 앞이 보이지 않는 사람이 있었으며, 말을 못하는 사람이 있었다.… 말씀은 언제나 이렇게 마무리된다. 거대 군중은 군중의 비참한 특성만을 나타냈다. 군중은 개인적으로 비참하고 거절되는 사람들로 구성되어 있었고이 군중 안에는 대제사장이 율법을 모르는 자들, 죄인으로 선언하는 사람들만이 있었다.요7:49, 이들은 율법을 알지 못했고, 그 결과로 구원의 길이 어디에 있는지 알지 못했으며, 하나님이 요구하는 경건한 삶을 살지 못했다.

그래서 군중은 이렇게 구성된다. 이들은 오늘날 충분한 돈이 없어서 잘 정비된 "주거" 지역에 살지 못하는 사람들이다. 이들은 대중교통수단을 이용해야 하는 사람들이고, 도덕적인 문제보다 물질적인 필요가 우선인 사람들이다. 그리고 "도덕적인 교육"을 받지 못해서 군중에서 자신을 분리시키지 못하고 개인적인 삶을 살 만큼 세련되지 못한 사람들이다.삶의 수단에서 뿐만 아니라 다른 모든 것에서도 세련되지 못한 사람들이다 이것은 지적인 문화와 마찬가지로 개인을 군중에서 분리시키도록 만들어주는 회심의 사건이다. 어떤 방식으로든 개인적인 개념을 형성하자마자, 군중과의 괴리가 생기거나 혹은 군중에서 탈출하려는 시도를 하게 된다. 그 이유는 오늘날 우리가 사는 물질적 환경이 이 탈출에 거의 호의적이지 않기 때문이다. 그러나 어떤 때에도 도시의 인간과 군중 속의 인간은이 둘은 끊임없이 혼동되는 경향이 있고, 이 둘이 정확하게 일치하지 않은 때에도 그러하다 대제사장이 낙인찍 는 율법을 알지 못하는 사람과 같고, 죄인과 같다.

군중은 이와 같이 인간의 가장 비참한 사람들로 구성되어 있으며, 상호적으로 군중은 인간의 가장 비참한 상태를 의미한다. 이것은 마치 피조물로서 인간의 존엄성, 가치, 단일성을 이루는 모든 것을 잃어버리는 것과 같다. 마치 인간성의 나머지가 군중 안에서 사라지는 것과 같다. 군중은 그 군중들의 비참함 때문에 비참하다. 더 나아가 이 군중은 그 경향과 영향은 하부 계층의 인간에 있지만, 이 군중 안에, 이 군중이 취하는 형태 안에 행동의 특별한 힘을 나타내기 때문에 비참하다. 왜냐하면 군중이 그것을 추구하기 때문이다. 이것은 복음서 안에 언제나 이와 같이 표현된다. 군중은 마치 그들이 의식 없는 것처럼 추구하고, 이것은 그들이 무엇인지 모르는 것을 필요로 하게 된다. 그들은 고통스럽게 자신들에게 결여된 것이 있음을 느끼고, 한 존재를 원한다. 군중은 아무 이유도 의식도 목표도 없는 요구를 하지만, 그것은 군중이 인간의 가장 비참한 상황에 있기 때문이고, 상황이 변해야 하기 때문이다. 이 모든 것이 복음서 속에 있지 않은가? 물론이다! 그리고 이것은 이미 군중의 존재 앞에서 예수 그리스도가 비통하게[38] 여겼다는 사실 가운데에 있다. 군중 앞에서 예수의 태도를 설명할 때에만 이 주장이 제기된다는 사실은 매우 주목할 만한 일이다. 우리가 아는 한, 예수가 개인적인 고통 앞에서 이 동일한 단어를 사용한 적이 없다. 예수가 연민으로 가득해서 한 개인에게 이야기할 때에도, 그것은 군중 속의 한 개인이었고, 군중 속의 한 사람이었다. 이 연민은 무리에게 나타난 것이었고, 무리를 구성하는 각 개인에게 나타낸 것이었다. 이것은 또한 무리 가운데에서 두 맹인에게 예수가 가졌던 연민에 대해 이야기할 때에도 그렇다.마20:34 이것에서 우리는 예수가 군중 앞에 서는 거의 매 순간 연민의 감정을 나타냈다고 주장할 수 있다. 이러한 본문들은 성서에 넘쳐난다.마9:36, 14:14, 15:32; 막6:34, 8:2 등 그리고 이렇게 어휘를 정확하게 사용하는 것은 분명 우연이 아니다. 예수는 군중에 대한 연민을 특별히 보여주었고, 이것은 다른 성서 본문들의 뒷받침 아래, 우리가 군중에 대해서 논증하는 것을 내포하고 있다. 예수는 군중이 목자 없는 양 무리로 보였기 때문에 연민을 나타낸다.

이러한 특성은 이미 우리가 앞에서 이야기했던 군중에 대한 묘사와 정확히 부합하며, 이러한 군중의 특징은 군중의 비참함이라는 관점을 정당화하는 데에 충분하다. 예수는 군중을 통해 인간의 가장 낮은 상황을 직면했기 때문에 연민으로 가득했다. 그러나 여기에서 특징 지워진 감정은 모든 사람에게 공유된 감정도 아니고, 자비도 아니다. 예수는 우리가 어떤 불행 앞에서 느낄 수 있는 그런 동일한 감정에 사로잡힌 것이 아니다. 이것은 장벽들과 거리는 그대로 둔 채, 객체를 향해 가장 일반적으로 높은 곳에서 낮은 곳으로 내려가는

---

38) [역주] 또는 민망하게.

자비가 아니다. 실재로 여기에 이보다 더 큰 무엇이 있다. 예수는 감정에 따라 움직이는 인간의 본성에 따라 행동하지 않고, 구원자로서의 자신의 운명을 성취하였다. 이 긍휼은 예수가 실재로 고통당하는 사람들에게 받은 고통이었다. 그는 단지 그들과 함께 고난을 당했을 뿐만 아니라 그들의 자리에서 고난을 당했다. 예수는 군중에서 인간을 분리시키는 벽들을 부쉈고, 군중 속으로 들어가서 비참함과 절망 그리고 군중의 극심한 고통을 겪었고, 이 고통을 친히 경험했다. 이 긍휼은 단지 미천하고 거절당하는 사람들을 위해 행한 사랑의 행위일 뿐만 아니라, 정확하게 가장 낮은 인간의 위치에서 성취한 구원의 행위이다. 만일 예수가 무리 앞에서 연민의 감정으로 가득했다면, 이것은 이 무리 앞에서만, 그리고 그 실제 무리 속에서만, 그가 책임져야 할 인간의 조건을 볼 수 있기 때문이다. 이와 같이 그는 인간 존재의 가장 큰 허무함을 느꼈고, 이 조건을 받아들였을 뿐만 아니라, 이 존재에 응답하도록 요구받았다. 반면 예수의 긍휼은 효율적이지 않은 것으로 보인다. 인간적인 의미에서는 성공적이지 않았다. 어디로 가야 할지 모르는 군중 앞에서, 목자 없는 양처럼 방황하는 무리 앞에서, 예수는 머리가 되려 하지 않았다. 그는 겉으로 이 무리를 이끄는 목자처럼 행동하지 않았다. 그는 이 군중에게 명령의 말도, 대답도, 지시도, 방향제시도 하지 않았다. 그는 이들을 움직이는 힘을 이용하지 않았다. 그는 우리가 익숙해져 있는 것처럼 터무니 없는 망상을 주입하지도 않았다. 그는 무리를 다른 곳으로 인도하지 않았다. 그리고 이 무리의 비참함을 없애지도 않았다. 겉으로 무리를 그대로의 모습으로 두었다. 그는 병을 고쳤다. 그는 단순히 이 사람들이 물질적으로 배가 고프다는 이유로 썩어 없어질 양식을 주었다. 그리고 이 무리를 다시 떠나보냈다. 때로는 매우 드물게 그들에게 말씀했다. 그러나 말씀할 때에는 주로 무리 가운데의 한 사람에게 말씀했다. 그것은 마치 산상수훈을 시작할 때처럼, 그는 수많은 사람으로 둘러싸여 있었지만, 자신의 제자들과 함께 앉았고, 바로 이 제자들에게 말씀했다.

※　　※　　※

　그래서 이것은 실재로 그 외연 이상을 이해하도록 요구한다. 중심적인 사실은 긍휼을 통해서 예수 그리스도가 무리의 인간의 조건을 스스로 취한다는 것이다. 그리고 이 사실에서 소위 군중현상이 나타난다. 이 군중 속에 존재하는 모든 모순된 것들, 무의식적인 것들은 의식의 존재에 의해서 찢겨진다. 군중의 존재는 예수 그리스도를 맞이할 수 없기 때문에 이렇게 변형된다. 이제 군중은 영적인 의미에서는 더는 군중이 아니다. 비록 군중이 물질적으로 인간의 대규모 밀집이라 하더라도 그렇다. 그러나 이것은 역시 물질적인 변화, 특히 군중과 도시의 분리를 통해서 알 수 있을 것이다. 예수 그리스도를 둘러싸고 있는 무리는 다른 영에 사로잡혀 있다. 그 영은 그들이 기다리는 왕을 정확하게 인식할 때, 자신의 존재를 만족시키는 사람, 절망의 슬픈 조건을 새롭고 끊임없는 기쁨으로 변화시키는 사람을 인식할 때, 종려나무의 날에 나타날 것이다.

　예수 그리스도는 무리를 해산시켰는데, 그 이유는 무리 중에서 인간을 개인으로 만나기 때문이다. 각 개인은 더는 무리 가운데에서의 한 존재가 아니고, 홀로 그리고 완전한 개인이 된다. 그러나 각 개인이 자신의 구원자이자 주인 앞에 있기 때문에, 각 개인은 완전히 혼자가 아니다. 그리고 이것은 또한 치유의 기적, 이 무리의 양식을 위하여 빵을 증식시키는 기적이것은 기적이 의미하는 것 중의 하나이지, 기적이 이것만을 의미하는 것은 아니다이 의미하는 것이다. 치유에 의해서, 모두를 위하여 행한 기적의 방식으로 각 개인에게 주어진 양식에 의하여, 이 무리 안에 일종의 개인화가 생기게 된다. 예수 그리스도는 각 개인을 고통과 개인적 요구의 실재 속에서 생각한다. 그리고 각 개인을 군중에서 취하여, 군중과 분리시키지 않고 오히려 귀신에게서 해방시킴으로 각 개인에게 응답한다. 이러한 예수 그 리스도의 승리는 내부적인 것이다. 그리고 이 승리는 단지 인간의 내면에만 존재하는 것이 아니라 군중 내부에 존재한다. 그리고 이 승리는 치유에 의해 서 나타난다 그리고 자신의 삶의 조건에 의해서, 반복되는 자신의 일에 의해서, 소란한 소음에 의해서, 자신이 거주하는 집의 열악한 조건에 의해서, 떨어질 수 없는 타인과의 야만적인 관계에 의해서 상처 받은 인간은, 도시와 군중의 열정에 의해서, 자신이 소속된 곳의 수많은 긴장 속에서, 도시 기술이라는 바꿀 수 없는 톱니바퀴 속에서 끊임없이 비참한 형태로 존재하면서도, 비참한 군중 가운데 있으면서도, 이제 개인은 어떤 통합, 어떤 치유 그리고 진정한 구원을 발견하게 된다. 우리는 이 상황이 필요하다는 사실을 아는데, 그것은 목자 없는 무리가 성육신한 그리스도가 당한 고통의 표현 속에 있기 때문이다.

군중이 몰려 왔지만, 예수 그리스도는 그들을 이끌어 더 나은 사회를 만들고자, 그가 가까이 왔다고 이야기했던 그 왕국을 건설하고자 무리의 수장이 되지 않았다. 무리는 목자가 없었고, 겉으로 봤을 때에 예수는 무리의 목자가 되기로 결정하지 않았다. 이 얼마나 이상한 상황인가! 그나 우리가 이것을 이상하게 본다면, 그리고 우리가 메시아의 태도를 이해하지 못한다면, 우리는 예수가 누구인지 그리고 무리의 행위가 어떤 것이었는지를 이해하지 못하는 것이다. 무리는 예수에게로 왔다. 그들은 다른 곳으로 간 것이 아니다. 예수는 그들을 단지 다른 곳으로 인도하지 않은 것이다. 예수께 왔을 때에는 그들은 목적에 도달한 것이었다. 이 무리는 추구하는 것이 없었고, 가서 무엇을 보겠다는 목적도 없었다. 오히려 그들은 예수를 발견하였고, 그 이상의 것을 하지 못했다. 예수는 그들을 인도하여 성지순례를 떠나지도 않았다. 그는 오랜 시간 동안 찾아왔던 여러 증인 중의 한 명이 아니었다. 그는 가야 할 길을 지시하는 사람도 아니었다. 그는 따라야 할 모범도 아니었다. 그는 인간의 영원한 희망을 단번에 해석한 사람도 아니었고, 에덴의 창시자도 아니었으며, 황금 시대를 이끈 사람도 아니었고, 낙원과 천년왕국, 공산주의 사회의 창시자도 아니었다.⋯ 그는 모든 사람이 자신의 위치에서 행복을 발견하는 과학적이고 이상적인 사회를 준비하지 않았다. 예수 자신이 응답이었고, 목적이었으며, 현존하는 하나님나라였다. 그 무리가 예수께 나아왔을 때, 그들은 하나님나라 안에 있었다. 그리고 여전히 이것은 치유의 기적이었고, 오병이어의 기적이었다. 예수를 넘어서는 아무 것도 없고, 거짓만이 있을 뿐이다. 분명하게 이야기하면, 사탄의 거짓은 인간에게 그리스도에 의해 주어진 이 순간을 더 연장시키도록 설득하였고, 여기에 모인 무리가 병 고침 받고 영적으로나 물질적으로 만족한 상태가 되었을 때, 모든 것이 한 순간에 이루어지도록 인간의 도시를 만들도록 설득하였다. 여기에 이상 도시들의 비극이 있다. 그리고 여기에 고대 유토피아 사상과 마찬가지로 근대 도시계획의 끔찍한 문제가 있다. 이것은 그리스도와의 만남이 특별한 것이고, 이 땅에서는 연장될 수 없다는 것을 받아들이지 않고, 믿지 않는 것이다. 또한 이 기적이 숨겨진 하나님나라의 표식이며, 앞으로 올 하나님 나라의 선언이라는 사실을 받아들이지도 않고, 믿지도 않는 것이다. 나아가 이것이 하나님에 의해서만 주어진 것이라는 사실을 받아들이지 않는 것이다. 하나님이 준 것은 인간이 탈취할 수도 없으며, 모방할 수도 없다. 이와 같이 그리스도의 존재의 실재를 거부하면서 이보다 더 나은 것을 추 구할 때, 인간은 예수 그리스도를 넘어서 거짓 속으로 들어간다. 그리고 이 거짓 속에서 기술자들은 도시를 인간 자신의 충분한 발전과 균형, 그리고 미덕이 실현되는 이상적인 장소로 만들 수 있는 것처럼 이야기하며, 정치인들은 거대한 도시 가운데에서 하나님이 필요 없는 완벽한 사회를 건설할 수 있다고 주장한다. 인간은 하나님이 약속하고 부분적으로 허락 한 것의 총체를 훔치려 한다. 인간은 하나님이 건설하기 원하는 것을 건설하려 하고, 하나님 대신에 자신이 그 중심에 있으려 한다. 이와 같이 예수 그리스도는 군중을 어느 곳으로도 인도할 수 없는데, 그 이유는 군중이 이미 그 목적지에 도착했기 때문이다. 군중이 혼동과 귀신에게서 자유롭게 된 이후에, 예수는 이들을 집으로 돌려보내고, 일시적으로 해산되길 원했지만, 돌아간 그 무리는 이전과 같지 않았다. 왜냐하면 예수 그리스도와의 만남은 언제나 결정적이기 때문이다.

무리는 예수에게로 왔다. 그러나 놀랄만한 것은, 그리고 복음서에 기록된 것은, 예수가 무리가 있는 곳에서 그들을 만나지 않았다는 것이다. 예수는 그들을 도시 안에서 만나지 않았다. 이와는 반대로 도시를 떠난 무리는 예수를 따라 사막광야으로 가야 했다.예를 들면 마 14:13 물론 여기에는 수많은 주석가들이 이야기하는 것과 같이 역사적인 동기가 있다. 그러나 이 역사적인 동기들은 우리에게 아무 것도 가져다주지 못한다. 그러나 주목할 만한 사실은, 그 무리가 무리를 형성할 수 있도록 한 곳, 무리를 구성했던 곳, 즉 무리 자신의 영역을 떠난다는 것이다. 그러한 관점에서 도시 안에 군중이 있었고, 도시 밖에서는 이 군중을 찾을 수 없다. 무리들은 사막광야으로 왔고, 때로는 산으로 왔다.

그리고 우리는 성서적 사고에서 사막광야이 의미하는 것을 살펴보아야 한다. 이 장소는 영들을 만나는 곳이다. 사막광야, 그곳은 인간의 힘이 포기되는 장소이다. 여기에서 더는 속임수의 기술도 없고, 혼자살수 있다고 믿을 수도 없으며, 자연에 도움을 요청할 수도 없다. 인간은 자신의 모든 기술, 모든 문명의 가능성에서 이탈된다. 인간은 혼자이고, "무기도 방패도 없으며", 그래서 인간은 귀신의 먹잇감인 동시에, 하나님에 의해서만 구원 받을 수 있다. 그래서 사막광야은 시험의 장소로 나타난다. 왜냐하면, 사막광야은 정직한 장소이기 때문이다. 사막광야으로 들어가는 순간이 바로 진리의 순간이다. 사막광야은 구약의 가장 오래된 구절에 따르면 특별히 영들이 거주하는 장소이고, 이스라엘의 죄를 담당하는 속죄 염소를 데리고 와서 귀신의 먹잇감이 되도록 내어 주는 장소이다. 그러나 이보다도 사막광야은 우리가 영들을 만나는 장소로 보인다. 동일한 사건에 대한 관점은 시간에 따라 변한다. 사막광야에 많은 영이 있는지는 확실하지 않다. 그러나 인간은 자신의 다양성과 헛된 보장에서 벗어나기 때문에, 이 곳에서 더 쉽게 영들을 만날 수 있다. 장점은 하나님의 영이 자신의 백성을 인도했다는 것이고, 반면에 단점은 사탄과 승냥이 떼도 역시 있다는 것이다. 동일하게 우리는 선지자들이 사막광야으로 와서 계시를 받았다는 사실을 본다. 다윗도 이와 같았다. 엘리야도 그러했다. 동일하게 예수는 여기에서 시험 받았고, 겟세마네에서도 그러했다. 계시록의 여인도 사막광야으로 와서 하나님의 직접적인 보호하심 아래에 있었다. 다른 곳에서는 이러한 선한 영들과 악한 영들과의 만남을 볼 수 없다. 사탄은 사막광야에서 만나게 되고, 성령도 그러하다. 그래서 사막광야으로 나오는 것은 행복한 것이라고 단언할 수는 없지만, 이것은 분명히 인간적 힘에서의 탈피이며 영적인 전투 가운데 들어가는 것이다.

우리는 이것을 사막광야으로 예수를 따라온 무리에서 본다. 그리고 우리가 갖고 있는 관점에서 예수 그리스도의 행위는 효과적이었다. 이것은 실재로 인간으로 하여금, 이 벗겨짐의 장소, 전투의 장소로 인도되려고, 자신이 갖고 있는 성벽, 도시에서 벗어나고, 자신의 힘으로 만든 작품을 포기하며, 모든 인간적 수단을 벗어버리도록 인도했음을 의미한다. 그리고 우리는 이 본문 자체에서 무리가 음식조차 없었음을 볼 수 있다! 그리고 이것은 도시민의 관점과 교만한 거주민들의 관점에서 예수 그리스도의 행위를 특징 짓는데, 즉 인간과 도시 사이의 분리를 이야기한다. 이 분리는 단순히 인간과 도시가 멀어진다는 의미가 아니다. 그것은 더는 인간으로 하여금 순수하게 그리고 단순하게 다른 방어막으로 통합되는 것이 불가능하도록 벽을 세운다는 의미로, 인간과 도시 세계의 일종의 단절이고 분리를 의미한다. 인간은 같은 정신과 힘을 가지고, 동일하게 복종하면서, 그리고 같은 운명을 가지고 도시 속으로 다시 들어갈 수 없다. 도시를 떠나 사막광야으로 왔을 때, 예수 그리스도를 만남으로 개인화되었고 분리되었기 때문에, 인간은 더는 무리에 속하지 않는다. 동일하게 인간은 이제 도시에도 속하지 않는다. 그리고 이것은 이중적인 움직임 가운데에 나타난다. 인간이 사막광야으로 왔을 때, 그는 도시의 힘에서 자유롭게 된다. 그리고 도시의 영이 더는 그에게 있지 않는데, 그 이유는 예수 그리스도가 도시의 영을 정복했기 때문이다.

우리는 여기에서 최근의 신학적 문학 속에 매우 빈번하게 나타나는 큰 흐름을 발견하게 된다. 예수 그리스도가 세력, 왕, 지배자를 정복하였으며, 그들을 무장해제 시켰고 무력화 시켰다. 도시는 이 힘들의 일부분으로 정복되었다. 그래서 우리는 근대 도시의 엄청난 확장이 이 정복당한 영의 원초적인 대답이며 반응이 아닌지 자문해야 한다. 이 영은 미래가 없기 때문에 끊임없이 분쟁을 일으키고 끔찍함으로 이끈다. 이 도시가 정복당했다는 선언은 무리가 도시를 떠나 사막광야으로 갈 수 있다는 것을 말한다. 예수가 이 땅에 있었을 때에 예수의 존재가 이 운동을 정당화하는 것과 마찬가지로, 오늘날 이 동일한 떠남은 예수가 승리했기 때문에 여전히 가능하다. 우리는 도시가 닫혀 있지 않고비록 그 겉모습이 극단적으로 닫혀있다 할지라도, 예수 그리스도의 승리가 계속되며, 이 그리스도의 승리가 이 영역 가운데에서도 나타날 수 있다는 절대적인 확신을 가져야 한 다. 이것은 우리에게 달려 있다.

두 번째 운동은, 도시로 돌아오는 운동이다. 왜냐하면, 예수 그리스도는 이 무리를 그들의 도시로 돌려보냈기 때문이다. 이 돌려보냄은 돌이킬 수 없는 것이다. 예수 그리스도와의 만남이 일어난 이후에는, 우리는 이제 과거로 돌아갈 수 없다. 한 번 이 만남이 일어나면, 다른 어떤 것도 이 만남을 폐기시킬 수 없다. 이것은 우리가 과거로 돌아갈 수 없기 때문만이 아니라, 특별히 이 만남의 사실이 계속해서 현재를 변화시키기 때문이며, 과거를 통해 만들어진그 어떤 것도 현재의 주인이될수 없기 때문이다. 그 사건은 실재와 존재에 대해서 문제제기 할 수 없다. 마찬가지로 도시로 돌아간 인간은 더는 예수에게 나아올 때의 그 사람이 아니다. 그는 실재로 아직 사막광야에 있으며, 그는 언제나 도시의 영이 지배하는 영역 밖에 있다. 그는 이제 도시에 물질적으로 존재할 수 있지만, 더는 이 도시에 속해 있지 않다. 우리가 여기에서 혼동하지 말아야 할 것은, 이것이 영적인 자유 때문에 물질적인 것을 하찮게 여기는 물질과 영의 이분법에 대한 문제가 아니다. 일반적으로 그리스도인들은 이 문제를 너무 쉽게 혼동한다 오히려 이러한 상태로 이러한 조건으로 도시 속으로 다시 들어오는 것은, 개인의 만족을 위해서 자유롭게 되고자 다시 돌아온 것이 아니고, 여기에서 물질적인 일을 하려고 돌아온 것이다. 인간이 내부적 소유와 도시적 신화에서 벗어났다는 단순한 사실이 도시의 근본적 실재를 강렬하게 붕괴시킨다.

도시의 근본적 실재는 이제 균형 잡힌 채로 남아 있을 수 없는데, 그 이유는 이것이 영적인 세력이기 때문이다. 이 세력이 정복당하는 순간부터 영원토록, 그리고 도시에 살고 있는 우리 각 개인 안에서, 도시가 구체적으로 분리되기 시작한다. 이처럼 분명하게 해방된 채로 도시에 다시 오게 된 인간은, 분명히 도시를 붕괴시키는 산성과 같은 존재이다. 다른 한편으로 우리는 이러한 상황을 잘 알고 있으며, 우리는 이러한 상황을 우리 앞에 놓인 도시 속의 그리스도인의 존재, 저주의 한 가운데에서의 그리스도인의 존재라는 문제를 통해서 만났다. 이 상황은 우리에게 실재로 불가능하고 지속될 수 없는 것처럼 나타난다. 그리고 분명히 이 상황은 유지할 수 없고 견딜 수 없는 상황이다. 우리는 이것을 바라지도 않았고 실재로 그럴 수도 없다. 비록 그 상황이 유지될 수 없는 것이거나 불가능한 것이라 할지라도 이것을 가능하게 해 주는 것은 바로 예수 그리스도의 인격이다. 교의나 행위 혹은 모범이 아니라 예수 그리스도의 인격이, 우리의 존재와의 연합 속에서 불가능한 것들의 연합을 통해 그 상황을 가능하게 한다.

※　　※　　※

예수는 인간과 도시의 이러한 분리를, 회심의 한 예를 통해 특별한 방식으로 나타내셨다. 그는 니느웨 사람들의 회심에 대해서 이야기했다. 니느웨는 변하지 않았다. 이 도시는 언제나 약탈의 도시였고, 전쟁의 도시였다. 그러나 여기 요나의 예언에 니느웨 사람들이 자신들의 도시에서 분리되고 회심하는 것처럼 보인다. 그들은 도시의 영의 지배에서 "진정한 하나님" 의 지배로 바꾸었고, 이것은 우리가 이야기해왔던 것과는 어떤 관련도 없는 것으로 보인다. 이것은 물론 십 이만 명을 긍휼하게 여기는 하나님의 은혜의 순수한 산물이다. 이것이 인간의 행위가 아니라는 것도 사실이다. 요나서의 모든 이야기가 잘 보여주는 것 같이 니느웨 사람들의 회심은 요나의 예언 행위를 통해 일어난 것이 아니며, 요나의 예언은 그저 하나님의 도구일 뿐이었다. 또한 니느웨 사람들의 행위를 통해 일어난 것도 아니며, 이 행위는 절대적으로 하나님의 뜻에 의한 것이다. 우리의 기대와는 달리 그들은 전혀 저항하지 않았다. 그들은 즉각적으로 심판을 받아들였고, 첫 번째 예언에 무릎 꿇었다. 우리는 이미 이 사실들을 살펴 보았고, 이것은 우리의 이해의 차원을 넘어선다. 그리고 우리가 그들을 역사적 범주 안에 가두어 놓는 한, 혹은 신화 속에 가두어 놓는 한왜냐하면, 그 이야기는 십중팔구 역사적인 내용이 아니었을 것이기 때문이다, 그들이 하나님의 단일한 행위의 커다란 흐름 속에 포함되지 않는 한, 우리는 그들을 이해할 수 없을 것이다.

이와 같은 분리의 사실은 지금까지 우리가 이해한 예수의 교훈과는 배치되는 것으로 보인다. 지금까지 우리는 그 인격의 존재는 도시에서 성령이 자유로울 수 있는 유일한 가능성이고, 내부적 분리의 유일한 가능성이라고 이해했다. 따라서 니느웨에 대한 하나님의 행위는 그 스스로 충분할 것이며, 예수 그리스도와 아무 관련 없을 것이다. 그렇다면 우리는 요나서의 주석을 다시 써야 할 것이다.

그러나 우리는 이미 이 사건이 역사적이지 않다는 사실을 보았다. 그것이 대표적이며 상징적이기 때문에, 지금부터 상징된 것과 상징하는 대상 사이에 더는 분리가 있을 수 없다. 우리는 역사적 사건들의 예언적인 특성그리고 기독론적인 특성에 대해서 논할 수 있다. 그리고 우리는 이러한 해석이 과도한 해석이고, 구약 여기저기에서 예수 그리스도를 찾아내는 것은 중요하지 않다고 이야기할 수 있다. 그러나 정직한 지성으로 이야기한다면, 우리에게는 신화적 이야기에 숨어 있는 의미를 거부할 만한 권리가 전혀 없고, 그 이야기가 성서에서 발견될 때, 예언적 상징을 거부할 어떤 권리도 없다. 우리는 이미 이 이야기에서, 이 사건을 따로 떼어 놓고 이러한 태도를 취하도록 요구 받는다. 그리고 우리는, 이 작업은 이미 행해졌고 이것이 선택된 백성과 교회의 예언에 대한 우주적 합의이기 때문에, 이 이야기를 언약의 역사의 거대한 흐름 속에 다시 두어야 하며, 하나님의 은혜와 행위의 역사 속으로 다시 가져와야 한다. 그래서 이 역사는 그 전체가 예수 그리스도의 인격에 집중된다. 각 이야기는 예수 그리스도의 인격을 향한 전진이다. 각 이야기는 고립된 이야기가 아니라 방향 지워져 있으며, 자기 자신의 방향성을 가지는 것이 아니라 외부 현상에 의해 방향 지워진다. 여타의 시와 성서의 사건의 차이는 마치 시계와 나침반의 차이와 같다. 시는 동력과 의미, 가치를 그 내부에 가지고 있다. 그러나 성서의 사건은 외부의 힘에 의해서 움직인다. 그리고 예수 그리스도 자신이 이와 같이 요나의 사건을 이해한다. 그는 자신에게 이 사건을 적용한다.

이 사건이 하나님 행위의 흐름에 위치해 있기 때문에, 예수가 여기에서 자신을 분리시키지 않기 때문에, 이 신화는 예수와 분리될 수 없다. 이 사건은 예수에게서만 자신의 진정한 의미를 가지고, 예수의 관점에서만 진정한 예언이다. 요나는, 커다란 물고기에 의해 던져진 요나처럼 죽고 삼일 만에 부활한 예수의 선언 이외에 아무 것도 아니다. 예수는 요나의 기적을 니느웨 사람들의 회심과 긴밀한 관계에 둔다. 그리고 회심 역시 요나의 모험과 같이 예수와의 관계 안에 있다는 사실은, 분명 우리가 주의를 기울어야 하는 사실이다. 그

리고 예수가 이야기한 니느웨 사람들의 회심과 현재 세대의 비회심 사이의 병
렬구도는 여전히 이것을 확증한다. 니느웨 사람들에게 복음은 없었고 단지 그
예언만 있었으며, 주님은 없었고 단지 그 표적만이 있었지만, 그들은 예언을
받아들였다. 반면에 이 세대는 주님을 거부했다.… 이것은 니느웨 사람들의
회심이 예수와 관련이 있다는 것을 말해 준다. 그들은 그들이 받아들인 예수
와 관련된 예언 앞에 있는 것이다. 니느웨 사람들의 회심은 무리가 걸어 온 길
과 동일하고, 주님과의 만남을 의미한다. 이 이야기는 여기에서 결정적으로
조명된다. 우리는 인간적 연약함 가운데에서 하나님의 커다란 행위에 의해 충
격을 받으며, 우리의 논리는 모든 의미에서 역사를 경작하는 이 쟁기의 날에
의해 혼란스러워진다. 그럼에도 우리는 여기에서 이 교훈의 항구성과 진리의
단일성을 어렴풋이 볼 수 있다.

4. 예수와 예루살렘

예루살렘은 기다리고 있다. 우리는 이미 예수를 통해 그의 기다림이 성취될 것임을 이야기했다. 그러나 실재로 메시아의 오심은 예루살렘에게 낯설고 무거운 결과를 가져올 것이다. 이것은 한편으로는 거룩한 도시에 대한 예언의 성취이지만, 다른 한편으로 예루살렘에게 큰 재앙이 될 것이다. 이 도시는 단지 예언을 위해 존재했으며, 그 실재가 나타난 지금 그의 존재가 더는 필요하지 않기 때문이다. 구원의 관점에서, 그리고 도시의 관점우리가 지금 살펴보고 있는 관점에서, 이 도시는 유일한 어떤 것을 "상징" 했고, 상징된 진리가 실현된 지금, 도시는 더는 그것을 상징하지 않으며 자신이 조명했던 것을 더는 나타내지 않는다. 아무 것도 비추지 않는 거울은 반사하지 못하는 무채색의 영역을 가지며 그 표면이 제 기능을 하지 못하는 것과 마찬가지로, 그리고 그 거울이 인간의 얼굴을 더는 비추지 못하는 것처럼, 예루살렘은 지금부터 비추지 못하는 거울과 같다. 왜냐하면, 예수가 예루살렘의 모든 것을 성취했기 때문이다.

예루살렘은 이스라엘 민족의 건설에서 모퉁이돌이었다. 그 주위에 다윗 왕국이 질서를 잡았고, 그 기능으로 왕국이 존재했었고, 민족의 모든 영적인 기반이 그 위에 세워졌다. 이사야와 스가랴는 우리에게 예루살렘의 주춧돌과 모퉁이돌을 정확히 비교하였다. 그리고 예루살렘은 이중적 의미정치적이고 영적인 의미에서 역할을 하였다. 그러나 예수의 출현과 함께, 이 기능을 충족시킨 것은 예루살렘이 아니었다. 예루살렘은 더는 왕국의 중심에 있지 않았고, 그 이유는 예수 자신이 왕국이 되었기 때문이다. 예루살렘은 더는 기초도 아니었고, 모퉁이돌도 아니었다. 우리는 지금 이 모든 것을 보았고, 예루살렘은 단지 진정한 돌이 놓이기를 기다릴 뿐이 다.

예루살렘의 또 다른 모든 기능도 이와 같다. 이 도시는 여러 민족 가운데 던져진 것이었다. 예루살렘은 문자적으로 다른 민족의 운명에 있어서, 그들이 무너지고 어지럽혀 질 때 그들의 눈을 멀게 하는 역할을 갖고 있었다. 물론 다른 민족이 넘어지고 눈멀게 하려고 인간적인 함정을 제시하는 것이 이 도시의 역할은 아니었다. 이것은 하나님의 말씀과 이스라엘의 믿음에 대한 아무런 이해가 없는 이방인이 이야기하는 소위 정치적인 음모가 아니다. 그러나 실재로 예루살렘은 다른 도시들에게 "살아있는 하나님의 함정"을 제시한다. 이것은 말하자면 하나님의 행위이며, 선택이고, 예루살렘다른 모든 도시 가운데 유일한 목적을 통해 다른 도시들이 지속되도록 하는 하나님의 자유이다. 그것은 바빌론과 멤피스가 이 도시에 기초하기 때문이다.

분명히 어떤 도시도, 어떤 국가도 이것을 받아들일 수 없다. 그러나 이 선포를 거부할 때, 도시는 살아있는 하나님을 거부하는 것이고, 그들의 저항과 믿음 없음을 드러내는 것이다. 이제 예루살렘은 더는 이 역할의 책임을 지고 있지 않다. 그 책임은 예수에게 있다. 이것은 영원히 예수와 관련된 사건이 된다. 이제는 예수가 걸림돌이 된다. 예루살렘은 더는 이 일의 책임을 지지 않으며, 이것은 예루살렘이 영적인 기능을 담당하지 않음을 의미한다. 이것이 우리가 예루살렘과 도시 세계의 실재에 대해서 이야기할 수 있는 모든 것이었다. 이것이 인간의 행위 가운데의 하나님의 존재이든, 바벨의 반대편처럼 세워진 예루살렘과 하나님 말씀 사이의 연결 고리이든, 이 모든 것은 이제 예루살렘에 중심을 두지 않으며, 예수에 그 중심을 둔다. 왜냐하면, 예수 그리스도 안에 하나님이 지금까지 행한 모든 것 이상이 있기 때문이다. 여기에 인간과 분리할 수 없는 하나님의 존재가 있기 때문에, 이제 우리는 하나님이 시작하고 인간이 완성한다고 이야기할 수 없다.

예루살렘에서 하나님은 명확하게 보인다. 여기에는 돌들만 있었던 것이 아니고 하나님도 있었다. 그 연합은 예수 안에서 달라진다. 그리고 이것은 우리를 매우 특별한 선택으로 인도하며, 인간과 그 작품에 대한 선택으로 인도하는데, 그것은 예수 그리스도 안에서 인류 전체에 대한 선택을 의미하기 때문이다. 그것은 인간과 그 작품을 선택한 것이고, 이제 예루살렘에 주어진 특별한 표식이 더는 필요하지 않다. 이것은 이 표식이 무의미했음을 이야기하는 것이 아니다. 우선 예수를 기다리는 오랜 시간 동안, 이 표식은 모든 하나님의 행위를 하나로 묶는 핵심으로 존재해야 했다. 그리고 오늘날 우리는 구약에서 어떻게 하나님이 인간의 행위를 선택했는지를 이해해야 한다. 우리는 항상 잘못된 영성을 갖고 있었다. 우리는 언제나 인간의 일이 중요하지 않으며, 자신의 구원에 아무런 영향을 미치지 않고, 자신의 영적 삶을 표현하지도 않고 변질시키지도 않는다는 것을 생각해야 한다. 그리고 이것은 물질적인 작품에 모든 지위를 부여하기 원하는 사람들과 대립되는 것이지만 동시에 그들에 동의하는 것인데, 그 이유는 그들 역시 물질적인 작품이 영적인 삶과 관련 없다고 이야기하기 때문이다. 그리고 우리가 예루살렘의 예를 갖고 있는 것이 필요했으며, 우리 작품을 선택함에서 예수 그리스도 안에서 하나님이 선택한 것은 일과 분리된 인간이 아니며, 그 손에 굳은살이 박힌 사람이고, 이마에 주름 잡힌 사람이며, 직업에 능숙한 사람이고, 그리고 그의 기계, 책, 동력, 그리고 기념비적인 것과 도시이다. 하나님은 예수 그리스도 안에서, 자신의 행위와 자신이 성육신한 대상과 떨어뜨려 생각할 수 없는 이 사람을 선택했다. 만일 여기에 예루살렘이라는 결정적인 예가 없다면 우리는 여기에 의심을 갖고 쉽게 거절했을 것이다. 예루살렘에 대한 하나님의 행위는 오늘날 여전히 유효하지만, 거룩한 도시의 역할은 완성되었다.

이러한 관점에서, 죄 가운데에서 이 도시의 구원과 종말의 역할은 실현되고 의미를 갖게 된다. 그것은 만일 예루살렘이 도시로서 구원의 역사 속에서 자신의 위치를 갖고 있고 천상의 예루살렘새예루살렘의 모형이라면, 만일 이 도시가 하나님 자신이 창조할 도시의 이미지를 따라 형성되었다면, 그것은 오직 예수가 여기에서 죽고, 그 죽음을 통해서 구원의 모든 것을 성취했기 때문이다. 예수가 도시를 정죄하고 도시가 예수를 거부한 지금, 예루살렘은 진정한 의미와 위치를 갖게 된다. 반면에, 예루살렘의 죄악예수를 십자가에 못 박은 죄악이 자신에게 구원의 위치를 허락할 수 있다는 것은 분명히 극적이고 믿기지 않는 것이다. 예루살렘은 여기에서 우리 각자와 마찬가지로 동일한 비극 속에 있게 된다. 우리 각자는 자신의 죄악으로 예수를 십자가에 못 박았으며, 이 죽음에 의해서 우리 각자는 용서 받는다. 그러나 예루살렘은 이 죽음을 통하여 그에게 선언되었던 것, 말하자면 구원의 역사 속에서 특별한 역할을 행한다는 사실을 성취했다. 이 특별한 역할은 예루살렘이 악착스럽게 이 죽음을 추구했다는 것이다. 그리고 이것은 분명히 예루살렘의 모호한 특성을 강조한다. 그럼에도 예루살렘은 거룩하게 되고 선택되었다 하더라도 하나님을 대적하려는 도시로 남아 있으며 하나님의 행위를 방해하려 한다. 그리고 이 사실에서 예루살렘은 하나님의 아들을 죽인다. 그러나 이 과정에서 예루살렘은 여전히 하나님의 뜻을 성취하는데, 그 성취는 단지 일반적 의미에서 뿐만 아니라, 예루살렘에 관련된 특별한 의미까지 포함한다. 왜냐하면 이것에 의해서 예루살렘이 자신에게 부여된 인간 구원의 역할을 성취했기 때문이다. 이와 같이 대제사장은 예수를 정죄하는 순간에 여전히 진리를 예언하는데, 그것은 그가 대제사장이었기 때문이다. 요9:49-52

이와 같이 예수에 의해서 거룩한 도시는 자신의 가장 고상한 임무에서 벗어난다. 그리고 나아가서 예수는 예루살렘을 대신한다. 그래서 성취했 고만 말할 수 없고, 나아가서 대신한다고 이야기할 수 있다.

이것은 두 가지 사실에서 분명하게 나타난다. 우선 예수의 태어난 장소이다. 수도 예루살렘이 예수가 태어나는 장소라고 선언하지 않는다. 오히려 베들레헴을 이스라엘의 영적 삶의 중심에 두는 미가 5장의 예언을 실현한다. 말하자면 베들레헴이 구원의 시작점으로 선택되었다. 베들레헴은 유다의 수많은 도시 사이에서 가장 작았기 때문에 선택되었다. 그것은 어떤 인간의 거대함도 구원의 그림에 한 점을 찍어서도 안 되기 때문이며, 인간적 힘이 도움을 주거나 받아서도 안 되기 때문이다. 말하자면 하나님의 순수하고 특별한 작품인 이 도시에 인간적인 힘이 작용해서는 안 됨을 의미한다. 이와 같이 예루살렘은 그 과거 때문에, 그 상징 때문에, 인간적 요소가 끈끈하게 연결되어 있는 그 힘 때문에 선택되지 못한 것이다. 예루살렘은 구원에서 멀어졌으며, 베들레헴의 선택을 통해서 예수는 스스로가 예루살렘의 특수한 역할을 이미 진정으로 대신하는 것이다. 거룩하고 선택 받은 도시에서 태어났다면 얻을 수 있었던 가치들을 포기한 채, 베들레헴의 성벽 안에서 태어남으로 베들레헴은 자신의 이름에 진리를 받았다.

그러나 여기에 또 다른 결정적인 강조점이 있다. 이것은 예수 자신이 말씀을 통해 강조하는 것이다. 이것은 성전에 관련된 유명한 선언이다. "이 성전을 허물어라. 그러면 내가 사흘 만에 다시 세우겠다."요2:19 우리는 여기에서 분명히 중요한 대체됨치환의 선언을 보게 된다. 우리가 이미 본 것과 같이 성전은 이 도시의 중심에 있으며, 정확히 이 장소에 예루살렘의 영적 기능과 실재가 나타난다. 그리고 이 장소가 거룩함의 특성이 도시로 퍼져나가는 곳이다. 그래서 예수는 이 성전을 공격한다. 그리고 분명히 예수는 모호하게 말씀한다.요2:19 이 때문에 이후에 예수의 법정에서 증인들은 서로 다른 선언을 하고, 증인이 되기를 주저한다.막14:59 이 증인들은 절대로 대체됨치환에 대한 그리스도 말씀의 풍성함을 이해할 수 없었다. 이 성전을 허물어라. 그리고 그는 자신의 몸에 대해서 말씀한다. 그러나 그는 이 도시의 성전에 대해서도 말씀하는 것이다. 그는 자신의 예언을 통해서 어떤 언어유희 없이 이 성전이 파괴되어야 한다고 말씀한다.마24:1 그것은 절대로 다시 세워지지 않을 도시의 성전을 의미하고, 동시에 자신의 몸 된 성전이 삼일 만에 부활하고 나타날 것을 의미한다. 그리고 이 이중적 파괴이 파괴 뒤에 단 하나만 재건될 것이다는 정확히 도시의 성전이 그리스도의 몸 된 성전으로 대체될 것을 내포하며, 하나님은 더는 이 성전예수 그리스도의 몸된 성전, 성령, 그리고 진리 이외의 다른 곳에서는 경배 받지 않을 것이다. 그러나 이 대체는 그리스도의 몸 된 성전의 특성과 역할로 말미암아 모든 도시로 퍼져 간다. 국가의 역사에서, 그리고 도시의 역사에서, 예수는 완전하게 예루살렘을 대신한다. 예수는 지금부터 그 역할을 수행할 것이고, 그 기능을 충족시킬 것이다. 이 기능은 영원히 존속할 것이다. 세상의 민족과 도시들은 언제나 그들에게 주어진 이 증거를 필요로 하지만, 이제 이것은 동일한 증거가 아니다. 그 증거는 거룩한 도시가 아니고, 살아있는 하나님의 아들의 몸이다.

예루살렘에 대한 예수의 이러한 이중적 행위성취와 치환는 이 도시에 엄청난 결과를 가져온다. 이 도시는 더는 거룩하지 않으며, 더는 성스럽지 않다. 문자적으로 예수는 예루살렘을 비신성화하였다. 다른 표현을 빌자면, 예수는 예루살렘의 거룩한 역할을 벗겨냈고, 그 이름을 욕되게 했다. 실재로 여기에서 우리가 모호성 속에 있다는 사실을 기억할 필요가 있다. 이 비신성화는 두 근원을 찾을 수 있다. 한편으로, 하나님께 바쳐진 사물은 부정한 것과 접촉함으로써 비신성화 될 수 있으며, 사탄에 의해서 더럽혀질 수 있다. 이 사실을 통해, 그리고 구약의 율법에 따르면, 성전은 예배에 부적절하고, 하나님을 섬기기에 적절하지 않으며, 율법이 거룩하다 한 모든 것에 부적절하다. 그러나 이것은 이미 과거의 개념 즉, 율법주의자의 거룩에 대한 사상을 전제로 한다. 그리고 진정한 의미로 오늘날 통속적인 것이다 이 사상은 실재로 그 자체로 거룩하고, 하나님께 드릴만 하고, 하나님을 섬기는 데 가치 있는 사물이 있음을 전제 한다.

다른 한편으로, 사물은 예수 그리스도가 드러낸 일반적인 심판에 의해 비신성화 될 수 있다. 이것은 말하자면 그 자체로 그리고 그 스스로 옳고, 거룩하며, 깨끗하고, 가치 있고, 훌륭한 것은 전혀 없음을 말한다. 그러나 또한 하나님의 창조 행위에 의해서 인간과 사물은 거룩해질 수 있다. 정확하게 성육신이 비신성화 된 사물을 거룩하게 할 수 있으며, 그 결과로, 성육신을 통해 사물의 모든 속성은 사물의 속성 속에서 비신성화 되며, 여기에 예루살렘이 포함된다. 예루살렘은 더는 거룩하지 않으며, 그 이유는 모든 것이 비신성화 되었기 때문이고, 비신성화된 것과 거룩한 것 사이의 차이가 더는 없기 때문이다. 단지 하나님에 의한 성화聖化가 있을 뿐이다. 이와 같이 예수 그리스도는 예루살렘의 전 역사 가운데에 울렸던 예언들을 성취했다. 선지자들은 율법주의자의 거룩에 대한 개념에 대항하여 싸웠기 때문에, 이 예언들은 비신성화에 대한 첫 번째 예언이다. "토기 그릇은 한번 깨지면 다시 원상태로 쓸 수 없다. 나도 이 백성과 이 도성을 토기 그릇처럼 깨뜨려 버리겠다. 그러면 더 이상 시체를 묻을 자리가 없어서, 사람들이 도벳주요한 비신성화의 장소에까지 시체를 묻을 것이다.… 반드시이 도성예루살렘을 도벳처럼 만들어 놓겠다.… 예루살렘의 집들과 유다 왕궁들이 모두 도벳의 터처럼 불결하게 될 것이다.…"렘 19:11이하 우리는 여기에서 비신성화에 대한 구체적인 약속을 받게 된다. 그리고 이 비신성화는 모든 예언에 따라오며, 예수와 바울이 비신성화의 이유로 고발당하는 데까지 이어질 것이다.행21:28 그러나 비신성화는 한 유형에서 다른 유형으로 전환된다. 유대인은 그 첫 번째 개념을 갖고 있지만이와 같이 그들은 바울이 그리스인〈헬라인〉을 성전으로 들여왔다고 성전을 비신성화 했다는 이유로 고발했다, 그들의 눈에는 다른 비신성화의 유형이 성취된 것이다. 이와 같이 예수가 예루살렘을 비신성화 했음은 사실이지만, 유대인이 이해하던 비신성화의 의미는 전혀 아니다. 예수가 성벽 밖도시 밖으로 보내져서 죽임 당한 것은, 단지 그의 무덤이 거룩한 도시를 더럽히지 않도록 하기 위해서이다. 예루살렘은 더는 거룩하지 않고, 그의 비신성화는 이미 성취되었다. 이 도시는 이미 다른 도시처럼 되었다.

※　※　※

　　예루살렘은 예수의 전격적인 방문 기간 동안 큰 모험을 하게 된다. 예루살렘은 다른 도시들같이 한 도시가 되었고, 그래서 이 도시는 비신성화되었다. 이 도시는 다른 도시들과 나란히 서 있다. 이미 우리는 그것을 보았고, 다른 도시들처럼 다루어질 것이라고 선언하였다. 도벳과 같이… 그러나 예루살렘은 이 비신성화 이후에야 진정한 위협을 받게 된다.

　　그러나 이것은 우리에게 다음과 같은 문제를 야기하고 어려움을 준다. 하나님의 약속이 있고, 이 약속에 따르면 예루살렘은 영원히 폐기되지 않아야 하는 것 아닌가? 그러나 이것은 우리로 하여금 끊임없이 하나님의 약속은 우리에게 예측하기 어려운 방식으로 성취된다는 기초적인 진리로 다시 돌아오게 한다. 우리는 지금까지 어떻게 하나님이 자신이 이야기한 것을 성취할지 정확하게 알지 못했다. 그 이유는 하나님은 자신의 지혜 안에서 우리가 상상할 수 없는 무한한 다른 방식을 갖고 있으며, 그의 사랑 안에서 우리가 판단할 수 있는 것보다 더 적합한 것을 선택하기 때문이다. 이와 같이 우리는 분명히 그의 약속이 폐기되지 않고 우리가 예상하는 것과는 다르게 실현된다고 이야기할 수 있다. 그 약속은 그리스도가 이 땅에 있던 시대에 유대인이 생각했던 것과는 다른 방식으로 실현된다. 예루살렘은 버려지지 않았다. 이 도시가 상징했던 모든 것, 그 도시 안에 포함했던 모든 것을 우리는 어느 날 보게 될 것이다. 언약은 폐기되지 않는데, 그 이유는 언약이 예수 그리스도 안에서 성취되기 때문이다. 그러나 정확하게 이 성취는 예루살렘으로부터 이 도시가 지니던 가치를 걷어 내며, 여타의 도시들과 같은 운명을 가도록 한다.

　　예루살렘은 다른 도시들처럼 버려졌는가? 모든 도시는 예수 그리스도 안에서 특별한 운명을 갖게 되고, 다른 도시들과 마찬가지로 예루살렘도 동일한 운명을 갖게 된다. 그러나 여기에서 매우 특별한 사실, 예루살렘의 상황을 변화시키는 사실이 예루살렘을 다른 길로 인도한다. 하나님의 계시는 우리에게 이 놀라운 사실을 알려 준다. 예수 그리스도의 죽음에 의해서 예루살렘은 문자적으로 바빌론이 된다. 그리스도가 죽고 승천하는 시간 동안, 이곳 이스라엘에는 이전의 거룩했던 것과 지금 사탄적인 것바빌론 사이의 혼란이 생겨난다. 여기에는 많은 증거가 있다. 계시록에는 죽임을 당한 두 증거의 예언이 있다. "그러나 그들이 증언을 마칠 때에, 아비소스에서 올라오는 짐승이 그들과 싸워서 이기고, 그들을 죽일 것입니다. 그리고 그들의 시체는 그 큰 도시의 넓은 거리에 내버리게 될 것입니다. 그 도시는 영적으로 소돔 또는 이집트라고도 하는데, 곧 그들의 주님이 십자가에 달리신 곳입니다."11:7,8 이것은 분명히 그 도시에 대한 지칭이다. 여기에서 주님이 십자가에 달렸고, 여기가 예루살렘이다. 그러나 이 도시는 "영적인 의미"말하자면 정확하게 여기에 거주하는 영, 근본적 실재, 그리고 이 도시가 하나님 앞에 있다는 것을 가리킨다에서 소돔과 이집트로 불린다. 불순종의 도시이며, 노예와 밤의 국가이다. 그래서 이 단어들은 우리가 본 것처럼 이 도시의 동일한 실재의 표시이다. 이것은 지리학적 관점이 아니고 영적인 관점이다. 그리고 이 특징들은 우리가 아는 것처럼 바빌론에 의해 대표되는 도시 전체에 적용되는 것이다.

반면에 작은 흥미로운 사실이 있는데, 그것은 예루살렘이 여기에서 "그 큰 도시"로 불린다는 것이다. 그리고 우리가 아는 바와 같이, 그 이름은 바빌론을 특징짓는 것이다. 아울러 예루살렘은 바빌론이 했어야 했던 역할로 가득하게 된다. 이 도시는 시체로 채워진 부정한 장소이다. 이 도시는 이 땅의 모든 국가가 즐기고 술 취하려고, 그리고 하나님의 선지자들의 죽음을 축하하려고 모인 장소이다. 따라서 이 도시는 짐승사탄의 승리를 축하하는 여러 민족의 도시가 된다. 이 도시는 실재로 민족들에게 던져졌다. 이 도시 전체는 "성전의 바깥 뜰"이 되고계11:2, 우리는 마흔 두 달의 기간 동안 이 모든 비극을 보게 될 것이며, 이 기간은 분명히 승천에서 재림까지를 가리킬 것이다. 그 민족들은 이 "거룩한 도시" 를 짓밟을 것이다. 이상하게도 이 도시는 다시 거룩한 도시로 불린다! 이 도시는 바빌론이 됨에도 여전히 이와 같이 지칭되며, 언제나 하나의 운명을 갖는데, 그것은 실재로 여기에서 죽고 여기에서 활동한 선지자들 때문에 이제 여기에 따로 구분된다. 이와 같이 예루살렘에 대한 이 특별한 관점 속에서, 요한은 예루살렘과 바빌론 사이에 유사성이 있음을 확신한다. 여기에 역사적 관점만이 있다 하더라도, 계시록을 단지 로마에 대항한 정치적 기록으로 보길 원한다면 다른 차원으로 반추해야 한다! 그러나 요한의 이러한 태도는 분명 요한만의 태도는 아니었다. 실재로 이 태도는 수많은 증인에 의해서 증명된 원시 교회 안의 오랜 전통을 통해 내린 최종적인 관점일 뿐이다. 그것은 무엇보다도 예수가 예루살렘에 집착했다는 필요와 선지자들을 죽인다는 필요이다. "그러나 오늘도 내일도 그 다음 날도, 나는 내 길을 가야 하겠다. 예언자가 예루살렘이 아닌 다른 곳에서는 죽을 수 없기 때문이다."눅13:33 이 운명은 또한 예루살렘이 "예언자들을 죽이는 도시" 로 묘사된 마태복음에 나타나 있다. 그리고 이 안에서 예루살렘은 하나님에 대항하여 반역하는 도시, 하나님의 말씀을 없애려는 도시, 예언자들에 의해 선언된 그 도시의 역할을 수행하고 있다.

바벨은 단순히 언어를 혼란스럽게 하길 원한 것뿐이었지만, 그 결과는 명확한 말씀, 명백한 심판, 모든 인간에게 동일하게 유효하고 모두에게 지각이 가능한 말씀을 전하는 자들을 추방시키려는 모든 방법을 동원하게 하였다. 혼돈의 도시는 이것을 견딜 수 없었다! 이와 같이 예루살렘은 다른 도시처럼 되었지만, 언약을 가진 도시였기 때문에 여전히 그 언약을 실현하는 사람들을 죽이도록 부름 받았다. 여기에는 예수뿐만 아니라 복음을 전하는 모든 선지자를 포함한다. 여기에서 우리는 새롭게 바빌론과 예루살렘의 유사성을 발견하게 된다는 것이다. 왜냐하면 이것은 분명히 바빌론을 향한 말씀이기 때문이다. "예언자들의 피와 성도들의 피와 땅에서 죽임을 당한 모든 사람의 피가 이 도시에서 발견되었기 때문이다.”계 18:24 이와 같이, 모든 선지자가 죽어야 하는 장소인 예루살렘과, 모든 선지자의 피가 있는 장소인 바빌론 사이의 연결이 분명하게 나타난다.

예루살렘은 전에는 하나님의 영이 거주했지만, 이제 다시는 그렇지 않다. 이 순간부터 이 도시는 사탄에게 사로잡혔다. 이 도시는 도시의 모든 영적 세력을 해방시켰다. 그리고 이 도시가 인간 구원이 일시적으로 일어난 장소이기 때문에, 우리는 모든 사탄의 세력이 여기에 결집되었을 것이라고 이해한다. 이곳이 예수가 죽은 장소이기 때문에, 이 도시는 또한 사탄의 힘이 충만한 장소이다. 도시의 도구가 사탄에게 소중한 힘을 주었다. 그러나 우리는 다음과 같이 이야기한다. 이 도시에 더는 하나님의 영이 거하지 않는가? 실재로 예수의 두 가지 지적이 이것을 확증하며, 여기에 예수의 두 개의 집이 있다. “이것은 하나님께서 너를 찾아오신 때를, 네가 알지 못했기 때문이다.… 오늘 너도 평화에 이르게 하는 일을 알았더라면, 좋을 터인데! 그러나 지금 너는 그 일을 보지 못하는구나….”,눅 19:41-44 “암탉이 병아리를 날개 아래 품듯이, 내가 몇 번이나 네 자녀들을 모아 품으려 하였더냐! 그러나 너희는 원하지 않았다.…”마23:37 이것은 분명히 비극적이다. 예수는 화를 내지는 않았지만 슬픈 어조로 이야기했고, 이 도시에 대해서 눈물을 흘렸다. 그는 예루살렘의 운명이 끝났다고 말씀한다. 한편으로, 예루살렘은 구원의 때를 알지 못했고, 자신을 향해 오는 왕국하나님나라을 인식하지 못했다. 다른 한편으로, 예루살렘은 그 자 녀들이 예수의 보호 아래 모이기를 원하지 않았다. 성령의 행위는 두 가지로 나타난다. 하나님 신비에 대한 지식은 성령에 의해서 우리에게 드러난다. 왜냐하면, 이 신비는 인간의 마음에 자연스럽게 나타나지 않기 때문이다 예수 그리스도 안에서 하나님의 행위에 맞추려는동의하려는 의지와 하나님이 원하는 것을 행하려는 의지는 마음에서 오는 회심의 결과이다. 왜냐하면 하나님이 우리 안에서 그것을 원하고 행하기 때문이다 이와 같이 우리는 이 두 행위를 통해 예루살렘이 하나님의 뜻이 아닌 자신의 본성을 따랐다고 이야기할 수 있다. 이 도시는 하나님나라를 거부했기 때문에 도시의 본성을 따랐고, 모든 도시가 자신의 기원에 의해서 자신의 의지에 의해서 행한 것을 따랐다. 예루살렘은 자신의 자녀들이 예수 그리스도의 손 아래 모이기를 거부했고, 그것은 정확히 이 도시 스스로가 그 집합체이기 때문이고, 다른 어떤 것에 의해서 집합되는 것을 거부했기 때문이다. 예루살렘은 수도이고, 선택된 백성의 머리인 동시에, 거부拒否의 도시이다. 이때까지 모호했던 예루살렘의 운명은 여기에서 끝나고, 이제 파괴를 이어갈 것이다.

의심의 여지없이, 우리는 매우 빈번히 이 도시에 대한 파괴의 예언을 보아왔다. 그러나 우리는 이 예언의 상대적인 특징과 증거의 특징을 잘 알고 있다. 여기에서 완전히 다른 결과가 나오는데, 그 이유는 그것이 더는 실현되지 않기 위한 파괴이기 때문이며, 영적인 동시에 물질적인 파괴이기 때문이다. "'예루살렘아, 예루살렘아, 네게 보낸 예언자들을 죽이고, 돌로 치는구나! […] 보아라, 너희 집은 버림을 받아서, 황폐하게 될 것이다. 내가 너희에게 말한다. 너희가 '주님의 이름으로 오시는 분은 복되시다!' 하고 말할 그 때까지, 너희는 나를 다시는 보지 못할 것이다' 예수께서 성전에서 나와서 걸어가시는데, 제자들이 다가와서, 성전 건물을 그에게 가리켜 보였다. 예수가 그들에게 말씀하셨다. '너희는 이 모든 것을 보고 있지 않느냐? 내가 진정으로 너희에게 말한다. 여기에 돌 하나도 돌 위에 남아 있지 않고, 다 무너질 것이다.'" 마23:37~24:2 "예수께서 예루살렘 가까이에 오셔서, 그 도성을 보시고 우시었다. 그리고 이렇게 말씀하셨다. '오늘 너도 평화에 이르게 하는 일을 알았더라면, 좋을 터인데! 그러나 지금 너는 그 일을 보지 못하는구나. 그 날들이 너에게 닥치리니, 너의 원수들이 토성을 쌓고, 너를 에워싸고, 너를 사면에서 죄어들어서, 너와 네 안에 있는 네 자녀들을 짓밟고, 네 안에 돌 한 개도 다른 돌 위에 얹혀 있지 못하게 할 것이다. 이것은 하나님께서 너를 찾아오신 때를, 네가 알지 못했기 때문이다.'"눅19:41-44 그것이 또한 영적인 파괴라 할지라도, 이 관점에서 성전에 대한 말씀은 충분히 명확하다. 그러나 이 구절들은 1948 년 9월에, 이스라엘 국가에게 어둡고 비극적으로 실현된다. 이것은 베르나도트Bernadotte의 암살이 정확히 예루살렘의 지위 때문이라는 사실을 생각할 때, 이 사실은 암울하고 비극적인 것이다. 우리는 여기에서 거룩한 비난을 기억하지 않을 수 없으며, 오직 이 도시의 모든 역사를 다시 생각하지 않을 수 없다. 물론, 역사는 증거가 될 수 없다. 그러나 우리가 이것을 볼 때, 20세기 전부터 예루살렘의 주위와 그 안에서 예언자들의 피가 흘러넘치는 것을 볼 때, 이 예언이 내포하는 것을 거부하고 받아들이지 않을 수 있을까? 그것은 세상의 다른 모든 도시보다 예루살렘의 운명이 단 하나의 비극을 향하기 때문이다. 이것은 다른 그 어떤 민족의 운명보다도 유대 민족의 운명에 부합한다. 그리고 1956 년에 이 반짝이는주목받는 도시의 주위에 새로운 위기가 고조되었을 때, 세상의 모든 힘이 가장 작은 국가들의 희생을 준비하는 데에 동의했을 때, 우리는 어떻게 마음에 복음의 말씀을 생각하지 않을 수 있으며, 이 도시에 대한 그리스도의 눈물로 어떻게 마음이 타 들어가지 않을 수 있는가?

이 도시는 계속해서 이방인의 손에 던져졌고, 기독교 믿음을 통한 영적 자유를 얻을 수 없었다. 유대인의 손에도 그리스도인의 손에도 들어가지 못했고, 갈기갈기 찢겼다. 핍박에 핍박을 받으면서, 편안한 자리에서 파괴로 내몰렸다. 지속되는 지배를 받지도 못했고, 고정된 위치를 차지하지도 못했으며, 아랍 세계의 지배 아래 감추어졌다. 오늘날 유대인의 지배는 더한 대조의 표식일 뿐이다. 방황하고 황폐화되며 정죄 받는 도시수 많은 사람과 인종의 증가 속에서 황폐한 도시가 되었다. 이 도시는 황폐한 도시인데, 그 이유는 자신의 주님을 알아보지 못했기 때문이다. 주님만이 오직 이 도시에 사람들로 가득하게 할 수 있고, 성전의 공허함을 채울 수 있다. 주님은 이것을 기다려 왔다. "보아라, 너희 집은 버림을 받아서, 황폐하게 될 것이다. 그 이유는 너희는 나를 다

시는 보지 못할 것이기 때문이다.” 더는 영적인 반석에 기초를 두지 않는 도시
는, 믿음 없이 참석하는 끔찍한 교회의 도시이고, 모든 독실한 이단과 종교들
의 기념비적인 도시일 뿐이다. 그것은 영적 분리의 상징이다.

그리고 이 도시의 파괴는 소돔과는 다른 특성을 가지며, 그래서 소돔의 파
괴와는 다른 의미를 가지게 된다. 이 파괴는 더는 도시의 심판을 상징하지 않
으며, 마지막 모험종말에 대한 예언이 아니다. 이 파괴는 예수 그리스도 이전
에 예루살렘에 주어진 힘든 고통과는 다른 것이다. 이 파괴는 더는 이 거룩한
도시에 자신의 운명이 특별히 하나님께 달려 있다는 사실을 알리기 위한 것이
아니다. 우리는 여기에서 일종의 무자비한 논리를 발견한다. 그리고 예루살
렘은 하나님의 아들을 맞이해야 하는 소중한 임무 이외의 다른 것을 갖지 않
았기 때문에, 그 거부는 자신의 모든 가치와 모든 타당성을 벗겨냈다. 그래서
예루살렘은 다른 도시들보다 더 비천한 자리로 떨어졌으며, 끊임없이 바벨의
무자비한 욕망의 먹이가 된다. 그 이유는 이 도시가 다른 모든 도시 가운데에
서 선택되었으며, 타락으로 말미암아 바빌론이 되었기 때문이다. 그리고 이
것이 그 도시에 사는 거주민에게 도시의 세상에 사는 모든 그리스도인과 동
일한 명령을 준 이유이다. “예루살렘이 군대에게 포위당하는 것을 보거든, 그
도성의 파멸이 가까이 온 줄 알아라. 그 때에 유대에 있는 사람들은 산으로 도
망하고, 그 도성 안에 있는 사람들은 거기에서 빠져나가고, 산골에 있는 사람
들은 그 성 안으로 들어가지 말아라…”눅21:20 이 말씀이 선포된 이후에 지금
까지 예루살렘은 끊임없이 군대가 투입되고, 위협을 받았다. 그리고 이 도시
를 내려다보고 구속하고 깨뜨리는 하늘의 군대에 의해서 끊임없이 위협을 받
았다. 이와 같이 예루살렘 주위에는 끊임없이 도망이 이어졌다. 그리고 의심
의 여지없이 이 구절은 모든 사람을 향한 이야기이고, 모두에 대한 외침이다.
그러나 이 말씀은 그것을 심각하게 받아들이는 사람들만 따르게 된다. 이 말
씀을 선언한 사람을 믿는 사람들만이 심각하게 받아들인다. 바로 예수 그리

스도가 이 구절의 진실성을 입증하며, 예수를 믿는 사람들만이 이 경고를 받아들인다. 그러나 우리는 이 구절을 예루살렘이라는 지질학적 장소를 떠나라는 명령으로 이해해야 하는 것인가? 만일 이 말씀을 오직 이처럼 받아들여야 한다면어쩌면 다른 해석과 더불어 이렇게 받아들일 수도 있을 것이다, 이 명령은 우리의 구원에 큰 영향을 미치지 못하며, 별 관련이 없다는 것은 명백한 것이다. 이 말씀은 분명히 이보다는 더 큰 의미를 가지며, 우리는 다음의 두 방향으로 받아들일 수 있을 것이다. 하나는 모든 도시와의 관계 안에서 예루살렘의 상징이라는 의미 속에서이며, 다른 하나는 예루살렘이 대표하는 가치에 의한 방향이다.

그래서 우리는 여기에서 다시 충만한 의미에서 도시를 떠나라는 명령을 발견하게 된다. 그리스도의 승리의 죽음과 예루살렘의 황폐함에 의해서 나타나는 예루살렘과 예수 사이의 일종의 갈등 안에서, 여기에서 뿌리내리고 종합되는 예수의 말씀에서, 우리 각자는 계속해서 도망과 포기를 결정하게 된다. 우리는 일시적인 의미를 갖는 동시에 영적인 의미를 가지고 있는 도망과 포기를 심각하게 받아들여야 하는데, 그 이유는 예루살렘은 소망과 저주에 대해서 모든 도시의 척도이기 때문이다. 물론 도망하라는 이 명령은 시골이 거룩하다고 이야기하는 것도 아니고, 시골이 앞으로 닥칠 진노에 대한 피난처가 될 수 있음을 의미하는 것도 아니다. 여기에서는 도시와 시골을 비교하는 것이 아니다. 이것은 도시에 대한 우리의 태도에 대한 명령이고, 우리가 취해야 할 영적 특성에 대한 결정일 뿐이 다. 이것은 산이나 일종의 사막광야으로의 피난에 의해서 상징화될 것이 다.

이것은 수많은 도시 가운데 한 도시인 예루살렘을 포기하는 것일 뿐 아니라, 이 도시가 나타내는 가치들 역시 포기하는 것을 의미한다. 그 가치들은 일반적인 도시로서의 가치들만이 아니라그리고 우리는 이미 여기에 대해서 오랫동안 살펴보았다, 예루살렘으로서의 가치를 의미하는 것이기도 하다. 즉, 이것은 도시를 선택함으로 말미암아 우리가 누릴 수 있는 모든 인간적인 안전을 의미한다. 이 은혜에 의해 선택된 도시를 통해, 인간은 은혜에 대항하여 새로운 성벽을 쌓으며, 새로운 방어를 하게 된다. 이것은 도시 자체의 속성에서 오는 것이다. 그리고 율법은 유대 민족에게 하나님에 대항한 안전장치가 될 수 있다. 여기에서 죄가 나오는 것과 마찬가지로, 예루살렘은 인간 행위에 대한 정당화의 수단이다.

이것은 거룩한 도시였기 때문에 강조되며, 거룩함은 여기에 자연스럽게 덧붙여진다. 그래서 하나님의 선택은 우리에게 이 거룩함이 위로부터 와서 도시를 변화시킨다는 사실을 인식하게 한다. 이 도시는 더는 우리에게 포함된 것이 아니고, 우리는 이 도시 안에서 더는 자유로운 위치를 가지지 못한다. 이것은 어떤 점에서 우리와 관련 있는가? 이것은 우리가 끊임없이 지켜야 하는 마지막 경고이다. 구원이 모든 인간에게 주어진 것이라면, 그리고 하나님이 인간의 작품을 선택했다면, 우리는 계속해서 인간의 작품이 그 자체로 거룩하다고 믿으려 할 것이다. 그래서 우리는 우리의 작품을 매개로 하여 정의와 거룩함을 소유하려 할 것이다. 여기에 직업과 상업, 그리고 자본에 대한 청교도의 모든 비극이 있다. 이것은 우리 시대의 기술과 과학이 내포하고 있는 모든 비극이다. 왜냐하면, 우리는 여기에서 행위에 대해서 이야기하기 때문에, 이것은 절대 선도 될 수 없고, 그것의 도덕적 성육신일 수도 없다. 문제는 다른 곳에 있다. 그것은 물질적이고 지적인 세계에서 인간의 일을 의미하고, 그 일과 결과를 의미하며, 거대한 물질적 진보의 기계를 의미한다. 이것들은 오늘날 우리를 혼란스럽게 하고 근심하게 만든다. 예루살렘은 우리에게 경고하고자 존재 한다. 인간이 자신의 작품을 통해 정의와 거룩함을 소유하려 하는 순간, 우리는 이 작품에서 떠나고, 이 작품을 진노에 맡겨야 할 준비를 해야 한다. 자신보다 자신의 작품을 사랑하는 자들에게 화불행가 있을 것이다!

그러나 하나님은 말씀을 취소하지 않는다. 예루살렘은 예루살렘으로 남아 있으며, 앞으로 올 하나님의 도시는 다른 이름을 갖지 않을 것이다. 유대인의 왕으로서 그 문 앞에서 희생을 당한 예수는, 세상의 주인으로서 도시 가운데에서 부활한 그리스도는, 다윗이 어떤 점에서 이 도시가 메시아의 도시이며, 선택의 장소이고, 유대인과 이방인의 왕인지를 더욱더 잘 드러낼 것이다. 그렇기 때문에 이 도시는 자신의 역사를 통해 새예루살렘이 올 것이라는 약속의 보증으로 남는다.39

---

39) 나는 콤블린이 "기독교 체제의 도시"를 이야기할 때, 마치 여기에 객관적 실체가 있었으며, 이 순간부터 예수그리스도 안에서 도시의 구원이 있어왔으며, 구원이 인간을 위해 선언되었기 때문에 도시가 변화되었고", 기독교 정치체제"가 있으며, 도시가 예수 그리스도의 말씀에 의해서 바뀐 것처럼 이야기할 때… 나는 이 주장을 전적으로 부정한다. 이 모든 것은(그 기원은 구원과 예수 그리스도의 "이미-그러나 아직(already – but not yet)"의 어려운 문제 제기에서 발견된다) 부정확한 것으로 보인다. – 인간의 작품으로서의 도시는 필연적으로 당장 구원받지 못하는데, 그 이유는 인간이 여기에 있기 때문이다. 도시의 근본적인 의미는 예수 그리스도 이전과 이후에 그대로 남아 있으며, 하나님나라의 충만함까지(영적인 의미에서!) 단계적으로 발전하지 않을 것이다. 기독교 체제의 도시가 예루살렘의 새로운 유형이라고 이야기하는 것은 완전히 성서를 거스르는 것으로 보인다. – 순수한 하나님의 작품인 새예루살렘은, 도시를 만들면서 인간이 계속해서 가질 수 없었던 것의 응답이지, 인간이 노력을 통해 도달하는 것도, 그 모형도 아니다.…

5장 • 우리 앞에 펼쳐진 진정한 지평

이제 우리는 여기에 멈춰 서서 예수 그리스도의 오심을 통해 우리에게 열린 지평을 묵상해야 한다. 우리는 지금까지 도시의 사회학이나 역사적 발전에 대해서는 무시했는지도 모른다. 그러나 그 살아있는 실재에 대해서는 분명히 살펴보았다. 또한 그것의 영적인 의미에 대해서도 살펴보았다. 어떻든 간에 이것은 우리에게 개인적으로 영향을 준다. 우리는 도시 속에 있다. 비록 우리가 시골에 산다 할지라도, 오늘날 시골은 이제 도시의 부속물에 불과하다.곧 아시아의 광활한 스텝도 더는 시골로 남지 않게 될 것이다 시골은 도시에 의해 잠식당하고 있으며, 서구 유럽과 미합중국에서 실재로 나타나는 것처럼 그것은 사실이다.… 모든 지역에서 이러한 의지가 나타난다. 시골은 오직 도시를 위해 계획된다. 만일 시골이 독립적인 어떤 방식으로 존재할 수 있다 하더라도, 예를 들면 도시가 제공하는 점점 더 필수적이 되는 농기계 때문에, 도시가 제공하는 편리함 때문에 시골은 점점 더 종속적이 된다.

우리는 도시 속에 있다. 그것은 우리 문명의 주요한 사실이다. 도시의 존재는 가장 높은 위치에서 우리에게 이것이 우리와 우리의 실재 삶에 의미하는 것이 무엇인지를 알려준다. 그 의미는 끊임없이 도시 계획의 문제점의 차원을 넘어 서는데, 그 이유는 우리의 주거의 질에 상관없이 우리의 상황이 분명히 대량화로 특징 지워지기 때문이다. 안락함이 줄어들고 새로운 삶에 대한 적응도가 떨어진다고 해서 그 문제가 더 다양해지는 것은 아니다. 어쩌면 우리는 우리가 직면하고 있는 이러한 구체적인 상황에 대한 결정적인 대답을 성서에서 들었을 지도 모른다. 만일 그렇다면, 모든 역사적이고 사회학적 문제들은 결국 부수적일 수밖에 없다.

이 모든 것 안에서 역사 속의 하나님의 행위가 무엇이었는지를 살펴보아야 한다. 아니면 콤블린이 이야기했던 것처럼 성스러운 역동성을 찾아야 한다. 그러나 나는 내 책이 콤블린과 동일한 관점에 관한 것이 아니라는 사실을 강조하고자 한다. 은혜의 역동성은 조직적 예지叡智를 통한 역동성과는 다르다. 이것은 특별히 콤블린의 성스러운 교육과정의 사상에서 나타난다. 만일 우리가 역사적인 차원에서 이 교육과정을 이해하려 한다면, 우리는 이 과정이 콤블린의 너무도 단순한 도식을 뛰어 넘는 인간의 창조와 모방내가『하나님의 정치와 인간의 정치』, 대장간 역간에서 보여주려 했던 속에 더 유연하고 더 다양하고 더 긴밀하게 녹아들어 있음을 보게 된다. 신학적 관점에서, 매우 전통적인 신성한 교육과정3가지 단계에서의 "단계"를 형성하는 듯한 초보적 형식화는, 사물을 총체적으로 살펴보는 것을 매우 어렵게 만든다. 그래서 성서는 일반적인 사상과 도식을 버리도록 요구한다. 콤블린이 이야기하는 성스러운 교육과정의 예비된 단계는 없지만, 인 간이 만든 역사에서의 하나님의 존재와, 인간에 대한 하나님의 상호작용은 존재한다. 그리고 하나님은 끊임없이 인간 스스로 위기에 빠지는 것을 재조정하여, 인간이 새로운 경험과 시도를 위해서 새롭게 출발하도록 새로운 상황을 만든다. 동일하게 콤블린이 변증법이라는 단어를 사용하며… 나는 이 시도에서 어떤 점에서 하나님의 행위가 역사 속에서 변증적인지를 실재로 드러낼 수 있다고 생각한다.… 그러나 이것은 예수 그리스도 안에서그 합습을 찾는 "이방 민족/이스라엘 민족"의 변증법도 아니고, 교회 안에서 그 합을 찾는, "이방 도시/예루살렘"의 변증법도 아니다. 이것은 더 복잡해 질 뿐이다. 콤블린은 변증법이 실재 역사적 운동이며, 기계주의가 절대로 아니라는 사실을 잊은 것처럼 보이며, 각각의 "합습"은 바로 자신의 "반反"을 내포하고 있음을 잊은 것 같다. 그는 한 번 더 하나님과 인간 사이의 간극을 날려버리고, 인간의 독립과 하나님에 관한 창조의 단절을 사라지게 한다. 그가 이야기하는 변증법은 "신성한 경제학의" 변증법이기에그러나 하나님의 틀 가운데에서 이 변증법을 찾아내려고, 이 변증법을 하나님의 자리에 둔다!!!, 실재적인 변증법도 아니고 도시들을 포함하는 역사의 변증법도 아니다.

하나님의 말씀이 우리에게 성서로 주어질 때, 만일 진정으로 이 말씀이 우리의 구체적 상황에서 우리의 인식 가운데 주어진 것이라면, 그리고 그것이 인식된 동시에 이러한 상황을 우리에게 조명해 주는 것이라면우리의 정죄와 구원을 위해서, 그리고 만일 진정으로 우리가 이와 같이 도시 울타리 안에서 성서가 우리에게 우리가 도시 속에 있다는 사실을 드러내고, 도시가 우리를 대표하며 도시와 우리와의 관계를 조명한다면, 우리가 지금까지 살펴본 것은 도시학都市學의 중심에 위치할 수 있을 것이다. 이것은 주관적이고 순수한너무 순수하게! 과학적인 학문이 아니라, 우리가 진리를 위해 벌이는 전쟁처럼 여기는 학문이다. 결국 이것은 우리가 정복하고 소유할 수 있는 외부에서 온 변함없는 진리를 다룰 수 있는가의 문제이다. 아니면 우리 스스로 여기에 대해서 연구 한다면, 그리고 우리가 여기에 대해서 대답해야 한다면, 이것은 우리가 알아야 하는 진리와 함께 우리가 행했어야 했던 것들에 대한 대답이다. 그리고 여기에 구축된 인문학이 있다면, 우리는 이것의 영적 중심을 찾고자 이 인문학에 대해 수많은 논쟁을 벌여야 할 것이다!

근대 연구에서 우리가 주목해야 하는 사실은 그 학문이 아직 구축되지 않았다는 것이다. 이 학문은 자신의 목적에 의해서 인도되고, 연구 도구와 순차적인 발견에 의해서 진행되며, 그 새로운 목적들을 향해 나아간다. 이 학문은 그 열악함 때문에 그 어떤 영역도 주도하지 못하고, 아무것도 주장할 수 없을 뿐만 아니라, 그 불균형 때문에 공허한 것처럼 느껴진다. 우리는 이 학문에 객관성도 없지만 중립성도 필수적이지 않다고 여긴다. 그리고 우리는 여기에서처럼 문제의 영적 핵심이 드러났을 때, 이것이 모든 문제의 진정한 중심핵이라는 것을 받아들였으며그리고 이것은 또한 그저 하나의 겸손이다, 이것은 말하자면 모든 파생된 것이 여기에 관련되어 있을 수 있다는 것이다. 이제부터, 우리가 도시에 대해서 역사와 사회학에 의해서, 혹은 도시의 인간에 의해서, 심리학과 소설에 의해서 자연스럽게 알 수 있는 것은, 도시의 문제가 이 영적 중심에 의해서 연결되어야 하고, 정리되어야 하며, 강하게 함께 중심을 형성해야 한다는 사실이다. 이것은 실재로 계시에 의존한다. 나는 사람들이 이것을 이상하게 여길 것을 알고 있지만, 이 방법을 사용하지 않으면 다른 대안이 없다. 어떻게 우리의 역사학자들과 사회학자들은 자신들이 얼마나 무익한지 깨닫지 못하는가? 우리는 이 연결의 작업을 겉으로 드러내지 않을 것이고, 그 이유는 결과가 이미 알려진 것이기 때문이다. 우리에게 필요한 모든 것은 하나의 결론을 도출하는 것이고, 우리가 성서를 통해 얻을 수 있는 최종적 결론에 도달하는 것이다.

1. 도시의 역사

　물론 나는 역사적인 이야기를 기술하지 않을 것이다. 이미 수많은 역사서가 있으며, 도시가 만들어지고 발전하는 문제들은 많은 저서에서 다루어지고 있다. 그리고 아즈텍, 폴리스, 우르브스, 혹은 중세 공동체, 이 도시들은 더는 베일에 가려져 있지 않다. 그러나 이 피상적인 역사 뒤에 진정한 역사가 있다. 예수 그리스도는 칼 바르트의 표현과 같이 "역사를 만드는 자이다. 왜냐하면 그 자신이 역사이기 때문이다." 이 강렬하지만 수수께끼 같은 말을 명확하게 해주는 것이 있는데, 그것은 특별히 역사를 따라 흐르는 힘이다. 이 힘은 계시록에 나타나는 기사騎士들과 같이 역사 를 떠받치고 있다. 그리고 이 힘은, 예수 그리스도 안에서, 예수 그리스도 때문에, 역사에 대한 설명으로 그리고 역사의 실재로 영원히 존재한다. 아울러 이 힘은 예수 그리스도 행위의 형태로 존재한다. 우리는 여기에서 역사의 전체 문제를 고려하려는 것이 아니고, 단지 도시의 문제만을 생각하려 한다. 그래서 만일 우리가 모든 문명을 순차적으로 살펴본다면, 우리는 인간 집단이 우리가 문명이라고 부를 수 있는 것에 도달하자마자말하 자면 자연과 다른 인간 집단에 대면하여 그 존재의 특수성에 대한 선언을 의미한다. ─우리는 이 문명이라는 단어를 가능한 가장 넓은 의미에서 사용한다, 모든 것은 도시 안에서 구체화된다는 것을 예외 없이 볼 수 있다. 도시가 없는 곳에서는, 우리는 야생 동물과 함께 거주하는 집단을 보게 되며, 아니면 다른 집단과 경쟁하지 않는 고독 속에 있는 집단을 보게 된다. 중앙아프리카와 남아프리카의 흑인들이 이와 같다. 또한 북아메리카 인디언들이 그러했다. 그리고 랩랜드40 사람들 역시 그러하다. 그러나 인간이 인식이라는 기능을 사용하게 되

---

40) [역주] 스칸디나비아반도 북부 지역 사람들.

고, 자신을 성찰하는 순간부터, 이러한 인식의 사회학적 표현그리고 영적 표현 역시은 바로 도시의 창조를 통해 나타났다.

우리는 그래서 이 도시의 창조가, 예를 들면 군대, 전쟁의 필요와 같은 것들에 많은 관계를 맺고 있다고 단언할 수 있다. 물론 여기에는 충분한 개연성이 있다. 그 이유는 한 집단이 자신을 공표하는 순간, 동시에 자신의 힘과 군사적 측면으로 자신을 드러내게 된다. 중앙아프리카와 같이 저 개발 상태의 환경에서 한 왕국이 구성될 때, 그 왕국은 폭력으로 세워지며, 곧 바로 총구가 뚫린 붉은 벽으로 그 경계를 두른 도시가 나타나게 된다. 앞에서 우리는 이미 성서적으로 증명된 전쟁과 도시의 관계를 보았다.

그러나 우리는 군사적 필요 이외에도, 도시에 의해 나타나는 문명의 실재도 고려해야 한다. 중국 문명에서 도시들은 본질적으로 힘의 장소가 아니었다. 여기에는 수많은 평화로운 밀집이 있었다. 인도 역시 동일하다. 그리고 의심의 여지없이, 이 의미에 가장 충실한 것은 서구 중세 도시의 재출현이다. 대부분의 이 도시들은 평화적인 특성을 가졌던 것으로 보인다. 군사적 요소는 성城이고 평화적 요소는 상업과 교회가 있었다. 이것은 바로 도시이다. 우리는 이러한 구분이 너무 개략적이고 도식적이라는 사실을 잘 알고 있다. 우리는 성벽으로 둘러싸인 성읍자치도시과 혁명 자치구, 그리고 도시의 성벽의 중요성을 알고 있다.… 그럼에도, 독일 교육이 가르치는 것과는 다르게 중세 도시를 특징짓는 것은 성벽이 아니라 헌장이었다. 이 헌장은 주로 상업적이고 법적인 요소에 대한 것이었다.

여기에서 우리의 목표는 무엇인가? 도시가 문명의 산물임을 선언하는 것인가? 과거에 우리는 이 견해에 의심을 갖고 있었다! 그러나 지금은 이것에 대해 긴 토론도 필요 없고, 깊이 고찰할 필요도 없다! 그리고 이것 역시 우리의 논점이 아니다. 그러나 도시를 지질학적으로 고려할 때, 그리고 문명의 전 역사 속에서 고려할 때, 이것은 매우 드물게 지속되는 문명의 항구적인 요소 중

하나이다. 만일 우리가 이것을 깊이 살펴본다면, 우리는 도시가 그리 많지 않다는 사실을 발견하게 될 것이다! 그리고 이것은 우리로 하여금 두 번째 논의를 하도록 이끈다. 도시가 인간 집단에 나타나는 순간, 이 도시는 모든 인간 행위의 핵심적 요소가 된다. 단지 경제적 활동에서뿐만 아니라, 지적이고 예술적인 부분에서도 그러하다. "모든 관점에서 분명하게 도시에 더 많은 문명의 집약이 있다!" 우리는 여전히 이 진부한 주장을 하고 있지만, 실제로는 그렇지 않다. 그렇지 않다. 이것은 집약의 문제가 아니라, 도시의 근원과 창조에 대한 문제이다. 도시는 인간 삶의 방식을 규정하며, 그 방식이 존재하는 순간 다른 모든 외부의 행위를 끌어들이고, 같은 특성을 나타내도록 한다.41

이러한 유형의 삶에서 최초의 요소는, 논의의 여지없이 도시가 기생하는 환경이라는 사실이다. 도시는 어떤 방식으로도 스스로, 혼자 존재할 수 없다. 반면에 도시는 인간의 모든 행위를 자신의 자율성이라는 틀 안에서 특징짓는다. 이것은 언제나 생명이 없고, 다른 것에서 자신의 생명을 얻고, 진정한 창조를 통해 숨을 쉬고 그 피를 빨아 먹는 뱀파이어이고, 창조주와의 관계를 통해서 살아 숨 쉰다. 도시는 죽어있는 것들로 만들어졌고, 죽은 자들을 위해서 만들었기 때문에, 죽어 있다. 도시 내에는 살아 있는 것이 없고, 외부에서 유입되어야 한다. 살아 있는 모든 것은 외부에서 와야 한다. 식량도 그렇다. 이것은 분명하다. 이것은 인간에게도 동일하다. 도시는 인간을 먹는 거대한 식인종이라고 이야기할 수 있다. 도시는 스스로 새롭게 될 수 없으며, 신선한 피가 지속적으로 공급되어야 새롭게 될 수 있다.

그리고 예를 들면 파리 지성인들이 사용하는 모든 것은 지방에서 공급된 것이거나 외국에서 수입된다. 그리고 파리 시민들이 할 수 있는 것이라고는 지적으로 끓어오르는 많은 사상을 모방하여 작은 기포 같은 사상을 만드는 것

---

41) 근대 대도시에 대한 미쳐리히(Mitscherlich)의(정확한) 비평은 고대 도시 혹은 중세 도시가 소멸된 이유를 알 수 없도록 한다. 여기에서 과거를 낭만화시켜서는 안 된다.

뿐이다. 이것은 많은 사람들이 주장하는 것이다. 특별히 도시 인구의 증가가 비도시 지역에서 유입되는 인구의 숫자와 같지 않다는 사실은, 인구의 변화가 유동인구에 의한 것이 아니라, 땅에 묻히기 때문 이라는 사실을 보여준다. 도시는 인간을 먹어 치운다. 아이를 낳지 않는 가정이 많아지고, 아이들이 죽어 간다. 여기에 해결책도 없다.… 이와 같이 도시는 계속해서 외부에서 유입되는 것에 의존할 수밖에 없고, 여기에 기생할 수밖에 없다. 여기에 우리는 "교환" 을 이야기 할 수 있을지도 모른다. 그러나 도시는 교환할 것이 아무 것도 없다. 상대편에게 줄 것이 아무 것도 없는데, 그 이유는 도시의 생산은 자신의 필요에 의한 것이기 때문이다. 비록 트랙터와 전기를 생산하고, 비료를 생산함에도… 도시가 시골에 공급할 수 있는 것은, 그가 상대편에게 받는 것에 비하면 기괴하고 가소로운 것이다. 그리고 영적인 의미를 살펴보면… 도시의 사상들은 도시 외의 다른 어떤 곳에도 적용할 수 없는 혼합일 뿐이다. 반면에 도시는 놀랄만한 방식으로 시골이 생산한 "가치들" 을 부패시킨다. 우리의 지성인들은 도시와 시골이 각각 고유한 특성을 갖고 있다고 이야기한다. 그러나 시골의 특성은 도시의 영향에 잠식되는 경향이 있으며, 그 이유는 시골적 특성이 도시의 "고유한 것들" 에 정확하게 부합하기 때문이다. 정확하게 도시의 특성은, 그것이 경제적인 영역이든, 지적인 영역이든, 예술적 영역이든 혹은 인간적 영역이든, 모든 것을 외부에서 공급 받아 소비한다. 그리고 도시가 생산하는 것은 도시 내부에서만 사용 가능한 것으로, 어떤 가치도 어떤 의미도 없는 것들이다.

도시가 무엇인가를 생산한다는 것은 분명한 사실이다. 도시는 지적인 부분에 대해서만 생산을 한다. 도시에는 여러 사상이 혼재해 있다. 그리고 이미 오래 전부터 역사가들은 도시의 출현과 함께 지적이고 강렬한 예술적 운동이 출현했다고 이야기해 왔다. 분명히 다른 사람들과의 지속적인 접촉이 사상의 교환을 용이하게 만들고, 낯선 사상과 의사소통하게 하며, 인간이 가지고 있는 재료를 극대화 시켜서 그 종합이 인간의 지성을 영화롭게 만든다. 그러나 우리는 여기에 선행하는 것이 있다는 사실을 크게 주목하지 않는다. 그것은 도시이다. 도시 안에서 지적이고 예술적 운동이 발전한다. 도시는 위대한 이데올로기가 발전할 조건이다. 그 발전에 적합한 환경을 만듦으로 플라톤은 아테네 없이 생각할 수 없고, 라신42은 파리 없이 생각할 수 없다. 이것은 우리의 심기를 건드리는 것이다. 물론 여기에서 그 명확한 조건을 살펴보려는 것은 전혀 아니고, 단지 지적인 삶이 대도시 밖에서 존재할 수 없다는 것을 환기시키려는 것뿐이다. 몽테뉴가 수필을 쓰려고 시골로 내려간 것은 사실이지만, 우리는 그가 자신의 주제를 보르도의 삶에서 가져왔다는 사실을 부정할 수 없다. 그리고 우리가 지금까지 이야기해 온 지적인 삶이 경제적 삶을 위한 것이라는 사실은 이 야기할 필요가 없다. 산업도, 상업도, 재정도 도시 없이 이야기할 수 없다. 대도시가 없이는 이야기할 만한 경제적 삶도 존재하지 않을 것이다. 도시는 이 모든 것의 필수적인 환경이다. 그리고 이것이 너무나 명확하기 때문에 우리는 애써 그것을 증명할 필요가 없다.

다른 한편으로, 도시의 존재는 모든 행위를 자신을 향해 집중시킨다.

여기에서 미쳐리히Mitscherlich의 훌륭한 분석"정신분석학과 도시계획"을 살펴보아야 한다. 이 저서에 따르면 도시는 비오톱biotop,43 인 동시에, 삶이 일종의 균형에 도달하고 존속하는 장소이며, 심리학적 장소고, 인간 발전과 개인 의식의 강화를 허락하는 장소이다. 실재로 도시가 언제나 그렇기 때문에, 도시는 인간 자신의 진정한 상징이다. 그리고 미쳐리히는 근대도시가 과거의 도시보다 더 가공할만한 상징을 갖고 있다고 주장하는 오류를 범한다! 성서적으로 도시는 어느 정도 살만한 곳이지만, 그 상징은 동일하게 남아 있으며, 더

---

42) [역주] 프랑스 극작가이자 시인. 루이 14세 당시 프랑스 고전 희극작가.

43) [역주] 비오톱(Biotop)은 도시 내에 인공적으로 조성하는 생물서식공간을 의미함. 생명을 나타내는 접두사bio와 그리스어로 장소라는 의미를 가진topes의 합성어.

욱 "인간적인본적" 이 될 수록 도시는 더욱 상실되고, 비참해지며, 벌거벗겨지고, 불복종하고, 연약하며, "자기 자신을 파괴해야 하는" 인간의 조건을 만든다.… 도시는 이것의 증거이다! 나아가 우리는 지금 도시 환경이 거의 집단적 잠재의식에 파고 들어갔음을 인식하고 있다. 만일 이 침투 이론이 융Jung 학파의 원형에서 나온 것이 아니라면, 이미 천 년 전부터 존재하고 있었을 것이다. 허구, 전통, 호흡, 직관 그리고 열정, 도시는 언제나단지 우리 시대뿐만 아니라 인간의 염려 중심에 있었다. 그리고 이것은 언제나 이상도시의 추구로 나타났다. 밀레의 히포다무스는 궁극적인 유토피아를 추구했다. 왜 유토피아는 언제나 도시적일까? 그러나 계시록은 유토피아와는 정반대이다. 하지만, 상상적 도시계획과 이상주의는 동전의 양면과 같다. 클라인〈Klein〉의 저서,『유토피아적 도시계획』, 중「형태와 인식」에서, 1971 인간은 자신의 미래를 이상도시의 관점 아래에서만 볼 수 있으며, 이것은 깨끗해지고 차가우며 변함없는 근본성과 동시에 욕 망과 목적에 가장 큰 영향력을 행사한다. 이것이 하늘의천상의 예루살렘의 장엄한 비전을 역사적 무의식 가운데에 나타내는 것인가? 아니면 이 천상의 예루살렘은 무의식적인 과거의 호흡에 대한 신성한 답변이고, 인간이 결국 충만함과 안식을 얻을 수 있는 장소인가?

그것이 무엇이든, 도시는 부분적으로 신비한 매력의 중심이 되었고, 우리는 도시에 대한 인간의 열정도, 자신의 행위에 대한 영향력도, 그것이 지니고 있는 저항할 수 없는 이 신비로운 흐름도 설명할 수 없다. 아울러 긴 무의식의 흐름에서, 도시의 영적 힘을 생각하지 않고 그 유혹의 힘에 끌려 죽음의 아스팔트로 향하는 인간을 설명할 수 없다. 도시 주위로 환상의 신기루가 형성된다. 우리는 지도를 펴 놓고, 아직 도시계획으로 결정되지 않은 지역을 따라가 볼 수 있을 것이다. 만일 도시를 향해 가지 않는다면, 인간은 이 계획되지 않은 지역에 마스터플랜을 그릴 것이다. 인간은 여기에 자신의 방법, 언어, 무관심 그리고 단순화를 가져온다. 여 기에 또한 리듬을 부여한다. 그리고 이 모든 것에, 그 옷과 얼굴에 자신의 아내와 아이를 다루는 방식으로 계획을 세우고, 이 모든 것에 자신이 일하고 호흡하는 방식으로 도시를 그린다. 그러나 사람들은 아직 여기에 살지 않는다. 그들은 여전히 도르도뉴44나 오베르뉴45의 낙후된 시골의 낡은 집과 매우 비슷한 "작은 집" 에 살고 있다.

그 작은 방들은 서로 붙어 있다. 그리고 이 새로운 것들은 양철로 지어졌고, 모든 도시를 감싸고 있는 쓰레기 처리장과 고여 썩은 물 위에 다양한 주거의 밀집이 형성된다. 그리고 매우 끔찍한 외곽 지역이 형성된다. 여기에서 거대한 원이 그어지고, 물질적 표시는 아직 없지만, 우리는 도시의 기능에서 생각하고, 시작해서, 여기에 우리의 습관대로 도시를 만든다. 그리고 우리는 생명이 없는 도시의 습성대로 행한다. 여기에 영혼이 침투한다. 이 침투는 언제나 물질적 침투와 함께 나타난다. 그것이 첫 번째 파문이다. 대규모의 트랙터와 불도저, 레미콘의 도래를 준비하고, 거대한 연기구름을 내뿜으며, 공장과 "일" 은 오염된 공기 속에서 태양 없이, 매연과 탄소 찌꺼기, 그리고 수십만 이웃이 내 뿜는 숨과 함께 섞여서 기 쁨없이 이 침투를 드러낸다.

그러나 우리는 이것에 대한 이유도, 경험도, 지식도 없다. 우리는 그저 도시를 향해 갈 뿐이다. 우리는 우리에게 긍정적인 것이 거의 없음을 알고 있으며우리는 명백한 습관에 의해 우리가 잃어버릴 것을 무시하는 것은 사실이다, 도시가 특별히 환상을 주는 옷을 입었다는 사실을 알고 있다. 극장에서 "매일 저녁 상영되는 영화" 는 우리에게 거대한 유혹이다. 개인적인 태도가 어떠하든, 부동산 투기와 도시의 심리적 매력의 이중적 행위에 대해서 그 누구도 저항할 수 없다. 그리고 우리는 모든 문명에서, 그리고 모든 역사에서 인간의 삶이 부드러워지고, 왜곡되며, 선조의 관습은 사라지고, 사고의 유형과 정신적 구조는 변화되고, 소수의 확실한 특징과 신비가 사라지는 것을 보게 된다. 자연적 필요에,

---

44) [역주] 프랑스 남서부에 위치한 주.
45) [역주] 프랑스 중부 지역.5장 우리 앞에 펼쳐진 진정한 지평.

시대의 필요에, 시간과 계절의 리듬에, 도시는 자유를 대체하려 한다. 도시 때문에 상실하는 자유는 말하자면 인간이 스스로 기뻐하는 행위를 할 가능성을 의미한다.

그러나 이것은 거짓이다. 도시는 자연적 필요를 반反자연적인 필요로 대체한다. 그것은 도시가 유지되기 위한 것이다. 야간에 일을 해야 하고, 프롤레타리아가 넘쳐나야 하며, 술과 매춘이 있어야 하고예를 들면 "매우 고귀한 자연주의" 와 같이 이것은 몇 가지 형식으로 나타나며, 스웨덴에서처럼 이것은 여러 방면에서 매춘을 대신한다, 쳇바퀴 도는 하루 일과가 있어야 하며, 태양과 바람을 제거해야 한다. 우리는 도시를 유지하고 정비하려고 환상의 거짓과 무책임한 말을 할 수 있다. 그리고 우리는 도시계획가의 환상을 분명히 존중해야 하지만, 이 환상을 나쁘게 해석하면 이들은 완전히 이상주의자이다. 왜냐하면, 그들은 도시의 진정한 여정이 무엇인지를 전혀 생각하지 않기 때문이다. 그들은 도시의 필요를 생각하지 않고, 단지 우리가 마음대로 변형시킬 수 있는 탄력적인 존재로 생각한다. 우리는 자유의 영역 속에 있어왔다. 그러나 이 자유는 건축가의 마스터플랜을 벗어나지 않는다. 역사의 흐름에서의 도시의 여정은 항구적으로 동일한 발전과 동일한 힘을 목표로 한다. 그러나 오늘날 가장 도시적인 문명에서, 우리는 이 여정을 변화시킬 수 있는 주요한 이유를 갖고 있지 않다. 단지 도시계획가와 사회학자의 환상만이 있을 뿐이다. 실재로 도시의 발전과, 사회 내에서의 이 발전의 역할은 매우 빈번히 반복되지만, 우연의 결과로 보인다. 뜻밖의 사건들이 일어나지만, 그 이유는 확실치가 않다.

도시의 영적 존재의 관점과, 역사 속의 관점, 그리고 인간에 대항한 그 역할의 관점에서, 우리로 하여금 계시를 적용할 수밖에 없도록 만드는 이 부분에서만, 우리는 어떤 확신을 갖게 된다. 도시는 실재로 이러한 관점에서만 계획될 수 있다. 그저 하나의 사건으로 계획되는 것이 아니라 세상의 구조로 계획되는 것이다. 그러나 우리는 역사와 사회학의 전문적인 자료를 접할 때, 이러한 관점에서도 동일하게 이해의 방법과 종합의 방식을 발견하게 된다. 여기에는 그 어떤 것도 일치하지 않는다. 실재는 계획과 동일하지 않다. 이것은 내가 태양을 색깔과 혼동할 수는 없지만, 그럼에도 색에 대한 지식은 태양에 의해서만 가능한 것과 마찬가지이다. 그리고 나는 분명히 색의 염료에 대해서 화학적인 분석을 할 수 있으며, 색깔의 모든 물리적이고 생물학적인 관점을 연구할 수 있지만, 이것은 살아있는 존재에게 최소한의 의미일 뿐이다. 그리고 이 모든 것은 빛을 통해 색깔을 볼 수 있다는 단순한 사실로 모든 것을 설명하려 하지 않는다면 가능할 것이다.

일반적인 인간적 실재도 이러하고, 우리의 특별한 문제도 동일하다. 계시 이것을 위한 계시가 아니라 이 역할 때문에 부수적인 계시는 우리의 경험과 우리가 사는 세상의 논리를 통해, 우리의 이성이 발견하는 것을 밝혀주고, 종합하며, 설명한다. 그리고 분명하게 계시가 없다 하더라도 이것들은 가치를 가지지만, 진정한 관점을 형성할 수는 없다. 또한 우리가 도시의 역사와 사회학에 아무 것도 가져올 수 없다고 이야기할 때, 이 표현은 분명 옳은 것이지만, 엄격한 의미에서는 옳다고 이야기할 수 없다. 우리가 여기에 어떤 직접적인 공헌을 하지는 않았지만, 역사와 사회학이 도시에 대해서 우리에게 이야기하는 것은 그 자신의 관점이 아니라 다른 관점의 조명을 통해 여기에서 만나게 되며, 한 자리에 모이고, 종합된다. 그래서 이 모든 것을 종합해 볼 때, 도시가 인간의 거대한 작품이라는 사실을 다시 발견하게 된다. 이것은 위대한 시도이고, 자율적이고 지적인 의지이다. 여기에 모든 노력이 튀어나오고, 모든 힘이 나온다. 다른 어떤 인간의 작품도 그것이 기술이든, 혹은 철학이든 도시와 필적할 수 없다. 그리고 도시는 도구를 통해 나온 피조물이 아니라, 이 도구가 나타날 수 있는 환경 자체이다. 이것이 특징적인 것이다. 인간의 다른 모든 행위는 도시 안에서만 이루어지고, 도시의 기능으로 이루어진다. 이와 같이 모든 행위는 도시에 대해서 부수적이다.

우리는 국가나 가족을 언급할 수 있을까? 그러나 여기에서 우리는 인간의 순수한 행위와는 다른 영역 안에 있으며, 여기에 외부로 탈출하는 요소의 개입이 있다. 루터가 질서라고 이야기한 것과, 우리가 제도라고 이야기하는 것은, 조금은 다른 의미를 가지고 있다. 실재로 타락의 질서 속에서 인간의 개인적 행동에 대한 것은 무엇이든, 즉각적으로 도시의 세상 속에 통합된다. 그리고 예수 그리스도가 하나님의 위대한 행위라고 이야기할 수 있는 것과 마찬가지로, 우리는 진정으로 도시는 인간의 위대한 작품이라고 이야기할 수 있다.

※　※　※

그럼에도, 만일 우리가 우리 주위를 돌아본다면, 만일 우리가 통계와 경제 계획을 읽어본다면, 만일 우리가 근대 정치의 학설을 논한다면, 우리가 사회적 이념을 살펴본다면좌에서 혹은 우에서, 만일 우리가 대중적 의견의 잡지나 보고서를 섭렵한다면, 만일 우리가 거리에서 사람들에게 질문한다면, 우리는 매우 다른 문제를 논하게 될 것이고, 우리는 이 문제를 잘 설명할 수 있을 것이다. 그러나 우리는 절대로 도시의 핵심적 문제에는 전념하지 않는다. 사회학자들 역시 도시의 여러 양상들을 해결하려고 노력해왔지만, 도시 자체를 문제삼지는 않았다. 그리고 이것은 분명하게 나타난다. 우리는 우리가 딛고 서 있는 땅에 대해서 다시 문제제기 하지 않으며, 우리가 하는 일에 대해서도 재차 문제제기 하지 않는다. 이것은 그저 우리 삶의 한 조건일 뿐이다. 우리는 의심의 여지없이 이것에 대해서 불만을 제기할 수 있으며, 그 조건을 향상시키거나, 아니면 여기에 더 잘 적응할 수 있다. 우리는 어떤 방식으로도 그 근본적인 의미와 진실성에 의문을 던지지 않는다. 이것이 우리가 도시를 대하는 방식이고, 이 도시에 발견하는 모든 것에 대한 태도이다. 우리의 태도는 상하수도 시설과 공기 정화 시설을 계획하는 것이다. 좀 더 발전시키면, 우리는 대도시를 분산시키려는 계획을 세운다. 그러나 도시 자체를 거부하지는 않는다. 도시의 존재 앞에서 우리의 모든 실재는 매우 낮은 수준으로 전락한다. 도시는 존재하고, 우리는 여기에서 아무 것도 할 수 없다. 그 이유는 우리가 더는 사상이 역사를 이끈다고 믿지 않기 때문이다. 도시의 존재는 이 사회의 모든 실재적 구조와 긴밀하게 연결되어 있다. 결국 도시가 변화할 기회를 얻으려면 이 사회의 모든 것이 바뀌어야 한다. 그러나 아직까지는 도시가 더는 존재하지 않을 수 있다고 믿을 수 없다. 도시는 역사의 가장 큰 변화들을 통과해 오면서 그 형태가 변화해 왔다. 어쩌면 도시는 지하에 묻혀 있는 게 나았을지도 모른다.

현대인은 미래 문명의 모든 형태에 대해서 의구심을 가질 준비가 되어있지만, 도시에 대해서는 아니다. 인간은 자신의 미래를 도시의 형태 아래에서, 밀집 속에서만 생각한다. 언제나 더 많은 인간의 집적을 생각한다. 그것은 생산을 해야 하고, 공장을 더 건설해야 하기 때문에, 그리고 공장이 대도시를 지탱하기 때문이다. 그래서 공장은 운송비의 손실을 줄이고, 최종 생산품의 반가공품의 비용을 줄이려면, 서로 근접해 있어야 한다. 노동자는 작업장에 있어야 한다. 중세 도시가 성당 주위에 형성되었던 것처럼, 공장 주위에 도시가 형성된다. 우선 노동자 주거지가 형성되고이것이 도시의 근본적이고 제한적인 형태이다 이것은 대도시의 특성이다. 그것은 토끼의 대량 사육소와 같은 배열이닭장 배열-역주 되기도 하고, 녹지가 없는 단일한 건물이 되기도 한다. 그것은 언제나 정확히 밀집이다. 그리고 노동자 주거지역 주변으로 점차적으로 도로가 형성되고, 상점이 들어서며, 극장, 학교, 상업지역과 시장이 형성된다. 이러한 하부구조는 "우리가 원시적으로 살 수 없기 때문에" 필연적이다. 그 이후에 여기에서 엔지니어, 부서장, 관리자, 조직가, 자본가, 그리고 상인의 주거지역이 형성된다. 나는 오늘날 대도시가 지리적으로 설명되지 않는다는 사실을 잘 알고 있다. 그러나 나는 필요에 의해서 도시를 구역으로 구분하였다.

여기에 인간의 미래가 있다. 도시의 확장과 그 문제의 해결은 생산 기계로서의 도시의 종말을 의미할지도 모르는데, 그 이유는 도시의 생산이 충분히 빠른 속도로 이루어질 수 없기 때문이다. 또한 그것은 초현대적인 기술의 종말을 의미하기도 하는데, 그 이유는 이것이 정확히 인간이 새로운 정점에 도달했음을 가정하기 때문이다. 간단히 도식화해서 생각해 보자. 특별히 산업 도시로 계획된 마그니토고르스크46, 드니프로페트로우시크47와 같은 도시들이 있다. 혹은 광활한 사막에 인공적으로 조성된 미국 원자력 도시들이 있다. 아니면 뉴스탈린그라드와 같이 수십 킬로미터에 달하는 도로 축이 형성된 끔찍한 선형도시48들도 있다. 물론 여러 도시 운동이 산업과 도시의 분산과, 인구의 분산을 주장했다. 동시에 매우 빈번하게 동일한 저자들에게서, 우리는 시골 지역을 축소시켜야 한다는 주장을 발견하곤 한다. 농업을 확장시키지 말라! 이것은 경제적 이유와 더불어 국가적 이유에 의해서 주창된 표어이다. 농촌은 경제적 확장의 걸림돌이고, 생산 공정의 가속을 가로막는 것이며, 수요를 충족시키지 못하는 보잘 것 없는 것이며, 성장 중인 국가에서는 사장되어 가는 것이다. 농업을 확장시키지 말라! 이것은 수많은 도시민을 위한 것이다. 여기에 경제학자들의 표어가 있으며, 사회학자, 가장 지적이고, 진보된 그리고 현실적인 기술자의 표어가 있다. 그래서 새로운 요구가 나온다. 대도시를 분산시켜라.… 이것이 의미하는 것은 무엇인가? 시골로 돌아가자는 것인가? 전혀 아니다! 이것은 또한 수단으로써의 도시의 증가를 의미하기도 하는 것이다. 파리를 비롯한 프랑스 사막을 어떻게 해야 하는가? 그 해결책은 단지 4백만의 대도시를 50만의 8개의 대도시나 혹은 25만의 16개의 대도시로 바꾸는 것이다! 말하자면 실재로 지역의 도시화를 증가시키는 것이다! 농민의 시골을

---

46) [역주] 마그니토고르스크, 러시아 첼랴빈스크 주의 도시.

47) [역주] 드니프로페트로우시크, 우크라이나의 도시. 드네프르강 연안에 위치하며, 제철, 기계공업 등의 산업시설을 갖춘 공업도시임.

48) [역주] 도로를 따라 선형으로 확장된 도시의 형태를 일컫는말.

비우고 나서 이 시골에 새로운 거대 도시를 건설하는 것이다. 이러한 것이 어리석은 우리가 내놓는 유일한 해결책이다.

그러나 여기에 다른 필요가 있는데, 그것은 국가의 필요이다. 모든 근대 국가는 개별적으로 모여 있는 인구를 거대 집단으로 구축하려고 형성되었다. 국가는 적은 인구 밀도로 형성될 수 없기 때문에, 극도로 적은 밀도의 지역이 필요하다. 시골은 국가의 메카니즘이 정확하게 작동하도록 거주 인구가 줄어들어야 한다. 1제곱킬로미터 당 10명의 인구49, 이것이 시골에 이상적이다. 이것이 대농장에서 농기계를 사용하고자, 근본화되고 기계화된 농업을 위해서 해야 할 정확한 일이다. 광활한 사막에서 과학적인 농업은 엄청난 부의 손실을 가져올 것이다. 그러나 시간과 노동력을 줄일 수 있을 것이다. 여기에 감독과 조직의 어려움은 전혀 없다. 생산물의 수확은 이 순간 문제 되지 않는다. 트랙터 보관소는 단지 10명의 노동자만으로 운영이 가능하다.

이 맞은 편에, 도시의 인간적인 화려함 가운데 행정 기관과 경찰의 힘이 펼쳐진다. 그러나 도시에서 국가는 언제나 주인인데, 그 이유는 국가가 식량에 대한 권한을 가지고 있기 때문이다. 만일 국가가 잘 조직된 농촌을 고사시킨다면, 도시는 굶주려 죽을 것이다. 이것이 국가 권력이 끝없이 팽창하는 유일한 이유이다. 그리고 나는 어떤 자격으로 우리가 농촌을 죽일 수 있는지 묻고 싶다. 우리는 어떤 자격으로 더 적게 생산하고, 산업의 집적을 요구할 수 있는가? 어떤 자격으로 자신을 보장하는 권력과 최고의 조직을 요구할 것인가? 그러나 만일 일반적인 인간이 역사를 생각하지 않고, 도시의 관점에서만 미래를 본다면, 이것은 이성이 아닌 감정에 호소한 것이다. 키르기스스탄 농부의 미래는 모스크바 지하철의 흰색 타일 앞에 누워있는 노숙자이다. 그리고 매년 도시로 와서 재산을 탕진하는 프랑스 농부들 역시 동일하다. 여기에 신화에

---

49) 나는 이 밀도를 매우 높게 과장했다. 여러 연구와 미국에서 이루어진 실험에 따르면, 최신화된 농기계를 갖춘 상태에서, 4만 헥타르(4만!)의 밀밭은 15명의 상주 노동자와 30명의 계절별 노동자로 경작이 가능하다.

근본을 두고 있는 일종의 사회학적 운동이 있다.

전기 공급 지역의 확장이나 새로운 극장의 설립에 의해서 이농현상을 막을 수 있다고 상상하는 것은 환상일 뿐이다. 영화가 그러한 문제 해결을 목표로 할수 있는 것은 사실이다. 그러나 정확히 이야기하면, 시골에 극장이 없는 것이 아니라, 농민이 도시 지역의 극장을 찾는 것이다. 도시의 이러한 특수한 분위기는 익명에 의해서, 수많은 화려한 불빛에 의해서, 거대한 조직에 의해서, 결정적 진리에 의해서, 세상의 광기에 그리고 그 다양성에 참여함으로 이루어진다. 그러한 도시의 특수한 분위기가 주는 환상은 공동체를 붕괴시킨다. 모두가 서로 아는 시골의 장에서, 마을 잔치의 분위기 안에서, 그리고 단단히 다져진 땅 위에 걸쳐진 삐걱거리고 부서진 의자 위에서는 도시의 교만을 어디에서도 찾아볼 수 없다. 그래서 농민이 갖는 신비한 도시에 대한 동경은—그것은 분위기 이상을 의미한다—, 도시에 대한 도시민의 열정과 정확히 동일하다. 이것은 가장 최고조에 이른 열정이고, 사랑인 동시에 고통이다. 이 사랑으로 말미암은 자발적 고통은 결국 광기에 이르게 한다. 당신은 이것이 사실이 아니라고 생각하는가? 이것을 한 번도 보지 못했는가? 자, 그렇다면 파리에 대한 수많은 사랑의 찬가를 읽어보자. 그 사랑의 특성은 이상하게도 신화적인 동시에 관능적이다 이렇게 파리를 사랑하는 문학은 넘쳐난다. 우리는 『비밀들』에서 부터 막스 자콥 Max Jacob과 레옹 폴 파르그Léon-Paul Fargue의 가장 어려운 저작들까지, 파리에 대한 수많은 찬가를 알고 있다. 그리고 실존주의자는 파리의 신화에 탐닉했고카페 드 플로르Café de Flore 50가 없었다면 이것들은 존재하지 않았을 것이다!, 찬란한 도시51에서 시작된 문자적 착란은 아라공Aragon이 증언한 것처럼 대중의 영혼 속에 깊이 자리 잡았다. 당신은 분명 "파리, 아름다운 파리!" 라고 찬사를 아끼

---

50) [역주] 파리 6구 생제르망 거리(Boulevard St-Germain)에 위치한 카페로, 사르트르, 시몬 드 보봐르, 까뮈 등의 작가들이 사색하고 집필하던 곳. 이 카페의 이름을 따서 플로르 상(Prix de Flore)이라는 프랑스 문학상이 만들어졌고, 매년 이 카페에서 수여함.

51) [역주] 1800년대 야간조명으로 찬란했던 파리를 일컬었던 말.

지 않을 것이다. 그렇지 않다! 파리는 그저 도시일 뿐이다. 이 도시는 실재로는 조작된 상징일 뿐이다. 이 신화에 대한 사랑 때문 에 모든 계층의 사람들이 파리를 찬양한다. 그리고 이것은 무엇보다도 도시를 사회 발전의 불가피한 존재로 여기는 역사적 고정 관념을 설명한다. 만일 우리가 기원후 3000년의 문명을 픽션으로 그리기 원한다면, 우리 머리에는 즉각적으로 「메트로폴리스」Metropolis, 52가 떠오를 것이다. 우리는 이 영화를 우리 마음대로 설명할 수 있겠지만, 이 강하고 낯선 이미지가 우리를 사로잡으며, 우리 영혼에 익숙하지 않은 로봇이 우리에게 영향을 미치고 우리를 인도한다는 것 이상을 느낄수 있다. 그리고 나아가 다른 어떤 것보다도 우리에게 영향을 미치는 이 이미지는 더 효과적으로 우리 마음 속 깊숙하게 남아 있으며, 우리에게 다가오는 도시라는 거대한 기구의 마술적 영향력 때문에, 우리 마음은 이 도시를 향한 사랑으로 요동치며, 우리는 이 도시에 녹아 들어가고 신비롭게 연합된다.

이 열정은 어떤 차원에서는 도시계획가에게 불필요한 작업을 하도록 한다. 그러나 열정 때문에 신화적 부분을 간과하고, 이성적이고 차가운 도시를 건설할 시기는 지났다. 의심의 여지없이 오늘날의 인간은 도시들이 위협 받고 있으며, 앞으로 전쟁이 일어난다면 오늘날의 도시는 대부분 파괴될 것을 알고 있다. 파괴된 도시 앞에서의 인간의 태도가 그것을 잘 보여준다. 도시는 더는 존재하지 않는가? 그것이 영국의 도시든, 독일의 도시든, 폴란드의 도시든, 러시아의 도시든, 재건에는 매우 큰 힘이 든다. 우리가 무엇을 해야 하는가? 초원 위에 큰 건물들이 집적된 근대 도시인가? 앞으로 일어날 전쟁을 대비해서 지하에 참호를 파고 방호벽을 세운 도시인가? 거대한 지역에 뻗어가는 더 튼튼하고 깨끗한 도시인가? 이미 잘 알려지고, 수많은 연구를 거친 모든 해결책이 무의미한데, 그것은 제로에서 다시 시작하는 것이기 때문이다. 아니다!

---

52) [역주] 1927년 개봉한 독일의 프리츠 랑 감독의 영화. 당시 공상과학영화의 한획을 그은 기념비적 작품으로, 100년 후의 미래 시대에 대한 묘사가 특징적임. 미래 도시의 묘사를 통해 암울한 도시 문명과 인간성 상실을 비판하고 있음

우리는 도시가 있던 그대로 다시 건설해 왔다. 소위 "예술의 보물창고" 로 재건하려고, 더 넓고 직선으로 뻗은 도로를 만들고, 동일한 형태의 집들을 지으며, 정원들을 애써 보호하고, 근대적 스타일을 지키려고 노력하며, 그리고 욕조의 수를 증가시킨다. 이것이 우리가 할 수 있는 모든 것이다. 몇몇 시도를 제외하고는, 도시의 비인간성으로 넘쳐나는 스탈린그라드와 같은 잘못을 저지른다. 도시의 힘과 그 이미지는 인간의 마음 속에 각인되어 있다.

다른 한편으로, 우리가 도시계획가의 계획대로 도시를 건설한다 하더라도, 르꼬르뷔지에Le Corbsier가 이야기한 "인간의 집" 을 건설한다 하더라도, 우리는 너무 많은 환상을 가져서는 안 된다. 도시는 곧바로 본래 자신의 모습으로 돌아갈 것이다. 벽을 새롭게 바꾸고, 환경을 위생적으로 변화시키고, 일조日照 환경을 완벽하게 만들고, 시멘트 위에 적절하게 녹지를 만드는 것으로 도시의 영적 존재를 변화시킬 수 없을 것이다. 생명이 죽음의 세계로 내려와서 이 죽어 있는 물체와 섞여야 한다. 이 죽음의 세계에 유일한 분이 생명을 주려고 왔다. 그러나 우리의 자연적인 체계에서 이 유일한 생명은 언제나 결정적으로 배척당할 것이고, 우리는 여전히 살아 숨 쉬는 자연 안에 밀집된 도시를 만들고자 공공 정원을 만들고 나무를 심을 것이다! 그리고 도시의 영적 존재는 여전히 남아 있을 것이다. 그리고 우리가 문명의 미래를 바라보면서 선택하는 방향은 도시의 승리라는 관점과 너무나 부합한다. 왜냐하면, 인간의 자연적인 감정은 절대로 정복당하지 않기 때문이다. 그 이유는 분명하다. 이 방향에서 역사가 진행되기 때문이.…

그리고 여기에서 가장 이상한 일이 일어난다. 사실 인간은 옳게 생각하고 있으며, 영적으로도 그러하다. 인간이 무의식적으로 도시의 색깔 아래에서 미래를 미리 그려볼 때, 인간은 실재로 옳다. 단지 도약이 필요할 뿐이다. 그가 미래를 기술적이고 사회학적 관점에서 볼 때, 진정한 미래, 역사가 성취되고 마무리될 때 나타나는 역사의 진정한 목표는 물론 도시이다. 그러나 이 도시는 상상했던 것과는 다른 도시이며, 메트로폴리스와는 다른 도시이다. 우리는 그와는 반대의 것을 이야기할 수 있다. 그것은 하늘의 예루살렘새예루살렘에 관한 것이다. 이와 같이 인간은 혼란 가운데 실재로 도래해야 할 것을 재촉한다. 그러나 분명히 여기에서 진리를 볼 수 없으며, 우리는 인간적인 관점으로는 바라볼 수 없는 것을 상상할 수 없다.… 그러나 이와 같이 인간은 도시 안에서 자신의 미래와 문명의 미래를 바라보며, 도시 안에서 이 모든 모험이 완성된다는 사실을 드러낸다. 그리고 여기에 묵상의 목적이 있는데, 그것은 이 묵상이 우리로 하여금 우리 자신의 관점을 넘어서도록 한다.53

※　　※　　※

우리는 여기에서 다른 세계와 만나게 된다. 만일 우리가 천상의 예루살렘을 신화의 관점에서만 바라본다면, 우리는 이미 우리 앞에 놓인 사실을 거스르는 것이다. 세상의 역사가 끝날 때 한 도시 천상의 예루살렘이 하늘에서 내려온다는 이 개념은 천국낙원의 전통적 관점과 아무 관련 없다. 성서에 낙원에 대해서는 어느 부분에서도 언급된 적이 없고54, 하늘이나 자연에서 유추할 수 있는 자연의 천연색으로 가득한 낙원은 더더구나 없다. 심판 때에 혹은 심판 이후에 될 것에 대해서 이야기할 때, 장소에 대한 구체적인 언급은 나오지

---

53) 언제나 동일한 근본적인 문제가 콤블린과 대립하게 하는데, 그 문제는 콤블린이 도시를 신성한 교육과정의 요소로 여기는 데에 있다. 만일 하나님의 의도가 인간 간의 상호 연합 속에서의 인류의 연합이라면, 여기에는 전환의 단계들이 있다. 인류는 함께 사는 법을 배워야 하고, 그것은 도시 안에서 하는 것이다. 그래서 도시는 이러한 연합의 내적인 형태이다.… 이것은 도시의 사회학적 실재를 거스르는 것이고, 특히 성서가 이야기하는 모든 것에 정확하게 대립하는 것으로 보인다. 이것은 철학적 사상이다. 하나님의 계획이 상호작용 속에서 인간을 연합시키는 것이었다면, 우리는 인간이 스스로의 힘으로 그것을 실현시키려 하고, 실패한다고 이야기할 수 있었을 것이다.… 하나님이 그에게 주기로 약속한 아들을 자신의 힘으로 얻으려 했던 아브라함의 모형에 따르면(하갈의 아들)….

54) 십자가에서 하신 예수의 유명한 말씀 속에 단 한차례 나온다.…

않는다. 이것은 지정된 공간이 아니며, 그 위치도 알 수 없다. 예수는 이것을 자주 언급했고, 공간을 영적 가치에 의해서 평가했다. 그 평가가 긍정적이든 부정적이든, 하나님과의 관계에 의해서 평가했다. 그러나 이 영역에서 예수가 이야기한 것에서 우리가 도출해 낼 수 있는 것은, 이것이 제한적인 장소이고 닫혀 있다는 사실이다. 혼인 잔치의 비유에서 볼 수 있는 것과 같이

성서가 낙원을 자세하게 이야기할 때, 그것은 한 도시로서 언제나 다음과 같이 묘사되었다. 그것이 에스겔서에 기록된 것이든 계시록에 기록된 것이든 그리고 모든 예언자들에 예외가 없다, 우리는 일관적인 성서의 관점을 발견할 수 있다. 예를 들면 이사야는 이리와 어린양이사65:25-역주 함께 살 것인데, 이 사실은 성서의 일관되는 관점과 부합한다. 우리에게 도래할 것은 도시이다. 그것은 하늘천상이 아니다. 천사들이 날아다니는 구름도 아니고, 푸른 공간도 아니다. 중세의 기독교가 상당히 현실주의적이었고, 물질을 사랑했음에도, 중세 그리스도인의 보편적 이미지가 하늘의 관점에 강하게 영향을 받았다는 사실은 분명히 이상한 일이다. 그것은 계시의 글들과 분명히 부합하는 동시에, 그 의미는 그들이 진정으로 갖고 있는 사고와 상당히 유사하다. 도래할 것은 하늘이 아니고, 하늘 뒤에 있는 것이다. 그리고 언제나 우리가 "하늘이 열리는 것" 을 볼 것이라고 이야기한다.

자연에서 온 낙원의 개념에는 어떤 사실성도 없다. 예를 들면 "푸른 초원"의 이미지는 실재로 흑인과 인디언 사이에 널리 퍼져 있던 개념이었다. 우리는 이것이 회교도나 이슬람과의 관계를 통해서 받은 영향임을 간과할 수 없다. 사막 가운데에서 살게 해주고, 쉬게 해주는 나무와 꽃, 새와 호수로 구성된 낙원의 관점은 실재 이슬람의 관점이다. 기독교 전통에서 발견되는 이 두 이미지는 기독교 사상과도 상관없고, 성서적 교훈과도 상관없다. 정확히 이야기하면 이 이미지는 기독교 외부에서 온 것으로, 우리는 변형된 사상을 보도록 강제되고 있다. 낙원의 정원에 대한 관점이 이슬람에서 왔다는 사실과

동일하게, 영혼과 초월의 세계인 창공의 관점은 플라톤주의와 영지주의에서 왔다는 주장은 상당히 설득력이 있다. 알렉산더와 오리겐은 각각 새로운 창조에 대한 잘못된 사상을 만드는데 일조했다. 그리고 "하나님의 도성"을 주장한 어거스틴에 중세 이단이 혼합되면서, 전통적인 낙원의 개념에 대한 거대한 흐름이 발전하기 시작했다.

그래서 진정한 기독교 사상은 여기에서 새로운 도시를 바라본다. 그리고 이것은 이미 우리에게 유일한 신화를 보여준다. 이것은 실재로 황금시대나 도래할 에덴과 같은 이방인 신화와 동일하게 여겨질 수 없다. 이 이방 신화들의 특징은 무엇인가? 태초에 완벽하고 행복한 인간 종족이 있었다. 모든 것이 균형 잡혀 있었고, 인간의 마음이 어느 한 곳으로 치우치지 않았던 황금 시대가 있었다. 삶은 자연적이었고, 자연 가운데에 있었다. 그러나 예를 들면 프로메테우스의 교만에 의해서, 혹은 다른 사건들에 의해서 문제가 발생하였다. 그것이 무엇이든, 전쟁과 죽음이 세상에 들어온 이후에 인간은 잃어버린 황금의 시대를 추구하기에 이르렀다. 그 시대는 다시 도래할 것이고, 그 풍요로움을 누릴 수 있는 상황이 다시 올 것이며, 황금의 시대는 이 땅에 같은 형태로 다시 올 것이다. 시인들 역시 이 황금의 시대를 향한 귀향에 대한 실제적인 모든 표식을 찾아왔다.55 이 표식을 위해서는 아르카디아의 목초지를 떠올리는 것으로 충분하다. 그리스 로마 신화 역시 자연적인 삶으로의 회기를 선언하고, 전원의 삶으로 돌아가는 것을 선언하는데, 그것은 황금의 시대가 다시 세워지기 위한 조건과 동일하다. "선한 원시상태"로 돌아가야 하고그러나 그들에게 있어서 그것은 전혀 원시적이지 않았으며, 인간의 모든 재능이 고안해 낼 수 있는 모든것 낡은 관습!을 포기해야 하며, 그래서 자연스럽게 다시 온 바다와 숲에서 황금과

---

55) 콤블린은 흥미로운 주제를 발전시켰다. "신화는 도시를 자연의 리듬으로 축소하려는 경향이 있다. 그것은 도시의 현상을 우주의 현상으로 가져가려는 경향을 갖고 있다.…" 그래서 종말은 우주와 자연의 친숙한 이미지처럼 도래할 것이다. 성서만이 도시를 인간의 작품으로 여기고 "자연"으로 여기지 않는다. 따라서 약속된 것은 자연으로 돌아가는 것이 아니다.

평화의 시대가 다시 세워질 수 있을 것이다. 낙원과 영원에 세워진 이 꿈은 어디에서나 존재한다. 왜냐하면 용감한 회교도가 이끌 이 삶은 동일하게 자연적인 삶이 될 것이고, 모든 문명의 힘에서 멀어질 것이고, 그리고 직접적으로 꽃들과 연못, 그리고 자신의 말馬과 관련될 것이다. 결국 선하고 친근하며 길들여진 동시에 야생적인 자연에서 살 것이라는 낡은 신화그 어떤 것도 두려워하지 않고, 짐승의 맹렬함이나 살아 있는 모든 것을 두려워하지 않을 것이라는 신화는, 에스키모에서, 북아메리카 인디언에게서, 타타르족 에게서, 어느 곳에서나 발견된다. 우리는 평화를 제공하는 자연을 이상적으로 바라본다. 이 기다림의 순간이 있는 어느 곳에서나 자연에서 생존하려고 투쟁할 필요가 없으며, 이것은 매번 인간이 자신을 보호하려고, 자신의 우월성을 확인하려고, 땅을 정복하려고, 일반적으로 낙원은 자연적인 삶과 평화적 관계라는 특징을 갖고 있다고 인식된다 다시 평화적이 된 것들과 직접적인 관계로 다시 돌아가고자 인위적인 모든 것을 포기하게 된다.

이집트의 헬리오폴리탄 주기사이클는 우리를 깨끗하게 씻어주는 물 위의 지역과 같이 다른 세상을 보여주며, 삶을 계속해서 새롭게 만들어주는 세상을 나타낸다. 여기에는 실재로 세상에서의 성취라는 사상은 없는 것 같고, 오히려 정화 속에 새로운 시작이 있는 것처럼 보인다. 그리고 오시리스Osiris의 주기에서 죽음의 세상은 일종의 살아 있는 세상과는 반대되는 이미지를 갖고 있다. 오시리스의 승인을 받아 죽은 자는 그가 다스리는 영역 안의 한 집에서 거주하게 된다. 물론, 이 집들의 밀집은 도시를 형성한다. 이 글들은 아멘티 Amenti 안에 헬리오폴리스, 레토폴리스, 케라하와 같은 많은 도시가 있음을 나타내지만, 이 도시들에는 특별한 것이 아무 것도 없다. 이 도시들은 인간의 도시일 뿐이고, 동시대의 다른 세계의 도시들과 같은 것들을 재생산할 뿐이다. 이 도시들은 역사의 초월을 통해 나타나는 역사의 성과가 아니다.

갈대아인은 미래를 닫힌 것으로 인식한 것으로 보인다. 그 역사는 어느 곳으로도 가지 않았고, 창조도 아니었다. 앞으로 올 세상도 없고, 정의의 승리도 없는데, 그 이유는 마술이 비전을 지배했기 때문이다.

　이와 같이 유대 민족의 이웃들은 물론 이들은 성서에 영향을 미칠 수 있었다. 그리고 학자들은 그들이 영향을 미쳤다고 이야기한다 앞으로 올 세상의 지식과는 상당한 거리를 갖고 있었다. 그리고 기독교와 좀 더 유사한 조로아스터교 역시 자연주의의 흐름에 집착했다. 프라쇼케레티56는 자연의 부활을 의미하고, 비옥한 토지와 농업을 신격화하는 것이며, 물질적 풍요를 위한 태초의 상태로의 회복을 의미한다. 그리고 정의로운 자의 행동을 통해 종말론적 승리를 얻게 되고, 이들이 신의 뜻을 실현하여 악을 심판한다. 이들은 땅을 비옥하게 하고, 밀을 경작하며, 관목을 말리는 구체적인 행위를 통해 종말을 실현한다. 땅의 질을 높이는 기술은 종말의 선한 창조를 향해 나가는 한 걸음이다.

　이 신화는 인류의 미래를 도시 건설의 관점에서 생각하는 히브리 신화와는 아무런 관계가 없다. 선지자들은 분명히 예루살렘 자체에 의해 영향을 받았다. 그들은 예루살렘을 세상의 중심으로 여겼고, 그래서 이 도시를 통해 모든 것이 재정비되어야 했다. 선지자들이 그러한 지성으로 현재의 실재뿐만 아니라 하나님의 행위와 그 뜻을 나타내는 것에 대해, 그들의 관점이 이런 이방 신화의 기초적 요소들에서 영향을 받았다고 주장하는 것은 너무 개념을 단순화 시키는 것이다. 그리고 왜 라틴 신화의 창조자들은 로마 신화를 주목하지 않았을까? 여기에는 몇 가지 이유가 있었다. 실재로 우리가 여기에 다른 종류의 신화를 갖고 있음을 우리는 받아들여야 한다. 그러나 우리는 곧바로 다음과 같이 생각한다. “왜 그런 이야기를 하는가? 이 두 개념 사이에는 우리가 특징을 발견할 만한 큰 차이점이 없다! 왜냐하면 결국 이것이 아름답고 조용한 자연의 관점 아래에 있든, 도시의 관점 아래에 있든, 우리는 이 상상을 고려하지 않는다. 그 차이는 어떤 때에도 거의 느낄 수 없는 것이고, 그 자체로는 아무 것도 내포하고 있지 않다. 오히려 이것은 인류에 대한 희망의 사실이고, 뿌

---

56) [역주] 조로아스터교의 종말론.

리 깊게 인류 자신 안에 갖고 있는 사실이며, 미래와 최고의 세상에 대한 확신이다." 우리는 사물에 대한 이러한 견해에 동의할 수 없다. 반면에 우리는 이 두 목표 사이의 엄청난 불일치 혹은 차라리 이 차이가 내포하는 것에 대한 고려가 가장 중요함을 받아들여야 한다. 이것은 이 두 가지 관점 아래에서 고찰할 수 있는 것으로 보인다.

일반적인 신화에서 우리는 결국 역사의 흐름을 역행한다. 행복했던 순간은 과거가 될 것이다. 그래서 이것은 본질적으로 존재에 대한 거부를 의미하며, 인간의 "진보"단순한 발전의 의미에서이지, 개선의 의미가 아니다를부정하는 것이다. 이것은 모든 역사에 검은 자국을 남기는 것으로, 인류 몰락의 역사일 뿐이고, 원초의 순수함으로 돌아가는 역사일 뿐이다. 그리고 무죄한 원초적인 동물적 삶으로 돌아가는 것이다. 그래서 우리가 버리고, 고통을 주고, 찢어버리고, 그 진가를 알지 못했던 것으로 돌아가야 한다. 히브리인의 관점은 이와는 완전히 다르다. 그것이 도시에 관련된 것일수록, 그것은 인간의 모든 행위에 관한 것이고, 인간의 모든 역사에 관한 것이다. 과거로 돌아가는 것과는 매우 다르게, 그것은 앞으로 전진하는 것이다. 이것은 인간이 행한 것을 그 어느 것도 잃어버리지 않으려는 의지이다. 그리고 우리가 자주 이야기하는 것처럼 마르크스는 이 부분에서 유대 신화에 의해 직접적으로 영향을 받았다. 실재로 진보에 대한 관점에서 인류 문명에 대한 고찰은 그 어느 것도 버릴 것이 없다. 여기에 초월해야 할 것이 있다. 하늘의 도시천상의 도시의 신화는 정확히 인간 행위를 초월하도록 요청한다. 그러나 인간은 이 인간적 행위에서 평화와 안식처를 발견할 것이다. 이것은 특별히 종교적 표현을 없애는 데에 충분하다. 아니면 미래에 대한 마르크스주의자의 비전을 갖고자 이 초월에 작용하게 될 방식을 충분히 설명하고 있다. 이와 같이 이러한 황금의 시대는 역사의 수용을 통해 특징 지워지는 것이지 그 부정否定을 통해서 특징 지워지는 것이 아니다. 왜냐하면 그것은 취소하는 것이라기보다는, 성취를 향해 가는 것이다. 즉각적으로 인식할 수 있는 모든 힘을 조합하여 그 성취를 향해 나아간다. 또한 존재하는 것의 수용을 통해서이지 거부를 통해서가 아니다. 이처럼 우리가 갖고 있는 현실주의는 분명 기독교적 사상의 특징이지, 그리스 로마의 이상주의와는 전혀 상관이 없다. 아울러 신화에서 일종의 책임을 통해서이고, 인간 행위의 가치부여를 통해서이다. 경멸이나 거부를 통해서가 아니다!

그래서 이것은 주목할 만한데, 그 이유는 어떤 다른 민족이나 종교에서도 문명의 기원과 인간의 문명적 행위, 그리고 인간과 산업 활동이 심각하게 정죄 받지 않기 때문이다. 그리고 이 신화들이 도시에 대해서 무엇을 말하는가! 도시, 죽은 자의 세상이 역사의 정점에 있다. 나아가 이것은 자연의 정점도 아니고 일반적 정점도 아니며, 오직 하나님이 개입한 결과이다.

그래서 우리는 일반적 신화와 히브리인혹인 그리스도인의 신화 사이에 발견되는 차이의 두 번째 관점을 살펴보고자 한다. 모든 인간적인 신화는 자연 상태로의 회기를 말한다. 그것은 문명 이전에, 프로메테우스 행위 이전의 인간의 상황으로 돌아가는 것이다. 그리고 이것은 이 땅 위에 실현될 수 있다. 이 땅과 이 세상이 자연으로 다시 돌아가는 것의 수혜자가 될 것이다. 우리가 본 것처럼 이슬람의 상황은 좀 다르지만, 방식은 동일하다. 다른 한편으로, 인간의 지성과 선함 그리고 개인적 노력을 통해 인간은 자연의 본래적 상태를 다시 창조하게 될 것이다. 그리고 이것이 자연으로의 회기에서 인간의 교육이 그토록 중요한 이유이며, 시대가 흐를 수록 요청되는 것이다. 이 모든 것 안에서 어떤 것도 유대-기독교의 사상과 일치하는 것은 없다. 이 사상은 이와는 대조적으로, 우리가 살펴 본 첫 번째 관점과 대조적으로 보이는 두 가지 진리를 강력하게 주장한다. 천상의 예루살렘은 종말에 세워지지만, 인간의 노력에 의해서는 절대로 세워질 수 없다. 이 도시는 진정한 하나님의 창조물이다. 그 결과로 천상의 예루살렘은 황금의 시대와는 같은 속성을 갖지 않는다. 여기에는 역사적인 연결성을 갖는 대신에, 이 역사를 둘러싸고 있는 역사의 단절을 보게 된 다. 쇠락한 첫 번째 창조를 "다시 세우는 것" 은 불가능할 뿐만 아니라, 두 번째 창조와도 대립된다. 그러나이두 번째 창조는 완전히 특별하며, 성취될 것 같지 않으며, 첫 번째 창조만큼 기대하지 않는다. 이와 같이 인간 은 여기에 도달하려고 자신의 모든 노력을 기울이지만, 보이지 않고 넘어설 수 없는 벽에 부딪혀 신음한다. 그는 역사 속에서 행동할 수 있지만, 역사를 성취할 수도, 초월할 수도 없다. 이것이 이 대립의 마지막 특성을 보여준다. 이것은 더는 자연적인 속성이 아니라 초자연적인 속성이다. 천상의 예루살렘에서는 자연도 없고, 우리를 기다리는 창조의 균형과 원초적 행복도 없다. 이것은 진정으로 완전히 새로운 환경으로, 여기에 대해 우리는 어떤 사상도, 이미지도, 지식도, 그것을 측정할 방법도 없다. 그리고 어떤 신비로운 부분모든 부분이 아니라 분명히 어떤 부분에 대해서만!에 대해서 하나님은 희미한 계시를 통해 우리에게 약간 유사한 것약한 근사치을 보여줄 수 있다. 여기에 모순이 발생한다. 유대−기독교의 비전은 인간의 모든 행위를 드러내고, 도시에서 종합되어, 재창조의 새로운 영광스러운 상태 속으로 들어간다. 반면에 이 사건은 인간의 행위를 통해서 일어나지 않을 것이다. 그래서 앞으로 올 세상의 다른 모든 인간적 개념에 대한 이 두 표현에서, 그 상황은 분명히 대조를 이루고 있어 서로 모순된다. 우리는 어 떻게 이 모순을 해결할 수 있을까? 아니면겉으로 보이는 모순은 크게 중요하지 않기 때문에 천상의 예루살렘에 도달하는 이 진보는 어디에서 발견할 수 있으며, 어떻게 설명할 수 있을까? 여기에 두 가지 흐름을 살펴보아야 한다. 이 두 흐름 모두 도시의 역사가 그 기저에 깔려 있고, 이 두 흐름은 다른 점에서 출발하여 하나로 수렴된다. 하나는 가인에서 출발하고, 다른 하나는 에덴에서 출발하는데, 이 둘은 천상의 예루살렘에서 만나게 된다. 그 리고 이 두 흐름 모두, 예수 그리스도 안에서 하나님의 구원의 행위로 표현되고, 예수 그리스도 안에서 하나님의 소유로 나타난다.

2. 가인에서 예루살렘까지

우리는 이미 예수 그리스도 안에서, 가인에서 천상의 예루살렘새예루살렘까지 인도하는 하나님의 근본적인 행위를 살펴보았다. 하나님은 인간의 작품에서 영적인 힘을 분리시켰다. 가인이 도시를 세웠을 때, 그것은 무엇보다도 자신의 교만을 나타내고, 자신의 권리를 세우고 보호하기 위한 것이었다. 그러나 그것은 또한 천사들의 장난감으로, 이 −천사들은 도시에 나타나서 인간 상실에 기여했다. 그러나 인간의 그러한 행위는 정죄 받지 않았으며, 저주 받지 않았다. 하나님이 심판하고 정죄하는 것은, 처음부터 저항했던 영의 힘이며, 유혹의 영이 지배하는 도시 역사의 흐름 속에 있는 힘이다. 영적 실재로서 힘으로서의 도시는, 하나님의 계획에서 버림 받았다. 이것이 바로 도시의 진정한 존재이고, 돌과 집의 밀집을 도시의 진정한 존재로 볼 수 없다. 우리가 보아 온 진정한 존재는 개혁을 좌절시키고, 도시의 인간화의 모든 노력을 수포로 돌아가게 한다. 그리고 하나님은, 인간과 그 운명에 실재로 깊은 관련을 갖는 인간의 작품에서 이 힘을 분리시키려 한다. 그래서 이것은 정확히 예수 그리스도 안에서 성취된다. 그러나 수없이 이야기돼온 것처럼바르트, 쿨만, 비세 투프트 57, 정복된 그 힘은 아직 제거되지 않았다. 그리고 국가에서처럼 이것은 도시에도 존재한다. 이 힘은 실재로는 정복되었지만, 아직도 움직이고 여전히 싸울 가능성을 갖고 있으며, 마지막 시대에 오히려 과도한 행동을 보인다. 우리는 이 사실에 충분히 주목하지 않았지만, 이것이 우리와 가장 깊은 관련을 갖고 있다. 예수 그리스도는 마지막 시기에 더 끔찍하고 우리를 더 위협할

---

57) [역주] Willem Adolph Visser't Hooft(1900년 10월 20일~1985년 6월 4일), 네덜란드 신학자. WCC
의 초대 의장.

이 힘의 행위가 넘쳐날 것이라고 선언하고 있다.마24:15이하; 계20장 이미 무장 해제된이 힘은 소위 절망의 힘으로 나타날 것이다. 이 세력은 모든 방법을 동원하여 그리고 모든 가능성을 활용하며, 도처에 거짓을 이야기하면서, 과도한 폭력을 행사할 것이다. 그리고 인간은 절대로 이 힘이 정복당했다는 사실을 자연적으로 알 수 없다. 오히려 그 힘이 증폭되고 있다고 생각할 것이다.

여기에 대해서 쿨만은 다음과 같은 비유를 사용한다. 연합군은 스탈린 그라드와 엘 알라메인58의 결정적인 전투에서 승리했고, 이로 말미암아 전쟁은 이미 결판이 났다는 사실을 알고 있었다. 그러나 전쟁에 참여했던 군인과 관련된 국가의 국민은 아무 것도 알 수가 없었다. 그리고 사람들 은 독일이 새롭고 끔찍한 전쟁 도구V2, 티거전차 59를 사용하는 것을 보았을 때, 연합군의 승리를 의심했다. 그리고 나아가서 독일은 자신의 힘을 집결하였고, 청년위원회를 일으켜서 독일 내부의 가장 큰 세력을 조직했다. 이 시대는1943년 이후에 레지스탕스의 저항이 가장 격렬했던 시기였고, 독일 노동자를 대량으로 학살한 시기였으며, 무분별한 처형이 이루어졌던 시기였다.… 이와 같이 각 개인적인 관점에서 볼 때 전쟁의 마지막 해는 분명 가장 위험하고 가장 절박한 시기였다. 동일하게 이 굴복된 힘은 개인적 행위를 넘어서 일시적인 성공과 전략을 가져올 수 있었는데, 이것은 겉으로는 승리하는 것으로 보였다. 1945년 1월에 스트라스부르그에서 있었던 미국의 후퇴는 이런 의미로 해석할 수 있다. 그러나 일반적인 전쟁의 계획 위에서 그리고 전략적 관점에서 전쟁은 이미 승리한 것이었다. 이제 남은 것은 나머지 적군을 소탕하고, 적이 패배를 인정하는 것뿐이었다. 비록 독일 장군들이 이미 1943년 초에 전쟁에서 패배했다는 사실을 인식했다 하더라도, 히틀러와 나찌는 그것을 인정하려 하지 않았을 것이 다. 물론 이 비유는 여기에 정확히 부합하지 않는다. 그러나 만일 우

---

58) [역주] 이집트 북부 지중해 연안에 위치한 도시.
59) [역주] 티거 전차는 양대 세계대전 당시 독일이 개발하여 사용했던 탱크의 명칭이었음.

리가 이 비유의 진리와 실재 사이의 본질적 특징을 생각한다면, 우리는 더 잘 이해할 수 있을 것이다. 우리 시대는 더는 그 차이를 식별할 수 없다. 어떤 사건도 더는 결정적인 사건이 될 수 없으며, 이 혼란은 우리로 하여금 오늘날의 최고의 것만을 추구하는 지적 혼란으로 빠져들게 한다.60 예수 그리스도의 행위는 진리의 행위이다. 그는 진리이고, 세상에 실재 존재로 왔으며, 그 실재는 어느 부분도 받아들여지지 않았고, 거절당했다. 그러나 그는 자신의 성육신이 실재 세상에 진리의 통로라는 사실을 부인하지 않았고, 이것은 자연스럽게 본질적인 진리와 관련되는 것이 아니다. 그리고 그는 자신의 죽음과 부활이 정확히 진리의 승리라는 사실을 부인하지 않았다. 진리 되신 예수 그리스도는 거짓, 거부, 부정, 그리고 혼란을 정복했으며, 이것들은 진리 앞에서 영적 세력들이 나타내는 힘일 뿐이다. 진정으로 이 힘은 정복당했고, 이 세력은 진리의 존재와 성취를 막을 어떤 힘도 가지지 못했다. 더는 거짓도 부정도, 본질적으로 가능한 혼란도 없다. 그러나 진리는 성육신 외의 다른 관점에서는 실재로 들어올 수 없었으며, 성육신은 실패와 거부, 그리고 성육신된 말씀의 거부에 의해서 실패하였다. 그리스도의 승리는 실재에서 보이지 않으며, 실재의 속성 속에 나타나지 않았다. 이 실재는 비록 진리에 종속적이고 상대적이고 부수적이지만, 정복된 힘이 여전히 주인으로 행세하는 영역으로 남아 있게 된다! "사탄이 하늘에서 [땅으로] 번갯불처럼 떨어지는 것을 내가 보았다.…" 눅10:18 이 세력들은 여전히 자신의 영역을 갖고 있으며, 끊임없이 진리를 다시 정복하려고 공격하려는 헛된 시도를 한다. 그리고 성육신이 이 땅에 가져온 진리를 내버려 두지 않는 그들만의 방어벽을 갖고 있다. 그리고 마치 진리가 실재였던 것처럼 위장했던 시대 이후에, 이제 근대 사회에서는 이 힘의 다른 거짓이 있는데, 그것은 바로 실재가 진리라는 것이다. 이 승리의 선언은 그

---

60) 자연스럽게 우리가 여기에서 보는 매우 단순한 차이는 정신과 육체의 차이, 또는 사상과 물질 사이의 차이, 혹은 본질과 존재의 차이와는 아무 관련 없다. 이 차이는 전혀 철학적이 지도 않고, 지적이지도 않다. 이것은 신학적인 동시에 경험적이다.

세력의 자신의 실패에 대한 고백이다. 그렇지만… 그리스도 앞에서의 패배이지, 우리 앞에서의 패배가 아니다. 현실에 얽매인 우리 불쌍한 인간들은 항상 우리 영역에서 고삐 풀린 세력에게 복종하고 있다!

이와 같이 그리스도에 의해서 정복된 세력은 여전히 일하며, 자신들의 패배를 인정하려 하지 않으며, 더 격렬한 폭력으로 싸운다. 이 세력은 개인에 대하여서는 더욱 위협을 가하고, 지엽적인 부분에서는 승리를 쟁취한다. 그들의 승리는 우리로 하여금 그들의 힘을 믿도록 하지만 이 힘은 실재로 여전히 우리에게 작용한다, 이 힘은 분명히 정복당했다. 이 이중적 노력은 근대 국가의 실재 모습을 설명해 준다. 그리고 국가는 우리에게 비교할 수 없을 정도로 더 위협적이고, 더 확장되는 도시를 보여준다. 또한 힘의 의미에서 더 유혹적이고 더 괴물이 된, 역사상 존재하지 않았던 진정한 "도시"를 보여준다. 반역한 세상은 더욱 확장되고 우리를 위협한다. 이 힘의 영은 인간의 작품을 풀어주거나 포기하길 원치 않는데, 이와는 대조적으로 인간의 작품은 팽창하고, 어떤 한계도 보지 못하는데, 그 이유는 이것이 진정한 최후의 싸움임을 알기 때문이다. 이와 같이 세상의 모든 역사 속에서 예수 그리스도에 이르기까지, 우리는 반역한 세력이 끝까지 견지하는 것을 보게 된다. 이 세력은 전쟁의 법칙을 관찰하고, 더 많은 계략을 통해 행동하며, 지역적인 시도를 통해서, 그리고 또한 긍정적인 시도를 통해서 행동한다. 타락한 세상은 죄악 속에서 살아남는 방식을 조직하려 하고, 여기에서 자신의 모든 부패한 방법을 통해 "인간적으로' 사는 방식을 조직한다. 그러나 예수 그리스도로부터, 이제 열려 있는 최후의 때에, 이 "지배자들"은 더는 자신의 모습을 깨닫지 못하게 된다. 전쟁이 끝을 향해 가는 지금, 그들이 결정적인 패배를 경험하는 지금, 그들은 모든 방식을 동원한다. 이들은 그 어떤 것도 존중하지 않으며, 어떤 법도 지키지 않고, 어떤 계략도 세우지 않는다. 단지 울부짖는 소리로 발악할 뿐이다. 여기에 긍정적인 시도는 더는 존재하지 않고, 단지 인간이 창조하고, 인간을 죽음과 죄악으로 몰아넣은 이 도구에 대한 거대한 시도만이 있을 뿐이다. 파괴해야 한다. 화려한 도시를 건설할 때에도 파괴해야 하고, 문명이 평화의 시대를 조성하는 역할을 할 때에도 파괴해야 하고, 우리가 이야기하는 것처럼 자본가의 노력이 있을 때에도, 혹은 사회주의자의 계획 위에서도 파괴가 있어야 한다. 그것은 만일 육체가 파괴되지 않는다면, 그 안에 있는 영을 빼앗기기 때문이다. 그 장엄한 행위는 이렇게 설명된다. 이 행위는 언제나 죽음으로 이끌고 이 세계적 도시의 미숙한 개화로 이끌며, 광기의 세상으로 이끈다. 이것은 모든 잡지에서, 모든 사회적 이론에서, 개신교 간행물에서, 인본주의의 회복에서 끊임없이 나타나는 벌거벗은 작은 인간의 우스꽝스럽고 기괴한 허세일 뿐이다. "나 외에는 아무도 없다. 내가 이 모든 것을 지배할 것이다. 이보다 중요한 것은 없다! 이것은 그저 역사의 일반적인 흐름일 뿐이고 문명의 변화일 뿐이다. 이 새로운 관점을 두려워해서는 안 된다. 몇 세기 동안 이 관점들은 우리에게 친숙해졌고, 여기에 적응해야 하고, 이것을 거부해서는 안 되며왜냐하면 프로이트의 이론이 나온 이후에 우리는 이 거부를 사탄적이라고 이야기하기 때문이다, 그것을 지배하도록 영적으로 자라야 한다. 나는 이제 변한다."

가련한 작은 인간은 이것이 혈과 육의 문제가 아니라 권세의 문제이고, 인간 위에 군림하고, 주무르며, 모든 부분을 지배하는 힘과 지배에 관한 것이라는 사실을 보지 못한다. 또한 사탄은 마지막 발악을 하면서, 이것이 인간으로 하여금 혼란 속에서 새로운 질서를 잡는 것이라고 믿게 하며, 인간이 이 세상을 움직일 수 있는 영적인 힘을 가질 것이라고 이야기 한다. 분명히, 사탄은 이러한 영적 성장을 당신에게 줄 것이다. 그는 이것을 이미 주었고, 정확히 같은 것을 같은 목적에서 예수 그리스도에게 제안했다. 예수 그리스도는 그것을 거부했던 것이다.마4:8-10

이 거대한 속임수는, 우리가 정복했지만그래서 우리는 이 힘을 지배할 필요가 없다, 실재로는 분노와 두려움으로 행동하는 정복당한 힘에 대해서그래서 이것은 명령을 내리는 문제가 아니다 분명히 우리에게 우리의 영을 통해 이 상황을 지배할 수 있다고 믿도록 한다. 진실은 그래서 우리가 생각하는 것과는 근본적인 차이가 있다. 성서는 우리에게 하나님이 예수 그리스도를 통해 인간의 작품을 사탄의 힘에서 빼앗고 회복시켜서 인간에게 돌려줄 것이며, 이 작품을 다른 운명으로 인도할 것이라고 알려준다. 인간의 작품은 유효하게 남아 있다. 그리고 그 작품 스스로 사탄의 타락과 정죄 안으로 인도되지 않으며, 자신의 행위와 관련되어 있는 인간의 운명으로 인도되지 않는다. 그러나 이 특별한 작품은 그 결과가 충분히 이루어지지 않았다. 그 상처는 아물지 않았고, 면역과 회복은 더욱 더디다. 왜냐하면 도시를 창조하고 지배한 영이 도시에 형태를 주고, 도시를 건설하며, 그 형태를 잡고, 가능성을 부여하는 결과를 낳기 때문이다. 그러한 도시들 사이에 특징을 구분하기란 쉽지 않아서, 도시의 단순한 재료는 인간적일지도 모르고, 어쩌면 구원 받을 수 있을지도 모른다. 이후에 이러한 지배가 지속된다. 여기에 긴밀한 상호관입이 있었고, 그 지배가 끝났을 때, 도시의 존재는 근본적으로 붕괴된다. 이것은 내부에서의 보이지 않는 단순한 분리가 아니고, 영혼을 덮는 가면과 그 형태가 무너지는 것이며, 총체적인 변혁으로, 그 안에서 우리는 예수 그리스도의 첫 열매를 보게 될 것이고, 이것은 새로운 피조물 안에서만 성취될 것이다.

그러나 우리는 여기에서도 선한 의도를 가진 도시계획가의 어리석은 작업을 총체적으로 볼 수 있다. 도시계획가는 불확실함과 주저함 가운데 더 균형 잡히고 건강한 상태의 도시를 계획하려 할 것이다. 여기에는 이 도시에 거주하는 사람들 외의 다른 영혼을 위한 자리는 없다. 그들의 행위와 하나님의 행위 사이에는 분명히 어떤 동의가 있으며, 이 동의는 마지막 변화가 올 때까지 신비하게 지속한다. 도시계획가가 주거를 이성적으로 계획하고, 햇빛이 잘 드는 환경을 조성하며, 도시 내에 녹지를 확충하는 시도를 할 때, 그들은 도시를 그 사로잡힘에서 해방시키려는 것이다. 그들은 도시를 기원과 역사에서 끊어 놓길 원한다. 지금까지는 잘 알지 못하는 어떤 힘이 도시를 지배해 왔다. 왜 도시로 이민자가 유입되는 것일까? 왜 도시의 불균형이 확장되는 것일까? 왜 도시는 슬럼화 되고, 길은 어둡고 음산하게 된 걸까? 왜 인구는 늘고 지역은 거대하게 확장되는 것일까? 물론 우리는 단지 이 문제의 최종적 단계에서 역사적 사회학적 대답만을 고려할 뿐이다. 그리고 이 모든 비이성 속에서, 인간은 은밀하게 그리고 혼란스럽게 이성을 다시 세우고자 비이성 속으로 편입되길 원하며, 이것이 삶을 비인간적으로 만든다고 느낀다. 은밀하게, 혼란스럽게 자신의 눈에 더럽고 악취 나며 영양실조의 형태를 지니고 있는 귀신을 쫓아내려 한다. 그래서 그는 이 귀신을 더욱더 명백하게 보고자, 그가 할 수 있는 것보다 더 자신의 이성을 악착같이 사용한다. 이렇게 찾아 헤매다가 이성의 불빛은 다른 힘 앞에서 공기의 부족으로 결국 꺼지게 된다. 건축가들은 다음과 같이 불평한다. 이렇게 우리는 도시를 아름답게 계획했지만, 당신들이 이 계획을 실현하지 않았다.

그러나 이 귀신들이 쫓겨 가지 않는 이유는 자금이 부족하거나 혹은 계획이 충분하지 않기 때문이다. 그리고 이후에 전쟁이 필요하게 될 것이고 아니면 숙청이 필요하게 될 것이다. 단지 선한 의도라는 이유 때문에, 우리가 결코 제거할 수 없는 비이성적인 필요가 변덕을 부리고, 우리는 여 기에 고통스러워한다. 이것이 진리를 대면한 인간의 의지와 무능의 모든 몸부림이다.

아니다 ! 우리는 도시계획가를 단순히 도시에 인간의 작품이라는 특성을 부여하는 사람으로만 생각해서는 안 된다. 우리는 이 과정에서 이상주의자들을 볼 수 있을 것이다. 그들의 행위에는 이유가 있으며, 그들은 분명 이 도시계획에서 자신들의 의도에 부합하는 어떤 결론에 도달할 것이다. 그러나 이 싸움이 너무나 심각하고 너무나 근본적이기 때문에, 인간은 이곳으로 절대 뚫고 들어갈 수 없다. 우리는 어떤 환상도 가져서는 안 된다! 도시를 바꾸는 것은 인간이 아니다. 인간은 도시를 무엇보다도 행복을 위해 사용하지 않을 것이기 때문이다.

이 일반적이고 단순한 생각이 너무나도 빈번하게 도시에 대한 우리의 의도를 좌절시킨다. "결국 이 모든 것은 가치중립적이고, 인간이 좌지우지할 수 있는 단순한 도구일 뿐이며, 인간이 생명을 불어 넣어 자신의 의도대로 사용할 수 있는 죽어있는 것이다. 그리고 우리는 오늘날 도시에서 비극적 결과를 볼 수밖에 없다. 그렇다면 누가 이 모든 특성과 관점을 변화시킬 수 있는가? 도시는 그러한 존재가 될 필요성이 있는가? 그리스도인이나 실존주의자는 규제의 필요를 전혀 인식하지 못한다. 마르크스주의자는 그 필요를 인식하지만, 우리가 아는 것처럼 그 필요는 단지 자본주의 체제에 관련된 것이다! 그래서 인간은 도시를 다른 방식으로 이용할 수 있다. 인간은 도시를 선을 위해 이용할 수 있다. 그러나 인간은 선과 악을 구분할 수 없다 인간은 또한 도시에게 역사적 전통의 특성과는 다른 영적 특성을 부여할 수 있다!"

여기에는 많은 대답이 있을 수 있고, 그 대답은 이후에 다른 저서에서 논하기로 하자. 여기에서 우리는 이것이 성서가 우리에게 가르치는 것과 정확히 반대의 것을 가르친다는 것을 언급하는 것으로 제한하려 한다. 여기에서는 성서를 판단의 기준으로 보자 도시는 결정되지 않은 단순한 도구가 아니다. 여기에는 영적 힘과 인간의 행위가 뒤섞여 있다. 도시는 결정된 영적 특성이 있으며, 인간이 어쩔 수 없는 선과 악에 대한 방향성이 있다. 그리고 인간은 그 영을 자신의 구미에 맞게 바꿀 수 없을 뿐더러, 우리가 언제나 이야기하는 것처럼, 그 모습도 바꿀 수 없다. 핵전쟁으로 모든 것이 사라진다 하더라도, 인간은 쉽게 도시를 바꿀 수 없을 것이다. 우리는 이 도구를 다른 방식으로 사용할 수 없는데, 왜냐하면 도시를 이용하는 것은 인간이 아니기 때문이다. 우리는 물론 이 주장에 대해 반론을 제기할 수 있을 것이고, 인간이 도시를 이용한다고 주장할 수 있을 것이다.

인간의 마음과 영혼은 사용되고, 부식되고, 낡아지며, 사로잡히고, 육체는 쇠약해진다. 그리고 도시는 인간에게 새로운 복잡한 문제를 던져주고 그 해결을 요구하는 가운데, 그 취향과 심리를 변화시킨다. 그리고 사탄은 인간으로 하여금 도시에서 탈출과 자유의 실현을 추구하도록 요구하고, 엄청난 압력을 가한다. 당신은 그 추잡한 역설을 잘 알 것이다. "나는 군중 속에 있을 때보다 더 고독한 적은 없었다. 서로를 쳐다보지 않는 많은 얼굴 앞에서 결코 자유를 느낄 수 없었다!" 이 착란적인 거짓은 산과 바다 가운데에서 씩씩하게 문제를 해결해 가는 건강한 고독과, 이 절망의 고립된 고독을 혼동하도록 한다.…

인간들 사이에서 우정의 손을 내미는 사람은 없다. 그래서 나는 혼자이다. 인간은 자살할 만큼 고독하며, 고독으로 가득하다. 이 고통스러운 조건 속에서 수많은 "임대용 건물" 을 짓는다. 그리고 술 취한 이웃의 고성, 쾅 하고 문 닫는 소리, 천장에서 쿵쿵거리는 소리… 이 고통의 조건 가운데에서 저항이 일어난다. 그리고 자신의 공간을 지키려고 격렬히 저항한다. 이제 여기에 당신은 진정으로 혼자이다!

이 착란적인 거짓은, 역압에 대항하는 인간의 자유와, 어쩌면 이웃에 누가 있는지 모른 채, 자유인이 되는 대신에 그저 이방인으로 익명으로 타인에게 저항하는 것을 혼동하도록 만든다. 그리고 여기에도 저항이 나타날 수 있다. 나는 더는 규제와 꽉 짜인 일상의 강요와 익명으로 사람을 접촉해야 하는 현실, 그리고 짧은 시간 내에 식사를 끝내고 최소한의 휴식만이 주어지는 현실… 을 견딜 수 없다. 그러나 "나는 더는 견딜 수 없다!" 라고 이야기하는 인간에게, 사탄은 다음과 같이 대답한다. "이것이 바로 당신에게 진정한 자유를 보장할 것이다!" 그 외침은 아무 소용없다! 자, 우리는 바벨 속에 있다.

이용당하는 것은 사람이고, 도시를 이용하겠다는 희망은 절대 가질 수 없다! 그리고 여기에서 물성物性을 제거할 수도 없다.… 인간이 도시에게 원하는 것은 무엇인가? 도시는 충분히 영적이지 않은가? 그리고 여기에 정신성이 부여되어 있지 않은가? 스핑크스보다 더 영적인 사회가 존재하 지 않는가? 그것은 귀신의 가면 아닌가? 당신은 도시가 그 힘과 영광의 왕관 위에서 문명의 가장 아름다운 기념비와, 이 문명에서 취한 모든 가치로 옷 입고 치장했음을 보고 있지 않은가? 도시는 정의와 진리의 가장 고귀한 열정이 나타나는 장소 아닌가? 도처에 정의와 진리를 외치는 벽보가 붙어있는 것을 보는 것만으로도 이 사실을 충분히 알 수 있지 않은가. 도시는 가장 높은 지성의 장소이다. 또한, 예술적인 인간과 건축으로 가득하다. 그리고 건축은 모든 예술 중의 예술이며, 음악과 수학의 종합 예술로, 이것은 도시 없이는 이루어질 수 없다. 도시는 모든 예술이 영적으로 거주하는 곳 아닌가? 작은 인간이여, 당신은 여기에서 무엇을 하기 원하는가? 당신은 이미 당신이 할 수 있었던 모든 영적인 것을 여기에 다 쏟아 부었다! 그리고 그 어떤 것보다도 당신의 영혼이 모두 소진되었다!

비꼬는 것은 이제 그만 두자! 인간이 이것을 변화시킬 것이라고 기대해서는 안 된다. 인간은 원래 사탄이 선택해주고 건설해준 환경을 변화시킬 능력이 없다. 여기에 하나님의 결정적 행위가 있어야 했다. 역사의 모든 사건을 변화시킨 하나님의 아들의 죽음이 있어야 했다. 사탄의 세력이 그들의 영역에서 쫓겨나도록 부활이 있어야 했다. 이와 같이 하나님이 이 행위오직 하나님만이 이 유일한 행동에 의해서에 의해서 도시를 단지 가치중립적인 도구로 만들었다. 도시가 인간에 의해서 만들어지고 보수될 수 있다는 생각은 전혀 자연스러운 것이 아니다. 여기에서 중요한 것은 누구에 의해서 도시가 인간에게 주어졌으며, 인간이 도시에게 준 얼굴 뒤에 어떤 영이 자리 잡고 있는지를 아는 것이다. 왜냐하면 어떤 방식으로도 도시는 영혼 없는 육체일 뿐이고, 돌무더기일 뿐이기 때문이다. 좀 더 낫게 이야기하면, 하나님이 인간에게 이와 같이 자신의 승리를 통해 가치중립적인 영역을 허락할 때, 인간을 위한 하나의 가능성이 열린다고 이야기할 수 있으며, 그 행위의 영역에서 하나님은 인간에게 자유를 회복시킨다. 그러나 우리에게 주어진 자유의 범위는 그리 크지 않고, 그것은 마귀들이 여전히 일하기 때문이고, 인간은 단지 예수 그리스도의 이름에 의해서, 그리고 예수 그리스도의 이름에 의해서만 행동할 수 있기 때문이다. 그리고 이 사회 속에서, 하나님의 행위에 대한 지식을 갖게 된 인간은, 다시 진리와 실재를 추구하도록 부름 받는다. 이것이 우리에게 요구되는 행위이다. 그리스도에 의해서 진리 속에서 가져온 승리는, 비록 그것이 매우 작은 것이고, 그 승리가 서투르고 파편적이며 일시적인 방식으로 얻은 것이라 할지라도… 그러나 이 실재 속으로, 구체적인 현실 속으로, 도시의 존재 속으로, 인간이 극대화시킨 바로크 건축의 재료 속으로 들어온다 할지라도, 예수 그리스도의 진리의 승리 안에서 인간은 자유를 얻게 된다. 이것이 바로 인간의 힘이 된다. 그렇다면 이것을 위해서 우리는 어떤 힘을 가져야 하는가? 오직 예수가 걸어간 길만이 유일한 힘이다. 성육신. 오늘날 그것은 이미 승리한 진리의 성육신이며, 이것이 도시 가운데에서 소명이 된다. 어떤 지성인이 이야기한 것과 같이 그러한 선언은 "행동하기 어려운 좁은 길" 이다! 그러나 이 자유의 행위를 하지 않는다면, 인간은 자신의 낡은 습관으로 다시 빠져들어갈 수밖에 없을 것이고, 기쁘게 영적 세력이 주는 더 큰 길을 가게 될 것이다.

※　　※　　※

　　우리는 하나님이 자신의 행위에 의해서 도시를 가치중립적인 세계로 만들었고, 여기에서 인간은 자신의 자유를 되찾을 수 있으며, 자신의 행위에 대한 가능성을 발견하게 된다는 사실을 이야기해 왔다. 이것은 거룩한 세상이 아니다. 우리는 하늘의 예루살렘이 이 땅에서 실현될 것을 바랄 수 없다. 예루살렘은 완전히 자유롭고, 예측할 수 없으며, 하나님의 초월적인 피조물이 될 것이다. 그러나 하나님의 행위는 인간을 제한된 부분에서만 자유롭게 행동하도록 허락한다. 하나님은 인간을 보호하고, 인간에게 자신의 일부분을 의탁한다. 에덴에서 하나님이 인간을 창조하고 아담에게 땅을 관리하고 경작하는 임무를 맡겼던 때와 같이… 우리는 더는 전원田園에서만 관리하고 경작하는 임무를 수행하지 않는다. 여기에 자신의 전 존재를 아스팔트에 던지고, 여기에 도달하려고 끊임없이 수많은 희생제물을 드렸던 인간의 비극이 있다. 우리는 아직 여기에 도달하지 못했다. 우리가 아는 역사의 순간에서 이 도달함이 의미하는 것은, 하나님이 도시를 비신성화 하면서 얻어낸 도시의 실재적 가능성이다. 왜냐하면 하나님이 예루살렘을 비신성화 하는 것과 마찬가지로, 그에게서 영적 가면을 벗겨 내고, 원래 도시의 조건으로 회복시킨다. 그것은 영적 세력에 대한 예수 그리스도의 승리 때문에 가능한 것이고, 동일하게 하나님은 도시를 비신성화 한다. 그는 도시를 다시 구속하고, 피 흘리는 육체에서 사탄의 괴물 같은 종양을 떼어낸다. 그 육체는 사탄 때문에 신성하게 되었다. 피조계의 나머지 모든 것은 차치하고 나서라도, 하늘에서 떨어진실추된 자 만을 편애하던 장소에 더는 사탄을 위한 자리가 없다. 그래서 그는 이 세상을 선택하였고, 인간을 속였다. 그는 인간을 제쳐 두었지만, 하나님은 예루살렘에 행했던 것처럼, 인간에게 세상을 다시 주고자 도시를 빼앗았다.

그러나 하나님은 여전히 다른 모험을 약속하는데, 그것은 이 도시에서 새로운 예루살렘을 이룰 것이기 때문이다. 이와 같이 우리는 예루살렘을 바빌론으로 인도하고, 바벨에서 단순한 도시를 만들며, 그 이후에 이 도시에서 살아 있는 하나님의 도시를 만드는 이상한 과정을 보게 된다. 하나님은 무엇과도 비교하기 어려운 이 과정의 책임을 그 누구보다 인간의 책임에 둔다. 인간의 책임은 성육신을 나타내며, 우리의 역사에서 도시의 진화 속으로 들어왔음을 의미한다. 인간은 더는 도시에서 싸울 수도 없고 측정할 수도 없는 영적 세력의 손에 놀아나서는 안 된다. 이것은 유일한 한 이름만을 통해서 가능할 것이다. 그리고 하나님은 끊임없이 이 방법을 제안하고, 인간은 지칠 줄 모르고 거부한다. 인간은 자신의 도시들의 역 사를 다시 시작한다. 그리고 인간의 희생 위에, 휘황찬란한 도시의 기저 를 떠받치려고 끊임없이 죽어가는 자본주의 사회의 프롤레타리아 위에, 소비에트 세계의 강제 노역에 동원된 사람들 위에, 식민지의 착취당하는 흑인들 위에 이 도시들을 새롭게 다시 건설한다. 그리고 인간은 자신들을 진리 안에 서게 하고, 사탄의 존재에서 깨끗하게 해 줄 수 있었던 유일한 희생을 받아들이는 대신, 도시를 건설하고자 인간을 희생시킨다. 아아, 나는 사람들이 이 주장에 귀를 기울이지 않을 것을 잘 알고 있다. 인간은 하나님이 선택하는 방식을 전혀 고려하지 않는다.… 그러나 하나님의 방식 외에 다른 방법은 없다. 그리고 우리는 계속해서 이것을 주장해야 하는데, 왜냐하면 하나님은 인간의 거부에 포기하지 않기 때문이다. 하나님은 인간의 모든 것을 원한다. 인간 존재의 모든 것과 그 행위의 모든 것을 원한다. 그는 가인이 버려지도록 내버려두지 않았다. 하나님은 가인에게 표식을 주었고, 지금부터 가인의 모든 역사는 이 표식 아래 있다. 하나님은 인간의 어느 부분도 자신의 사랑 밖에 두길 원하지 않는다. 그는 어두움과 죽음 안에 있는 인간이, 이 작품에 자신의 마음을 주고, 이 작품 때문에 고통 받으며, 이 작품에 희망을 두길 원하지 않는다.

여기를 넘어서야 한다. 이 죽음을 넘어서야 한다. 여기에 정죄의 의미 가 있으며, 이 의미는 끊임없이 도시의 세계 위에 울려 퍼진다. 그것을 넘어 이 고통스러운 인간의 정복 안에서 인간의 작품은 자신의 의미를 찾으려 할 것이다. 그 이유는 하나님이 한 인간을 통해서 그 작품을 회복시키기 때문이며, 동시에 지금까지 이 작품을 지배했던 타락한 천사를 쳐부쉈기 때문이고, 그 천사의 위치와 자리를 다시 빼앗을 것이기 때문이다. 그래서 그는 인간을 위해서 인간이 창조할 수 없었던 것을 창조할 것이다. 인간은 이것을 저항과 미움을 통해서, 그리고 피를 흘려가면서까지 원했 다. 이 작품 위에서, 하나님은 죽음을 통해 부정否定을 선언한다. 동시에인간에게 그리고 예수 그리스도 안에서 우리의 질문에 대한 대답, 그리고 우리의 모든 노력에 대한 대답인 "하나님이 모든 것의 모든 것이 되는" 유일한 도시, 하늘의 예루살렘을 창조하면서, 부활의 긍정을 선언한다. 그는 모든 죽은 사람들의 육체를 창조한 것처럼, 그들을 생명으로 부르려고 이 도시하늘의 예루살렘를 창조한다. 그리고 인간은 자신의 부활을 통해서만 여기에 참여할 수 있다. 그러나 하나님은 부활한 자의 육체를 창조하는 것과 동일하게 이 도시를 창조한다. 그 이유는 인간의 모든 도시가 건축되었기 때문이다.

그래서 하늘의 예루살렘의 창조 안에서, 실재 예수의 승리가 결정적으로 나타난다. 마지막 때에 진리 되신 그리스도가 나타나서 자신의 실재를 보여준다. 그것은 겸손한 성육신의 새로운 방식이 아니라, 새로운 피조물의 실재 속에서 보여준다. 그래서 진리 안에서 그리스도의 영들에 대한 승리는 이제 실재 안에서 나타나게 될 것이다. 그리고 이 승리는 새로운 실재의 본성이 된다. 우리의 영역은 완전히 진리의 영역이 되고, 여기에 대해서는 이론의 여지가 없다. 진리 안에서 거짓과 혼란이 더는 승리할 수 없었던 것처럼, 실재 안에서 더는 고통과 죽음의 승리의 가능성은 존 재하지 않는다. 새로운 피조물, 그것은 실재와 진리의 새롭게 발견된 하나의 체제 안에서의 연결고리이며, 정확하게 창조주의 영광에 대답하는 피조물의 영광을 의미한다. 그리고 신비한 것은 이것이 정확히 한 도시새 예루살렘의 창조 안에서 실현된다는 것이다. 그것은 이 도시가 인간의 실재와 천사들의 타락의 실재에 의해서 도달하게 된 궁극적인 것의 실현이다. 그리고 도시에서 그리스도에 의해 얻어진 승리는 실재로 아버지의 영광에 의해 변화된 도시가 나타나는 순간에만 성취되며, 피조물의 통일이 성취되는 그 순간에 성취된다.

3. 에덴에서 예루살렘까지

이와 같이 역사는 에덴에서 시작하여 예루살렘까지 이어지며, 예수 그리스도를 통해 나누어진다. 즉, 정원동산에서 시작하여 도시에서 끝난다. 하나님은 정원동산에서, 세상 가운데에서 인간을 창조했다. 하나님은 인간에게 자연을 삶의 환경으로, 범주와 표현의 방식으로 주었다. 그리고 이 자연은 그냥 자연이 아닌 특별하고 경계가 있는 자연이었다. 왜냐하면 인간이 모든 피조물을 다스린 것이 아니라, 감독하는 제한적인 위치를 갖고 있었기 때문이다. 인간은 위임 받은 주인이었지만, 이 정원 안에서만 거주했다. 에덴은 피조계의 한 부분이었다. 그리고 이것은 한계가 있는 정원이었고, 여기에 피조물의 왕을 위해 선택된 장소인 자연이라 부를 수 있었던 아름다운 것이 존재했다. 하나님은 이곳을 원했다. 이 선택된 장소를 원했던 것이지, 다른 영역을 원한 것이 아니었다. 그는 언제나 우리가 있는 세상에 거하며 발자취를 남긴다. 이곳은 비록 원초적 장소이지만, 이곳에서 인간은 가장 균형 잡힌 존재가 되고, 중심 혹은 가장 중요한 존재가 된다. 여기에는 시골의 이데올로기도 없고, 자연주의도 없다. 그러나 우리는 하나님이 인간을 위해 이 환경을 창조했다는 사실을 쉽게 이야기할 수 있고, 쉽게 논증할 수 있다. 그리고 종말에역사의 끝에서 하나님 이 스스로 질서를 부여하고 선택했던 것을 포기할 것이라는 사실은 너무 나 이상한 사실이기 때문에, 우리는 여기에 주목할 수밖에 없다. 그는 자신이 세웠던 질서를 다시 세우지는 않지만, 여기에 새로운 것을 창조한다. 지금부터 인간은 다른 환경 속에 있게 될 것이다. 그리고 벽, 길, 집, 그리고 광장 역시 새롭게 될 것이다. 돌이 나무를 대신할 것이고, 떡갈나무, 서양삼나

무로 아름다웠던 곳에 녹주석, 녹옥수 등의 보석이 찬란하게 빛날 것이다.61

왜 하나님은 이 피조물들을 바꾸는가? 하나님이 자신의 첫 계획에서 어떤 것들을 포기하려면 여기에 어떤 근본적인 차이가 있어야 하는가? 세상의 역사, 특별히 인간의 작은 역사가 세상의 기원과 재창조 사이에 자리 잡고 있다. 그리고 이 역사 때문에 하나님은 첫 번째에 창조한 것들을 다시 창조하였다. 주님은 다음과 같이 말씀한다. "자, 첫 번째 것들은 지나갔다. 보아라, 내가 모든 것을 새롭게 한다."계21:5

그리고 만일 하나님이 이 새로운 형태를 선택했다면, 그것은 인간이 그 형태를 선택했다는 이유 외에는 다른 이유가 없다. 인간은 이 틀을 원했고, 이 환경을 원했으며, 하나님이 자신을 위해 준비했던 것을 멸시했다. 그는 실망스럽게도 처음부터 자신을 위한 세계를 만들고자 일했으며, 하나님이 원하는 모든 것과 무관하게 일했다. 그리고 하나님께 자신이 성취할 수 없었던 완벽한 작품을 받을 것이다. 하나님이 이 틀을 완성할 것이다. 이 새로운 세상에서는 인간의 욕망이 결코 채워지지 않을 것이다. 이것은 하나님의 부재에 대한

---

61) 이것이 신화라는 사실을 한번더 주지시켜야 하는가? 이것은 거짓이 아니고 상징이며, 물질적 실재가 아니라 진리이고, 전설이 아니라 계시의 말씀이며, 묘사가 아니라 메시지이고, 정체성이 아니라 정체성의 부여이다. 그러나 이것이 신화이기 때문에 그 묘사가 의미 없는 것이 아니다. 우리는 마치 껍질을 벗긴 아몬드를 저장하듯이 겉으로 드러난 형태를 무시한 채 중심핵을 보전하는 것처럼, 일반적인 사고를 보전할 수 없다. 그렇다. 이 껍질, 즉 그 문학적 양식은 그 단어와 함께 의미를 지니고 있다. 그 자신 이상, 그리고 자신을 넘어서 가리키는 도시는 여전히 도시이며, 그럼에도 도시이다. 하늘의 예루살렘의 존재에서 우리는 다음과 같이 질문할 수 있다". 실재로 하나의 도시가 올 것인가? 실재로 한도시안에서 우리는 하나님과 함께 살 것이며, 하나님과 우리는 얼굴을 마주하게 될 것인가? 아니면 이것은 그저 "말하는 방식" 일 뿐이고, 하나의 이미지, 신화, 상징일 뿐인가?'(단어의 함축적 혹은 가벼운 의미에서) 그러나 이 말하는 방식은 우리에게 결국 인간과 그의 행위에 대해 하나님의 의도가 무엇인지를 알려주려고 있는 것이다.… 그러나 이 때, 우리는 하나님이 우리를 위해 도시의 유형과 같이 잘 선택된 자신의 의도를 보여주는 것을 보게 된다. 우리에게 하나님이 하나님과 우리 사이의 만남의 장소로 도시를 선택했다고 단언하면서, 여기에서 보편적 구원의 결정을 선언한다. 그 결과로 도시를 인간의 작품으로 여기는 한, 이 주제에 대한 신화의 문제를 제기하는 것은 어떤 결과도 도출할 수없고, 어쩌면 지적 유희처럼 여겨진다. 마지막 도시의 신화 속에서 삶의 문제, 역사의 문제, 인간 행위의 문제에 대한 대답이 있는 것이다. 이것은 결코 신화적 목적이나 지적인 지식의 문제가 아니다.

욕망이다. 인간은 하나님이 없는 곳에 도시 를 건설하기 원했지만, 그것은 결코 이루어지지 않았다. 그리고 하나님은 인간을 위해 온전한 도시를 세울 것이고, 여기에서 하나님은 모든 것의 모든 것이 될 것이다. 이와 같이 인간의 결정이 어떤 의미로는 하나님으로 하여금 일하게 만들고, 인간이 욕망하는 것을 받아들이도록 하며, 결국 자신의 피조물을 변화시키도록 한다.

하나님의 전능하심과 인간의 자유의지라는 신학적 문제 속에서 길을 잃지 않으려면, 우리는 하나님의 의지라는 신비를 해결할 수 있다고 주장하는 인간의 자만에 단번에 종지부를 찍었어야 했다. 만일 하나님이 진정 하나님이라면, 그는 우리 지성의 범위 밖에 있으며, 우리의 지성은 하나님에 대한 진실의 왜곡 여부를 절대 인식할 수 없다. "누가 하나님과 논쟁을 할 수 있단 말인가?" 그러나 하나님이 우리에게 준 이 자세한 계시 속에서, 우리는 결국 하나님의 놀라운 것들을 지각하게 되며, 그것은 인간에 대한 하나님의 사랑의 인내와 기다림이다. 분명하게 비그리스도인에게 이 사랑은 존재하지 않는다. 만일 비그리스도인에게 이 사랑이 존재한다면 그들은 예수 그리스도를 받아들였을 것이다. 그리고 그리스도인은 예수 그리스도에 대한 지식을 받아들였기 때문에, 이 사랑을 너무 잘 알고 있다. 실재로 예수 그리스도 안에 모든 핵심이 있지만, 하나님의 사랑의 영향력이 모든 살아 있는 사람에게 미친다. 이것은 물론 위대한 영적 모험에만 미치는 것은 아니다. 하나님은 사랑이기 때문에 자신의 사랑 안에서 인간의 의지를 존중하고, 인간의 욕망과 광기, 그리고 더 총체적인 저항을 이해하며, 이러한 인간의 수많은 시도들을 이해한다. 하나님이 구원하기 원하는 것은 추상적인 인간이 아니라, 당신과 나, 즉, 각 개인이다. 하나님이 예수 그리스도 안에서 사랑하는 것은 광적인 방황 속에서 고통의 불행 속에 있는 각 개인이다. 그리고 하나님은 역사를 통해 자신의 의도를 나타낸다. 이것은 분명히 장점과 단점의 문제도, 죄와 선한 행위의 문제도 아니다. 이 모든 것은 십자가의 용서 안에서 이미 해결되었다. 그러나 인간은 역사 속에서 그 고통과 소망의 고려, 발견과 거절, 의지와 시행착오를 드러낸다. 그리고 하나님은 여기에 대한 대답으로 인간이 시도하는 것을 행하려고 여기에 질서를 세운다. 이것은 인간이 요구한 것이 아니지만, 하나님은 인간의 필요에 대해 응답하고, 그것도 하나님 자신이 직접 응답한다.… 하나님은 이것들을 스스로 취하고, 변화시키며, 다시 행한다. 그리고 인간의 끔찍한 저항을 자신이 담당한다. 이와 같이, 하나님은 인간의 모든 행위를 하나씩 하나씩 담당한다.

이것이 바로 마지막 도시의 인간을 위한 하나님의 창조가 이야기하기 원하는 것이다.

분명하게, 하나님은 자신의 권리를 잃지 않았다! 그는 하나님이 되기를 멈추지 않았고, 어떤 마술이나 어떤 종교로 인간의 제자가 된 적 없다. 그는 동일하게 시간의 주인이다. 그는 어떻게how 해야 할지를 알고 있으며, 왜why에 대한 대답을 한다. 그러나 그가 사랑이기 때문에, 인간을 자신의 부분으로 두고, 인간의 요구에 응답한다. 그리고 이것은 계속해서 인간을 인간의 자리로 돌려놓는다. 당신은 하나님을 죽일 수 있다고 생각하는가? 진정으로 그렇게 생각하는가? 우리의 기술적 노력을 통해 소리보다 더 빠른 속도로 움직일 수 있기 때문에 그것이 가능하다고 생각하는가? 당신이 우라늄으로 지구의 나이를 계산할 수 있기 때문에 그러하다고 생각하는 가? 당신이 마치 모래가 손가락 사이로 빠져나가듯이 물질이 당신의 기구 사이로 빠져나가는 것을 증명할 수 있기 때문에 그런 것인가? 당신이 원자를 분해하고, 이제 세상을 없앨 수 있기 때문에 가능한 것인가? 지구가 둥글고, 경찰 제도가 모든 사람을 통제하는 것이 가능하도록 만들기 때문인가? 이 모든 것에서 당신은 당신이 이야기하는 하나님을 어디에서도 만나지 못했다! 그리고 재산이 보상되지 않았기 때문에, 그리고 죄도 처벌받지 못했기 때문에, 당신의 정치 제도에서 하나님을 배제시킬 수 있기 때문에, 교회가 실패하고 사람들이 떠났기 때문에, 당신이 세상을 당신의 환상으로 조직할 수 있다고 생각하기 때문에, 대중이 당신을 따르고 더는 하나님을 믿지 않기 때문에, 당신은 이제 종교의 시대가 끝났다고 이야기 하고그리고 나는 여기에 동의한다!, 유감스럽게도 매우 잘 조직된 이성이 주는 혼란 때문에 하나님은 죽었다라고 이야기한다. 나는 하나님이 당신의 결정을 존중해 왔다고 믿는다. 당신은 하나님의 창조 행위에 대항했듯이, 그의 죽음의 행위에도 대항한다. 그러나 죽는 것은 당신이 만든 것이지, 당신을 창조한 자가 아니다. 이 위대한 모험은 물론 흥미로운 것은 아니지만, 하나님 자신이 그리는 역사 속에 있는 것이다. 그리고 하나님은 자신의 모든 행위와 극대화된 힘을 통해 인간의 행위를 자신의 것으로 만든다. 그리고 하나님은 자신에 대항한 인간의 행위를 없애지 않고, 그저 여기에 존재할 뿐이다. 하나님은 인간을 대항하여 싸우지 않는다. 하나님은 인간에게 그의 정복을 빼앗아가려 하지 않는다. 이와는 반대로 그 정복을 받아들인다. 그는 인간을 인도한다고 믿는 법칙으로 들어와서, 인내를 가지고 인간이 정해 놓은 규범을 따르며, 인간이 열어 놓은 길로 걸어간다.

이것은 성서를 단순히 살펴보는 것만으로 쉽게알수 있는 것이다. 하나님은 도시의 근본적 형태 속에서 자신을 드러내지 않는다. 오히려, 그는 인간이 자신을 위해 고안한 그 형태 속에서 자신의 계시를 드러냈다. 여기에서 하나님의 결정이 의미하는 것은, 하나님은 자신을 위해서 도시를 새롭게 창조하지 않는다는 것이다. 하나님은 저항과 죽음의 세상을 끝 없이 타 들어가는 불 속에 던지지 않고, 없애지도 않는다. 오히려 이 도시를 담당한다. 말하자면 하나님 스스로가 책임을 지는 것이다. 그리고 인간 때문에 생긴 이 엄청난 공허함은 하나님의 도시 안에 있는 진주로 만들어진 문 앞에서 변화된다. 즉, 이때에만, 그리고 이 방법을 통해서만, 인간이 행한 것은 의미를 갖게 된다. 즉, 의미와 동시에 방향을 갖게 된다. 이제 도시는 헛된 것들 가운데에서 더는 헛된 것이 아니다. 더는 없음無 속으로 계속해서 돌아오는 것을 멈춘다. "존재했던 것은 계속 존재할 것이다.” 그리고 문명은 지나가고 소멸되며, 그 자리에는 풀만 무성하게 남고, 돌들만 조용히 떨어져 있을 것이다. 그러나 그 어떤 것도 잊히지 않을 것이다. 하나님은 도시의 벽들이 고통과 희망 속에서 나타낸 모든 것을 다시 취하여 이 새로운 환경 속의 인간에게 되돌려 줄 것이기 때문이다. 이 모든 것이 새로운 도시 속에 있을 것이기 때문에, 새예루살렘은 결국 인간 희망의 성취가 될 것이다.

하나님은 예수 그리스도 안에서 인간의 행위를 책임진다. 실재로 성서는 예수 그리스도가 통합자라는 사실을 정확히 이야기한다.엡1:10 하나님은 “하늘과 땅에 있는 모든 것을 그리스도 안에서 그분을 머리로 하여 통일시키는” 그림을 그렸다. 땅에 있는 모든 것까지 말이다! 단지 “자연적인” 것만이 아니라, 피조물 또한 그렇다! 이것은 또한 인간이 고안한 것이고, 힘들게 경험과 인내를 가지고 짜 맞춘 것이다. 동시에 이것은 놀랄만한 죽음의 기술이다. 그리스도는 이 모든 것을 다시 취한다. 말하자면 이 모든 인간의 작업은 그리스도 안에서 종합되고, 다시 선택되며, 완전히 변화된다. 이것은 타임캡슐 속에 시대의 가장 특징적인 창조물을 보관해 두는 것과는 다른 것이다. 하나님의 심판은 우리의 심판과는 전혀 다르다. 그렇다면 하나님은 무엇을 견지할까? 이것은 우리가 측량할 수 있는 것이 아니다. 이 새로운 창조는 어쩌면 방주 시대처럼 살아 있는 모든 존재를 포함할 것이고, 정결한 동물뿐만 아니라 부정한 동물 역시 이 안에 들어가야 할 것이다. 아마도 그럴 것이다.… 이것들은 분명 도시에 가치있는 존재들이다. 왜냐하면 도시는 하나님에 의해서 이처럼 받아들여진 전형적인 예이기 때문이다. 그리고 이것은 민족들이 가지고 들어오는 모든 영광에도 가치가 있는 것이다.…계21:26

만일 도시만이 특별히 지칭되었다면, 그것은 우리가 본 것처럼 도시가 인간의 커다란 작품으로 여겨지기 때문이다. 그리고 이런 방식으로 도시는 하나의 예시가 된다. 언제나 모든 것은 이런 방식으로 약속된다. 그리고 이것은 그리스도 안에서 나타난다. 말하자면 이 작품은 심판 받는 동시에 구원 받고, 구원 받은 동시에 그리스도의 소유가 되는데, 그것은 이 작품에 안에서 그리스도가 자신의 3중적 역할왕, 예언자, 희생제물을 성취하기 때문이다. 그리스도 밖에서는 이 모든 인간적 작업이 절대로 세워질 수 없다. 그리스도 밖에서는 교회의 단계가 완전하게 성취될 수 없으며, 우리가 본 것처럼 저주만이 도시에 남게 된다. 그리스도 밖에서는 모든 것은 무無로 돌아간다. 그리고 만일 인간이 먼지로 돌아간다면, 도시의 시멘트는 자신의 원료였던 모래로 돌아간다.

여기에 왜why는 존재하지 않는다. 하나님은 이 방식을 선택했고, 우리는 단지 역사를 통해 이 눈부신 무지개를 따라갈 뿐이다. 그러나 그리스도가 피조물과 인간의 구원자이고 주인이기 때문에, 인간의 작품 역시 그러한 것이다. 그 안에서 하나님은 이 작품을 담당한다. 그는 인간의 작품을 감내하고세상의 역사에서 이것을 감내한다 지금 이 작품을 취한다. 그는 여기에 거주하기로 선택한다. 그리고 도시 속에 살던 인간이 도시의 정신에 직접적으로 복종하는 것처럼, 이제 이 도시에 거주하는 사람들은 하나님과 연합된다. 그것은 실재로 도시의 승천을 의미하며, 가장 고전적인 의미에서 변화를 의미한다. 왜냐하면 부활에서도 역시 하나님은 인간의 희망을 깨뜨리지 않기 때문이다. 그와는 반대로 하나님은 부활 속에서 인간의 희망을 성취한다. 그리고 인간이 선택한 이 작품을, 죽음을 넘어 새로운 피조물 안에서 인간에게 다시 허락한다.

하나님은 이 인간의 작품을 그리스도 안에서 다시 허락한다. 다시 말하면 결국 이 새로운 피조물 안에서 그리스도가 성취한 모든 것이 실현된다. 하나님과의 직접적인 관계가 회복된다. 이것은 성전도, 교회도 사라지게 한다. 우리의 삶은 썩지도 않고 죽지도 않는다. 모든 것을 통합한 그리스도가 모든 것을 하나님의 손에 돌려드릴 때, 창조의 균형이 다시 창조된다. 그리고 이것이 하늘의 예루살렘에서 다시 나타난다. 이 도시 안에 크리스마스의 모험이 성취되고, 완전하게 실현된다. 그리고 도시를 통한 인간의 실현은 다른 위상을 갖게 될 것이고, 우리는 하나님 사랑의 특별한 표현의 핵심에 다다르게 될 것이다. 만일 그리스도 안에서 인간의 이러한 작업이 의미를 갖는다면, 이제 하나님은 이 인간의 작품이 하나님의 위대한 작품으로 재창조된 이후에 영원히 존재하기를 원할 것이다.

※　　※　　※

그러나 이것이 우리에게 핑계의 구실을 줄 수는 없다. 그리고 이 사실을 좀 더 자세히 설명할 필요가 있다. 우리가 인간의 작품을 이야기할 때, 그것은 노동의 의미에서 인간이 무엇인가 만드는 것을 의미한다. 그것은 가톨릭적 의미에서 구원을 가능하게 하는 도덕적이고 영적 행위를 의미하는 것이 절대로 아니다. 이것은 사도 바울이 이야기하는, 그리스도인의 삶을 나타내는 믿음의 여러 행위를 의미하는 것도 아니다. 이 가운데 어떤 것도 인간의 영적 운명에 개입할 수 없고, 어떤 것도 도덕성, 선한 의도 혹은 자비를 나타낼 수 없다. 우리는 작품−일이라는 순전히 비종교적인 의미에서 이야기하는 것이고, 이것은 인간이 행한 것이다. 우리는 그래서 이 작품이 정확히 인간의 영적 운명에 관련되고그러나 인간이 여기에 아무 이유없이 관련되는 것은 아니다, 혹은 예수 그리스도 안에서 그리고 성령에 의해서, 인간을 위한 하나님의 행위와 관련되어 있다고 주장할 수 있었다. 이것은 정확히 같은 것이지만, 혼란에 빠지게 할 가능성은 훨씬 줄어든다.

이것이 사실이라면, 우리는 개략적으로 하나의 중요한 결과를 지적할 수밖에 없다. 그것은 인간의 행위가 중립적이지 않다는 것이다. 우리는 끊임없이 기술은 중립적이고, 일에 관련된 모든 것은 선과 악의 개념의 차원을 넘어선다고 확신하고 있다. 그러나 우리는 이미 일과 아담의 타락 사이에 밀접한 관계가 있다는 사실을 주지해야 한다. 이것은 우리에게 타락 가운데 있는 일이 선과 악에 의해 방향 지워져 있다는 사실을 깨닫도록 한다. 우리는 여기에서 좀 더 나아가야 하는데, 왜냐하면 성서적 교훈은 도덕적 교훈이 아니기 때문이다. 그리고 이것은 단지 선한 일이 무엇인지 악한 일이 무엇인지를 살펴보는 것이 아니다. 그리고 그 어떤 도덕적 기준으로 인간의 작품이 중립적이지 않다고 결론 내리면서, 이 작품과 일을 심판해서는 안 된다. 우리는 예를 들면 양심과 같은 것에 의해서 선과 악을 구별하지 않는다. 우리는 경험을 통해 그러한 구별이 효용성도 없고, 끝도 없는 막연한 결의론決疑論: 일반적 도덕 원리를 특수한 윤리적 결단이나 양심의 문제에 적용하는 것-역주으로 인도한다는 사실을 알게 될 것이다. 우리는 전쟁과 정의 혹은 불의에 관련된 것에서 이 사실을 잘 볼 수 있다. 반면에 우리는 경험을 통해 이 일의 불확실성과 공허함을 알기 때문에, 우리는 언제나 인간에 의해 창조된 기계들이 중립적이라는 생각에 사로잡혀 있다. 우리는 끊임 없이 이것을 이야기한다. 인간은 "그것을 이용할 방법"을 아는 것으로 충분하다고 생각한다. 불행은 우리가 이미 인간이 어떻게 그것을 사용할지를 너무 잘 아는데 있으며, 이 행위가, 즉 인간의 창조가 근본적으로 악하다는 데에 있다. 이 악한 행위가 근본적으로 악한 인간에 의해서 이용될 것이다! 당신은 혹시 이것이 역사상의 비극들, 즉 페스트, 전쟁, 기근… 그리고 검은 기사, 붉은 기사, 푸른 기사와는 다른 결과를 가져올 것이라고 바라는가! 그래서 우리는 이것들의 도덕적인 분류를 해야 하는 것이 아니라, 정죄와 구원에 관한 인간의 행위를 고려해야 한다. 어떤 기술적인 모험도 사라질 운명에 있는 물질적 삶 속에 존재하지 않고, 인간의 도시의 죽지 않는 영광 속에 있지도 않으며, 오히려 모든 것을 담고 있는 틀하나님이 자신의 저주와 긍휼 속에 모든 것을 가두고 있는 틀 안에 있다. 이 때문에 인간의 행위는 중립적이지 않다.

그러나 우리는 일반적으로 다음과 같이 이야기한다. 결정적으로 하나님이 자신의 사랑 안에서 이 모든 것을 감내한다면, 그리고 어떤 때에도 그렇게 한다면, 인간은 왜 하나님에게 행한 것과 하나님을 대항해서 행한 것에 대해서 하나님이 용서하지 않을 것을 염려하는가? 그리고 우리가 그 실재를 바라보는 도시 역시 이와 같아야 한다면, 우리는 왜 도시의 마귀에게, 힘의 영에게 우리 자신을 맡기지 않는가? 이것은 예수 그리스도 안에서의 용서의 메시지를 통해 나타나는 주요한 유혹이다. 그리고 이것은 무엇보다 우리가 하나님의 용서의 의미를 전혀 이해하지 못한다는 증거이다.

우리는 이 문제를 좀 더 가까이서 살펴보아야 하고, 여러 방면으로 접근해야 한다. 첫 번째 접근 방법은 하나님과의 관계에서 세상의 역사와, 동일한 관계에서 인간의 삶을 구분하는 방법이다. 만일 하나님이 우리에게 결정적으로 피 흘리는 서사시를 통해 도시는 하늘의 예루살렘이 될 것이라고 이야기한다면, 이 땅의 모든 역사의 기간 동안 도시는 가장 끔찍한 정죄 아래 있다는 사실은 변함없을 것이다. 그리고 개인적으로 우리는 정죄 받은 도시와의 관계 속에 있고, 하늘의 예루살렘과의 관계 속에 있지 않다. 그리고 우리는 이 작품에 참여할 때, 죽음의 행위의 저주 아래에 참여하고 있음을 알아야 한다. 그리고 도시라는 주제에 대해서 우리에게 희망이 주어지지 않았기 때문에, 우리는 개인적인 삶에서 우리 자신을 실재하는 마귀에게 던지는 것이 아니다. 우리는 우리 자신을 위한 보장된 녹초지가 있지만, 도시는 이 녹초지와는 다른 작품을 우리에게 약속한다. 만일 우리가 종말에 도시가 새롭게 변화될 것을 안다면, 그것은 하나님의 은혜의 계시를 통해서 아는 것이다. 그러나 우리는 도시를 강제로 실재 세상의 흐름 속으로 집어넣을 수 없다. 우리는 유혹을 받아 이러한 혼동을 경험할 지도 모른다.

두 번째 접근 방법은 기억을 통한 방법이다. 우리는 우리가 도시에 대해서 한 모든 이야기가 직접적으로 성서에서 나왔다는 사실을 기억해야 한다. 말하자면, 이것은 믿음의 결정을 요구한다. 우리는 성서가 예수 그리스도 중심의 하나님의 계시를 온전히 드러낸다고 믿는다면 우리는 우리가 도시에 대해서 들은 것은 분명한 진리를 갖고 있다는 사실을 받아들 일 것이다. 그렇지 않다면 우리가 도시에 대해서 기술한 것은 전혀 아무런 의미를 지니지 못한다. 이 두 가지를 혼동해서는 안 된다. 만일 하나님이 종말에 모든 것을 용서한다면, 여기에 우리가 할 일이 없다고 이야기하는 것이나, 우리는 그저 각자가 원하는 대로 행동하면 된다고 이야기하는 것 모두 계시를 믿지 않는 사람의 태도이다. 왜냐하면 그것은 예수 그리스도의 죽음을 심각하게 받아들이지 않는 것이기 때문이다. 그것은 용서를 남용하는 것이고, 더 정확히 이야기하면 우리가 용서를 정확히 받아 들이지 않았다는 것을 나타내는 것이다. 그래서 이처럼 이해하는 사람은 예수 그리스도를 진정으로 믿지 않으며, 그래서 우리가 도시에 대해서 기술한 모든 것은 그에게 사실일 수 없다. 그리고 그 결과로 지금까지 우리가 이야기한 것들을 사용할 권리가 없다.

이 최종적인 용서를 받아들이고, 인간의 작품도시로 요약되는 인간의 작품의 관점에서 하나님의 태도를 하나님의 계시로 이해하고 받아들이는 사람은, 이제 현재의 삶에서 완전히 다른 방향의 삶을 살게 된다. 이것이 우리에게 이야기하는 것이다. 하나님이 용서하기 때문에, 그리스도인은 교회의 말씀이 사실임을 알아야 한다. "당신의 손이 발견한 당신의 힘으로 할 수 있는 모든 것을 하라. 왜냐하면, 행위도, 사상도, 과학도, 지혜도, 당신이 향해 가는 죽음의 장소에는 없기 때문이다." 삶은 우리로 이 행위를 하고, 과학 안에서 전진진보하도록 우리에게 주어졌다. 그리고 우리는 모든 인간의 삶에, 그들이 바라는 모든 것을 위해, 그들과 함께 그들의 작품을 건설하도록 부름 받았다. 우리는 다른 사람의 작품 위에 심판을 선언하는 사람이 되어서는 안 되고, 오히려 다른 사람들과 함께 도시를 건설하는 사람이 되어야 한다. 그것은 예수 그리스도 안에서 도시가 더는 마귀의 것이 아니기 때문이고, 도시가 변화될 것이라는 약속을 받았기 때문이다. 이와 같이 우리가 다른 사람들과 해야 할 일은 바벨을 건설하는 것이 아니다. 그리고 여기에 일하는 영성령의 분별이 있다. 그렇다고 이 모든 내용이 하늘의 예루살렘의 모든 영적인 건축을 의미하는 것도 아니다. 이 예루살렘은 하나님의 작품이지 우리의 것이 아니다. 이것은 돌과 철로 만 들어진 도시에 대한 것이다. 이것은 인간을 위한 환경이지만, 인간에게 결코 좋은 환경은 아니다. 여기에 우리는 우리의 행위와 싸움의 여지가 있다. 또한 우리는 하나님의 용서의 관점에서 행동할 수 있다. 우리가 배우는 이 용서는 어떤 역사적 고찰보다 인간 작업의 공허함과 상대성을 잘 드러낸다. 모든 것이 이 용서에 달려 있기 때문이다. 용서가 인간의 도시를 하늘의 예루살렘으로 만들 것이다. 이것은 말하자면, 더 정확하게 용서가 도시를 공허함의 세계로 떨어지는 것을 막을 것이다. 그래서 단지 인간의 영적 운명만이 용서에 달려 있는 것이 아니라, 그 작품의 운명도 용서에 달려 있다. 그리고 역사의 물성物性 역시 예외적으로 하나님의 행위를 기초로 세워지게 된다. 공허함을 향해 가는 작품과 하나님의 영원한 피조물로 변하게 될 작품 사이에는 작지만 분명한 차이가 있다. 우리가 여기에 참여하는 순간, 이제 우리는 너무나 역설적이게도 도시를 건설하려는 모든 노력이 인간에 의해 성취되었다고 생각할 수 있게 된다.

그러나 다른 방향에서, 만일 우리가 이것을 믿는다면 우리는 하나님의 용서를 남용할 수 없다. 그래서 인간이 이루는 모든 것 속에 우리의 참여가 문제된다. 우리가 온전하지 않은 도덕적 기준에서 벗어나 있기 때문에, 도시의 문제가 이러한 논쟁이 영적이고 여기에 우리가 존재해야 한다는 것을 명백하게 보여주기 때문에, 인간이 하나님에 대항하여 반역의 군대를 조직할 때 그리스도인 역시 여기에 동참해야 하는가? 물론 이 질문은 매우 극단적이다. 그러나 우리는 세상에 있지 않은가? 이 반역의 장소에 있지 않은가! 그리고 우리는 다른 방식으로 존재할 권리를 갖고 있지 않다. 우리는 인간의 작품 속에서 하나의 역할을 하며, 인간의 작품은 모든 행동에 있어 우리의 참여를 매우 좁은 범위로 제한한다. 우리는 무엇보다도 해학적인 태도를 취해야 한다. 우리가 행동하는 이곳에서 우리는 절대로 이 행위를 심각하게 해서는 안 되고, 그것은 우리의 행동뿐만 아니라 우리와 함께 하는 자들의 행동도 동일하다. 그리고 이것이 왜 우리가 그리스도인으로서 실재적 비관론과는 차이가 있는 비극적인 낙관론의 언어를 받아들여서는 안 되는 이유이다. 비극적인 낙관론의 사고는 기독교의 토미즘62의 이단과 맞닿아 있고, 하나님의 용서를 거부하도록 한다. 우리는 단지 실재적 비관론을 기독교적 재앙으로 평가하면서, 실재적 비관론의 전통적인 개혁적 관점을 우스꽝스럽게 변형시킬 때에만물론 매우 정직하게는 아니다 비극적인 낙관론을 받아들일 수 있다. 왜냐하면, 토미즘의 이단은 이 점에 대해서 분명히 계시록과 마태복음 24장의 중요한 부분을 외면하기 때문이다.

그러나 우리로 하여금 실재적인 비관론을 끔찍한 재앙으로 변화시키지 않도록 하는 것은, 인간의 일에 참여하는 그리스도인의 자유의 한 형태인 해학이다. 이 해학은 정확히 우리의 참여를 제한하는 것 중의 하나인데, 그 이유는 우리의 참여가 내부적이고 비밀스러운 것이 되어서는 안 되고, 오히려 우리의 삶이 되어야 하고 알려져야 하기 때문이다. 그래서 도시에서의 이러한 우리의 행위와 두려움과 열정 그리고 비극적 사랑과 우상숭배를 통해서 이 도시에 복종하고 따르는 것은 다른 것이다. 그래서 "당신이 사랑하는 곳에 당신의 마음이 있을 것이다.…" 라는 사실을 알아야 한다. 당신의 마음을 도시에 두지 말고, 해학을 통해 당신의 마음을 지켜라. 그러나 문제는 여전히 남아 있다. 만일 당신이 마음을 도시에 묻지 않는다면, 바벨을 건설한 사람들은 당신과 함께 일할 것을 받아들일 수 있을까?… 나는 공산주의자에게서 이와 동일한 것을 보았다.…

곧바로 두 번째 한계가 나타난다. 왜냐하면 우리는 도시에서 기능을 갖고 있기 때문이다. 역사의 모든 흐름 가운데에서 이 폐쇄된 세계의 건설에 대한

---

62) [역주] 토마스 아퀴나스 주의.

하나님의 대답은, 여전히 하나님이 여기에 존재한다는 것이었다. 그래서 하나님이 도시에 숨겨진 존재로서 존재한다면, 하나님이 보낸 자들 역시 여기에 숨겨진 자로 존재한다. 그래서 우리는 도시의 심장에서 하나님을 다시 소개해야 한다. 그러나 한 번 더 이야기하면, 도시는 우리의 이러한 행위를 받아들일 수 있을까? 사람들은 그들이 시도하는 것과는 정확히 배치되는 것에 대한 증거를 받아들일 수 있을까? 언제까지 그들은 참아낼 수 있을까? 그들은 분명 불뱀을 기둥 위에 달아 놓는 것에도 익숙해지지 않을 것이고, 적응하지도 못할 것이다. 그리고 그들이 우리를 평화롭게 둔다면, 우리는 그들과 같은 환경 속에 있는 것도 아니고, 하나님의 신실한 행위의 증거 가운데 있는 것도 아니다. 이처럼 이것은 우리를 각성시킨다. 하늘의 예루살렘이 우리 손에서 나오는 것이 아님을 안다면, 우리는 결과적으로 순응하고 적응하는 것은 세상이 아니라 평화가 다스릴 때, 세상이 하나님의 말씀을 받아들이는 것으로 보일 때, 스스로를 사탄의 먹이로 내어 주는 우리 자신이라는 사실을 깨달아야 한다.

결국 우리는 세상에 의해서 거부되었다. 우리는 적어도 예수 그리스도의 약속에 따라 도시 밖으로 던져질 것이고, 도시 가운데로 우리를 던지지 않을 것이다. 도시라는 감옥 속으로 우리를 집어넣지 않을 것이다. 여기에서 우리는 더는 건축자들과 협력하지 않을 것이다. 그러나 우리는 스스로 도시를 떠나고, 이 동업을 멈추며, 거부의 뜻을 나타낼 수 있다. 우리는 이미 여기에 성서적인 기초가 있음을 알고 있다. 이것은 인간에게 그의 행위의 유일한 목적지, 즉 더는 하나님께 영광을 돌릴 수 없게 될 때에 일어난다. 인간이 이 작품 속에서 하나님께 영광을 돌릴 어떤 수단도 없 게 될 때, 바벨에 더는 예수 그리스도 안에서 가능한 어떤 하나님의 계시 도 없을 때에, 이제 그리스도인은 여기에서 삶을 영위할 수 없다. 그리스 도인은 도망하며 피해야 한다. 나는 분명히 여기에서 계시를 통한 예배나 의식들, 또는 공공 컨퍼런스 등을 주장하는 것이 아니다. 단지 세속적이 고 인간적인 개념으로부터 도피해야 함을 이야기하는 것이다. 도시에 대한 인간의 열정에서 주기적으로 찾아오는 한 순간이 있는데, 이 순간이 바로 도시에 대해 그리스도인 스스로 "무능력의 진술"을 선언해야 하는 순간이다. 역사의 모든 순간에서 항상 일관되게 행동할 수 없다. 동일한 문제에 어느 날은 그렇다고 이야기해야 하고, 그 다음날에는 아니라고 이야기해야 한다. 그리고 도시에 관한 것에서는, 아브라함이 소돔 왕을 도 와주었고, 멜기세덱에 의해 축복을 받았다는 사실을 잊어서는 안 된다. 그러나 바로 직후에 주님의 일시적인 저주가 흘렀던 소돔에서 롯이 탈출 했어야 했다는 사실도 기억해야 한다.

제6장 • 여호와 샤마

그리고 마지막 도시가 하늘에서 우리의 눈에 보일 때, 이것은 거대도 시가 아니다. 나는 역사가들이 하늘의 예루살렘이라는 사상 아래에 대해 무엇을 이야기하는지 잘 알고, 그들이 역사적이지 않은 어떤 사실을 받아들이는 데에 거부감을 갖고 있다는 것도 잘 알고 있다. 이 사상에서 오랫동안 발전되어 온 것의 결과물을 보여주려는 시도는 다른 관점을 가진 사람들을 불편하게 하지 않을 것이다. 설명하고 또 설명하자. 왜냐하면, 이 세기에는 모든 것을 설명해야 한다.

"사상" 으로서의 하늘의 예루살렘은, 티투스 황제의 예루살렘 파괴에 앞선 유대민족의 3세기 동안의 여러 경향과, 다니엘, 스가랴, 에스라, 에녹서, 희년서, 열두 족장의 언약Testaments of the Twelve Patriarchs, 바룩서와 같은 정경과 외경 및 여타 책들 안에 나타나는 다양한 경향이 혼합된 것이다. 이들 중에서 기독교 계시록만이 독특한 양식을 갖고 있다. 이 구체화된 경향들의 중심에는 분명히 이 땅의 예루살렘이 있다. 선택된 백성의 불행과 고통을 보면서, 이 땅의 예루살렘의 좌절과 무능을 보면서, 기만과 역사적 비관주의 속에 빠져버린 이 고통스런 시기의 유대인은 예루살렘에 대한 축복과 영광의 예언을 종말의 때의 일로 해석했다. 과거 예언의 이러한 변형의 요소는 매우 중요한데, 그 이유는 이 땅에서 곧 실현될 것처럼 약속되었던 모든 것이, 이와는 반대로 역사의 종말 이후에 하늘에서 곧 실현될 것으로 이해되었기 때문이다. 이것은 예언을 정당화하기 위한 것이 아니라, 이 시대의 인간들의 진정한 영적 필요에 응답하기 위해서였다. 그것은 하나님의 백성들이 예언과 대조적인 역사의 상황들 가운데에 절망적인 상태로 던져져서는 안 되었기 때문이다.

우리는 동시에 종교적 저술가들 사이에서 우리가 "신화적 퇴보" 라고 평가하는 것을 논하고자 한다. 우리는 선지자들의 매우 현실적이고 구체적인 사고를 견지하기 보다는, 반−시적反−詩的인 모험에, 그리고 대선지자들을 통해 전해져 오지 않는 열광적인 무분별함에 자신을 맡긴다. 이 열광적인 무분별함은 매우 깊게 뿌리내린 것으로 보인다. 특별히 매우 드문 몇몇 예를 제외하고는, 묵시록의 저자들은 더는 이야기할 만한 영적 진리가 없기 때문에 매우 고통스러운 환상 속에 놓여진다. 이들은 모든 것을 보편화시키고, 예수 그리스도의 희미해지는 진리를 상징화한다. 또한 역사를 기계적으로 해석하며, 희미해지는 영감靈感을 음모자의 신화로 치부하고 이론적인 계산으로 해석한다. 이 복잡한 환경 속에서 땅 위의 예루살렘이 하늘의 예루살렘으로 바뀔 것이다. 이 하늘의 예루살렘은 땅 위의 예루살렘에 대한 예언에서 이야기하는 모든 것을 절대화시키기에 적합한 형태로 만들어질 것이다. 이것이 역사가들이 이야기하는 것이다.

그리고 우리는 이것이 순수한 가정일 뿐이고, 동시에 순수한 상상일 뿐이라는 사실에 전적으로 주목하면서도, 이것이 실현되길 원한다. 왜냐하면, 모든 것은 다음과 같이 결정적으로 매우 단순한 심리 속에 놓이기 때문이다. "땅 위의 것들은 썩어질 것이다. 앞으로 올 하늘의 것들에 우리의 소망을 두자." 현대의 심리학적 해석은 매우 단순하다. 그러나 누가 기원전 2세기 히브리 민족의 심리 상태가 어떠했는지 이야기할 수 있는가? 그래서 우리는 프로이트의 이론에도 불구하고, 그들의 실재적인 심리 상태를 알 수 없다. 우리는 분명히 심리학자나 역사가들의 몇몇 글을 통해서 무엇인가를 구축해낼 수 없다. 그러나 우리가 십수 년 전부터 믿고 있는 2세기의 히브리 민족의 쇠퇴 역시 확실하지 않을 수 있지만, 이 역사가 진리일 수 있다는 것을 받아들이자. 무엇에서 이것이 하늘의 예루살렘에 대한 우리의 관점을 변화시킬 수 있는가? 무엇이 우리가 객관적인 진리의 계시를 보는 것을 가로 막는가? 이것은 분명 일정한 역사의 기간 동안 나타날 수 있는 관점이 아닌데, 그 이유는 이것이 역사 속에 언제나 나타나는 계시의 유대-기독교의 근원이기 때문이다. 하나님은 일정한 방식으로 자신의 율법을 따른다. 이와는 대조적으로 하늘의 예루살렘에 대한 관점의 진화를 살펴볼 때, 놀랍게도 우리는 그 특수한 성격에 대해서 침묵한다. 그 특수한 것은 다른 모든 이방인의 관점에 대해서 이 전통이 독립적이라는 사실이며예를 들면 유대인의 계시와 조로아스터교의 유사성이 있을 것이라는 가정에는 오류가 있다, 정경 외의 유대 계시록 저자들이 앞으로 올 세상의 비전의 중심에 예루살렘을 두지 않는다는 사실이다. 실재로 우리는 갑자기 나타난 미지의 땅을 보고 있으며, 계시의 새로운 단계에 와 있다. 이 단계는 마지막 단계인데, 그 이유는 오직 그리스도와 그 행위에 대한 계시가 그리스도가 성육신한 순간에 성취되어야 하기 때문이다. 그래서 역사가들이 확언하지도 무효화하지도 못하는 것은 바로 하늘의 예루살렘 관점이 객관적 실재에 부합한다는 것이다. 성구는 역사가들에게 어떤 것도, 어떤 기념비적인 것도 제공할 수 없지만, 성령은 선지자들의 사상 가운데에 이러한 관점을 가질 수 있도록 하였다. 자신의 무지함 가운데에서 두려워 떠는 역사의 공허함 때문에, 르낭63은 모든 도그마敎義를 분산시켰다

※　　※　　※

우리는 여기에서 또 다른 발전을 주목해야 한다. 놀랍게도 우리의 역사가들은 이 발전을 일반적으로 강조하지 않는다. 이 발전은 에스겔의 환상에서 요한의 환상까지의 발전을 의미한다. 이 두 계시는 동일한 목적을 갖고 있지

---

63) [역주] 조제프 에르네스트 르낭(Joseph Ernest Renan, 1823~1892년). 프랑스의 언어학자, 종교사가, 비평가 및 철학자.

만, 다른 방식으로 보이고 해석된다. 에스겔은 하나의 도시를 본다고 선언하지만40장, 이후에 앞으로 올 것들의 긴 묘사에서 더는 질문을 던지지 않는다. 그는 우리가 아는 바와 같이 일곱 장 전체에 걸쳐서 성전을 정밀한 치수로 측정하면서 묘사한다. 결국 48장 뒷부분에서 그는 도시의 몇몇 단어를 다시 이야기하지만, 결국 성소를 강조하였고, 모든 것은 이 성소의 기능, 이러한 하나님의 거주의 기능으로만 해석된다. 이 기록은 분명 가장 오래된 계시 중 하나이며, 이것은 예수 그리스도기원 이전 2세기 시대에 위치해 있다. 여기에서는 지상의 예루살렘에서 하늘의 예루살렘으로 발전하지 않고, 솔로몬의 성전에서 하나님의 성전으로 발전한다. 예루살렘은 남아 있지만, 우리가 이미 강조한 바와 같이 이 도시는 그저 성전의 부속품으로 묘사될 뿐이다. 이 발전은 그래서 특별히 영적인 계획 위에 위치해 있는 것이지, 일반적으로 사람들이 주장하는 것처럼 사회적인 것이 아니다. 그래서 솔로몬이 건축한 성전은 비록 에스겔 시대보다 상당히 오래 전에 있었지만, 오래된 성서의 구절에 따르면 이것은 하나님의 거주하심을 나타내는 하나의 이미지일 뿐이었음을 알 수 있다. 그래서 에스겔의 묘사에는 새로운 것이 없으며, 이미 성막에서 나타난 파편적인 계시가 포함하던 것을 예언적으로 구체화한 것일 뿐이다. 이와는 대조적으로 요한의 환상에서는 모든 것이 도시를 중심으로 위치하고 있다. 그는 성전에 대해서 아무 것도 이야기하지 않는다. 그와는 반대로 요한의 계시에는 성전이 없는데, "그 이유는 전능하신 주 하나님이 어린양인 동시에 성전" 이기 때문이라고 강하게 주장한다.

우리는 이 변화를 설명할 모든 근거를 댈 수 있다. 그리고 요한계시록의 글 이전에 예루살렘 성전의 파괴는, 기독교의 첫 번째 세대에게 성전에 대한 예수의 예언의 성취로 해석되었다. 그리고 우리는 성전에서 경배드리는 것이 아니라, 어떤 장소에서도 영과 진리로 경배 드릴 수 있다는 사고로 해석되었다. 이것은 정확히 계시록의 흐름 속에 있다 그리고 예수 그리스도에 의해, 그의 세상에 오심과 죽으심, 그리고 부활 이후에, 성전의 비신성화를 위한 기독교적 자료로 해석되었다. 그리고 결국, 하나님의 영광이 성전에 거주하는 것이 아니라 십자가에서 죽은 육체에 거주한다는 매우 특별한 신학적 반전을 보여준다. 그러나 이것만으로는 아직 충분하게 설명하지 못했다.

사실 두 환상 사이에는 대조가 아닌 조화가 있다. 실재로 두 환상이 보여주는 것은 하나님이 배타적인 동시에 통합적으로 존재한다는 선언이다. 우선 성전 안에서의 존재하심이고, 이후에 메시아적 개념이 발전된 후 모든 도시에서의 존재하심이다. 에스겔에게 성전의 부속품이었던 예루살렘은 성전 전체가 되었는데, 그것은 하나님이 모든 것의 모든 것이 되기 때문이다. 여기에는 단지 종말론적 사상의 확장이 있을 뿐이다. 그리고 하늘의 예루살렘이 실재로 자신의 기초와 근원을 성전의 종말론적 비전에 두고, 이 땅의 예루살렘에 두지 않는다는 것은 매우 상징적인 것 이다. 역사가들이 묘사하는 발전은 어쩌면 심리학적으로는 사실일지 모르지만, 영적으로는 사실이 아니다. 밧모섬에 유배되었던 요한 역시 성전을 보았지만, 그 성전은 마지막 도시가 되기까지 커져갔으며, 이것은 우리가 본 바빌론과 대립되는 예루살렘의 상징이다. 이것은 예루살렘이 하나님의 성전이 될 때에만 유효한 것이다. 하나님의 성전은 앞으로 올 것의 그림자였고, 새로운 도시 안에서 하나님의 존재하심의 보증이다. 이것은 도시가 하나님께 나오고, 앞으로 도래할 것들이 이 도시에 있을 때, 이 보증과 그림자는 하나님의 거하심과 성취 속에서 자취를 감추게 된다. 그리고 에스겔이 우리에게 성전이 있는 도시를 이야기한 것은, 요한이 분명하게 보았던 씨앗이고, 우리가 앞으로 보게 될 씨앗이다. 이 묘사에서 하나님의 장엄한 예측할 수 없는 행보는, 영감을 받아서 기록했던 성서 기자들의 상상을 넘어선다. 우리의 기대를 무너뜨리는 에녹의 계시와, 수세기를 걸쳐 동일한 성령 안에서 기록된 장엄한 맥락 사이에는 현격한 차이가 있지 않은가!

※　　※　　※

그러나 이 마지막 도시에 대해서 이야기하는 순간, 우리는 두려움에 사로잡히게 된다. 그것은 하나님의 비밀로 들어가는 것도 아니고 우리에게 감추어졌던 것을 드러내는 것을 의미하기 때문도 아니다. 그것은 우리가 이것들에 관하여 주어진 본문들을 생각할 때, 우리는 이 본문들이 이야기하는 것 이상을 살펴보려 하고, 하나님이 감추어 둔 신비에 손을 대고 싶은 유혹을 받기 때문이다. 우리는 또한 그리스도 안에서의 우리의 믿음이나 우리의 삶에 아무 것도 가져다 줄 수 없는 지적 사색이나 영지주의의 유혹의 손짓을 보게 된다. 우리에게 여호와 샤마를 이야기하는 본문들은 다른 유대인 책들의 계시의 화려함에 비하면 너무도 보잘것없다. 이 구절들은 앞으로 일어날 일의 설명도, 실재의 구체적인 묘사도 우리에게 주지 않는다. 우리는 단지 실재로는 불가능해 보이는 요한의 예루살렘에 대한 묘사와 바빌론에 대한 사고를 받아들이지 않을 뿐이다. 이 구절들은 우리로 하나님의 비밀 속으로 들어가게 하지 못할 뿐만 아니라, 그 최종적인 모험과 결론에 입을 다물고 있다. 우리가 처음부터 견지해야 하는 것은, 이 도시가 우리에게 환상으로 보인다는 것이다. 실재로 이 도시는 우리의 지성의 영역을 넘어선다. 이것은 더는 우리 이성의 영역이 아니다. 그것은 외부에서 하나님에 의해서 인식되고, 한 눈에 이해되며, 하나님을 통해 우리에게 소개된다. 이것은 우리의 영적 작용에 이해 질서 지워지지도 않으며, 세세하게 분석되지도 않는다. 그리고 우리는 그 이상 나아가서는 안 된다. 우리는 이것을 지적 체계의 일부분으로 바꾸어서도 안 된다. 우리가 할 수 있는 모든 것은 이미 주어진 이미지를 보전하면서, 이 도시 그대로, 그리고 에스겔이나 요한 시대의 사람들에게 나타났던 이 미지대로 이야기하는 것뿐이다.

그러나 다른 한편으로, 우리는 언어를 통해 영적인 것을 묘사하려고 물질적인 것을 이야기한다. 그러나 우리에게 주어진 묘사는 분명히 정확한 물질적 묘사에 부합하지 않는다는 사실을 인식해야 한다. 우리에게 새로운 도시의 벽이 정금으로 되어 있다고 이야기할 때, 이것은 분명히 실재로 우리의 보석 같은 물질적인 금으로 될 것을 이야기하는 것이 아니다. 그리고 우리는 여기에서 이미지, 좀 더 정확하게 이야기한다면 상징만을 볼 수 있는데, 이것은 실재 존재하는 이 도시가 복합적인 상황 속에 자신의 실체를 가지고 있음을 말해주는 것이고, 그 복합적인 상황은 우리가 항상 듣는 것처럼 물질적인 것도 아니고, 추상적이고 영적인 실체도 아니다. 이 점에서 진리가 실체를 포함하며, 이때 우리가 이해할 수 없었던 모든 모호함이 사라지게 된다. 그리고 부활한 육체의 문제와 같이 도시의 동일한 문제를 제기한다. 우리는 절대로 이 문제를 해결하려 하면 안 되는데, 그 이유는 이것이 하나님의 비밀이기 때문이다.

결국, 우리는 넘어서는 안 되는 마지막 한계가 있음을 받아들여야 한다. 이것이 우리에게 주어진 계시록의 목적이다. 이 한계가 교회와 그리스도인의 실제적인 믿음을 살찌운다. 이것은 어떤 삶의 문제들에 대해서 답을 준다. 계산에 답을 주는 것이 아니다 현재의 어려움과 불안 가운데에서 계시가 우리에게 주는 소망은, 무엇보다도 우리의 삶이 하나님 안에서 그리스도와 함께 숨겨졌다는 것이다. 우리는 역사가 하나의 의미, 하나의 목적을 갖는 이후에야 소망을 가질 수 있으며, 이 소망은 하늘의 예루살렘의 계시 안에서 우리에게 보인 종말을 향한다. 그래서 하늘의 예루살렘은 오직 우리 소망의 대상일 뿐이다. 우리는 역사적 사건들이 하늘의 예루살렘을 향한 운명을 변화시킬 수 없으며, 이 유일한 종말 안에서 모든 것이 진정한 자신의 방향을 가진다는 확신을 통해 우리의 소망을 강하게 붙잡는다. 그러나 우리는 이 예루살렘에 대해서 성서가 이야기하는 것 외의 이야기를 해서는 안 된다. 우리는 여기에서 신화적 대상이나 지적 인식의 대상을 만들어서도 안되고, 이것을 예수 그리스도가 우리에게 준 현재의 삶을 도피하기 위한 도구로 사용해서도 안 된다.

이것이 우리로 하여금 우리에게 주어진 영적 조건에서 탈출하게 한다고 생각하는가? 이 기쁜 소망 때문에 우리는 부름 받은 믿음의 싸움을 잊어서는 안 된다. 이와는 반대로 이 소망은 이 싸움에서 우리를 도와주기 위한 것이다. 소망은 이 싸움에서만 그 가치를 갖는다.

또한 이것이 우리로 하여금 우리의 물질적 조건에서 탈출하도록 한다고 생각하는가? 도시에 대한 영광스러운 환상이 우리로 하여금 우리가 사는 물질적 도시를 잊도록 해서는 안 된다. 이것이 우리에게 주어진 물질적 작업을 멈추게 해서는 안 된다. 이와는 반대로 이 환상은 물질적 행위에 가치를 부여하기 위한 것이다. 이 환상은 인간 세상에서 온전히 살아 있고 책임 있는 인간으로 사는 우리에게 주어진 이 작품, 즉 하나님이 승인한 이 작품에 대해서만 유효한 것이다.

1. 마지막 도시

12개의 문을 가진 엄청난 육면체[64]가 예루살렘으로 오며, 이 예루살렘에 하나님이 선택한 모든 사람이 거주할 것이다! 요한계시록은 이 도시가 하늘에서 온다고 이야기한다. 스가랴는 이 도시가 파괴를 통해서 온다고 선포한다. 우선 이 땅의 예루살렘과 하나님의 도시 사이에 분명한 단절이 있어야 한다. 예루살렘의 몰락을 통해 "하나님의 때"를 알 수 있다. 이 변화는 젊게 함, 정화, 새롭게 함 혹은 형태의 변화가 아니다. 이것은 정말로 총체적인 단절이고, 죽음을 통과해야 하며, 성취된 파괴이다. "내가 모든 이방 나라를 모아서, 예루살렘과 싸우게 하겠다. 이 도성이 함락되고, 가옥이 약탈당하고, 여자들이 겁탈당하고…"슥14:2 그리고 다니엘 역시 거 룩한 도시가 유린당할 것을 선포하며, 예수 역시 동일한 이야기를 한다. 하나님은 파괴하고 건설한다. 선지자들이 선포하는 것은 예루살렘과 여호와샤마 사이의 불연속성이다. 이 마지막 도시는 오직 하나님만의 작품이다. 하나님만이 이 도시를 건설하며시51:20, 성벽과 성전을 한번에 건설한다.

---

64) 이것은 순수하게 육면체를 의미하는 것이지, 현대 주석가들이 이야기하는 것과 같이 지구랏트의 이미지가 아니다. 이 주석가들의 주장을 거부할 수 있는 결정적인 논거가 있는 것으로 보인다. – 우선 바빌론의 지구랏트가 요한계시록이 기록되던 시기에도 여전히 존재하고 있었는가? 이 이미지가 요한의 글을 읽고 있던 독자들에게 역시 살아있는 생생한 이미지였을까? 여기에는 분명 개연성이 없다. 그리고 지구랏트는 도시가 아니라 신전이었다(신전을 지지하는 성스러운 산의 형태를 하고 있다). – 그래서 이것이 예루살렘이 아닌 예루살렘의 성전을 대신했다는 사실을 정확하게 이야기했어야 했다. 그 다음에, 하늘의 예루살렘은 산 위에 위치해 있다. – 그래서 더는 거룩한 산을 상징하는 이미지를 가질 필요가 없는데, 그것은 이 거룩한 산이 실재로 여기 존재하기 때문이다. 더 나아가서, 지구랏트는 인간이 거주하는 장소가 아니었다. 새예루살렘에서의 본질은 이와는 반대로 인간이 새로운 도시에 산다는 것이다. 그리고 결국 본질은 정확히 인간의 작품인 도시의 온전하고 전체적인 상징이고, 이것은 우리가 우상의 신전만을 남겨둘 때 사라졌다. 이 "조형적인" 육면체는 단순히 새예루살렘의 절대적 견고함을 상징한다.

이 예언자들의 선포는, 유대인이 두 예루살렘을 연속적으로 보았다는 역사가들의 주장을 반박하는 것이기에 매우 중요한 의미를 가진다. 모든 영광스러운 것들이 하늘의 도시로 가져갔다. 이와는 반대로 땅의 도시를 파괴해야만 다른 도시가 올 수 있다. 왜냐하면 도시가 대표하는 모든 것, 즉 인간의 안전, 보증, 주입된 힘을 없애야 하기 때문이다. 모든 인간적 방식이 하나님이 주시는 유일한 보증으로 바뀌어야 하고, 이 도시가 은혜의 행위가 되어야 한다.시51:20 하나님 자신이 도시의 힘이 될 것이다. 하나님은 단지 거룩함만을 담당하지 않는다 그 벽은 구원이 될 것이고, 그 문들은 하나님의 영광이 될 것이다. 사60:18 그리고 하나님은 "바깥으로는 내가 예루살렘의 둘레를 불로 감싸 보호하는 불 성벽이 되고, 안으로는 내가 그 안에 살면서 나의 영광을 드러내겠다."슥2:5 라고 말씀한다. 그래서 이것은 물질적 행위와 하나님의 거주 사이의 절대적인 혼란을 내포하고 있으며, 이것은 새로운 성육신이고, 문자적으로 이 마지막 도시에 부여된 이름이 상징하는 것이다. 에스겔은 우리에게 이야기하기를, 이 도시는 "여호와샤마" 라고 불릴 것이며, 이 뜻은 "주님께서 거기에 계심" 이다. 겔48:35 그리고 과거의 "예루살렘" 을 대신하는 이 이름은 임마누엘에 대한 예언과 정확히 부합한다. 그리스도 안에서 하나님은 우리를 위해 그 마지막 도시에 있으며, 이것은 영원히 거주하는 것이고, 이 거주는 하나님과의 단절 없는 연합을 의미한다. 그러나 이 예언들에서 여전히 강조해야 할 하나의 사실이 있다. 새로운 도시가 건설될 때, 하나님의 은혜에 의해서 인간의 작품이 하나님의 것이 될 때, 그 사실 때문에 하나님이 이 인간의 작품 안에 존재하는 것은 아니다. 다른 말로 하자면, 부활 안에서 인간을 위해서, 그리고 절대적인 연합을 위해 새로운 세상을 건설한 하나님은, 피조물 안에 포함되지 않는다. 하나님은 여전히 초월적인 존재이다. 도시가 모든 인간적 노력의 집약체이기 때문에, 하나님은 자연으로 오는 것이 아니라 도시로 온다. 하나님은 여기에 온다. 선지자들은 이것을 예언했다.

하나님은 건설하는 동시에 온다. 그는 동쪽에서 온다. 겔43:2; 슥14:4 성령의
조화로운 기적은 우연도 아니고 인간의 계산에 의한 것도 아니다! 하나님은
가인과 같이 동쪽에서 오며, 도시를 건설하고 이 도시에 거주하려고 온다. 그
리고 우리는 유대인 사상에서 동쪽이 의미하는 것을 알고 있다. 하나님이 이
렇게 오는 것은 정확하게 가인의 오는 것과 같지만, 이것은 분명히 성취된다.
왜냐하면, 만일 가인이 어느 한 순간도 도시 안에서 정착할 수 없었다면, 만일
가인이 모든 역사의 기간 동안 동쪽에서 계속해서 왔어야 했다면, 하나님은
동일한 목적으로 동쪽에서 오며 이것을 끝낸다. 여기에서 방황이 끝나고, 하
나님이 인간에게 마지막 도시를 허락함으로 예언을 성취한다. 그리고 스가랴
는 여전히 그 도시에 들어가기 전에 다음과 같이 명시한다. "그 날이 오면, 주
님께서 예루살렘 맞은 편 동쪽, 올리브 산 위에 발을 디디고 서실 것이다!"14:4
어떻게 여기에서 예수가 잡히던 날 밤에 대한 예언과 동시에 부르심을 보지 못
하는가. 이 길 위에서 하나님은 자신의 도시로 들어간다. 예수가 스스로 죽음
으로 가기로 결정할 때, 하나님은 가장 치욕스러운 정죄에까지 자신을 낮추
고, 하나님 께 버림받기를 선택했으며, 새로운 예루살렘의 기초를 놓고 시작
한다. 하나님은 이 도시를 소유하기 전에 동쪽의 이 도시를 향해 간다. 그리고
그 결과로 겸손으로 지어진 도시는 하나님의 정죄를 받아들이고, 희생 속에
서 지어진 도시는 여호와샤마를 의미한다. 그래서 여기에 우리가 끊임없이 발
견하는 열린 관점이 있다. 이 도시가 인간이 어떤 방법으로도 실현할 수 없었
던 것을 성취한 동시에, 자신의 내용과 상징에 대해서 세상의 도시와 정확히
반대된다. 이것이 요한계시록에서 예루살렘과 바빌론을 대립시킨 이유이다.
이 둘을 모두 여인으로 묘사했지만, 하나는 창녀로, 다른 하나는 신부로 묘사
했다. 수많은 보석으로 치장했지만, 하나는 인간 영혼의 욕망에서 가져온 것
이고, 다른 하나는 하나님의 은혜로 온 것이 다. 하나는 "수많은 물들" 중의
한 곳으로 흐르고, 다른 하나는 살아있는 물의 유일한 강으로 흐른다.… 이와

같이 각각에서 유사한 것이 발견되지만, 이 둘은 완전히 대립되는 것이다. 그리고 우리는 매우 엄격하게 인간이 행하기 원했던 것의 응답을 들을 것이다. 이 둘의 관계는 앞면과 뒷면, 한 유형과 그것의 반대 유형, 거울에 비친 좌우가 바뀐 이미지와 같은 관계가 아니라, 카펫의 뒷면과 앞면 같은 관계이다. 그리고 카펫이 뒷부분에서부터 짜여지고, 짜여진 부분이 보이는 것과 마찬가지로, 인간은 뒷부분의 도시를 만들지만, 하나님은 이 예루살렘이 될 앞부분을 만든다. 하나님의 거주는 우리가 도시에 대해서 이야기하는 모든 것의 중심적인 사건이다. 하나님은 우리가 하나님을 배제하고 소유하기 원했던 세상을 소유한다. 하나님 자신이 바로 이 도시이다. 하나님이 그 성벽이며, 문이고, 중앙 광장이며, 성전이 된다. 그는 여기에서 모든 것이고, 편재한다. 그러나 하나님은 끝없이 도시를 초월한다. 이 단일체는 창조의 때보다 훨씬 더 종합적이다. 여기에 더는 하나님과 다른 세상은 없으며, 오히려 이제 하나님과의 연합이 완전해지고, 여기에 거주하는 모든 사람에게 이 연합은 무한한 것이 된다. 이 기적은 실재로 도시의 거주민과 분리해서 생각할 수 없는 것이 되었다.

※　　※　　※

여호와샤마는 우리에게 항상 높은 산 위에 있는 것으로 묘사된다. "그 터전이 거룩한 산 위에 있구나."시87:1 "하나님께서 보여 주신 환상 속에서 나를 이스라엘 땅으로 데려다가 아주 높은 산 위에 내려 놓으셨는데, 그 산의 남쪽에는 성읍 비슷한 건축물이 있었다."겔40:2 "나를 성령으로 휩싸서 크고 높은 산 위로 데리고 가서, 하나님께로부터 하늘에서 내려오는 거룩한 도성 예루살렘을 보여주었습니다."계21:10 하나님께 예배를 드렸던 두 중심 사이에 확실한 연결이 있다. 예루살렘의 성전과 산들. 역사적으로 이것은 선지자들이 이야기하길 원했던 것이다. 산에서의 경배는 그 경배가 우상숭배가 되어감에 따라 정죄 받게 되었다. 그러나 산이 하나님의 백성에 대한 계시 안에서 본질적인 역할을 한다는 사실을 부정할 수 없으며, 이 두 예배의 장소는 서로 연결되어 있다. 이것은 예수 그리스도가 사마리아 여인과 나눴던 대화 속에 잘 나타난다. "너희가 아버지께, 이 산에서 예배를 드려야 한다거나, 예루살렘에서 예배를 드려야 한다거나, 하지 않을 때가 올 것이다."요4:21 그리고 새로운 피조물 안에서 산은 더는 그 문화적 역할을 하지 않을 것이고, 예루살렘 역시 더는 실재적인 역할을 갖지 못할 것이다. 그러나 이 두 장소는 존재한다.

나는 다른 한편으로 이 사실이 또 다른 상징을 갖고 있다고 생각한다.

지금까지 우리는 새로운 피조물이 본질적으로 도시라는 것을 보았다. 그러나 성서의 여러 구절이 우리에게 모든 피조계가 하나님과 화해할 것이며, 산은 양과 같이 기쁨으로 뛸 것이고, 나무는 손뼉을 치고, 늑대는 어린양 옆에서 풀을 뜯을 것이라고 선포한다.… 그 결과로 이 최종적인 창조는 도시에만 이르는 것이 아니라, 모든 형태의 세상에 이르며, 이것은 "정의가 깃들여 있는 새 하늘과 새 땅"벧후3:1을 의미한다. 여기에서 강조하는 유일한 것은 단지 더 넓은 시야이다.

그러나 도시는 이 재창조 안에서 유일한 위치를 차지한다. 도시는 정확히 거룩한 산 위에 있다. 정의가 거하는 이 새로운 세상 안에서 신비한 환상에 여전히 거룩한 장소, 구별된 장소가 있다. 그러나 우리는 그 문맥 속에 숨어 있는 의미를 보게 된다. 의심의 여지없이 모든 자연은 변화되지만, 여전히 피조물이다. 그러나 도시는 더는 인간의 장소가 아니다. 성서의 구절이 이것을 명확하게 보여준다. 부활한 인간은 예외적으로 이 도시 안에서 거주하게 될 것이다. 그는 자연 속에 있지 않고 도시 안에서만 거주할 것이다. 그리고 이것은 정확히 에덴에서의 인간의 상황과 부합한다. 에덴은 피조물 가운데 있었던 정원동산이다. 에덴은 피조물의 전체가 아니었다. 에덴은 인간을 위한 제한된 장소였고, 피조계의 나머지는 처음부터 독립적으로 있었다. 그리고 하늘과 땅을 창조한 이후에 "주 하나님이 동쪽에 있는 동산을 일구시고… 지으신 사람을 그곳에 두셨다."창2:8 마지막 도시는 이것에 부합하고 종말에 부합한다. 이와 같이 우리가 저 앞에서 에덴에서 여호와샤마로의 흐름에 대해서 이야기했던 것이 여기에서 분명하게 된다. 이 제한된 장소가 인간을 위한 것이었다. 그리고 자연은 다시 자신의 상대적인 자율권을 회복한다. 반면에 도시는 거룩해지고, 거룩한 산 위에 있으며, 하나님의 도시가 된다. 이것이 이야기하기 원하는 것은 이 도시가 장소이며, 모든 새로운 피조물 중에서 유일하며, 하나님의 영광이 거주하는 곳이라는 사실이다. 모든 새로운 피조물은 물론 자신의 자리를 가지며, 이 자리는 하나님이 원한 것이다. 그 결과로 하나님의 영광을 향한다. 그러나 성서가 우리에게 확증하는 것은, 하나님의 영광이 이 구체적인 장소에 거주한다는 것이다. "나를 성령으로 휩싸서 크고 높은 산 위로 데리고 가서, 하나님께로부터 하늘에서 내려오는 거룩한 도성 예루살렘을 보여 주었습니다. 그 도성은 하나님의 영광에 싸였고…"계21:10,11 "그 도성에는, 해나 달이 빛을 비출 필요가 없습니다. 그것은, 하나님의 영광이 그 도성을 밝혀 주며, 어린 양이 그 도성의 등불이시기 때문입니다."계21:23 "내가 그 안에 살면서 나의 영광을 드러내겠다. 나 주의 말이다."슥2:5 하나님이 자신의 영광이라고 이야기하는 것은, 하나님이 편재하고, 그 도시가 하나님이 거할 때에만 존재한다는 것을 새롭게 선언하는 것이다. 그러나 여기에서 또한 그 도시가 자신 안에 하나님의 영광을 갖고 있다는 사실을 볼 수 있다. 그리고 우리가 영광이 하나님의 나타나심이고, 혹은 더 정확하게 하나님이 그 실재 안에서 가리키는 사실을 인식한다면, "하나님은 하나님의 하나님 되심이 나타날 때에 영광을 받는다."바르트 이와 같이 이 도시 안에서, 그리고 이 도시 안에서만 하나님이 새로운 창조에서 자신의 있는 그대로의 모습을 보여줄 것이다. 다시 말하자면, 하나님은 만물과 함께 만물을 위하여 존재할 것이고, 이 창조의 진정한 중심과 충만함이 될 것이며, 이제 만물에 드러난 중심의 중심과 충만함이 될 것이다. 그리고 이것이 왜 이 도시가 가장 높은 산, 인간의 장소, 거룩한 영광의 장소 위에 있어야 하는 이유이다. 그리고 이 도시는 모든 피조물에게 보여야 하고, 이 자연의 정상에 있어야 한다. 그 이유는 도시 자신의 영광을 추구해서는 않되고, 피조물 전체가 더는 숨겨지지 않고 드러나는 하나님을 추구해야 하며, 정금으로 된 벽과 진주로 된 문의 타 오르는 불꽃 안에서 나타나는 하나님을 향해야 하기 때문이다. 고대의 예언은 이와 같이 설명 된다. 이 기록들이 그리스도의 출현과 부활 이후에만 완전한 의미와 가치를 가질 수 있었기 때문에, 이 기록들의 저자들이 의식적으로 표식으로 표현하지 않았다고 이야기할 필요는 없다. 그러나 이것들은 기록되었다. 진리의 계시자가 있었기에, 나타났으나 보이지 않았던 것을 판 위에 기록할 수 있었다.

※　　※　　※

　　이 도시는 단지 새로운 피조물의 중심일 뿐 아니라, 민족들의 중심이 기도하다. 그리고 하나님은 이 도시를 유일한 역할의 관점에서 그렇게 운명지웠다. 이 도시는 무엇보다도 민족들을 취하게 하는 존재가 되어야 한다.슥12:2 이것은 또한 떨림과 불확실함을 이야기한다. 예루살렘의 존재에서 이 땅의 민족들은 눈이 멀게 되어 어디로 가야 할지, 무엇을 해야할 지 더는 모르게 된다. 이들은 어떤 의미로는 자신들의 목표와 의지를 박탈당하였다. 그리고 이것은 예루살렘의 존재에 의한 것이며, 그 존재 이상의 것에 의해서이다. 우리는 아무 의미 없이 잔에 대해서 이야기하는 것이 아니다. 우리는 히브리 언어와 사상에서 잔을 준다는 것이 누군가의 운명을 결정짓는 것을 의미한다는 사실을 알고 있다. 한 사람에게 축복의 잔을 준다는 것은 그를 너무도 축복하기 때문에 주술적으로 축복의 약속을 한다는 의미가 아니다. 여기에서 이것은 다른 의미를 지닌다. 우리는 하나님이 다른 민족들을 취하게 하는 잔이 되도록 예루살렘을 사용한다는 것을 보게 되는데, 이것은 말하자면 이 새로운 도시를 통해 민족들이 억압당하게 될 것이고, 그들의 살아 있는 상징을 박탈당하게 하는 술취함으로 가득하게 될 것이다. 이 행위가 민족들을 심판하고 새로운 도시로 향해 올라가는 영광스러운 행진으로 이끌 것이다. 왜냐하면 여기에서 인간들과 왕들방백들사이에, 그리고 민족들과 그들이 위로부터 받은 거룩한 도시 사이의 관계가 세워지기 때문이다. 이 도시는 무엇보다도 더는 누군가를 "대항하는" 도시가 아니다. 더는 전쟁의 세계가 아니다. 더는 구속의 세상이 아니다. 그리고 혼란의 세계도 아니다. 여호와샤마는 언제나 그 문을 열어 놓고 있으며, 선지자들은 "문을 열어라!" 라고 선포한다. 사26:2

그리고 다른 구절들은 이 명령의 메아리를 만든다. "너의 성문은 언제나 열려 있어서, 밤낮으로 닫히지 않을 것이다."사60:11 "그 도성에는 밤이 없으므로, 온종일 대문을 닫지 않을 것입니다."계21:25 그래서 이 도시는 인간에게 제한된 장소이지만, 동시에 열려 있는 장소이다. 예루살렘은 열린 도시이다.

스가랴는 우리에게 현대적인 표현으로 이야기한다.2:8 우리는 이처럼 양대 세계대전의 가슴 떨리는 모든 실체를 인식해야 한다. 그리고 파리가 열린 도시로 선언되었을 때, 우리는 전쟁이 치욕과 패배로 끝났음을 알고 있다. 그리고 로마가 열렸을 때, 폭격당하고 학살당했다! 그리고 예루살렘은 1948년이스라엘의 건국선언과 제1차 중동전쟁-역주에 열린 도시가 되었다. 그러나 인간의 군사적 결정들은 전쟁의 공포와 인간의 연약함 앞에서의 인간의 후퇴와 결정적인 패배만을 의미한다. 그리고 인간 존재의 모든 것 과 함께, 그가 야기하고 결정했던 것 앞에서 그가 행한 모든 것의 후퇴와 패배를 의미한다. 우리 시대의 열린 도시는 자비를 구하는 정복당한 도시일 뿐이며, 그래서 열린 도시는 도시 자신을 위협하는 표식이 된다.

그러나 열린 도시인 예루살렘은 완전히 다른 존재이다. 만일 이 도시가 열린 도시라면, 그것은 하나님이 부른 모든 인간이 여기에 들어가기 위함이고, 나아가 모든 민족이 이 도시로 들어오기 위함이다. 이사야는 다음과 같이 이야기했다. "너의 성문은 언제나 열려 있어서, 밤낮으로 닫히지 않을 것이다. 이방 나라의 재물이 이 문을 지나 너에게로 오며, 이방 왕들이 사로잡혀서 너에게로 끌려올 것이다.…"사60:11 다른 사람들은 여기에서 이사야의 정치적 사상을 보고, 경제적 자유주의와 동맹정책을 본다. 그들은 성서를 자신이 원하는 대로 본다! 이것은 우리의 관심사가 아니고, 의심의 여지없이 예언의 의미는 더더욱 아니다. 요한계시록이 여기에 대답한다. "민족들이 그 빛 가운데로 다닐 것이요, 땅의 왕들이 그들의 영광을 그 도성으로 들어올 것입니다.… 그리고 사람들은 민족들의 영광 과 명예를 그 도성으로 들어올 것입니다.…"계21:24-26

이것은 여전히 이스라엘에서 지속되는 전통이다! 우리는 이미 영광스러운 시편을 보았다. 이 시는 역사의 마지막 관점을 선포하고, 찬양의 응답 속에서 민족들의 역사의 성취를 선포하며, 승리의 행진을 선언할 것이다. 이 행진은 페기65가 우리에게 이야기하는 비참함과 암흑 속의 행진이 아니라, 그들의 힘과 왕들과 함께, 결국 그들이 실현한 그림들과 함께 승리 안에서의 행진을 의미한다. 여기에 수많은 보병대가 있으며, 베들레헴의 구유를 향해 가는 동방 박사들은 예언적 전위이다. 여기에서 그들의 장엄한 노력이 성취된다. 인간의 영광은 도시에서 그 대가로 얻어진다! 그들은 역사상 가장 대규모적인 인구조사를 위해 왔으며, 그들의 고향이 되고 태어난 장소가 된 이곳으로 온다. " 내가 라합66과 바빌로니아를 나를 아는 나라로 기록하겠다. 블레셋과 두로와 에티오피아도 시온에서 태어났다고 하겠다.' 시온을 두고 말하기를, '가장 높으신 분께서 친히 시온을 세우실 것이니, 이 사람 저 사람이 거기에서 났다'

---

65) [역주] 샤를르 페귀(Charles Péguy, 1873년~1914). 프랑스 시인이자 수필가.
66) [역주] 이집트를 가리키는 시적 표현(새번역성서 참고).

고 할 것이다.”시87편 그리고 예레미아는 다음과 같이 확증한다. “뭇 민족이 그리로, 예루살렘에 있는 주 앞으로 모일 것이다.”렘3:17 그리고 민족들은 하나님의 백성이 된다. 요한계시록은 여기에서 놀랍게도 민족들을 복수複數로 이야기한다.계 21:3 더는 여러 민족 가운데에서 유일하게 선택된 하나님의 백성은 없다.… 모든 민족은 이제 단번에 하나님 안에서 연합되었다. 하지만, 그들의 독특성과 여러 특수성은 그대로 보전된다.

우리는 왜 이 마지막 도시가 분산이 아닌 모이는 점이라고 이야기하는 것을 다시 기억해야 하는가. 바벨은 사라졌다. 그것은 여호와샤마가 바빌론이 원했던 동일한 역할을 수행하기 때문에 사라졌다. 이 도시는 민족들의 장식즐거움이 되며사60:15, 이것은 바빌론에게 부여되었던 이름이었다.사13:19 그러나 이 모든 것에서 그 어떤 것도 인간의 영광으로 돌아오지 않는다. 그러나 우리는 여기에서도 도시 속에 모든 풍요로움과 모든 힘과 모든 부유함을 두려는 인간의 의지가 성취되는 것을 본다.67

이 예언들을 경멸과 제한적인 의미에서 이해하지 않도록 주의해야 한다! “자, 유대인과 그리스도인의 교만을 보라. 모든 민족이 자신들의 비전에 따라야 하고, 도시그들의 도시와 그 힘의 지배의 멍에를 받아들여야 한다. 모든 인본

---

67) 우리는 여기에서 여전히한번더콤블린을 통해 나타난 성서 본문의 정확한 관점과, 전통적인 동시에 근대적인 카톨릭 신학의 중요성 사이의 혼란을 보게 된다. 그가 “새예루살렘은 중재 없는 정확히 인간적인 연합이다. 이 도시는 하나님의 영광이 아니고, 이러한 의미에서이 도시는 하나님에게 필요할 [나는 차라리 사용될 것이라는 표현을 사용하고 싶다] 영광을 하나님께 가져다준다. 이 도시는 하나님이 계획하고 창조하며 원했던 인간의 실현이라는 관점에서는 찬란히 빛나는 하나님의 영광이다.…” 라고 이야기할 때, 이것은 정확하다. 그러나 그가 하나님이 인간을 “집단적인 존재” 라고 덧붙였을 때… 이것은 그가 이야기했던 주체들의 상호연합이라는 것과는 상반되는 것 아닌가? 이들이 주체라면, 이들은 개인들이다. – 전체를하나의집단적존재로볼수 없다. 동일하게 “육체에 의한 인간의 연합을 도시라고 부른다. 하나님의 도시는 그것이 연결과 연합을 나타내는 한 하나님의 영광을 나타낸다.” 이 분석은 아주 훌륭하다. 그러나 “연합되는 행위 속에서 인간이 하나님을 만난다.” 는 선언은 논리적 비약이 아닌가? 이것은 분명한 비약이며, 이지평의 신학은 하나님의 계획과 그 교육과정 등, 콤블린이 이야기한 모든 것을 부정한다. 유감스럽게도 그는 여기에서 신학적 유행에 편승한다.

주의적 풍요로움은 결국 그들의 개별적인 역사를 향해 가야 한다.… 모든 인본주의가 그러한데, 이유는 인본주의에 사상과 기술이 포함되어 있기 때문이다. "노래하는 이들과 춤을 추는 이들도 말한다. '나의 모든 근원이 네 안에 있다'"시87:7 그러나 이것이 바로 인간이 원했던 것 아닌가? 그리고 우리는 사상과 기술이 인간의 도시의 명칭이 된 예를 수 없이 보지 않았는가?… 이것은 편협한 신앙의 이기주의이고, 자신이 진리를 소유하고 있다고 믿는 사람의 분파주의일 뿐이다!"

이것은 이 본문들의 진정한 의미와는 상반된다. 하나님의 행위는 짓밟는 승리가 아니라 응답이다. 그것은 강제나 속박이 아닌 은혜의 차원이다. 인간은 하나님께 자신의 모든 노력이 집약되어 있는 이 도시를 받을 때, 결국 문명의 여명에서부터 추구해 왔던 것을 찾게 된다. 민족들은 그리스도인의 도시를 부유하게 하려고 자신들의 부를 가져오는 것이 아니라, 민족들 자신을 위해 부를 가져오는 것이다. 왕들은 이 도시의 영광을 위하여 자신의 부를 가져오는 것이 아니다! 그 이유는 어떤 역사적 영광도 주님의 임재에서 오는 영광을 증가시키거나 더 크게 할 수 없기 때문이다. 이와는 반대로 이것은 자신들의 영광을 더욱 빛나도록 하기 위함이다. 인간이 이 유일한 비전 속에서 도시에 원했던 것을 결국 약속 안에서 그리고 실재로 종말에 소유하게 된다. 그리고 여기에 인간의 순간적인이 순간적이라는 단어를 당신은 부정할 수 있는가? 부유함과 영광이 열려 있는 도시 속으로, 그리고 안전이 보장되는 열린 도시 속에 놓였을 때, 영원한 것이 된다. 그리고 우리는 어떻게 하나님이 모든 도시를 위해서 모든 문명에 행한 것을 완성했는지를 보게 된다. 그리고 우리는 어떻게 도시가 진정으로 역사의 궁극점이 되는지를 보게 된다. 한 번 더, 우리는 이 부유함과 영광과 힘 가운데에서 스스로 선택할 수 없으며, 무엇이 이 도시 안으로 들어와야 하는 지를 결정할 수 없다. 그 이유는 이 도시로 민족들과 왕들이 오며, 천사들이 문으로 모여들 것이기 때문이다. 그리고 우리는 우리에게 일어나는 그 어떤 일에 대해서 알지 못할 것이다. 그리고 더는 에덴 문을 지키는 불칼을 지닌 그룹들이 이 도시를 지키는 것이 아니라, 하나님의 은혜를 나타내는 선한 천사가 지키게 될 것이다. 그들의 발 앞에 모인 영광스러운 큰 집단 위에 실행할 수 있는 심판에 대해서 그 어떤 것도 이야기되지 않았으며, 인간의 수많은 작품에 대한 위대한 선택에 대해서도 아무것도 이야기되지 않았다. 그러나 도시 안에 있는 사람들은 잘 묘사되어 있다. 여기에는 더는 정복할 인간의 영광도 인간적 아름다움도 없는데, 그 이유는 그들은 진정으로 만족했기 때문이다.

우리는 새예루살렘에 더는 성전도 왕도 없다는 사실에 주목해왔다. 그러나 바르트는 교회만이 사라질 뿐, "정치적 권력"은 존재한다고 강조한다. 그러나 어떤 권력이 존재하는가? 그리고 콤블린은 여기에서 더 나아가서 선동적인 단어로 표현한다. 성전도 없고 성직자도 없는, 그래서 지배와 권력이 없는 도시를 설명하려고, 그는 이 도시가 종교적 색채가 없으며 민주적이라고 주장한다.… 이미 이 어휘들이 암시하는 것이 독자들로 하여금 여기에 정확하지 않은 사상을 연결시켰다는 느낌을 강하게 줄 것이다. 이 어휘들은 그 자체로 의심의 여지가 있다. 부득이한 경우 "종교적 색채의 삭제"는 이해할 수 있다. 백성이 도시의 모든 것이고, 차별이 없다. 물론 그렇다. 그러나 백성만이 있는 것은 아니다. 하나님의 거하심도 있다.… 그리고 더는 종교적이고 성스러운 것이 없다는 말을 하려고 이 단어를 사용하는 것은, 우리를 매우 혼란스럽게 한다. 솔직히 이야기하면 그가 여기에서 사용하는 민주주의라는 단어는 잘못 사용한 것이다. 왜냐 하면 이 단어는 "크라토스"Kratos: power의 의미를 내포하기 때문이다. 이 단어는 힘, 지배를 의미한다. 따라서, 하늘의 예루살렘이 어떤 권력의 형태도, 어떤 지배의 형태도 없다는 단순한 이유 때문에 민주적이라 이야기할 수 없다! 오히려 우리는 어떤 의미에서는 이 도시가 세속화되어 있다고 이야기할 수 있으며, 여기에서 콤블린은 법률적인 표현으로 다음과 같이 기술한다. "새예루살렘의 세속화를 바라보면서, 사도 요한은 현재의 세속화를 부정한다.… 선험적으로 우리는 세속 도시에서 이원론을 극복하는 시도가 있을 것이라고 예측할 수 있으며, 비신성화를 통해 결국 이교로 복귀할 것이라는 사실을 예측할 수 있다. 세속화의 얼굴 아래에서만 신화적 세계의 새로운 형태도 다시 나타날 수 있다.…"

※　　※　　※

우리는 이 도시와 이 땅의 도시들 간의 관계에서와 같이, 여호와샤마의 이 거주민들과 도시의 거주민들 간의 반대되는 명제를 발견하게 된다. 그들은 많은 수이지만, 역시 군중과는 다른 존재이다. 여기에서 종말이나 심판의 일반적 문제에 대해서 문제를 제기할 필요가 없을 것이다. 우리는 도시의 거주민과 관련 있다. 한 번 더 이야기하자면, 이들을 특징짓는 것은 하나님과의 연합이다. 이 연합에 의해서 그들은 의인이 되고, 의인으로 남는다. 인간이 행했던 반反창조는, 이제 인간이 풍성한 자유와 개인성 속에서, 그리고 동시에 하나님과의 풍성한 연합과 인간과의 통일 속에서우리가 이해할 수 없는 재창조가 된다. 분리의 도시는 그 모든 형태를 통해 지식과 연합된 도시가 된다. 그리고 도시를 평가해 왔던 이 단어들은 이제 우리에게 다른 반향을 일으키며 메아리친다. "어린 양의 아내인 신부를 너에게 보여 주겠다.…"계21:9 이 구절은 무엇보다도 여기에 관련된 모든 것을 이야기한다. 이 도시의 거주민에 관련된 모든 것은 예수 그리스도와 관련된 위치에 있다. 이 도시는 예수 그리스도 밖에서 존재할 수 없다. 그러나 이것은 또한 필연적으로 그리스도의 몸, 그리스도의 신부인 교회의 이미지와 연결되고, 예수와 교회의 관계가 된다. 이 연결은 여자와 남자를 연결하는 관계와 같다. 신부는 이제 모든 사람의 눈에 진정한 신부의 모습으로 나타난다.

이와 같이 교회는 이 도시로 이어지게 된다. 도시는 분명히 실재 교회도, 그리고 앞으로 올 교회도 아니다. 이것은 역사 시대의 겸손한 종과는 다른 본성에서 나온다. 여기에서 우리는 여전히 하나의 전환을 보게 된다. 고난의 교회 이후에 승리의 교회가 따라온다고 이야기하는 것은 정확하지 않다. 그러나 새로운 피조물 안에서 교회는 더는 존재하지 않을 것이라고 이야기하는 것도 정확하지 않다. 실재로 하나님이 창조한 도시가 우리가 알고 있는 교회를 대신한다. 이것은 용납된 인간의 행위와 성취된 성령의 행위의 매우 특별한 합슴:synthesis에 의한 것이다. 그리고 교회를 통해서 우리가 추측할 수 있는 것은, 우리가 영원히 도시에서 살 것이라는 것이다. 우리가 그 이상 나아갈 수 있을까? 여기에 더 이야기할 수 없다면, 우리는 이 거주민이 하나님의 바라봄을 통해 나타나는 특별한 빛 속에 완전히 젖어들 것이라는 사실 정도는 인식할 수 있을 것이다.

모든 환상은 찬란하게 나타난다. 돌이 도시를 지지하는 기초가 된 이후에, 이사야가 석류석을 보고 옷이 하얗게 된 이후에, 수정처럼 맑은 물과 빛나는 금, 이 모든 것은 하나님께 오는 빛을 반사하여 반짝인다. 그러나 이 도시를 구성하는 금은 바빌론의 무겁고 교만한 금과는 다른 차원의 것이고, 크리스털 같이 투명하고 반짝인다. 하나님의 영광이 이것을 밝히 고, 어린 양이 그 불꽃이다. 도시에 거주하는 모든 민족은 이 찬란한 빛 가운데 다닌다.계21:24 예수는 "나는 세상의 빛이다."요8:12라고 말씀했고, 이것은 인자가 현재시재로 표현하는 것과 같이, 현재 성취된다. 세상의 반대가 그의 존재를 막지 못한다. 도시는 그 어둠의 왕국 안에서 이 빛을 받을 수 없지만, 종말에는 이 빛이 투과될 것이고, 그 어느 것도 더는 이 화해를 막지 못할 것이다. 이와 같이 도시의 거주민은 진정으로 빛의 자녀가 되고, 이것은 어쩌면 거주민에게 최고의 정체성이 될 것이다. 도시의 어둠, 도시 안에서의 인간 고통의 어둠, 일의 어둠, 이 모든 것은 유일한 빛 안에서 변한다. 이것들은 더는 존재하지 않으며,

도시인의 죽음의 얼굴은 곧 바로 하나님의 아름다움으로 밝게 빛난다.

그러나 누가 이 은혜를 받을 만한 자격이 되는가? 아무도 없으며, 누구도 그 안에 이 빛을 가지지 못한다. 그리고 하나님의 비밀은 이 도시로 들어오는 사람들에게, 그리고 이 빛 안에 있는 사람들의 심판에 여전히 남아 있다. 이것이 은혜 위에 은혜이다. 이것이 우리가 이야기할 수 있는 전부이며, 그 이유는 빛의 왕 역시 인자이기 때문이다.

2. 상징[68]

　　오늘날 더는 성서 구절에 대응하는 상징적 의미를 찾으려 하지 않는다. 우리는 그 이유를 잘 알고 있다. 이것이 실재로 너무 많은 상상을 사용하기 때문에, 이 방식을 버리는 것은 분명 현명한 것이다. 그러나 우리가 절대로 삭제해서는 안 되는 상징주의가 있으며, 성서의 기자들은 이 상징을 의식적으로 자신들의 사상을 표현하려고 사용했다. 성서의 기자들은 상징적인 언어가 보편적이었던 세계에서 살았으며, 이들은 상징의 방식을 계속해서 사용하였는데, 그것은 당시 독자에게 익숙한 방식으로 표현하려고 사용한 것이었지, 그들이 이야기하고자 한 것을 숨기기 위한 것이 아니었다. 그러나 오늘날 우리에게는 상징이 숨기기 위한 것으로 보이는 데, 그 이유는 우리가 상징의 의미를 상실했기 때문이다. 그래서 우리는 그들이 갖고 있던 상징을 다시 찾아야 하는데, 그렇지 않고서는 이 본문이 내포하는 것을 이해하기 어렵다. 만일 우리가 이것을 거부한다면, 우리는 이것이 명확한 어휘가 아니라는 선입견 아래, 대수학의 기호가 의미하는 내용을 알지 못하고 대수학 서적을 읽는 사람처럼 본문을 해석하게 될 것이다. 그래서 일반적인 사상과 직접적인 내용은 남아 있겠지만, 우리는 저자가 의도적으로 기록한 모든 자세한 내용^{저자의 눈에는 명확}하게 보이는 것들을 알 수 없을 것이다. 그래서 이것은 우리에게 예를 들면 숫자 7이 원래 완벽한 숫자라는 것을 받아들이도록 요구하는 것이 아니라, 우리가

---

68) 나는 새예루살렘에서 양자, 결혼, 그리고 성령의 거하심의 주제를, 우주와의 화해와 같은 주제처럼 명백하고 잘 알려진 의미로 여기고 다루지 않을 것이다. 이것은 지금 우리의 관심에 어떤 도움도 주지 못한다. 나는 여기에서 새로운 피조물에 대해서 우리가 이야기할 수 있는 모든 것을 애써 이야기하기 보다는, 새로운 도시의 특성만을 이야기할 것이다. 이 주제들에 대해서는 콤블린의 책 190쪽 이후의 내용을 보라.

성서에서 이 숫자를 보게 될 때 저자가 완벽의 의미를 표현하려고 이 숫자를 기록했다고 해석하도록 하는 것이다. 그래서 만일 상징이 모든 성서에 변하지 않고 나온다면, 이 상징은 계시적 구절 속에 특별히 더 발전된다. 그렇다면 우리는 마지막 도시에 관한 이 표현 방식에서 무엇을 알 수 있을까?

연속되는 상징 가운데에서, 어떤 것들은 명확하고 매우 단순하다. 예루살렘은 도시를 두르는 성벽으로 이루어져 있지만, 이 벽은 더는 방어와 단절의 의미를 갖지 않는다. 그것은 질서, 화합, 균형, 구체성을 나타낸다. 거룩한 도시의 기초가 12 사도라 한다면, 이것은 분명히 이 도시가 하나님의 말씀에 기초한다는 것을 잘 의미한다. 이것은 인간으로서의 사도가 아니라 하나님의 말씀을 전하는 사람으로서의 사도를 의미한다. 그 결과로 이 도시는 말씀의 도시이다. 이 도시는 언어의 혼란과는 상반되며, 바벨과 상반된다. 그래서 우리는 여기에서만 한 번 더 우리 역사의 비극에 대한 답변과 해결책을 가지게 된다. 도시의 문들이 이스라엘의 12 지파의 이름을 가지고 있다면, 이것은 여전히 간단하다. 저자는 이스라엘을 통해서 우리가 하나님의 도시에 들어갈 수 있다고 이야기하길 원한다. 이스라엘과 천사들이 그 문을 지킨다. 사도 베드로가 아니다! 이스라엘은 "그 통일 안에서 회복되고, 그의 진정한 운명은 거룩한 왕국의 영광을 향하여 열려있는 문의 존재가 된다." 어떤 의미에서 누군가가 하나님의 백성이 되려면, 사도 바울이 이야기한 것과 같이 이스라엘이 되어야 한다. 그리고 이것은 도시와 인간 사이의 연결로서 선택되었음을 의미한다. 이 사람은 이전에는 힘에 소속되었고, 그리고 특별히 도시의 거주민을 특징짓는 귀신의 세상에 소속되었지만, 이제는 이 연결의 존재로 선택된 것이다.

그러나 다른 많은 상징은 이보다 더 불명확하다.

※　　※　　※

우리는 우선 숫자의 상징을 살펴보자. 성서에서 숫자의 상징이 자주 등장하지는 않는다. 여기서는 특별히 4와 12가 나타난다. 게다가 4는 명확하게 나타나지 않는다. 이것은 여기에서만 나타난다. 예루살렘은 사각형으로 건설되고, 동일하게 정육면체로 건설되는데, 왜냐하면, 그 높이가 그 너비와 길이와 같기 때문이다. 그래서 4는 전통적으로 우주의 숫자이다. 이 숫자는 4박자에 따라서 고대에 만들어진 개념이다. 4개의 방위, 4 계절, 네 왕의 다스림, 4요소, 그리고 인간 육체의 숫자이기도 하다. 따라서 이 숫자는 모든 피조계를 가리킨다. 그리고 우리가 4각형으로 건설된 예루살렘을 보여줄 때, 이것은 이 도시가 모든 피조계를 상징한다는 것을 나타낸다. 한편으로 모든 민족과 모든 백성이 이 안으로 부르심 받았으며, 여기에는 배제도 거부도 없다. 다른 한편으로 예루살렘은 모든 피조물의 열쇠인 동시에, 그 안에 하나님의 빛을 가지고 있다. 그러나 예루살렘 역시 육면체의 형태를 갖고 있으며, 이것은 조금은 다른 의미를 가진다. 육면체는 힘의 상징이고, 항구성, 닫혀 있음의 상징이다. 성서에서 하나님은 육면체 형태를 요구했다. 그리고 어거스틴은 이 영적 상징을 다음과 같이 해석했다. 육면체는 어떤 유혹과 타락에도 결코 버려지지 않는 예정된 사람들의 운명을 상징한다.69 물론 이 주석의 책임은 어거스틴에게 있지만, 만일 이 해석이 성서적 사고에 진정으로 부합한다면, 이것은 하나님의 도시가 예정된 사람들의 결정적인 장소라는 것을 의미하며, 더는 어떤 것도 예정된 사람들에게서 하나님과의 연합을 빼앗아갈수 없음을 의미하는 것이다. 이 육면체의 형태는, 이제 모든 것이 성취되었기 때문에, 유혹과 타락의 역사가 더는 다시 되풀이되지 않을 것을 보증한다.

여기에서 지배적인 숫자는 바로 12이다. 12개의 문이 있고, 12개의 기초가 있으며, 144 규빗 높이의 벽12X12과 12,000 스타디온이 있다.계21:16 이 숫자는 3과 4에서 나온 것이고, 말하자면 상징이라는 관점에서 하나님그 이유는 삼위

의 하나님이기 때문에과 창조에서 나온 것이다. 그래서 이것은 복잡한 실체를 표현한다. 우선 이제는 불가분의 관계인 하나님과 새로운 피조물 사이에서, 우리가 이야기했던 이 통일은 지금까지 존재해왔던 모든 것보다 상위의 실재를 파생시켰다. 창조 안에서이것은 증가-번식-를 나타낸다 그리스도의 몸인 교회의 실체가 우리에게 첫 번째 표시이지만, 이것은 거룩한 도시에서 구체화될 때에만 그 충만한 의미를 가지게 된다. 다른 한 편으로그리고 이것은 동일한 진리에 대한 약간 다른 표현이다, 이 숫자는 모든 피조 계 안에서 하나님의 말씀, 그 말씀과 영의 전파를 가리키고자 기록된 것이다. 12는 그래서 전형적으로 범교회적인 숫자이고, 실재로 피조계에 성령이 완전히 침투했음을 나타낸다. 결국 이것은 승리의 숫자인데, 그 이유는 이것이 모든 하나님의 일하심에 도달했음을 나타내기 때문이다. 하나님의 모든 행위는 세상과 자신을 화해시키려는 목적을 갖고 있으며, 12가 나타내는 것이 바로 이 화해이다. 그래서 이것은 성취와 승리의 숫자이다. 이것이 이 숫자가 그토록 자주 마지막 창조에 적용된 이유이다. 그래서 이것은 성서 본문 안에서 명확하게 보았던 것 이상을 의미하지는 않지만, 그럼에도 이 의미를 지지하고 주장한다. 만일 우리가 이러한 상징을 받아들인다면, 승리의 숫자는 스스로 배가되거나, 아니면 1,000의 배수로 무한으로 나간다. 요한이 본 이 모든 환상은 에스겔의 환상과 부합한다. 에스겔 역시 사격형의 도시를 예언했고, 이 도시에 12개의 문을 보았다. 각 벽은 3개의 문이 뚫렸고, 이것은 창조의 각 부분에서 삼위일체의 총체가 나타나며, 자연인을 자신의 백성자신의 이스라엘으로 변화시키는 하나님의 방식에 의해서만 우리가 이 도시로 들어갈 수 있음을 의미한다.

우리는 이 부분에서 사도요한과 에스겔에 동일하게 나오는 요소를 발견하게 된다. 그것은 측량된 치수이다. 이 모든 숫자는 천사가 새로운 피조물을 측량한 결과이다. 천사가 이 숫자들을 외친다. 요한의 기술에 따르면, 천사는 갈대와 금으로 된 자막대기계21:15로 도시를 측량한다. 측량의 행위는 피난처를 만드는 행위를 표현한다. 그리고 도시의 범위를 결정한다. 그리고 적이 도달할 수 있는 곳까지 경계를 넓힌다. 이것은 에녹에게서 명확히 나타난 것이지만, 이 경계는 사탄의 관점에서 혹은 하나님에 의해서 선언된 정죄의 관점에서 그려진 것이었다. 천사가 여기에서 도시를 측량한다는 사실은 이 도시가 절대적으로 보호됨을 의미하고, 사탄의 위협에서 뿐만 아니라 하나님의 심판에서도 보호됨을 나타낸다. 그래서 이 심판은 이제 거두어진다! 그리고 만일 우리가 금으로 만든 자막대기를 생각한다면, 이것은 여전히 더 확실하고 완전하며 결정적인 하늘의 측량을 의미한다는 사실을 알 수 있다. "사람의 치수, 말하자면 천사의 치수" 혹은 "사람의 치수가 천사의 치수이기도 합니다." 계21:17 그리고 이성적인 주석가들은 다음과 같이 이야기 한다. "이것은 하늘에서 요한의 이해를 돕고자 인간의 척도와 비슷한 척도로 측량된 것이다. 이 구절들은 신인동 형론적인 표현이다.…" 이것은 어느 정도 용이하게 우리 앞에 있는 문제들을 해결한다. 이것은 과학적으로 엄격하지 않다. 실재로 이러한 정체성의 부여는 교훈적 가치도 지닌다. 천사의 측량은 인간의 측량과 같다. 우리가 "하늘에서" 인간의 척도를 발견한 것이 아니라, 이 순간에 인간과 천사 사이에 유사성이 있다는 것이고, 이 순간 천사의 행위가 완벽한 형태 를 지닌 인간의 행위이기도 한 것이다! 우리는 예를 들면 복음서와 함께 우리에게 "…그들은 천사와 같이 되어서…"눅20:36라고 이야기한 다른 구절들과 이 구절을 분리해서 생각할 수 없다.고전6:3 이와 같이 밧모섬에서 환상을 본 이 사람은, 우리에게 그리고 마지막 도시의 거주민에게 전통적 도시의 영적 힘과는 다른 영적인 힘이 여기에 있음을 이야기한다. 이것은 다른 천사를 의미한다. 만물이 새롭게 되었다!

※　　※　　※

도시의 성벽은 열두 개의 보석으로 되어 있는 열두 개의 기초 위에 놓이고, 각각의 돌은 사도의 이름을 갖고 있다. 보석 명칭의 일반적인 번역은 단순할 수 있지만, 이 중의 어떤 것은 정확히 어떤 보석을 지칭하는지 알 수 없다. 우리는 녹옥이나 호마노, 그리고 잘 알려진 벽옥이나 황옥이 무엇을 말하는지에 대해서 명확히 이야기할 수 없다. 플리니우스70의 기록에서도 그 명칭만으로는 1세기의 로마에서 가리키는 것과 오늘날 가리키는 것이 같은지에 대해서 도알수 없다.

그러나 이 문제는 우리가 이 보석들이 대제사장의 가슴받이흉패에 달았던 장식들과 동일한 것이라는 사실을 알게 될 때 복잡해진다. 하나님이 시내산에서 율법을 준 이후에, 출애굽기에 광범위하게 묘사된 것처럼, 대제사장이 자신의 역할을 수행함에 대제사장의 옷은 가슴받이를 달았고, 이것은 판결 가슴받이라고 불렸다. 출28:15이하 이 가슴받이에 12개의 돌을 3개씩 네 줄 보석을 박고, 이 보석들을 모두 금테에 물리며, 우림과 둠밈에 주머니를 만들어 천에 고정시킨다. 이 12개의 보석에 이스라엘의 12지파 이름을 새긴다. 그래서 우리는 하나의 불가사의를 만나게 된다. 이 작업의 의미는 무엇일까? 그리고 무엇보다도 우리는 이 보석들이 어떤 돌들인지에 대해서는 관심 갖지 않는다.

이것들을 가리키는 히브리 단어는 성서의 다른 구절에서 거의 나타나지 않는다. 이 단어의 거의 대부분은 히브리어 어원을 갖지 않으며, 갈대아어나 가나안어 혹은 우리가 무시하는 다른 어원을 갖고 있다. 어떤 번역가들은 그 히브리 단어를 문자 그대로 옮겨온 반면, 다른 번역가들은 요한계시록의 구절과 비교하고 실재로 동일한 돌이라고 추정하여 번역하였다. 이 추정은 근거 없는 것이 아니었고, 나아가 몽상가적 가정도 아니었다. 우리가 아는 몇몇 이름은 사도요한의 글에서 발견할 수 있는 것과 정확히 일치하고, 이것에는 황

---

70) [역주] 가이우스 플리니우스 세쿤두스(Gaius Plinius Secundus Major, 23년~79년 8월 24일). 고대 로마의 관리이자 군인이며 학자: ": 박물지"를 통해 다양한 방면의 지식을 기록함.

옥, 비취옥, 사파이어, 벽옥…이 있다. 그러나 다른 한편으로 요한은 우리가 살펴본 바와 같이 이 돌들의 상징을 표현하려 하였고, 우리가 출애굽기에서 보았던 그리스헬라 번역은 이 돌들의 이름을 요한계시록에서 사용되었던 이름 하나를 제외하고는과 같은 이름으로 번역하였다. 이처럼 이것은 매우 오래된 번역이다. 우리는 여호와샤마의 12개의 기초를 가슴받이의 12 보석과 동일화하는 것을 받아들일 수 있다. 그러나 이것은 그 이상을 의미하는 것은 아니다! 물론 난제는 여전히 그대로 남아 있다. 왜 이 보석들인가? 이 보석들은 어떤 목적으로 선택되었는가? 그리고 그 의미는 무엇인가? 우리는 여기에서 그 색깔이 상징하는 것을 알기 원하지만, 우리가 어떤 돌인지 조차 정확하게 이야기할 수 없기 때문에 그 색깔 역시 너무나 불확실하다.

분명히 이것들은 빛나는 보석이고, 이 모든 조명은 요한계시록의 저자가 "뛰어난 색채주의자" 였음을 말한다. 영롱하게 빛나고, 다양한 빛을 비추며, 모든 색깔을 한 곳에 모으는 벽옥은, 하나로 통일된 빛깔이 다양하기 때문에 하나님의 보석이라고 불려왔으며, 다른 모든 돌들 역시 그 빛깔의 다양성 때문에 선택되었다.

청옥과 자수정, 사파이어의 빛나는 자주색과 푸른색, 비취옥에 의한 녹색이 홍옥수와 홍옥의 붉은 색과 섞여 있다. 이 선명한 색상은 오닉스에 보이는 오팔색과 인간 손톱의 가장 신비하고 복잡한 색과 대립되고, 투명하게 빛나는 다이아몬드에 대립된다. 그러나 어떤 히브리 사상도 우리에게 그러한 상징을 보여주지 않기 때문에, 이러한 반짝이는 마술 같은 빛은 선지자들과 사도들이 왜 이러한 상징을 선택했는지를 설명해 주지 못한다. 다른 이들은 이것이 황도 12궁의 보석에 관한 것이라고 주장했다. 그러나 우리가 알고 있는 황도 12궁에 대한 지식은, 우리가 발견한 대제사장의 12보석과는 아무런 일치점이 없다. 그래서 역사가들과 주석가들은 여기에는 어떤 의미도 없다고 생각했다. 이집트와 바빌론 성직자들 역시 보석으로 장식된 판을 가지고 있었기 때문에 이것은 유대인이 이방인을 모방했던 것이라고 이야기할 수도 있을 것이다. 그러나 대제사장의 의상이 이집트 주술가의 의상을 모방하지 않은 것과 마찬가지로, 이 주장에는 그다지 개연성이 없다. 이집트 부적의 보석들이 우리가 이야기했던 12개 돌들의 의미와 전혀 관계없다는 사실을 인식한다면, 여기에는 전혀 개연성이 없다! 그리고 큰 유사성도 없다. 이것은 그저 우연인가? 아니면 이 보석들이 가나안 지역에 넘쳐나기 때문인가? 그리고 왜 이 돌들일까? 이 모든 것이 아무 것도 의미하지 않는다면, 왜 이렇게 구체적이고 자세하게 기술했을까? 그리고 이것이 기원전 9세기의 사고나 혹은 기원전 7 세기의 사상과 거리가 있을 수 있기 때문에, 화려함과 아름다움을 표현하려고 단순한 보석세공술을 기술한 것일까? 이 돌들의 선택이 무엇인가를 상징하는 것으로 보인다. 그러나 우리는 어디에서 그 의미를 찾을 수 있을까?

물론 마술에서 보석은 무엇인가를 상징했었다. 모든 보석은 의학 치료나 마녀들의 비방에 사용되었다. 그리고 우리는 예를 들면 갈대아인과 로마인, 그리고 그 이후에 중세의 마술사들에 의해서 보석들에 부여된 힘 사이에 어떤 공통된 점이 있다는 사실에 놀라곤 한다. 그러나 우리는 분명히 이러한 방식으로 그 의미를 찾아서는 안 된다. 이것은 홍옥수가 종양을 치료하고, 석류석이 귀신을 내쫓기 때문에, 이스라엘 백성의 믿음이 이 보석들을 하나님의 진리를 나타내고자 사용한 것이 아니다. 이것은 이스라엘에 의해서 받은 모든 진리를 거스르는 것이다. 진리는 어떤 때에도 피조물 그 자체에 가치를 부여하지 않았다. 그들이 선택한 이 보석 속에 마술적인 힘이 있기 때문이 아니다. 여기에는 마술적 이유와는 다른 이유가 있기 때문이고, 이 보석들이 하나님에 대한 어떤 것들을 나타내기 때문이다. 그래서 우리는 랍비들을 통해 전해 내려오는 이 보석들에 대한 이스라엘 민족의 관점을 살펴볼 수 있다. 그러나 그 안에서 이 보석들이 무엇인지, 혹은 그들의 가치가 무엇인지를 아는 것은 중요하지 않다. 단지 이 보석들이 가슴장식에 박혀 있는 이유가 중요한데, 그 이유는 이 보석들이 지성소에 들어갔던 대제사장의 위엄을 기억하면서 모인 백성에게 의미를 가지기 때문이다. 그리고 사도 요한이 그것들을 예루살렘의 기초로 표현했다면, 그것은 이스라엘 백성에게 여전히 남아 있었던 의미 때문이다. 그래서 이것은 단순히 상징적인 것이다. 그런데 랍비들은 이 의미 들에 대해서 침묵해 왔고, 따라서 이 부분에 대해서는 막연히 예상하고 추측하는 것으로 만족해야 한다. 불과 피의 표식인 오뎀루비인지 홍옥수인지 확실하지 않다은 인간 스스로 선택한 것이었다. 그러나 하나님이 아담을 통해서 바라본 인간은 어쩌면 인간의 근본적이고 성취된 실재의 인간일 것이다. 그 첫 번째 줄에서 두 번째 보석은 하나님의 사랑의 상징인 황옥이다. 이 사랑은 죄인을 용서하고, 대적을 사랑하며, 하나님의 본성 안에 있 는 모든 것을 포괄한다. 그리고 우리는 여기에 비밀스러운 구절을 이야기 한다. "자연은 우리를 배반하고, 운은 바뀌고, 신은 위에서 이 모든 것을 바라본다." 71 그리고 세 번째 보석, 벼락처럼 번쩍이는 보석인 비취옥은, 순결함의 상징이고, 진리의 말씀의 상징이며, 처녀성과 영원의 상징이다. 두 번째 줄은 석류석에서 시작되며, 유다의 이름이 새겨진다. 이 보석은 "불타는 숯과 같이" 빛난다. 이 형태는 하나님과의 연합을 의미하며, 원래는 성만찬을 의미했다. 제 1세대 그리스도인에게 석류석은 성만찬의 이미지였다. 여기에 에스겔이 표현한 하나님의 왕관을 만든 사파이어가 있다.1:26 이것은 이스라엘의 눈에 정의, 진정한 언약의 돌, 그리고 하나님 정의의 기적을 이야기하고 기록하는 보석으로 여겨졌기 때문에, "청옥사파이어의 이름이 성서에 기록되어 있다." 그 다음으로 힘의 상징인 야할롬다이아몬드?이 위치하고, 이것은 깨지지도 땅에 묻히지도 않는다. 세 번째 줄의 처음에는 알려지지 않은 풍신자석이 있는데, 이것은 우리에게 인간의 인간에 대한 자비와 겸손을 나타낸다. 그리고 마노의 히브리 어원은 포로됨이라는

---

71) [역주]하드리아누스 황제의 일생을 다룬 마르그리트 유르스나르(Marguerite Yourcenar)의 소설『아드리안의 기억』*Memoirs d'Hadrian*에서 발췌함.

의미를 연상시키고, 하나님 안에서의 복행복을 뜻한다. 즉, 인간이 하나님께 사로잡혀 있을 때, 행복에 사로잡혀 있다는 의미를 가지고 있다. 이 열은 여전히 잘 알려지지 않은 자수정으로 끝나는데, 우리는 사실 이것이 실재 어떤 보석을 지칭하는지 알지 못하고, 동시에 그 의미 역시 알지 못한다. 이것은 하나님이 주는 상과 보상의 상징으로 해석하는 사람도 있으며, 또 다른 사람들은 그 어원을 통해 예언적 환상의 표현이고, 이 표현에 의해서 인간은 하나님의 특별한 계시를 받는다고 해석하기도 한다. 녹주석은 열 번째 보석인데, 일반인은 이 보석에 불길한 의미를 부여하지만, 여기에서는 하나님 앞에서 깨지고, 단절된 인간의 위치를 나타낸다. 그러나 이것에 정확히 하나님 자신이 인간의 힘이 되고, 하나님 자신이 거한다는 의미를 갖는다. 마지막 바로 앞에 있는 보석은 얼룩마노로 두려움의 돌이고, 하나님을 경외하는 인간의 경배를 통해 모든 것이 변화된다는 의미를 가지고 있다. 그래서 하나님은 이렇게 경배하는 사람의 부끄러움을 걷어낸다. 결국 이 여정은 벌거벗음의 의미를 갖고 있는 벽옥으로 끝이 나는데, 이것은 고행, 회개를 상징하고, 하나님은 여기에서 정결함을 인정하시면서 응답하신다.

그리고 만일 우리가 이 상징을 보전하기 원한다면, 우리는 이 가슴받이를 아래에서 위로 읽어야 한다는 것을 인식할 수밖에 없다. 낮은 곳에 정렬된 것은 인간의 회개, 두려움, 겸손을 상징하고, 그 위에는 하나님과의 만남, 하나님의 자비와 힘이 있어서, 하나님과의 연합과 진리, 그리고 하나님 안에서 성취된 인간의 형상을 정점으로 가져 온다. 이것이 "원시적인" 해석임은 분명하다. 그러나 성서의 기자는 가슴받이에서 믿음을 통해 볼 수 있는 것들을 나타내기 원했을지도 모른다.

그래서 이 모든 것은 영원한 언약의 이미지인 하나님을 향해 방향 지워지며, 하나님의 광채의 이미지인 동시에 피조물의 겸손의 이미지를 갖고 있는 인간을 향해서 방향 지워진 채 드러난다. 물론 다른 의미로 해석할 수도 있다.

그리고 우리는 이 상징의 의미를 정확하게 선언할 수 없다. 그러나 모든 것은 우리로 하여금 예루살렘 벽의 기초를 놓은 12개의 보석에 우리가 동일한 의미의 부여가 가능하다는 사실을 받아들일 수밖에 없도록 한다. 그리고 그것은 아담과 여호와 사이의 복합적인 관계, 그리고 새로운 아담과 그 아버지와의 관계의 의미와 동일하다. 실재로 이 연합 위에서 도시 전체에 진리, 정의, 사랑, 겸손, 경외, 복행복을 펼칠수 있다. 이와 같이 새로운 피조물은 언약과 대제사장의 섬김, 그리고 가슴받이의 화려함까지 포괄하는 것으로 보인다. 그러나 이것이 심판의 가슴받이라는 사실을 잊지 말자. 여기에 있던 우림과 둠밈의 정확한 사용은 우리의 지적 범위를 벗어난다. 그러나 우리는 이것이 분명히 하나님의 심판에 대한 지식을 의미하고, 하나의 구체적인 사건에 대해 하나님의 말씀과 뜻을 아는 지식이라는 사실을 알고 있다. 아울러 우리는 이 단어들이 "빛"과 "완전함"을 상징했다는 사실을 알고 있으며, 이들이 이스라엘의 12지파에서 왔다는 것도 알고 있다. "아론은 주 앞에서 이스라엘 자손의 시비를 가릴 때에, 언제나 그것을 가슴에 지녀야 한다."출28:30 이것이 하나님이 자신의 백성에게 내리는 심판이다. 그래서 새로운 도시는 하나님의 말씀 위에 기초를 두고, 이 말씀은 하나님의 사랑의 말씀이며, 하나님의 심판은 하나님의 긍휼의 심판이다. 그리고 우리는 이 가슴받이가 대제사장의 가슴받이라는 사실을 잊어서는 안 된다. 만일 이 보석들이 도시의 묘사에서 다시 발견된다면, 그것은 대제사장이 몸에 달고 다니던 보석들을 의미하는 것이다. 이 보석들은 이전에 대제사장을 장식했던 것처럼 도시를 장식한다. 이것들은 이전에 하나님의 말씀의 언약이 나왔던 신비의 주머니 속에 있었던 것처럼, 벽의 기초에 숨겨져 있다. 이것들은 대제사장의 직무가 이루어진 동시에 성취되었다고 우리에게 이야기하려고 여기에 있다. 대제사장에 의해서 드려진 모든 희생제사는 여기에서 그들의 장소와 의미를 발견하게 된다. 그리고 제사장인 동시에 제물로 바쳐진 희생자는, 완전한 제사 위에 기초를 둔 이 도시를 가득

채운다. 하나님과 인간 사이에서 대제사장이 완성했던 모든 중재와, 백성에게 행했던 모든 예언, 이스라엘 앞에서 그가 구현했던 모든 정의는 이제 완성되었다. 그러나 그가 했던 것은 단 하나도 사라지지 않는데, 그 이유는 역할의 성취에 있어 중심에서 빛났던 보석들이 도시의 가장 근본적인 삶 속에 모이기 때문이고, 인간이 정복했던 곳에 하나님의 중재를 통해 하나님과 인간이 하나 되는 은혜를 기념하는 기념비가 되기 때문이다. 자, 이것이 요한계시록에서 이 성스러운 보석 세공술을 통해 나태내기 원하는 의미이다. 그러나 여전히 이 보석들 위에 이스라엘의 열두 지파의 이름이 새겨졌던 것을 상기해야 한다.

그리고 우리는 어떤 때에도 야곱의 12 아들에 대한 예언과 이 돌들의 의미를 분리할 수 없다. 어쩌면 깊은 의미는 이 예언과 연결되어 있을 것이다. 그래서 이 돌들은 그 예언의 기념비일 수도 있지만, 어쩌면 그 반대 의미일지도 모른다. 즉, 이 돌들은 야곱이 그 자손들에게 알려주지 않았던 덕으로의 부르심을 의미하는 지도 모른다. 단 지파의 보석은 지혜와 정의의 말씀을 나타내고, 르우벤의 보석은 하나님의 진노와 심판의 말씀을 나타낸다. 어쩌면 요셉의 보석은 축복과 성취의 보석이고, 베냐민의 보석은 고통과 피의 정복을 의미한다. 그러나 여기에 여전히 우리는 이해할 수 없는 일치점을 발견할 수 있다. 그러나 이것은 이전에는 일치점이었지만, 지금은 폐기된 것이다. 그 이유는 하늘의 예루살렘에서 보석에 새겨진 이름은 더는 야곱의 12아들이 아니기 때문이고, 하늘의 예루살렘이 더는 이 열 두 지파에 의해서 지탱되지 않기 때문이다.

이제 첫 번째 목록이 12사도의 목록으로 대체된다. 어떤 사도가 각각의 보석에 부합하는지를 찾으려 했던 올리스터의 호기심은 분명 유치한 것이었다.… 그러나 이것들이 어떻게 대체되는지를 살펴보는 것은 분명 의미있다. 이제 그 문에는 이스라엘의 이름이 새겨졌고, 이 도시에 들어 가려면 이스라엘처럼 되어야 하고, 하나님의 이스라엘이 되어야 하지만, 이스라엘이 더는 이 도시의 기초가 아니다. 오직 말씀, 그리스도의 복음을 가진 자가 기초이며, 인간에게 복음을 전하면서 긍휼의 심판의 도구로 사용되었던 자들이 그 기초이다. 동일하게 이들은 교회의 기초와 연결되어 있었고, 하나님에게서 인간을 향해 가는 영광의 기념비 속에서, 그 빛과 완전함을 위하여 언제나 새로운 피조물을 둘러싸고 있는 벽의 기초가 되었다.

하나님의 말씀을 소유하고 있던 백성의 역할을 이제 사도들이 담당한다. 여기에서부터 우리는 신화적인 전통 안에서 12보석이 계시의 메시지의 총체를 보여주고, 회개에서 부활로 가는 길을 보여준다고 생각할 수 있다. 어쩌면 우리는 이것을 믿음의 고백과 신학적 종합으로 봐야 할 것이다.…

이와 같이 이스라엘 백성의 기초가 놓인 이후에, 도시의 중심에서, 성전의 중심에서, 거룩한 장소성소의 중심에서, 하나님은 말씀과 심판을 통해 하나님이 다스리는 인간 작품의 승천을 예언하고 선언한다.…

그리고 성서는 우리에게 이 보석들의 상징에 대해서 한 발 더 나아가는 것을 허락한다. 이 목록은 실재로 단지 출애굽기와 요한계시록만의 목록이 아니다. 우리는 이 목록을 에스겔과 연결시킨다.28:13 분명히 이것은 완성된 것이 아니다. 선지자는 12개 대신에 9개만을 이야기했지만, 이것은 정확히 출애굽기와 동일하다. 그는 다음과 같이 이야기하며 그 수를 세고 있다. "너는 온갖 보석으로 네 몸을 치장하였다.…" 그래서 이 보석의 목록은 제한적인 것으로 보이지 않는다. 그렇다면 여기에서 가슴받이의 보석들과의 연관성을 살펴보아야 하는가? 이 문제는 역사가들에 의해 강하게 제기될 것이고, 역사가들은 다음과 같이 대답할 것이다. 고전적 이론에 따르면 출애굽기의 구절들은 "4번째 사본" 의 일부분이다. 6세기에 편집된 이 "사본" 은, 우리가 명확하게 한다면, 에스겔의 지도 아래 기록되었다! 이와 같이 대제사장의 의복은 에스겔 시대의 환경 속에서 기록되었을 것이다! 에스겔은 가슴받이와 보석들을 분명히 알고 있었을 것이다. 에스겔이 자신의 예언에서 의도적으로 이 목록을 다시 작성했다면, 그것은 의도적으로 표면적으로 새로운 제도를 목표로 하는 것 아닐까? 아니면 그 새로운 제도를 선언하는 것이 아닐까? 이 역사적 비평의 절대적 가치를 인식하지 못하는 사람들과, 대제사장의 율법과 그 의복에 대한 기록이 기원전 1300년~1200년경의 사막광야에서 기록되었다고 믿는 사람들에게 는, 에스겔의 말씀은 하나님에 의해서 영감 받은 말씀이며, 보석의 환상이 하나님의 의도 가운데에 나타난 것으로 받아들이면서 대제사장의 가슴받이를 해석한다. 그렇다면 어떤 예언에서 이 보석들이 나타나는가? 에스겔의 환상에서 누가 이 보석들을 장식하는가? 성서는 언제나 우리를 놀라게 한다! 이것은 두로의 왕자를 의미하는 것이다. "너 사람아, 두로를 두고 애가를 불러라.…"겔27:2 "너는 옛날에 하나님의 동산 에덴에서 살았다. 너는 온갖 보석으로 네 몸을 치장하였다. 홍보석과 황보석과 금강석과 녹주석과 홍옥수와 벽옥과 청옥과 남보석과 취옥과 황금으로 너의 몸을 치장하였다.… 나는 그룹을 보내어 너를 지키게 하였다. 너는 하나님의 거룩한 산에 살면서, 불타는 돌들 사이를 드나들었다.… 물건을 사고파는 일이 커지고 바빠지면서 너는 폭력과 사기를 서슴지 않았다. 그래서 내가 너를 더럽게 여겨, 하나님의 거룩한 산에서 쫓아냈다. 너를 지키는 그룹이, 너를 불타는 돌들 사이에서 추방시켰다.…"겔28:13이하 이와 같이 도시의 천사로 상징되는 두로의 왕은우리는 이미 그 힘을 보았고 그 유혹을 묘사했다 인간의 도시 건축에 영감을 주었다. 그리고 그는 우리가 하늘의 예루살렘에서 발견하는 것과 같은 보석들로 치장했었으며, 지금 심판 가운데에 있다. 두로의 왕자가 하늘의 힘이었고, 반역한 세계의 작품이었으나 하나님의 심판 아래 있다는 사실을 이것보다 더 잘 묘사할 수 있을까? 그가 하나님이 정죄하는 행위를 행했기 때문에, 이 상징적인 보석들이 그에게서 박탈되었음을 이보다 더 잘 이야기할 수 있을까? 그리고 인간의 도시가 하나님의 거주에도 인간의 진리에도 기초를 놓지 않았음을 이보다더잘 이야기할 수 있을까? 이 도시는 하나님의 사랑에도 기초를 놓지 않았고, 인간의 궁휼에도 기초를 놓지 않았다. 하나님 왕국의 정의正義 위에도, 하나님에 대한 경외함에도 그 기초를 놓지 않았다. 이 보석들이 두로의 왕자에게서 박탈된 것은 사실인데, 그 이유는 그의 작품인 도시가 하나님의 부재 위에, 인간의 거짓 위에, 잔인함과 힘의 세력 위에, 불의와 공포 위에 세워졌기 때문이다. 그러나 하나님이 역사의 전 시간 동안 보전했던 이 보석들은 가슴받이 위에, 피조물들의 불완전성 안에 비극적으로 그려졌다. 그리고 이 보석들은 반역한 천사의 손에 탈취된 인간의 도시가 하나님의 도시 안에서 변화될 때, 그들의 위치와 의미를 다시 발견하게 된다. 하나님의 도시에서 각각의 보석은 자신의 영원한 가치를 다시 얻게 될 것이고, 각각의 보석이 비추는 빛은 영원히 꺼지지 않는 빛을 반사할 것이며, 결국 이 도시에 질서가 다스릴 것이다.

※　　※　　※

자 마지막으로 계시록 기자가 중요하게 견지했던 두 상징나무와 물을 살펴보자. 이 도시의 중심에 강과 나무가 있으며. "천사는 또, 수정과 같이 빛나는 생명수의 강을 내게 보여 주었습니다. 그 강은 하나님의 보좌와 어린 양의 보좌로부터 흘러 나와서, 도시의 넓은 거리 한가운데를 흘렀습니다. 강 양쪽에는 열두 종류의 열매를 맺는 생명나무가 있어서, 달마다 열매를 내고, 그 나뭇잎은 민족들을 치료하는 데 쓰입니다.…"계22:1 이하 이 묘사는 에스겔47장이 묘사한 것과 상당히 정확하게 부합한다. 여기에서 역시 우리는 성전 중심에서 흘러나오는 강을 발견하게 된다. 이 강 역시 생명수이고, 생명을 주는데, 그것은 이 강이 흘러가는 어디에나 쓰고 썩은 물죄와 죽음의 상징이 달고 신선한 물로 변하기 때문이다. 강 양편에, 매달 열매가 열리고 치료용 나뭇잎이 나는 나무가 자란다. 그래서 이 두 환상은 완전히 일치하며, 요한이 에스겔에게서 이 이미지를 차용했다는 다른 해석이 우리를 혼란스럽게 하지 않는다. 이것은 하나님의 영"성령이 같은 영감을 준 것이라고 이야기할 수 있다! 그러나 분명히 요한은 이것을 영적인 의미로 이해했다. 또한 어떤 주석가들이 에스겔의 주해에서 이야기하는 것과 같이, 이것을 물질적인 의미로 이야기한 것이 아니라는 사실 역시 분명하다. 나아가서, 요한이 기록한 모든 것은 생명수와 세례, 그리고 구원과 관련된 복음적 맥락에 의해 더욱 풍성해 진다.

그러나 우리는 여기에서 도시에 관련된 것만을 강조하는 것으로 제한하려 한다. 여기에서 나오는 첫 번째 사실은 도시 가운데에서, 광장에서 나오는 것은 나무이고, 동시에 이 나무는 강 양편에서도 자란다. 이것은 상상하기 쉬운 것이 아니다! 이것은 물론 명확한 의도를 갖고 있다. 이것은 에스겔에서 나타나는 것보다 더 명백하고, 여기에는 의심의 여지없이 계시의 진보가 있다. 에스겔이 본 이 나무들은 이제 하나의 나무로 축소되고, 맛있는 과일과 치료하는 나뭇잎들은 이제 생명나무라는 그들의 진정한 이름을 갖게 된다. 그래서 이것은 아담이 불복종 이전에 사용할 수 있었고, 죄 때문에 하나님에 의해서 금지되었던, 에덴동산에덴의 정원 가운데에 심겨진 생명나무를 의미한다. 그 이유는 우리가 하나님과 연합되어 있지 않을 때에, 우리가 하나님과 분리되어 있을 때에, 우리가 이 과일을 먹는 것은 문자 그대로 지옥 가운데에 있는 것이기 때문이다. 이 나무는 그래서 하늘의 예루살렘 안에서그 안에서만 발견된다. 이것은 분명히 우리가 이야기 하는 에덴에서 여호와샤마로 바뀌었음을 확증해 준다.

그러나 선과 악을 구분하는 나무는 더는 존재하지 않는다. 다시 말하면, 무엇보다도 이 나무의 실재는 그대로 남아 있으며, 반역에서 얻어진 이 지식은 사라지지 않고, 오히려 하나님과의 화해를 통해서 선악을 알게 하는 나무는 자신의 위치로 돌아간다. 자유가 그리스도 안에서 인간에게 다시 주어졌지만, 우리가 이 땅에 있는 한 영광스러운 자유는 아직 주어지지 않은 것과 마찬가지로, 초라하고 위협 받고 완성되지 않은 선과 악에 대한 지식은 예수 그리스도의 희생에 의해 새로운 언약에 통합되었고, 이제 거룩한 도시 안에서 꽃 피워야 한다. 이와 같이 그 어느 때보다 더 통합적인 하나님과의 연합은, 귀신에 대한 지식을 사도 바울이 우리에게 선언한 사랑의 지식으로 바꾼다. 그래서 그때에는 하나님이 나를 아는 것과 같이, 내가 온전히 알게 될 것이고고전 13:12, 우리가 오늘날 지식이라 부르는 모든 것과 무관한 방식으로 알게 될 것이다. 그리고 이 새로운 지식의 발걸음은 우리로 하여금 하나님의 도시에 대한 새로운 관점을 갖도록 할 것이며, 이 도시는 하나님의 사랑을 통해서 이러한 지식의 장소가 될 것이다. 그 이유는 이 장소가 객관적 지식의 장소나 인간의 지적 대상 혹은 세상의 소유가 되는 대신에, 예수가 사랑으로 자신을 희생 제물로 드리면서 가질 수 있었던 지식의 장소가 될 것이기 때문이다. 그리고 생명나무 만이 계속해서 존재할 것인데, 여기에는 그 이중적 기능을 이야기하고 있다. 열매를 통한 음식의 기능과, 나뭇잎을 통하여 치료하는 기능. 말하자면 정확히 영원한 삶을 보증하는 기능을 이야기하고 있다.

아무도 위협하지 않는 도시에 성벽이 있다는 것이 무척 우스꽝스럽다고 주해하는 영민한 논리적 이론가들이 있다. 이들은 동일하게 우리가 영원한 삶을 산다면 이 생명나무가 더는 필요 없다는 사실을 주목하고, 그 앞에 있는 구절들이 우리에게 더는 질병도 죽음도 없다고 선언하는 것을 주목한다. 그렇다면 이 치료는 무엇에 작용하는 것일까? 그러나 그 영민한 이론가들은 분명히 자신들의 논리의 노예이고, 이 논리에 의해서 스스로 여러 사실을 배제시킨다. 우리는 사도바울을 통해 이 이론가들의 논리가 하나님의 논리와 다르다는 사실을 알게 된다.

이 나무는 모든 피조물의 타락과 구원의 모든 역사를 기억하고자 여기에 있다. 이 나무는 필요에 의해서 있는 것이 아니고아 현실주의자들이여!, 그 효용성에서, 하나님의 생명으로 살면서, 부활하고 영화된 인간에게, 하나님의 위대한 작품이 무엇이었는지, 그리고 하나님의 오래참음과 사랑이 무엇인지를 알려 주고자 있는 것이다. 그리고 우리는 왜 기독교적 전통을 포기해야 하는가? 에덴동산정원의 가운데 있던 나무가 예수 그리스도의 십자가를 상징한다는 주장은 지금까지 지속적으로 받아들여졌다. 그리고 도시의 가운데에 있는 나무는 여전히 이 십자가이다!

물론 헬라그리스어로 된 구절은 실재로 "생명의 나무" 라 이야기하고, 이것은 예수를 매단 십자가의 그 나무를 떠오르게 하지 않는다. 그러나 이 나무는 도시 중심에서, 그리스도에 의해서, 그리고 그의 죽음 안에서, 인간이 받은 생명의 양식에 대한 살아있는 표식이다. 그리고 이 나무는 끊임없이, 1년에 12번 열매를 맺는다. 한 열매는 십자가에 한 번 매달리는 것을 상징한다. 이와 같이 모든 것의 모든 것이 되는 하나님은 여전히 구원자로 남아 있으며, 하나님의 그 표식은 하나님이 담당하는 인간의 작품 중심에 심겨진 채로 인간들 사이에 남아 있다.

그리고 이것은 여전히 생명수, 살아 있는 물을 의미하는 강의 존재에 의해 확고하게 된다. 이 강은 하나님의 보좌 혹은 성전에서 흘러 나와서, 이 물이 닿는 모든 것을 깨끗하게 하고 정화시키며, 바다에 의해서 대표되는 세상의 광대함은 이 강에 의해서 변화되어진다. 우리는 여기에서 새로운 예루살렘이 진정으로 새로운 피조물의 수도라는 사고를 다시 보게 되고, 여기에 새로운 피조물을 통일시키는 연결고리를 만나게 된다. 바로 이 강이 도시에서 끊임없이 흘러나오고, 주위의 모든 피조물에게 도시의 왕좌에 앉은 자와의 연합을 가져다준다. "이 큰 물이 가는 곳 어디에서나 만물이 살아날 것이다." 이 강은 하나님의 보좌에서, 어린 양의 보좌에서 흘러나온다.… 이것은 삼위 하나님에게서 흘러나오는 것으로, 이것이 도달하는 모든 것이 그 풍성함을 통해 살도록 하는 생명의 영원한 흐름을 보여주는 환상이다. 이와 같이 영생은 지속하는 고정된 한 순간이 아니고, 절대 바뀌지 않을 변하지 않는 견고함도 아니며, 거대 체계 가운데 차갑게 고정된 실체도 아니다. 그것은 진보이고 생명력이며, 산에서부터 흘러나오는 물 같이 언제나 새롭고 빠르게 변하며, 진정한 생명예수 그리스도과의 연합을 통해 항상 새롭게 창조되는 젊음이다. 이 이미지는 너무나 명료하고 단순하며, 성서의 여러 곳에서 서로 확증되고 지지된다. 따라서 여기에서 예수 자신이 이야기한 것을 다시 반복할 필요는 없어 보인다.

만일 이 본문들을 정직하게 해석하려 했다면, 다음의 현상들은 일어나 지 않았을 수도 있었을 것이다. 이 현상들은 최근에도 존재한다. 어떤 역사가들은 에스겔이 환상에 물질적인 의미를 부여했으며, 따라서 이 환상은 사해 바다의 변화를 의미한다고 주장했다. 어떤 천년주의자들은 새예루살렘이 이 땅에서 실현될 것이라고 생각하면서, 우리가 실재로 잘 아는 대양들을 깨끗하게 하는 하나의 강을 볼 것이라고 주장했다. 우리는 여전히 혼란 가운데에 있다. 예레미아서에 기록된 동일한 사상을 어떻게 무시할 수 있는가?우리는 묵시가가 아닌 특별한 예언자로 예레미아를 선택했다! "주님에게서 떠나간 사람마다 생수의 근원이신 주님을 버리고 떠나간 것이므로, 그들은 땅바닥에 쓴 이름처럼 지워지고 맙니다."렘17:13 우리는 여기에서 정확하게 우리의 실재적이고 육체적인 세상과, 생명수의 근원에 의해 변화된 세상 사이의 대립을 볼 수 있다. 또한 사마리아 여인과의 대화를 통해 예수에게서 발견되는 사상과, 예수가 말한 사상을 볼 수 있다. "나를 믿는 사람은, 그의 배에서 생수가 강물처럼 흘러나올 것이다."요7:37,38 이 강은 하나님에 의해서 만들어진 도시를 특징짓는 전체적이고 절대적인 믿음의 표식이다. 이 강은 이 도시에서 흘러나오고, 예수 그리스도의 깨끗하게 함을 모든 땅과 모든 하늘로 전달한다. 이 강은 에덴에서 흘러나왔던 4개의 강에 대응한다. 4개의 강은 타락을 예언하는 반면, 새예루살렘에서 흘러나오는 강은 영생의 실재이다. 왜냐하면, 세례는 이제 실재가 되었기 때문이다. 그저 표식으로 나타났던 것이 이제 완전히 성취되었다. 우리는 죽음을 넘어섰고, 우리는 그리스도와 함께 죽음을 넘어왔으며, 세례의 물은 단지 표상일 뿐이다 우리는 이 생명의 물을 영원히 소유한다. 우리는 그리스도와 함께 죽음에서 벗어났고, 이것은 새로운 피조물의 중심에 있는 생명수를 이야기하는 것이며, 인간으로 하여금 구원의 역사를 기억하게 하는 것이다.

그래서 우리는 이 도시 안에서 삶의 표식을 발견한다. 이 도시는 생명의 도시이고, 모든 도시 가운데 이제 가장 새로운, 가장 신선한 도시이다! 이 표식은 일상의 고통스러운 경주의 삶 가운데에서 세례를 통해 주어진 것과 동일한 표식이다. 이 표식은 단지 세례를 기억하기 위한 것이다. 그러나 인간의 삶에 녹아 있는 모든 것은 은혜에 의해서, 자비에 의해서, 그리고 선택된 도시 안에서의 주님의 개입을 통해서 나타난다. 여기에는 우리가 상상할 수 없는 질서가 있으며, 우리는 이것을 단지 이미지로 그릴 뿐이다. 자, 여기에 내가 다니는 안전이 보장되지 않는 위험한 변두리외곽가 있으며, 페인트가 벗겨지고 지저분해진 노동자 주거가 있고, 하수로 더러워진 정원과 허물어진 집이 있으며, 상하수도의 악취 나는 고인물이 있고, 한 때 많이 쓰였지만 이제는 여기저기 버려진 건축자재들이 있다. 이제 이 모든 것은 순금으로 된 벽과 새예루살렘의 새로운 구역 안에서 변화될 것이다. 그리고 변하지 않는 수정 같이 맑은 생명수의 강이 영원히 이 도시의 중심을 지날 것이다.

크리스마스에 그리고 부활절에

요약

제1장 _ 건축

1. 가인

역사상 첫 번째 도시 건축자는 가인이었다. 그는 아벨을 살해한 후에 떠돌아야 하는 저주를 받았다. 그는 이 저주로 불안정한 상황 가운데에 놓이게 된 것으로 보였지만, 실제로 이 저주는 진정한 하나님의 보호 아래로의 부름이었다. 그러나 가인은 하나님을 믿지 않았고, 하나님이 부여한 안전에 자신을 맡기지 않았으며, 스스로 자신을 보호하기 위해 하나님을 떠나 에덴의 동쪽 놋 땅에 도시 에녹을 건설했다.

가인이 선택한 동쪽은 출발점인 동시에 영원을 의미한다. 자신의 불안을 해소하기 위해 이 장소를 추구할 수록 그는 더욱 더 영원한 어둠 속으로 빠져들게 되었고, 하나님과 더 깊은 단절을 경험하게 된다. 가인이 건설한 도시는 살인의 결과인 동시에 하나님의 보호를 거부한 결과였다.

시작, 출발을 의미하는 도시 에녹은 하나님의 창조를 거부하고 인간 스스로 역사를 시작하는 것을 의미했다. 도시는 죄와 노예의 운명, 반역의 운명을 따라 태어났다. 성서는 도시에 대해서 일관되게 정죄의 관점을 취한다. 성서에서 도시는 일하는 천사, 땅의 침략자를 의미하며, 이것은 도시가 물질적 존재이기 전에 영적인 존재임을 뜻한다. 따라서 도시의 영적 의미는 공포와 경계를 의미하고, 그 성벽은 증오를 의미하고 분노의 표식이 된다.

2. 니므롯

저주 받은 가나안의 아들 니므롯은 이 땅에서 첫 번째로 힘을 가진 사람이었고, 주님 앞에서 큰 사냥꾼이었다. 그의 이러한 존재 양태는 인간이 하나님과 분리된 상태에서 하나님 앞에 모든 것이 보여지는 상황을 의미한다. 동시에 인간이 하나님의 뜻을 벗어나 힘의 정신에 굴복함을 의미하기도 한다. 니므롯을 통해 도시는 정복과 연결되는 문명을 갖게 된다. 인간의 경제적, 사회적, 정치적 삶은 이제 도시와 정복을 떠나서 생각할 수 없게 되었다.

니므롯이 건설한 도시들은 시날 지역에 있었으며, 이 지역은 이스라엘이 역사 가운데에 끊임 없이 맞닥뜨려야 했던 힘이었다. 이 도시들은 문명과 기술의 힘이었고, 죄와 우상의 힘이었으며, 예루살렘을 유혹하는 힘이었다. 인간은 바벨을 건설하고, 스스로 이름을 지으면서 하나님의 창조를 배제시킴으로 영적인 정복을 시작했고, 하나님과의 단절과 하나님의 죽음을 선언했다. 하나님은 여기에 대해서 인간의 언어를 혼란스럽게 함으로 인간 사이의 의사소통을 불가능하게 했고, 인간은 의사소통의 불가능성을 통해서 하나님을 대항한 독립된 진리를 만들어 낼 수 없게 되었다. 결국 도시는 의사 소통의 부재의 장소가 되었고, 그 결과 바벨은 실패로 사라질 수 밖에 없었다.

3. 이스라엘

이스라엘이 첫 번째 건설한 것은 돌무더기였고, 이것은 하나님을 위한, 하나님의 임재 가운데의 사람 사이의 연합을 의미하는 돌무더기였다. 이 선택 받은 민족은 이집트에서 포로가 되고, 이집트의 도시 건설에 연루된다. 이들은 파라오의 도시를 건설해야 했고, 이방 신전을 지어야 했다. 이스라엘 백성에게 이 건축 행위는, 이후에 그들이 자신들의 도시를 건축할 때에, 도시 건축 행위가 저주의 표식이고 노예됨을 선언하는 표식임을 인식하도록 할 것이다. 또한 이스라엘 백성으로 하여금 이 건축에 참여하도록 하는 것은, 하나님이 인간이 세운 도시를 자신의 작품으로 바꿀 것이고, 자신의 도시를 건축할 것을 예표한다.

가나안 정복 전쟁에서 므낫세 지파는 가나안의 영향력이 남아 있는 도시를 수용하여 고대 도시 연방에 편입되었고, 그 결과는 종교혼합주의로 나타났다. 그리고 이스라엘은 고대 도시를 점령하는 것으로 만족하지 않고, 여기에 자신을 위한 도시를 건설한다. 이스라엘이 점령한 도시 여리고는 하나님에 의해서 도시가 나타내는 세력의 패배를 상징한다. 이후에 히엘은 여리고를 재건하는데, 이방민족의 방식대로 여리고를 건축했다. 이것은 히엘이 하나님의 말씀을 거부했음을 의미한다. 히엘은 자신의 두 아들을 희생하면서까지 도시라는 유용하고 매혹적인 존재를 재건한다.

솔로몬은 성전 건축이 끝난 이후에, 이방신들에게 바쳐진 도시를 건축했다. 솔로몬의 이 도시 건축은 도시 속에서 물화物化된 힘의 정치를 결심했음을 의미한다. 로호보암은 도시 건설을 통해 하나님의 언약과 보호를 무장된 정치 형태와 성벽으로 대체하려 하였다. 그리고 빼앗긴 10 지파를 도시의 힘으로 대체하려 하였다. 그는 하나님이 부여한 토대 위에 기초를 두기 보다는 유한한 것, 즉 힘의 정신을 갖고 있는 도시에 뿌리를 두려 했다. 그 결과 이집트와의 전쟁에서 패배를 당했고, 성전이 약탈되었다. 반면에 아사와 여호사밧의 도시 건설은 다른 평가를 받는다. 이들은 도시가 하나님께 종속되어 있다는 사실을 인식했고, 도시 건설을 통해 하나님의 안식을 선포했다. 그러나 비록 이들이 버림 받지 않았고 경건하다 하더라도, 이들의 도시가 하나님에 의해서 영적 무장이 해제된다 하더라도, 도시의 속성은 그대로 남아 있다. 도시는 이 거룩한 왕들을 유혹하기 시작했고 결국 타락했다. 이것은 결코 인간의 힘으로 도시를 거룩하게 할 수 없으며, 깨끗하게 만들 수 없다는 사실을 보여준다.

4. 건축하자…

성서는 도시 문명과 대립되는 유목 생활을 요구하지 않는다. 가나안 정착 이후 이스라엘은 도시를 건축했고, 이들의 도시 건축은 이성적 행위였으며, 정치·군사·사회적 필요에 의한 것이었다. 이스라엘 앞에 놓여진 이러한 세상의 요구는 극복할 수는 있는 것이었지만 피할 수 있는 것은 아니었다. 선택받은 민족과 세상 권세의 통치의 이중 구조 가운데에 이스라엘은 매순간 선택의 기로에 놓이게 되었으며, 이것은 세상의 지혜와 그리스도의 십자가의 이중 구조 가운데에 놓은 우리의 상황과 동일하다. 물론 구약 성서에 이스라엘의 도시 건축에 대한 이러한 기록은 예언적인 것이었고, 예수 그리스도를 통해서 조명되어야 한다.

제2장 _ 도시에 떨어진 심판

하나님에 대항하여 건설된 도시와 도시 문명은 이제 죄와 은혜의 도식 속에서, 하나님의 개입을 통해 다른 존재가 되어 간다.

1. 저주

인간의 도시의 여러 문제들에 직면하여, 스스로 그 문제들을 해결하기 위해 노력한다. 그러나 성서는 도시에 대해서 일관적으로 저주와 심판의 태도를 취한다. 성서에서 바빌론은 모든 도시를 대표하고, 이 도시 안에 인간의 모든 정죄 받은 행위가 집약되어 있다. 따라서 성서에서 나타나는 바빌론을 향한 정죄는 모든 도시에 적용되는 것이다. 그리고 이 정죄는 모든 힘이 집중되어 있고, 모든 중요성이 결집되어 있는 오늘 날의 대도시에 보다 더 잘 부합한다.

대도시는 전쟁을 일으키는 주체이며 자본의 논리가 지배하는 곳이고, 죄의 집합소이다. 그리고 여기에 인간이 연루되어 있다. 도시는 광기를 발산하며, 스스로에게 가치를 부여하고, 힘을 갖고 있으며, 자신의 존재를 분명히 드러낸다. 그리고 인간에 대해서 뿐만 아니라 하나님에 대해서도 독립적인 인격을 갖고 있다. 또한 도시는 우상의 장소로, 이 우상으로 인간을 유혹한다. 만일 도시의 모든 것이 부패하고 하나님을 대항한다면, 그것은 도시가 하나님에 대해서 닫혀 있기 때문이다. 인간은 이 도시에서 방랑을 멈추고, 정착하며, 안정감을 누리게 된다. 그러나 이러한 정착은 실재로는 완벽한 노예상태의 전락을 의미하는 것이며, 인간의 자기 상실을 나타낸다.

도시에 대한 심판은 이 도시와 연대된 사람들, 도시의 교만과 부유함에 의지했던 사람들에 대한 심판이다. 도시는 하나님으로부터 인간을 보호하기 위해서 건설되었지만, 하나님은 도시에 심판을 내릴 것이고, 이 심판은 도시와 인간 사이의 영적 물질적 분리를 가져올 것이다. 그리고 바빌론에 대한 심판은 최후의 심판이고, 전 세계를 향한 심판이다. 인간의 모든 소망이 담겨 있는 이 도시는 결국 심판을 받게 된다.

현대의 사회학자, 도시계획가들은 도시를 진보에 대해 열린 체계로 이해하고, 모든 선한 의도를 가지고 도시를 계획한다. 그러나 도시는 저주에 기초한 것이고, 우리의 모든 노력은 결국 우리가 현재 맞닥뜨리는 도시의 수많은 문제들을 파생시키게 되었다. 우리의 도시들은 암세포와 같이 파괴되어 가며, 끝 없는 죽음의 상황을 만들어낸다. 도시가 전쟁의 중심에 있다는 사실은 심판의 표식이다. 도시가 전쟁의 주체가 되는 것은 도시가 용맹한 군사이기 때문이 아니라, 도시가 심판에 의해 공습 당하고 공격 당하기 때문이다. 따라서 우리는 도시에 대한 심판을 듣고 받아들여야 한다.

2. 소돔과 니느웨

그러나 도시와 인간이 동일한 운명 가운데에 있는 것은 아니다. 도시와 다르게 인간에게는 탈출구가 있다. 인간은 도시에 연루되어 있기 때문에만 정죄를 받는 것이 아니다. 인간의 반역은 어떤 부분에서는 도시적인 차원을 넘어서고, 심판의 책임자이기도 하다. 동시에 도시는 하나의 통합체이며, 도시의 주민은 하나의 공동체를 형성한다. 소돔과 고모라의 심판에서 하나님은 소수의 의인 때문에 심판의 뜻을 접으시려는 의지를 나타낸다. 이것은 도시에 대한 다른 가능성을 열어준다. 소돔과 고모라의 죄에 연합된 모든 거주민들은 도시의 심판과 함께 사라졌지만, 여기에 연대하지 않고 이방인으로 남았던 롯과 가족들은 이 심판을 피할 수 있었다.

니느웨는 전쟁의 도시였다. 이 도시의 개개인은 니느웨의 공동의 죄, 즉 사회적 죄에 가담한 것이었다. 그러나 니느웨의 모든 백성은 회개했고, 정부는 돌이켰다. 이 사건이 보여주는 것은 사회적 죄가 용서 받기 위해서는 영적 권력과 정치적 권력이 회개해야 한다는 사실이다. 각 개인이 자신이 저지르지 않은 행위를 사회 조직의 연대 속에서 받아들일 때에 실제적인 회개가 일어난다. 니느웨의 백성들이 하나님의 심판을 통해 좌우를 분간하게 될 때, 이들은 사탄의 세력으로부터 자유롭게 되고, 도시는 죽음의 유혹으로부터 벗어나게 된다.

소돔과 니느웨의 사건에서 하나님의 심판은 인간의 범위를 벗어나 있다. 인간이 이 심판에 연루되는 이유는 도시의 건축자이기 때문이며, 일종의 원인 제공자이기 때문이다. 그러나 성서는 도시에 대한 저주와 심판을 이야기하면서 동시에 도시를 용납하고 있음을 함께 보여준다.

3. 그러나 이 도시들 안에서…

이스라엘이 바빌론에 포로로 잡혀간 것과 같이, 교회는 도시에 포로로 잡혀있다. 그리고 우리는 이 도시에 대해서 아무 것도 할 수 없다. 인간은 하나님을 대신해서 도시를 심판할 수도 없고, 이와는 반대로 도시를 선하게 만들 수도 없다. 오히려 인간은 도시의 다른 사람들과 동일한 삶을 살도록 요구된다. 그래서 우리는 하나님의 저주와 도시의 삶 속에서 혼란스러워한다. 그러나 우리는 하나님의 저주 앞에서 도시를 위해서 중보해야 한다. 이때에야 진정한 자유를 맛보게 되고, 도시에 종속된 노예 상태를 벗어나게 된다. 도시는 이처럼 하나님의 말씀을 받은 사람들 때문에 유지되고, 이 때에야 진정한 도시의 선善을 추구하게 된다. 그리고 도시의 중보자들은 진정한 하나님의 개입을 기다려야 한다.

그리스도인에게 도시를 떠나라는 명령은, 도시가 이미 파괴되고 도시를 위해 할 수 있는 것이 아무 것도 없을 때에 주어진다. 도시로부터의 도피는 콤블린이 이야기하는 것처럼 도시의 의미를 재발견하기 위함이 아니라, 심판이 이미 선언되었음을 의미하는 것이다. 그리고 교회는 도시 안에서 하나님의 말씀을 모든 사람이 들을 수 있도록 선포해야 한다. 이 모든 것은 마지막 때에 일어날 것이다. 하나님이 말씀할 때 그리스도인은 도시로부터 분리되는 소명을 받게 된다. 그리고 이 때 하나님의 말씀에 귀를 기울일 준비가 되어 있는 사람들, 하나님이 남겨 둔 사람들을 인도해야 한다.

그리고 도시에 대한 심판과 은혜의 말씀은 도시로 대표되는 인간의 저항하는 마음 중심을 향한 것이다. 예수께서 제자들을 이스라엘의 도시로 보낸 것은, 우리가 살펴 보았던 이스라엘의 특수한 죄, 즉 이스라엘의 도시 건설이 가인의 도시 건설보다 의식적으로 하나님을 거부한 것과 관련이 있다. 예수는 제자들을 동해 반역의 중심, 세상의 중심에 복음을 선포했다. 이제 이스라엘은 교회로 확장되었고, 교회는 제자들과 동일한 일을 도시 내에서 행해야 한다. 교회는 도시의 힘에 대항해서 끊임 없이 하나님의 말씀의 전쟁을 치뤄야 하고, 이 전쟁은 예수의 재림 때에 승리로 끝나게 될 것이다.

제3장_어둠 속의 여명

1. 일시적인 선택

하나님은 불순종한 이스라엘을 징벌하기 위해 일시적으로 바빌론을 선택한다. 선택된 민족이 포로로 잡혀간 이 도시는 하나님의 창조를 대항하는 장소이며, 건축자의 목적이 성취되는 곳이다. 하나님은 의도적으로 도시를 선택했고, 이 선택은 도시와 하나님 사이의 화해의 가능성을 말해준다.

우리는 우선 도피성 제도를 통해 도시의 긍정적인 요소를 발견할 수 있다. 하나님은 이스라엘에게 6개의 도피성을 선택하도록 요구했고, 이 도시들은 무고한 살인자를 보호하는 특성을 갖고 있다. 가인이 하나님으로부터 자신을 보호하기 위해 도시를 건설했던 것과는 대조적으로, 도피성은 살인 의도가 없는 살인자의 보호를 통해 하나님의 사랑의 법을 위반하지 않는 보호자가 된다. 이스라엘에게 주어진 6개의 도피성은 모든 용서 받은 자의 피난의 장소를 상징하는 것이며, 새예루살렘의 영광을 예표한다.

2. 예루살렘

다윗은 예루살렘을 언약궤의 도시로, 하나님의 도시로 만들려 했지만, 하나님은 자신의 주거를 만드는 것에 거부의 의사를 나타냈다. 하나님은 오히려 다윗을 위해 진정한 도시를 건설하겠다고 약속한다.

예루살렘을 통해 도시는 언약궤와 연결되고, 하나님은 도시에서 거주할 것이다. 하나님은 다윗의 요구를 따르고, 이에 따라 예루살렘이 하나님의 구원의 역사 가운데 들어오게 된다. 하나님은 이 선택된 도시를 온전하게 만들지만, 인간은 여기에 우상숭배의 죄를 가져온다. 그래서 이 도시는 다른 도시들과 같이 벌거벗겨져서 다른 도시들에게 넘겨지게 된다. 그리고 인간의 우상숭배에 의해서 파기된 언약은, 하나님의 용서와 예루살렘의 회개 위에 새로운 언약으로 대체된다. 이 언약은, 하나님에 의해서 예루살렘은 진정으로 거룩하게 될 것이고, 다른 모든 도시들은 예루살렘 안에서 구원 받을 것을 이야기한다.

다윗의 선택은 가인의 시도를 실패로 만든다. 하나님이 인간이 만든 곳으로 오면서, 도시는 이제 하나님을 향해 열린 장소가 된다. 예루살렘의 선택은 하나님이 인간의 행위에 실재로 존재하고 있음을 보여줄 뿐만 아니라, 자신을 대항한 이 행위를 자신의 것으로 만듦을 보여준다. 하나님은 이제 도시의 건축자가 되고, 예루살렘은 다른 모든 도시들 가운데 첫 열매가 된다.

예루살렘은 인간에게 하나님의 행위를 보여주는 동시에 상황의 심각성을 보여준다. 그래서 이 도시는 하나님의 심판과 은혜를 증거하는 도시이다. 예루살렘은 그 어떤 도시보다 큰 재앙으로 심판을 받을 것인데, 그것은 하나님이 예루살렘에 등을 돌렸으며 이 거부가 진정한 재앙을 의미하기 때문이다. 반면에 예루살렘을 향한 부르심은, 인간의 죄된 실존 가운데 인간을 향한 하나님의 사랑과 선택이 변할 수 없음을 나타내준다.

예루살렘의 심판과 영광스러운 건설은 종말에 이루어질 것이다. 하나님은 예루살렘을 자신의 소유로 선언하면서, 다른 모든 도시들을 자신의 소유로 삼고, 이것은 도시에 대한 인간의 지위를 상실하도록 한다. 이것이 예루살렘이 모든 도시들의 첫 열매의 역할이다. 그리고 이 도시는 궁극적 도시, 새예루살렘으로 대체되기 위해서 존재한다. 결국 예루살렘은 하나님 말씀에 의해서만 가치를 가지고, 앞으로 올 새예루살렘을 증거할 때에만 의미를 지니게 된다. 그리고 그리스도를 기다린다.

제4장 _ 예수 그리스도

1. 성취

도시에 대한 모든 예언은 예수 그리스도를 통해 성취된다. 예수와 도시의 첫 번째 만남은 사탄의 유혹에 의한 것이었고, 그것은 메시아가 예루살렘에서 선언되어야 한다는 예언 때문이었다. 예수는 도시에 대해서 일관되게 정죄의 태도를 취하는데, 그것은 이 도시들은 예수의 기적을 받아들이지 않기 때문이었다. 무질서의 상징인 도시는 예수 그리스도의 기적의 경험을 통해 새로운 질서 속으로 들어오고, 이 질서를 만들 수 있었지만, 이 기적을 거부함으로 결정적인 정죄를 당한다. 도시가 예수의 기적을 거부한 것은 예수를 거부하고 그의 죽음을 선언하는 것이었다.

2. 머리둘 곳 없이

예수는 태어날 때부터 머리 둘 곳이 없었고, 도시에 정착할 가능성을 거부했다. 동시에 자신의 제자들을 도시로 보내고, 도시를 저주했다. 이러한 예수의 행위는 가인에게 주어졌던 저주를 완벽하게 받아들였음을 의미한다. 그리고 이 행위를 통해 인간을 해방하고 선지자들의 예언을 확증했다. 예수는 율법에 완전히 순종했고, 이 때문에 도시로부터 버림을 받았다. 그의 죽음 때문에 도시에 대한 하나님의 심판은 정당성을 갖게 된다. 예수는 특별히 도시들이 예수의 기적을 받아들이지 않았음을 정죄했다. 이것은 도시가 말씀 만으로는 복음화가 불가능하고, 기적과 순교를 통해서 가능하다는 사실을 의미한다.

3. 무리군중

예수 그리스도가 오기까지 인간은 도시와 연대되어 있었지만, 이제 예수 그리스도를 통해 자신의 작품으로부터 분리된다. 예수가 도시를 대하는 태도와 무리를 대하는 태도에는 분명한 차이가 있다. 도시에 대해서는 끊임없이 정죄의 태도를 취하지만, 군중에 대해서는 회복의 가능성을 이야기한다. 도시 속의 인간은 영적인 존재이기 때문에 필연적으로 군중의 형태를 띠고 있다. 그리고 도시 속에서 군중 가운데에 있지만 버려져 있는 이중적 형태로 존재하게 된다.

군중은 무지한 동시에 비참한 특성을 갖고 있다. 예수가 만난 군중은 율법도 알지 못하는 죄인들이었다. 예수는 군중의 가장 낮은 상황을 직면했기 때문에, 이들에 대해 연민의 감정을 갖고 있었다. 또한 예수는 군중의 인간 조건을 자신의 것으로 가져왔고, 군중에서 인간을 분리시키는 벽을 허물었다. 그러나 이 무리들을 이끄는 지도자로 자처하지도 않았고, 이들을 움직이려 하지도 않았다.

고대의 이상향유토피아과 근대의 이상도시는 인간으로 기술과 발전을 통해서, 그리고 인간적인 미덕이 실현되는 이상적인 도시를 통해 하나님 없는 완벽한 사회를 건설할 수 있다는 주장을 한다. 그러나 예수는 무리를 도시 속의 군중으로 만나지 않고, 개인으로 만났다. 비록 이들의 개인적인 상황은 변하지 않지만, 군중 가운데에서 일련의 통합과 치유, 진정한 구원을 발견하게 된다. 이들은 더는 도시의 영에 복종하지 않으며, 이것은 예수 그리스도가 도시를 정복했음을 의미한다.

근대 도시의 확장의 문제는 예수에 의해 무장해제 당한 도시의 광기의 반응으로 해석할 수 있다. 그리고 도시가 정복당했기 때문에, 무리는 도시를 떠나 사막으로 나갈 수 있다. 예수는 사막에 모인 무리를 다시 도시로 돌려 보낸다. 그리고 예수 그리스도의 인격은 이전에는 불가능했던 도시와 인간의 분리를 구체적으로 실현하며, 각 개인이 도시 속에서 이 상태를 유지할 수 있도록 한다.

니느웨의 회심은 전적으로 하나님의 행위로 이해해야 한다. 표적으로 나타나는 예언을 받아들인 니느웨 사람들과, 기적에도 불구하고 예수 그리스도를 받아들이지 않는 현대 도시는 대조점을 이룬다. 도시의 죄와 분리된 니느웨 사람들은 회심을 하게 되고, 이 부분은 예수 그리스도를 조명한다.

4. 예수와 예루살렘

예수는 예루살렘의 모든 것을 성취했고, 예루살렘은 이제 그 역할을 상실했으며, 예수가 이 도시의 역할을 대신한다. 예수의 죽음을 추구했던 예루살렘은 하나님의 뜻을 성취한다.

예수는 예루살렘이 아닌 베들레헴에 태어났으며, 예루살렘의 중심에 있는 성전을 공격한다. 이 때 예수는 자신의 몸이 성전을 대체한다고 선언한다. 이것은 하나님이 예수 그리스도를 통한 새로운 성전 이외의 다른 곳에서 더는 경배 받지 않을 것을 선언하는 것이다. 그리고 예수의 이중적 사역―성취와 대체치환―은 예루살렘을 비신성화한다. 이제 예루살렘은 다른 도시들처럼 되었고, 예수의 죽음을 통해 바빌론이 되었다.

예루살렘에서 도망하라는 예수의 예언은 단지 지역적인 예루살렘을 의미한다기 보다는, 예루살렘이 나타내는 가치를 포기하라는 요청이다. 도시가 인간에게 안전장치인 것처럼, 예루살렘은 율법을 통한 안전, 즉 죄에 대한 인간 정당화의 수단을 포기하라는 요구인 것이다. 예루살렘은 인간이 도시를 통해 정의와 거룩함을 추구하고, 이 작품을 통해 영적 의미를 얻으려는 것을 경고하기 위해 존재하며, 역사를 통해 새예루살렘을 보증하는 존재가 된다.

제5장 _ 우리 앞에 펼쳐진 진정한 지평

우리는 문명의 역사에서, 그리고 도시의 문제들을 해결하기 위한 사회학과 도시학의 노력을 통해서, 이 해답이 우리의 노력을 넘어선다는 사실을 알게 된다. 우리는 도시의 모든 문제의 핵심이 영적인 문제와 관련이 있다는 사실을 간과하고 있다. 도시의 모든 문제는 영적인 관점으로 접근해야 하고, 계시를 통해 이해해야 한다.

1. 도시의 역사

인간의 인식, 문명은 필연적으로 도시와 연결되고, 도시는 인간 행위의 핵심이 된다. 도시는 외부에서 모든 것을 공급 받으며, 자신을 위해서만 생산을 한다. 여기에서 도시가 생산하는 것은 단지 지적인 부분에 대한 것으로, 철학과 예술 등은 도시 없이는 생각할 수 없다. 인간은 무의식적으로 도시를 계획하지만, 도시는 절대로 인간의 계획에 따라 움직이지 않는다. 우리는 오히려 도시의 수 많은 문제들을 직면하게 된다. 그리고 인간은 자유를 상실하고, 자연적 필요를 반자연적 필요로 대체한다.

인간은 도시에 대한 환상을 갖고 있으며, 이 환상은 시골을 축소시키고 도시를 증식시켰고, 결국 국가 권력의 팽창을 가져왔다. 또한 도시에 대한 인간의 환상은 공동체의 붕괴를 가져왔다. 사람들은 조작된 상징을 통해 도시에 대한 동경과 환상을 갖게 되었고, 무수히 많은 도시계획의 노력을 기울였다. 그러나 이러한 시도들은 결코 도시의 영적 존재를 변화시킬 수 없다. 오직 유일한 생명 예수 그리스도가 도시로 내려와 도시의 물질과 섞여야 이 영적 존재가 변화될 수 있다.

2. 가인에서 예루살렘까지

하나님은 도시의 영적인 존재를 정죄했다. 이 존재는 정복되었지만, 아직 제거되지는 않았다. 예수 그리스도로 말미암아 도시의 영은 정복되었지만, 이 존재는 지금 최후의 발악을 하고 있으며, 인간은 여전히 이 세력에게 복종하고 있다. 도시는 인간이 이용할 수 있는 가치중립적인 존재가 아니다. 인간의 도시에 대한 자유는 예수의 성육신을 통해서, 그리고 하나님이 가치중립적인 영역을 허락할 때에야 가능해진다. 하나님은 도시를 통해 새예루살렘을 이룰 것이고, 이 도시에서 새로운 피조물과 만물의 통일이 실현될 것이다.

3. 에덴에서 예루살렘까지

에덴은 인간을 위한 것이었지만, 인간의 타락으로 도시가 에덴을 대체한다. 그러나 첫 번째 것은 지나갔고, 인간의 행위를 통해 나타난 도시 안에서 새로운 피조물이 완성된다. 만물의 통합자 예수 그리스도를 통해 도시에서 그리스도가 성취한 모든 것이 이루어질 것이고, 인간의 작품은 이제 영속할 것이다. 우리가 도시에 대해서 혼란을 느끼는 것은, 우리의 행위나 기술이 선악의 가치를 넘어선다고 이야기하는 유혹에 넘어지기 때문이다. 이것은 하나님의 용서를 이해하지 못하는 것이다. 이것을 오해하지 않기 위해서 우리는 하나님과의 관계에서 세상의 역사와 인간의 역사를 구분해야 한다. 그리고 도시에 대한 희망이 성서를 통해 하나님의 계시로 주어졌음을 기억하고 하나님의 용서를 받아들여야 한다. 또한 다른 사람들과 함께 도시를 건설과 환경의 개선에 참여해야 하지만, 그리스도의 용서를 남용함으로써 도시의 행위에 완전히 참여해서도 안되고, 우리의 마음을 도시에 두어서도 안된다. 그리스도인은 해학의 태도를 통해 마음을 지켜야 하고, 숨겨진 존재로 도시의 심장에 하나님을 소개해야 한다. 그리고 이 세상에서 거부된 그리스도인은 도시에 대해서 "무능력의 진술"을 선언해야 하는 순간, 예수 그리스도처럼 도시로부터 버림 받을 것이다.

제6장 _ 여호와 샤마

역사적 관점과 심리학적 관점은 새예루살렘의 실재를 외면하지만, 이 도시는 객관적 실재에 부합하는 것이고, 성령은 선지자들에게 이 부분을 조명해

주었다. 에스겔에게는 환상을 통해 성전을 중심으로 하는 하나님의 거주하심을 보여 주었던 반면에, 요한에게는 도시에 대한 환상을 보여 주었다. 이것은 하나님의 영광이 더는 성전에 거주하는 것이 아니라, 예수 그리스도 자신이 성전이 되는 사실을 보여주는 것이다. 우리는 이 도시가 우리의 지성과 이성의 영역을 넘어선다는 사실을 받아들이는 한편, 이 도시의 영적인 부분이 인간의 물질적 언어를 사용한다는 사실을 기억해야 한다. 이것은 이 도시의 해석에 대해 넘어서는 안 되는 한계가 있음을 말해주는 것이고, 동시에 종말을 향한 소망을 허락해 주는 것이기도 하다. 그러나 이 소망 때문에 현재의 삶을 도피해서도 안 된다. 오히려 이 소망을 통해 믿음의 싸움을 싸워야 하고, 물질적 작업에 가치를 부여하고 이 작업을 계속해야 한다.

1. 마지막 도시

이 땅의 예루살렘은 몰락하고, 새예루살렘이 올 것이다. 도시가 대표하는 인간의 안전, 보증은 없어지고, 유일한 보증인 하나님의 도시가 오게되며, 이 도시는 여호와샤마를 의미한다. 하나님은 도시 자신이 되는 동시에 도시를 끝 없이 초월하며, 이 도시에 거주하는 사람들은 하나님과 무한한 연합 속으로 들어가게 된다.

성서는 새로운 창조를 도시로 한정하지 않고, 모든 형태의 세상, 즉 새하늘과 새 땅을 포함한다. 그리고 도시는 여기에서 중심적 위치를 차지한다. 그러나 이 도시에서 인간은 더는 중심적인 위치를 갖지 못하고, 모든 피조물은 하나님의 영광을 향하게 된다. 이제 인간은 이 열린 도시에서 가인이 추구했던 궁극적인 대답을 발견하게 된다. 인간이 추구한 반창조는 새예루살렘에서 재창조로 변한다. 그리고 도시는 교회를 대신하고, 하나님의 빛을 통해 도시의 거주민들은 진정으로 빛의 자녀가 된다.

2. 상징

거룩한 도시의 기초는 12사도를 의미하고, 하나님의 말씀에 기초하고 있다. 새예루살렘이 육면체인 것은, 그 어떤 것도 하나님의 도시와 예정된 사람들 사이의 연합을 빼앗아 갈 수 없음을 의미한다. 그리고 숫자 12는 하나님의 성취를 의미하며 진정한 화해를 나타낸다. 또한 천사가 이 도시의 치수를 측정하는데, 이것은 이 도시가 하나님에 의해서 절대적으로 보호된다는 사실을 알려주는 동시에 전통적인 도시의 영적 힘과는 다른 영적인 힘이 있음을 의미하며, 결국 모든 것이 새롭게 되었음을 알려 준다.

이 도시를 지지하고 있는 12개의 기초에는 12사도의 이름을 갖고 있는 보석들로 장식되어 있고, 이 보석들은 대제사장의 가슴받이에 있던 12개의 보석과도 동일하다. 이것은 이 도시가 하나님의 말씀 위에 기초하고 있으며, 이 도시를 통해 대제사장의 모든 직무가 성취되었음을 의미한다. 즉, 인간이 정복했던 곳에 하나님의 중재를 통해 하나님과 인간이 하나됨을 의미하는 것이다. 그리고 두로로 나타나는 도시의 천사들이 자신들이 치장했던 이 보석들을 빼앗기고 추방되었다는 것은, 이 반역한 세계의 작품이 하나님의 심판 아래에 있다는 사실을 묘사한 것이다. 이 도시가 하나님의 도시 안에서 변화할 때 이 보석들은 원래 위치와 의미를 다시 발견하게 될 것이고, 각각의 보석들은 하나님의 영원한 빛으로 빛날 것이며, 하나님의 질서가 이 도시를 다스리는 것을 나타낼 것이다.

그리고 이 도시에서 발견할 수 있는 생명나무는 영생과 여호와샤마의 증거가 되고, 선악을 알게 해 주는 나무는 진정한 지식, 즉 예수가 자신의 몸을 주었던 사랑으로 가질 수 있는 지식의 장소라는 사실을 알게 해 준다. 그리고 도시 중앙에 있는 나무는 십자가를 의미하며, 모든 피조물의 타락과 구원의 역사를 알려 준다. 생명수는 하나님의 보좌 혹은 성전에서 흘러 나와 모든 것을 깨끗하게 하고 만물을 살아나게 한다. 이것은 생명이 예수 그리스도와의 연합을 통해 새롭게 됨을 의미하고, 우리는 이 도시에서 진정한 삶과 생명의 표식을 발견하게 된다. 수 많은 문제들로 가득한 우리의 도시들은 새예루살렘에서 진정한 생명과 진정한 아름다움으로 변하게 될 것이다.

엘륄의 저서(연대기순) 및 연구서

- *Étude sur l'évolution et la nature juridique du Mancipium*. Bordeaux: Delmas, 1936.
- *Le fondement théologique du droit*. Neuchâtel: Delachaux & Niestlé, 1946.

  →『자연법의 신학적 의미』, 강만원 옮김(대장간, 2013)
- *Présence au monde moderne: Problèmes de la civilisation post-chrétienne*. Geneva: Roulet, 1948.

  →『세상 속의 그리스도인』, 박동열 옮김(대장간, 1992, 2010(불어완역))
- *Le Livre de Jonas*. Paris: Cahiers Bibliques de Foi et Vie, 1952.

  →『요나의 심판과 구원』, 신기호 옮김(대장간, 2010)
- *L'homme et l'argent*(Nova et vetera). Neuchâtel: Delachaux & Niestlé, 1954.

  →『하나님이냐 돈이냐』, 양명수 옮김(대장간. 1991, 2011)
- *La technique ou l'enjeu du siècle*. Paris: Armand Colin, 1954. Paris: Économica, 1990.
- (E)*The Technological Society*. New York: Knopf, 1964.

  →『기술, 시대의 쟁점』(대장간, 출간예정)
- *Histoire des institutions*. Paris: Presses Universitaires de France, plusieurs éditions(dates données pour les premières éditions);. Tomes 1–2, L'Antiquité(1955); Tome 3, Le Moyen Age(1956); Tome 4, Les XVIe–XVIIIe siècle(1956); Tome 5, Le XIXe siècle(1789–1914)(1956).

  →『제도의 역사』,(대장간, 출간 예정)
- *Propagandes*. Paris: A. Colin, 1962. Paris: Économica, 1990

  →『선전』, 하태환 옮김(대장간, 2012)
- *Fausse présence au monde moderne*. Paris: Les Bergers et Les Mages, 1963.

  → (대장간 출간 예정)
- *Le vouloir et le faire: Recherches éthiques pour les chrétiens*: Introduction(première partie). Geneva: Labor et Fides, 1964.

→『원함과 행함』, 김치수 옮김(대장간, 2018)

· *L'illusion politique*. Paris: Robert Laffont, 1965. Rev. ed.: Paris: Librairie Générale Française, 1977.

　→『정치적 착각』, 하태환 옮김(대장간, 2011)

· *Exégèse des nouveaux lieux communs*. Paris: Calmann‒Lévy, 1966. Paris: La Table Ronde, 1994.

　→(대장간, 출간 예정)

· *Politique de Dieu, politiques de l'homme*. Paris: Éditions Universitaires, 1966.

　→『하나님의 정치와 인간의 정치』, 김은경 옮김(대장간, 2012)

· *Histoire de la propagande*. Paris: Presses Universitaires de France, 1967, 1976.

　→『선전의 역사』(대장간, 출간 예정)

· *Métamorphose du bourgeois*. Paris: Calmann‒Lévy, 1967. Paris: La Table Ronde, 1998.

　→『부르주아와 변신』(대장간, 출간 예정)

· *Autopsie de la révolution*. Paris: Calmann‒Lévy, 1969.

　→『혁명의 해부』, 황종대 옮김(대장간, 2013)

· *Contre les violents*. Paris: Centurion, 1972.

　→『폭력에 맞서』, 이창헌 옮김(대장간, 2012)

· *Sans feu ni lieu: Signification biblique de la Grande Ville*. Paris: Gallimard, 1975.

　→『머리 둘 곳 없던 예수‒대도시의 성서적 의미』, 황종대 옮김(대장간, 2013).

· *L'impossible prière*. Paris: Centurion, 1971, 1977.

　→『우리의 기도』, 김치수 옮김(대장간, 2015)

· *Jeunesse délinquante: Une expérience en province*. Avec Yves Charrier. Paris: Mercure de France, 1971.

· *De la révolution aux révoltes*. Paris: Calmann‒Lévy, 1972.

　→『혁명에서 반란으로』, 안성헌 옮김(대장간, 2020)

· *L'espérance oubliée, Paris*: Gallimard, 1972.

　→『잊혀진 소망』, 이상민 옮김(대장간, 2009)

· *Éthique de la liberté*, . 2 vols. Geneva: Labor et Fides, I:1973, II:1974.

　→『자유의 윤리』,(대장간, 2018),『자유의 윤리2』,(대장간, 2019)

· *Les nouveaux possédés*, Paris: Arthème Fayard, 1973.

· (E)*The New Demons*. New York: Seabury, 1975. London: Mowbrays, 1975.

　→『새로운 신화에 사로잡힌 사람들』, 박동열 옮김(대장간, 2021)

· *L'Apocalypse: Architecture en mouvement*, Paris. Desclée 1975.

· (E)*Apocalypse: The Book of Revelation*. New York: Seabury, 1977.

　→『요한계시록』(대장간, 출간 예정)

· *Trahison de l'Occident*. Paris: Calmann-Lévy, 1975.

· (E)*The Betrayal of the West*. New York: Seabury, 1978.

　→『서구의 배반』(대장간, 출간 예정)

· *Le système technicien*. Paris: Calmann-Lévy, 1977.

　→『기술 체계』, 이상민 옮김(대장간, 2013)

· *L'idéologie marxiste chrétienne*. Paris: Centurion, 1979.

　→『기독교와 마르크스주의』, 곽노경 옮김(대장간, 2011)

· *L'empire du non-sens: L'art et la société technicienne*. Paris: Press Universitaires de France, 1980.

　→『무의미의 제국』, 하태환 옮김(대장간, 2013)

· *La foi au prix du doute: "Encore quarante jours.."*. Paris: Hachette, 1980.

　→『의심을 거친 믿음』, 임형권 옮김(대장간, 2013)

· *La Parole humiliée*. Paris: Seuil, 1981.

　→『굴욕당한 말』, 박동열 이상민 공역(대장간, 2014년)

· *Changer de révolution: L'inéluctable prolétariat*. Paris: Seuil, 1982.

　→『인간을 위한 혁명』, 하태환 옮김(대장간, 2012)

· *Les combats de la liberté*. (Tome 3, L'Ethique de la Liberté) Geneva: Labor et Fides, 1984. Paris: Centurion, 1984.

　→『자유의 투쟁』(솔로몬, 2009)

· *La subversion du christianisme*. Paris: Seuil, 1984, 1994. [réédition en 2001, La Table Ronde]

　→『뒤틀려진 기독교』, 박동열 이상민 옮김(대장간, 1990 초판, 2012 불어 완역판 출간)

· *Conférence sur l'Apocalypse de Jean*. Nantes: AREFPPI, 1985.

· *Un chrétien pour Israël*. Monaco: Éditions du Rocher, 1986.

→『이스라엘을 위한 그리스도인』(대장간, 출간 예정)

· *Ce que je crois*. Paris: Grasset and Fasquelle, 1987.

　→『개인과 역사와 하나님』, 김치수 옮김(대장간, 2015)

· *La raison d'être: Méditation sur l'Ecclésiaste*. Paris: Seuil, 1987

　→『존재의 이유』, 김치수 옮김(대장간. 2016)

· *Anarchie et christianisme*. Lyon: Atelier de Création Libertaire, 1988. Paris: La Table Ronde, 1998

　→『무정부주의와 기독교』, 이창헌 옮김(대장간, 2011)

· *Le bluff technologique*. Paris: Hachette, 1988.

　→『기술담론의 허세』, 안성헌 옮김(대장간, 2023)

· *Ce Dieu injuste..?: Théologie chrétienne pour le peuple d'Israël*. Paris: Arléa, 1991, 1999.

　→『하나님은 불의한가?』, 이상민 옮김(대장간, 2010)

· *Si tu es le Fils de Dieu: Souffrances et tentations de Jésus*. Paris: Centurion, 1991.

　→『네가 하나님의 아들이라면』, 김은경 옮김(대장간, 2010)

· *Déviances et déviants dans notre societé intolérante*. Toulouse: Érés, 1992.

· *Silences: Poèmes*. Bordeaux: Opales, 1995. →(대장간, 출간 예정)

· *Oratorio: Les quatre cavaliers de l'Apocalypse*. Bordeaux: Opales, 1997.

· (E)*Sources and Trajectories: Eight Early Articles by Jacques Ellul that Set the Stage*. Grand Rapids: Eerdmans, 1997.

· *Islam et judéo-christianisme*. Paris: Presses universitaires de France, 2004.

　→『이슬람과 기독교』, 이상민 옮김(대장간, 2009)

· *La pensée marxiste*: Cours professé à l'Institut d'études politiques de Bordeaux de 1947 à 1979 Edited by Michel Hourcade, Jean−Pierre Jézéuel and Gérard Paul. Paris: La Table Ronde, 2003.

　→『마르크스 사상』, 안성헌 옮김(대장간, 2013)

· *Les successeurs de Marx*: Cours professé à l'Institut d'études politiques de Bordeaux Edited by Michel Hourcade, Jean−Pierre Jézéquel and Gérard Paul. Paris: La Table Ronde, 2007.

　→『마르크스의 후계자』 안성헌 옮김(대장간, 2014)

· *Les sources de l'éthique chrétienne*. Geneve: Labor et Fides, 2014.

→『원함과 행함 2』, 김치수 옮김(대장간, 2021)

· *Théologie et Technique. Pour une éthique de la non-puissance.* Textes édités par Yves Ellul et Frédéric Rognon, Genève, Labor et Fides, 2014.

　　→『기술과 신학』,(대장간, 출간 예정)

· *Nous sommes des révolutionnaires malgré nous. Textes pionniers de l'écologie politique.* Paris: Seuil, 2014. →『정치생태학의 혁명적 힘: 인격주의, 자연 감성, 기술 비판』, 자끄 엘륄 · 베르나르 샤르보노 공저, 안성헌 옮김(비공, 2021)

기타 연구서

· 『세계적으로 사고하고 지역적으로 행동하라』(*Perspectives on Our Age: Jacques Ellul Speaks on His Life and Work*), 빌렘 반더버그, 김재현, 신광은 옮김(대장간, 1995, 2010)

· 『자끄 엘륄 −대화의 사상』(Jacques Ellul, *une pensée en dialogue.* Genève), 프레데릭 호농(Frédéric Rognon)저, 임형권 옮김(대장간, 2011)

· In season, Out of Season: An Introduction to the Thought of Jacques Ellul: Interviews by Madeleine Garrigou−Lagrange. Trans. Lani K. Niles. San Francisco: Harper and Row, 1982.

· Entretiens avec Jacques Ellul. Patrick Chastenet. Paris: Table Ronde, 1994.

· *Dialectical Theology and Jacques Ellul−An Introductory Exposition*, Jacob E. Van Vleet(Minneapolis, Fortress Press, 2014),

　　→『자끄 엘륄의 변증법신학』 안성헌 옮김(대장간, 2023)

대장간 자끄 엘륄 총서는 중역(영어번역)으로 인한 오류를 가능한 줄이려고, 프랑스어에서 직접 번역을 하거나, 영역을 하더라도 원서 대조 감수를 원칙으로 하고 있습니다.

이 일은 한국자끄엘륄협회(회장 박동열)의 협력으로 이루어지고 있으며, 총서를 통해서 엘륄의 사상이 굴절되거나 왜곡되지 않고 그의 삶처럼 철저하고 급진적으로 전해지길 바라는 마음을 가득 담아 진행되고 있습니다.

Rogel